기독교 교리
알고 보면 쉬워요

기독교 교리

알고 보면 쉬워요

초판1쇄 발행 2013년 4월

지은이 ㅣ 이일화
펴낸이 ㅣ 조정애
펴낸곳 ㅣ 서광프로세스
디자인 ㅣ 김영수

등록번호 제 301-2013-003호
등록일자 2013.1.7
서울시 중구초동 53-5
Tel (02)2264-1653 / Fax (02)2264-1655

정가 ㅣ 29,800원 ISBN 978-89-98-77101-0

기독교 교리
알고 보면 쉬워요

요약 | 기독교 예배와 교리

이일화 지음

SEO KWANG
PROCESS

|일|러|두|기|

1. 성경 본문의 인용은 개신교회에서 일반적으로 사용하는 대한성서공회의 개정개역 4판을 따랐으며 다른 번역본을 인용한 경우 번역본을 밝히었습니다.

2. 한글 맞춤법과 성경 본문의 표현 방법이 다를 때는 가능한 한 성경 본문이 사용하는 어법을 따르도록 하였습니다. 예를 들면, 주기도문과 같이 성경의 본문과 어법적 표현이 서로 다른 경우(예, '것같이'와 '것 같이') 주기도문을 직접 인용한 곳 이외에는 성경 본문이 표현하고 있는 어법(예, '것 같이')을 따르도록 하였습니다.

3. 본문의 성경 구절의 인용과 참고에 대한 표기는 독자들이 스스로 성경을 찾아보고 이해할 수 있도록 문장의 뒷부분 또는 별도의 문장으로 괄호 안에 나타내었으며, 약어는 '성경 책명 약자표'를 따랐습니다. 다만, 성경구절의 인용과 참고의 표기 방법은 성경의 장과 절을 성경 약어와 붙여서 표기(예, '마12:4')하였으며, 인용된 성경의 장과 절이 표기된 후 이어서 동일한 장의 절을 인용하게 될 경우에는 콤마(,)로 구분하여 붙여서 표기하고, 성경은 동일하되 장과 절이 다를 경우에는 콤마(,) 후에 성경은 표기하지 않고, 장과 절만 구분하여 칸을 떼어서 표기하였습니다.

4. 참고 문헌은 고도의 신학적 견해가 필요한 경우 성경 해석과 성경에 기록되지 않는 일반적이고도 개론적인 관점을 정리하는데 필요한 자료들이었습니다. 그러나 본서는 기본적으로 성경 본문만으로 그 내용을 기술하려고 애썼으므로 참고 문헌 각 페이지 단위의 인용은 편집 특성상 필요치 않은 부분이었습니다. 따라서 성경 구절 이외에는 어떤 참고 문헌도 본문 내에 참고자료로 표기되지 않도록 하였습니다.

내가
하나님의 아들의 이름을 믿는
너희에게
이것을 쓰는 것은

너희로 하여금
너희에게 영생이 있음을
알게 하려 함이라.

(요일5:13)

너희를 향한

나의 생각을 내가 아나니

평안이요

재앙이 아니니라

너희에게

미래와 희망을 주는 것이니라

너희가 내게 부르짖으며

내게 와서 기도하면

내가 너희들의 기도를

들을 것이요

너희가 온 마음으로

나를 구하면

나를 찾을 것이요

나를 만나리라

(렘29:11-13)

✚ 말씀의 네비게이션

신앙생활의 기초와 예배, 교리에 대한 관련 성경말씀을 찾다가 헤매는 경우가 있을 때 이 책이 가져다주는 유익함이 매우 크다. 촘촘하게 엮어진 그물망에 성경 전체에서 말씀을 건져 올리는 것과 같은 감동을 느끼기도 한다. 이는 성경을 사랑하는 마음에 비례하여 더욱 클 것이다. 어떠한 형식이나 전통보다 오직 말씀 위에서 정확하게 배우고, 성장해 나가기 위해 이 책이 주는 도움은 결코 작지 않다고 본다. 사모하는 마음으로 성경말씀과 함께 이 책의 수시로 펼쳐 본다면, 하나님을 알아가는 네비게이션이 될 것임이 분명하다.

_박문수 (2010-07-06)

✚ 기독교신앙과 교리에 대해 잘 정리된 교재

이 책은 쉽게 읽을 수 있는 서술형 책이 아니라 번호가 달려있는 강의안 형 책이라고 해야 맞을 것이다. 그래서 이 책은 교재라고 해야 한다. 그래서 이 책의 내용을 우리가 꼭 한번은 짚고 넘어가야할 내용을 간단 간단하게 정리해 놓고 있으며 그 내용을 세부적이고 성경구절을 근거해서 기록하고 있는 책이다. 이 책은 기독교 교리 매뉴얼이라고 해도 맞을 것이다.

_신용환 (2009-06-08)

✚ 교리를 알아가자

체계적으로 교리를 공부할 수 있게 되어 있습니다. 꾸준하게 성경을 옆에 두고서 공부를 하면 교리와 성경에 대한 깊이가 더욱 있어집니다. 우리가 교회생활을 하면서 주일 설교만으로는 채워지지 않는 갈급함과 영적 목마름이 있습니다. 교회에서 성경이나, 교리 공부 프로그램이 되어 있으면 참석할 수 있겠지만, 그렇게 못한 교회가 더욱 많습니다. 하나님이 원하시는 신앙생활이 되어지기 위해서는 더욱 깊이 공부하며 알아가는 데 노력을 해야 합니다. 혼자서도 할 수 있고, 함께 하는 것은 더욱 유익할 것 같습니다.

_최요섭 (2009-04-22)

✚ 수없는 말씀 구절들로 채워진...

말 그대로 성경핸드북. 성경 옆에다 두기 위한 용도로 나왔다.

약 3주 정도를 투자해서 16장으로 되어 있는 이 책의 각 장들을 공부해 보라. 부담 없이 매일 조금씩 기독교의 교리를 음미해 갈 수 있다.

이 책의 특징은 이 일을 철저히 성경에 기반 하는 것이다.

저자의 설명을 가급적 줄이고, 찾아야할 성경 구절을 제시하는 것으로 대신하고 있다. 그렇기 때문에 이 책은 성경 읽기 도우미이면서 교리서이고 성경공부 교재로도 사용할 수 있다. 독자 마음이다. 개인적으로는 혼자서 교리 공부를 하기 원할 때 활용하는 것이 가장 좋다고 본다. 물론 여럿이 모여 각기 성경 구절을 나눠 찾고 돌려가며 읽는 것도 참 좋은 시간이 되리라 믿는다.

_구교영 (2006-10-24)

✚ 기독교인이라면 기본적으로 알아야 할 내용

가장 기초적인 기독교 용어를 모르고 신앙생활을 하는 이들도 있습니다. 아마 이 책은 신앙생활의 첫 걸음을 걸어가고 있는 분들에게 가이드가 될 것이고 도움이 될 것입니다. 저자는 신앙생활 속에서 일어난 일 들을 바탕으로 한 경험을 많이 내포하고 있습니다.

제목 그대로 하나님을 찾아가는 길이 무엇인지를 분명 알 수 있을 것입니다. 또한 신앙생활이 좀 어려우신 분들에게 참고서가 될 것입니다. 뿐만 아니라 교역자들에게는 평신도 교육의 교재로 활용해도 되고 새 신자 교육에도 큰 도움이 될 것입니다. 모든 성도들에게 신앙생활에 도움을 주는 책이 나온 것에 감사합니다.

_김호용 (2006-08-17)

▶이전의 도서 출판 '누가'에서 출간되었던 '하나님을 찾아가는 길' 갓피플 댓글에서
(www.godpeople.com)
(http://mall.godpeople.com/?G=9788989344674)

기독교인이라면 누구나 할 것 없이 알아야 하는 기본 교리를 매우 알기 쉽게 정리한 책이 나오게 된 것을 무척 기쁘게 생각합니다.

저자는 기독교인이 알아야 할 하나님을 아는 지식, 즉 기독교인의 기본 교리와 참된 신앙생활을 아주 세밀하게 성경말씀을 토대로 하여 정리하고 있습니다.

이 책은 다음과 같은 분들에게 유용한 성경공부 교재로 사용할 수 있을 것으로 기대합니다.

첫째, 처음 교회에 출석하는 새 신자는 기독교의 복음을 깨달음으로 바른 예배의 참여가 가능하며,

둘째, 기존 성도(聖徒)들은 예수 그리스도의 구원의 은총을 다시 한번 파노라마처럼 이해할 수 있고,

셋째, 제직자(諸職者)들은 기독교의 근본적인 교리와 성경 연구를 통하여 하나님을 아는 지식을 한층 더 쌓아 가게 되며,

넷째, 신학생들은 신학을 입문하기 위한 기초적인 성경 지식을 체계적으로 습득하기에 유익할 뿐만 아니라,

다섯째, 목회자는 설교를 위한 기초자료로 적절히 활용할 수 있으리라고 생각됩니다.

이와 같이 교회의 여러 성도들을 위한 성경공부 교재로 쓰기에 적절히 구성되어 있기 때문에, 성경공부를 하시는 여러분들에게 성경의 길라잡이와 신앙을 다지는 좋은 교재가 되리라고 확신합니다.

성도 여러분의 건강과 참된 신앙의 길을 걷는다는 것이 더 없는 행복이라는 것을 이 책을 통하여 깨달으시기를 주님 안에서 기도드립니다.

2004년 10월

전 서울신학대학교 총장
현 서울신학대학교 조직신학 교수
신학박사 한 영 태

기독교인의 신앙생활과 기독교의 근본교리를 알기 쉽게 성경을 중심으로 일목요연하게 정리된 책이 발간되게 된 것을 매우 기쁘게 생각합니다.

처음 책의 원고를 접하였을 때, 놀라움과 기쁨이 함께 하였습니다. 이전에는 성경을 토대로 이렇게 교리를 체계적으로 해설한 책이 없었을 뿐 아니라, 성도들에게 꼭 필요한 책이었을 뿐만 아니라 양 또한 방대하였기 때문입니다.

목차를 살펴보면 이 책이 성도들에게 매우 유익하고, 하나님을 알기 위해서는 반드시 필요한 교재임을 누구나 알 수 있을 것입니다.

성도가 교회를 다니며, 목회자의 설교를 이해하기 위해서는 하나님과 예수 그리스도, 그리고 교회에 대한 기본적인 지식이 필수입니다. 이 책은 항목마다 성경을 인용한 부분을 밝힘으로써 어느 정도 신앙생활의 기반에 선 사람들도 보다 더 체계적으로 기독교의 교리를 공부 할 수 있도록 안내하고 있습니다.

예수 그리스도를 만나고 사랑하는 사람들이 신앙생활을 다지기 위하여 홀로 성경말씀을 찾아보며 성경을 가까이 하거나 그룹으로 나누어 성경주제별로 토의하며 공부하는데도 아주 유익할 것으로 보입니다.

특히 군더더기 없이 성경말씀만을 교리 주제별로 정리하여 성경에서 우리 기독교의 기본 교리를 공부하는 데에는 아마 이 책만큼 좋은 책이 없을 것으로 보입니다.

　이 책을 주제로 공부하는 이들에게 하나님께 나아가는 믿음과 축복이 더하여지시기를 간절히 소망합니다.

2004년 10월

대한예수교장로회 삼일교회
담임목사 김 재 육

평신도들에게 정말로 필요한 것은 어떤 신학자의 깊은 논쟁이나 어느 한 개인의 간증이 아니라 예수 그리스도께서 우리에게 들려주시고자 하시는 말씀이며, 구체적으로 우리들에게 나타내시고자 하시는 하나님의 사랑일 것입니다.

우리는 오로지 하나님의 말씀인 성경을 통하여 하나님의 사랑을 알게 되며, 하나님께서 우리를 부르시는 음성을 들을 수 있습니다. 체계적인 교리(주, 성경에 대한 객관적인 교훈)를 중심으로 공부하게 되는 하나님의 말씀은 우리를 보다 주님께로 가까이 나아가게 하고, 예배와 삶의 지평을 열어줄 것입니다.

지금까지 여러 가지 교재들이 시중에 나와 있었지만, 성경말씀을 중심으로 간략하게 정리된 교재는 찾아보기 어려웠습니다. 따라서 성도들을 위한 가장 쉽고도 간략한 기독교 교리공부 교재가 반드시 필요하다는 인식을 하였으며, 또한 처음 기독교를 입문하는 새 신자뿐만 아니라, 하나님에 대하여 체계적으로 그리고 보다 깊이 있게 알기를 원하는 사람들까지도 이해할 수 있는 성경공부 교재가 교회에 필요하다는 것을 알게 되었습니다.

이는 교회의 최고령자이신 한나회와 그룹 성경공부를 시작한 후, 무엇보다 더욱 절실하여졌습니다. 어떻게 하면 가장 쉽게 성도들이 이해할 수 있고, 가장 성경 중심적인 기독교 교리공부 교재를 만들 수 있을까 고민하던 결실이 이 책으로 보여지게 된 것입니다.

혹자는 성경공부 지도자를 위한 이 책의 지침서를 만들기를 요청하였지만, 이 책만으로도 충분히 성경 구절을 찾아가며 혼자서도 성경공부를 해 나갈 수 있다고 확신하였던 탓에, 도서출판 누가에서 출간되었던 '하나님을 찾아가는 길'에 주기도문과 사도신경, 십계명을 추가하고 보완을 거쳐 성도들에게 보다 더 친근하고도 다가가기 쉬운 제목으로 개정판을 출간하게 된 것입니다. 이는 전적으로 도서출판 누가의 정종현 목사님의 흔쾌한 허락과 도우심이었습니다.

이번 개정판에서는 '그리스도인의 참된 생활'에서 '그리스도인의 올바른 경제생활'을 추가하였으며, 예수님께서 십자가에 달려 돌아가셨던 마지막 일주일간의 고난의 여정을 마가복음서를 따라 재정리하였습니다. 또한 성경의 인용 본문을 개정된 성경 '개역개정 4판'의 본문에 맞추어 독자들이 읽기에 어렵지 않도록 하였으며, 활자의 크기를 독자 층을 고려하여 좀 더 크게 편집하여 쉽게 읽을 수 있도록 하였습니다.

하나님을 알기를 원하시는 분들이라면 이 책을 중심으로 성경구절을 찾아 믿음을 확증하며 보다 깊이 있게 성경을 공부할 수 있을 것입니다.

우리의 구세주이신 예수 그리스도 그분을 알고, 그분을 찾아 뵈옵기를 다짐하고 노력하는 이들에게, 이 책이 조그마나마 귀한 선물이 되기를 열망하며, 하나님의 은총이 이 땅에 살고 있는 우리 모두에게, 특히 우리 그리스도인들에게 함께 하시기를 간절히 소망합니다.

2013. 1.

저자 올림

contents

contents

contents

제 1부

신앙생활의 기초

신앙생활을 시작하기 위해서는 무엇보다도 인간의 기원과 죄, 그리고 인간을 구원하고자 하시는 하나님의 계획에 대하여 알아야 합니다. 이 장에서는 기독교의 입문 단계부터 그리스도인의 삶을 함께 공부함으로써 성도간의 올바른 교제와 바른 신앙생활에 대해서 알아가게 될 것입니다.

✝

하나님이 세상을 이처럼 사랑하사 독생자를 주셨으니
이는 그를 믿는 자마다 멸망하지 않고 영생을 얻게 하심이라
(요3:16)

제 1 장
영원한 생명으로 인도하는 진리

+ + +

　영생으로 인도하는 구원의 진리를 찾아가 봅니다. 하나님의 천지창조와 인류의 구원, 그리고 믿음의 삶까지 모두 아홉 단계로 나누어 공부합니다. 예수 그리스도를 알지 못하고 기독교를 처음 알게 되는 사람도 이 장을 공부함으로써 인간을 죄에서 구원하시는 예수 그리스도의 비밀을 알게 되는 기쁨을 누리게 될 것입니다.

+ + +

예수께서 이르시되
내가 곧 길이요 진리요 생명이니
나로 말미암지 않고는 아버지께로 올 자가 없느니라
(요14:6)

1. 어떻게 창조하시고 축복하셨을까요?
(하나님 보시기에 좋았습니다.)

> 하나님이 이 세상을 어떻게 창조하시고, 또 창조하신 이유는 무엇일까요? 하나님이 온 세상을 창조하시고 난 후, 인간의 창조와 하나님께서 축복하신 내용을 이 장에서 공부하게 됩니다. 하나님이 인간을 창조하신 내용과 그 과정을 살펴보면 우리의 세상이 다시 한 번 아름답게 느껴지게 될 것입니다. (창1:1-2:3)

1) 하나님께서 천지를 창조하셨습니다.

(1) 태초에 하나님께서 천지를 창조하셨습니다. (창1:1, 요1:1-3)

(2) 하나님께서 말씀으로 빛과 어둠, 하늘과 바다, 그리고 땅과 각종 채소들, 식물과 동물을 창조하시고 참 좋아하셨습니다.
(창1:2-25)

(3) 하나님께서 그 하시던 일을 일곱째 날에 마치시고 안식하셨습니다. (창2:2-3)

2) 하나님께서 여섯째 날에 인간을 창조하셨습니다.

(1) 모든 우주와 땅을 창조하시던 여섯째 날에 하나님께서는 그분의 형상대로 남자와 여자를 창조하시고, 복을 주셨습니다.
(창1:27-28)

(2) 특히 사람을 창조한 여섯째 날은 다른 날보다 매우 기뻐하셨습니다. (창1:31)

(3) 이 두 사람이 '아담(Adam)'과 '하와(Eve)'입니다.
(창1:27, 2:18-25, 3:20)

3) 하나님께서 인간을 축복하셨습니다.

(1) 하나님께서 사람에게 말씀하시길 "생육하고 번성하여 땅에 충만하여라. 모든 생물을 다스려라" 말씀하시고, (창1:28)

(2) 에덴 동산을 맡아서 돌보시게 하셨습니다. (창2:8,15)

4) 하나님께서 인간에게 선악과를 먹지 말 것을 명령하셨습니다.

(1) 하나님께서 에덴 동산에 사람을 살게 하시면서 (창2:15)

(2) 한 가지 명령을 하셨는데, (창2:16)

(3) 그 명령은 에덴 동산에서 동산 각종 나무의 실과는 임의로 먹되, '선악을 알게 하는 나무의 실과는 먹지 말라', 그것을 먹는 날에는 '정녕 죽으리라'는 것이었습니다. (창2:16-17)

2. 인간의 원죄와 하나님의 심판 선언
(인간의 원죄는 하나님의 명령을 어긴 것이었습니다.)

　　인간의 죄를 이해하는 것은 인간이 구원을 받을 수밖에 없는 존재임을 이해하는데 필수적입니다. 이 장에서는 인간이 어떻게 죄를 지었으며, 죄를 지은 이후 어떤 결과를 가져왔는지를 살펴봅니다. 인간이 죄의 유혹에 아주 나약한 존재라는 사실을 하나님의 말씀인 성경을 통해서 깨닫게 될 것입니다. (창2:8-3:26)

1) 인간이 뱀의 유혹에 빠져 하나님의 명령에 불순종하였습니다.
(고후11:3)

　(1) 하나님의 지으신 들짐승 중에 뱀이 가장 간교하였습니다.
　　　(창3:1)

　(2) 뱀이 여자에게 "하나님이 정말로 너희에게 동산 안에 있는 모든 나무의 열매를 먹지 말라고 하셨느냐?"고 여자에게 물었을 때, 여자는 "먹지도 말고, 만지지도 말라. 너희가 죽을까 하노라"고 하셨다고 대답했습니다. (창3:2-3)

　(3) 뱀이 다시 여자에게 "선악과를 먹어도 죽지 않는다. 너희가 그것을 먹는 날에는 하나님과 같이 되어 선악을 알게 될 줄을 하나님이 아시기 때문이다."고 유혹하였을 때, 여자는 '먹음직도 하고, 보암직도 하고, 지혜롭게 할 만큼' 탐스런 나무의 열매를 따먹고, 남편에게도 주어 함께 먹었습니다. (창3:4-6)

　(4) 선악과를 먹은 후 두 사람의 눈이 밝아져서 자기들이 벗은 몸인 것을 알고 무화과나무 잎으로 치마를 엮어서 몸을 가렸습니다.
　　　(창3:6-7)

2) 인간은 하나님의 명령에 불순종한 것을 서로에게 핑계를 대었습니다.

(1) 동산을 거니시는 여호와(야훼) 하나님의 음성이 들릴 때에 아담과 그 아내가 하나님의 낯을 피하여 동산 나무 사이에 숨었습니다. (창3:8)

(2) 그때 하나님께서 "아담아, 네가 어디 있느냐?"고 부르시며 말씀하셨습니다. 이 때 아담은 "내가 동산에서 하나님 소리를 듣고, 내가 벗었으므로 두려워하여 숨었습니다." 하고 대답했습니다. (창3:9-10)

(3) 하나님께서는 아담에게 "누가 벗은 몸을 알려 주었느냐? 네게 먹지 말라고 한 나무의 열매를 먹었느냐?"하고 물었습니다. 그러자 아담은 여자가 주어서 먹었고, 여자는 "뱀이 나를 꾀므로 먹었나이다."하고 핑계를 대었습니다. 이것이 인간이 하나님의 명령을 어기고 인간이 지은 원죄의 전말입니다. (창3:11-13)

3) 하나님께서 인간과 뱀에 대하여 심판을 선언하셨습니다.

(1) 하나님께서 뱀에게 이르셨습니다. "뱀은 평생토록 기어 다니고, 흙을 먹어야 하며, 여자와 원수가 되게 하고, 뱀의 후손과 여자의 후손이 원수가 될 뿐만 아니라, 여자의 후손은 뱀의 머리를 상하게 할 것이며, 뱀은 여자의 후손의 발꿈치를 상하게 할 것이라."고 하셨습니다. (창3:14-15)

(2) 여자에게는 "잉태하는 고통을 크게 더하고, 수고하고 자식을 나을 것이며, 여자는 남편을 사모하고, 남편은 여자를 다스릴 것이라."고 말씀하셨습니다. (창3:16)

(3) 아담에게는 "땅이 아담 때문에 저주를 받고, 죽는 날까지 수고를 하여야만 땅에서 나는 것을 먹을 수 있으며, 땅이 가시덤불과 엉겅퀴를 낼 것이며, 아담의 먹을 것이 밭의 채소인즉, 흙으

로 돌아갈 때까지 얼굴에서 땀을 흘려야 식물을 먹을 수 있고, 흙에서 만들어졌으므로 흙으로 돌아갈 것"이라고 하셨습니다. 이 때 아담은 자기 아내의 이름은 하와(생명, 생명이 있는 모든 것의 어머니)라고 하였습니다. (창3:17-20)

(4) 하나님께서 아담과 그의 아내 하와를 위하여 가죽옷을 지어 입히셨습니다. (창3:21)

(5) 하나님께서 에덴 동산에서 아담을 보내어 그 근원이 된 땅을 갈게 하셨습니다. (창3:23)

(6) 하나님께서 에덴 동산에서 인간을 쫓아내신 후 다시는 인간이 에덴 동산으로 들어갈 수 없게 하셨습니다. (창3:24)

3. 인간의 죄의 유전과 율법에 의한 죄

(죄로 모두가 사망에 이르게 되었습니다)

죄의 기준은 무엇일까요? 지금 태어난 내게 죄가 있다면 그 이유는 무엇일까요? 또한 지금 내가 죄를 짓고 있다는 이야기를 한다면 그 죄의 개념은 무엇일까요? 우리가 지금까지 추상적으로 이해하였던 죄의 개념을 좀 더 세밀히 살펴보게 됩니다. 우리 인간은 죄인일 수밖에 없다는 사실을 발견하게 될 것입니다.

1) 아담의 죄로 죄가 유전이 되었습니다.

(1) 아담의 불순종으로 죄가 세상에 들어오고, 이 죄로 말미암아 사망이 세상에 왔습니다. 아담의 죄로 모든 사람이 죄를 짓게 되었으므로, 모든 사람이 사망에 이르게 되었습니다. (롬5:12)

> 그러므로 한 사람으로 말미암아 죄가 세상에 들어오고, 죄로 말미암아 사망이 들어왔나니, 이와 같이 모든 사람이 죄를 지었으므로 사망이 모든 사람에게 이르렀느니라. (롬5:12)

(2) 죄가 율법이 있기 전에도 세상에 있었으나, 율법이 없을 때에는 죄를 죄로 여기지 아니하였습니다. (롬5:13)

(3) 아담 때부터 모세 시대까지는 사망이 왕노릇(죽음이 지배)하여, 아담의 범죄와 같은 죄를 짓지 않은 사람들까지도 죽음의 지배를 벗어나지 못하게 되었습니다. (롬5:14,17)

> 그러나 아담으로부터 모세까지 아담의 범죄와 같은 죄를 짓지 아니한 자들까지도 사망이 왕노릇 하였나니 (롬5:14)

2) 모세가 율법을 받은 후에는 율법에 의하여 죄를 짓게 되었습니다.

(1) 그러나 모세가 하나님께로부터 율법을 받은 후에는 모든 사람이 율법에 의하여 죄를 짓게 되었습니다.
(롬3:20,23, 5:13, 7:9)

> 모든 사람이 죄를 범하였으매, 하나님의 영광에 이르지 못하더니 (롬3:23)

> 전에 율법을 깨닫지 못했을 때에는 내가 살았더니 계명이 이르매 죄는 살아나고 나는 죽었도다. (롬7:9)

(2) 모세의 율법에 대하여 성경은 '율법으로 말미암는 의를 행하는 사람은 그 의로 살리라'고 하였지만, (레18:4-5, 롬10:5)

> 너희는 내 법도를 따르며 내 규례를 지켜 그대로 행하라 나는 너희의 하나님 여호와이니라. 너희는 내 규례와 법도를 지키라 사람이 이를 행하면 그로 말미암아 살리라 나는 여호와이니라. (레18:4-5)

> 모세가 기록하되 율법으로 말이암는 의를 행하는 사람은 그 의로 살리라 하였거니와 (롬10:5)

(3) 율법의 행위로는 그분 앞에 의롭다함을 얻을 육체가 없게 되었습니다. (롬3:20/ 비교, 롬2:12-15,29, 3:9-12, 4:15)

> 율법 없는 이방인이 본성으로 율법의 일을 행할 때에는 이 사람은 율법이 없어도 자기가 자기에게 율법이 되나니 이런 이들은 그 양심이 증거가 되어 그 생각들이 서로 혹은 고발하며 혹은 변명하며 그 마음에 새긴 율법의 행위를 나타내느니라. (롬2:14-15)

> 기록된 바 의인은 없나니 하나도 없으며, 깨닫는 자도 없고 하나님을 찾는 자도 없고, 다 치우쳐 함께 무익하게 되고 선을 행하는 자는 없나니 하나도 없도다. (롬3:10-12)

> 율법은 진노를 이루게 하나니, 율법이 없는 곳에는 범법도 없느니라. (롬4:15)

3) 죄는 하나님을 섬기지 않고 육체의 욕망을 따라 사는 것입니다.

(1) 이러한 죄는 하나님을 섬기지 않고, 자기 욕망대로 사는 것입니다. (롬1:21)

> 하나님을 알되 하나님을 영화롭게도 아니하며 감사하지도 아니하고 오히려 그 생각이 허망하여지며 미련한 마음이 어두워졌나니 스스로 지혜 있다 하나 어리석게 되어 썩어지지 아니하는 하나님의 영광을 썩어질 사람과 새와 짐승과 기어다니는 동물 모양의 우상으로 바꾸었느니라. (롬1:21-23)

(2) 또한 죄는 믿음으로 좇아 하지 아니하는 모든 것, 선을 행할 줄 알고도 행치 않는 것, 불법을 행하는 것, 모든 불의한 것 등, 이 모든 것을 일컫습니다. (롬14:23, 약4:17, 요일3:4, 5:17)

> 의심하고 먹는 자는 정죄되었나니 이는 믿음을 따라 하지 아니하였기 때문이라 믿음을 따라 하지 아니하는 것은 다 죄니라. (롬14:23)

> 그러므로 사람이 선을 행할 줄 알고도 행하지 아니하면 죄니라. (약4:17)

> 죄를 짓는 자마다 불법을 행하나니 죄는 불법이라. (요일3:4)

> 모든 불의가 죄로되 사망에 이르지 아니하는 죄도 있도다. (요일5:17)

4) 하나님께서는 죄 가운데서 육체의 욕망을 따라 사는 사람을 더러움에 버려두셨습니다.

(1) 하나님께서 그들을 마음의 정욕대로 더러움에 내버려 두셔서 그들의 몸을 서로 욕되게 하셨습니다. (롬1:24-25)

> 그러므로 하나님께서 그들을 마음의 정욕대로 더러움에 내버려 두사 그들의 몸을 서로 욕되게 하셨으니, 이는 그들이 하나님의 진리를 거짓 것으로 바꾸어 피조물을 조물주보다 더 경배하고 섬김이라 주는 곧 영원히 찬송할 이시로다 아멘. (롬1:24-25)

(2) 하나님께서 그들을 부끄러운 욕심에 내버려 두셔서 순리가 아
닌 역리로 쓰게 하셨습니다. (롬1:26-27)

이 때문에 하나님께서 그들을 부끄러운 욕심에 내버려 두셨으니 곧
그들의 여자들도 순리대로 쓸 것을 바꾸어 역리로 쓰며, 그와 같이 남
자들도 순리대로 여자 쓰기를 버리고 서로 향하여 음욕이 불 일듯 하
매 남자가 남자와 더불어 부끄러운 일을 행하여 그들의 그릇됨에 상
당한 보응을 그들 자신이 받았느니라. (롬1:26-27)

(3) 마음에 하나님 두기를 싫어하는 사람은 하나님께서 그들을 그
상실한 마음대로 내버려 두셔서 합당치 못한 일을 하게 하셨습
니다. (롬1:28-32)

또한 그들이 마음에 하나님 두기를 싫어하매 하나님께서 그들을 그
상실한 마음대로 내버려 두사 합당하지 못한 일을 하게 하셨으니, 곧
모든 불의, 추악, 탐욕, 악의가 가득한 자요, 시기, 살인, 분쟁, 사기,
악독이 가득한 자요, 수군수군하는 자요, 비방하는 자요, 하나님께서
미워하시는 자요, 능욕하는 자요, 교만한 자요, 자랑하는 자요, 악을
도모하는 자요, 부모를 거역하는 자요, 우매한 자요, 배약하는 자요,
무정한 자요, 무자비한 자라, 그들이 이 같은 일을 행하는 자는 사형
에 해당한다고 하나님께서 정하심을 알고도 지기들만 행할 뿐 아니라
또한 그런 일을 행하는 자를 옳다 하느니라. (롬1:28-32)

4. 죄악의 심판과 형벌
(사망 후에는 심판과 형벌이 따릅니다.)

죄 때문에 얻게 되는 결과는 무엇일까요? 죄 때문에 심판을 받는 다고 하는데 심판을 받는다는 의미는 무엇일까요? 우리가 궁금해 하였던 최후의 심판과 영원한 형벌은 무엇일까요? 죄의 결과로 심판과 영영한 형벌이 있다는 사실을 이 장에서 알게 됩니다. 형벌이 있다면 형벌에서 벗어날 방법 또한 찾게 될 것입니다.

1) 죄의 삯은 사망으로 아무도 피할 수 없는 심판을 받게 됩니다.

(1) 사람은 누구나 죄 때문에 반드시 죽게 되어 있으며, 육신이 죽은 후에는 심판을 받게 됩니다. (히9:27)

한번 죽는 것은 사람에게 정해진 것이요, 그 후에는 심판이 있으리니 (히9:27)

(2) 성경은 '죄의 삯은 사망이라'고 했습니다.
(롬6:23/ 비교, 롬5:12, 약1:14-15)

죄의 삯은 사망이요 (롬6:23)

그러므로 한 사람으로 말미암아 죄가 세상에 들어오고, 죄로 말미암아 사망이 들어왔나니, 이와 같이 모든 사람이 죄를 지었으므로 사망이 모든 사람에게 이르렀느니라. (롬5:12)

오직 각 사람이 시험을 받는 것은 자기 욕심에 끌려 미혹됨이니 욕심이 잉태한즉 죄를 낳고 죄가 장성한즉 사망을 낳느니라.
(약1:14-15)

(3) 또한 성경은 '그 날은 어두움이요 빛이 아니라'고 했습니다.
(암5:18)

화있을진저 여호와의 날을 사모하는 자여, 너희가 어찌하여 여호와의 날을 사모하느냐. 그 날은 어둠이요, 빛이 아니라 (암5:18)

2) 죄의 심판에는 반드시 형벌이 따릅니다.

(1) 하나님께 범죄한 사람들은 불과 유황으로 타는 둘째 사망에 참여하게 됩니다. (계21:8)

그러나 두려워하는 자들과 믿지 아니하는 자들과 흉악한 자들과 살인자들과 음행하는 자들과 점술가들과 우상 숭배자들과 거짓말하는 모든 자들은 불과 유황으로 타는 못에 던져지리니 이것이 둘째 사망이라. (계21:8)

(2) 악인들을 분리하여 풀무 불에 던져 넣을 것입니다. 이 불은 영원히 꺼지지 않습니다. (마13:40-42,49-50)

인자가 그 천사들을 보내리니 그들이 그 나라에서 모든 넘어지게 하는 것과 또 불법을 행하는 자들을 거두어 내어 풀무 불에 던져 넣으리니 거기서 울며 이를 갈게 되리라. (마13:41-42)

세상 끝에도 이러하리라 천사들이 와서 의인 중에서 악인을 갈라 내어 풀무 불에 던져 넣으리니 거기서 울며 이를 갈리라. (마13:49-50)

(3) 거기는 구더기도 죽지 않고 불도 꺼지지 않을 뿐만 아니라, 사람마다 불로써 소금 치듯 함을 받게 될 것입니다. (막9:48-49)

거기에서는 구더기도 죽지 않고 불도 꺼지지 아니하느니라. 사람마다 불로써 소금 치듯 함을 받으리라. (막9:48-49)

5. 예수 그리스도

(예수님은 우리의 구주, 우리의 영원한 소망입니다.)

우리는 누군가에게서 예수 그리스도에 대한 이야기를 들었고, 또 그분을 만났다는 이야기를 많이 듣습니다. 예수 그리스도! 그분은 누구일까요? 예수님이 어떤 분이신지 살펴봅니다. 우리가 믿는 예수님이 우리의 구세주시라면, 그분은 우리에게 어떤 의미가 있을까요? 이 장에서 알아봅니다.

1) **죄를 지은 사람은 누구든지 자기 자신의 힘으로 구원을 받지 못합니다. 따라서 우리의 죄를 해결하시기 위하여 예수 그리스도께서 이 세상에 오셨습니다.**

(1) 이렇게 죄를 지은 사람은 누구나 자신의 공로와 행위(수양, 지식, 선행 등)로는 결코 구원을 얻지 못하고, 오직 하나님의 은혜로만 구원을 받을 수 있습니다. (롬6:23, 엡2:8)

　　죄의 삯은 사망이요 하나님의 은사는 그리스도 예수 우리 주 안에 있는 영생이니라. (롬6:23)

　　너희는 그 은혜에 의하여 믿음으로 말미암아 구원을 받았으니 이것은 너희에게서 난 것이 아니요 하나님의 선물이라. (엡2:8)

(2) 하나님께서는 우리가 자랑을 하지 못하도록 하나님의 선물로 믿음을 허락하셨습니다. 예수 그리스도를 믿는 이 믿음이 우리를 죄에서 구원을 얻게 합니다. 그분의 은혜를 믿음으로 받아들이면 우리가 구원을 얻고 영생의 길에 들어갈 수 있게 됩니다. (엡2:8-9, 딤후3:15, 벧전1:8-9)

　　너희는 그 은혜에 의하여 믿음으로 말미암아 구원을 받았으니 이것은 너희에게서 난 것이 아니요 하나님의 선물이라. 행위에서 난 것이

아니니 이는 누구든지 자랑하지 못하게 함이라. (엡2:8-9)

또 어려서부터 성경을 알았나니 성경은 능히 너로 하여금 그리스도 예수 안에 있는 믿음으로 말미암아 구원에 이르는 지혜가 있게 하느니라. (딤후3:15)

예수를 너희가 보지 못하였으나 사랑하는도다 이제도 보지 못하나 믿고 말할 수 없는 영광스러운 즐거움으로 기뻐하니 믿음의 결국 곧 영혼의 구원을 받음이라. (벧전1:8-9)

(3) 하나님께서 하나님의 외아들, 독생자 예수 그리스도를 이 땅에 보내신 것은 인생을 극진히 사랑하셨기 때문입니다.
(요3:16, 행13:23, 히9:28)

하나님이 세상을 이처럼 사랑하사 독생자를 주셨으니 이는 그를 믿는 자마다 멸망하지 않고 영생을 얻게 하려 하심이라 (요3:16)

하나님이 약속하신대로 이 사람의 후손에서 이스라엘을 위하여 구주를 세우셨으니 곧 예수라. (행13:23)

이와 같이 그리스도도 많은 사람의 죄를 담당하시려고 단번에 드리신 바 되셨고 구원에 이르게 하기 위하여 죄와 상관 없이 자기를 바라는 자들에게 두 번째 나타나시리라. (히9:28)

2) 하나님께서 예수 그리스도를 보내심으로 구원과 영생의 길을 열어놓으셨습니다.

(1) 하나님께서 그분의 외아들을 세상에 보내신 것은 이 세상을 심판하려 하심이 아니라, 이 세상을 구원하시기 위함이셨습니다. 우리를 죄에서 구해 내실 분이 바로 예수님이십니다.
(마1:21, 요3:17, 딤전1:15)

아들을 낳으리니 이름을 예수라 하라. 이는 그가 자기 백성을 그들의 죄에서 구원할 자이심이라 하니라. (마1:21)

하나님이 그 아들을 세상에 보내신 것은 세상을 심판하려 하심이 아니요 그로 말미암아 세상이 구원을 받게 하려 하심이라. (요3:17)

미쁘다 모든 사람이 받을 만한 이 말이여 그리스도 예수께서 죄인을 구원하시려고 세상에 임하셨다 하였도다. (딤전1:15)

(2) 예수님께서 진리와 생명의 구주가 되셔서, 천국 가는 길, 영생의 길이 오직 그분 한 분뿐임을 우리에게 가르쳐 주셨습니다. (요10:9, 14:6, 행4:12)

내가 문이니 누구든지 나로 말미암아 들어가면 구원을 받고 또는 들어가며 나오며 꼴을 얻으리라. (요10:9)

예수님께서 이르시되 내가 곧 길이요 진리요 생명이니 나로 말미암지 않고는 아버지께로 올 자가 없느니라. (요14:6)

다른 이로써는 구원을 받을 수 없나니 천하 사람 중에 구원을 받을 만한 다른 이름을 우리에게 주신 일이 없음이라 하였더라. (행4:12)

3) 속죄의 방법은 회개하고 예수님을 구주로 모셔 들이는 것입니다.

(1) 우리는 회개하고 예수님을 믿어야 합니다.

영생의 길이며 구원의 길이신 예수 그리스도를 우리 주님으로 모셔 들이기 위해서는 과거의 죄를 회개하고, 예수님을 주님으로 시인하며, 예수님이 구세주이심을 믿고 고백해야 합니다. (행2:38, 4:12, 13:23, 16:31, 롬10:9-10,13)

너희가 회개하여 각각 예수 그리스도의 이름으로 세례를 받고 죄 사함을 받으라 그리하면 성령의 선물을 받으리니 (행2:38)

다른 이로써는 구원을 받을 수 없나니 천하 사람 중에 구원을 받을 만한 다른 이름을 우리에게 주신 일이 없음이라 하였더라. (행4:12)

주 예수를 믿으라. 그리하면 너와 네 집이 구원을 받으리라. (행16:31)

네가 만일 네 입으로 예수를 주로 시인하며, 또 하나님께서 그를 죽은 자 가운데서 살리신 것을 네 마음에 믿으면 구원을 받으리라. 사람이 마음으로 믿어 의에 이르고, 입으로 시인하여 구원에 이르느니라. (롬10:9-10)

누구든지 주의 이름을 부르는 자는 구원을 받으리라. (롬10:13)

(2) 우리는 과거의 잘못을 뉘우치고 회개하여야만 합니다.

과거의 잘못을 하나님께 온전히 자백하면 하나님께서 우리의
죄를 사하여 주실 것입니다. (행3:19-21, 요일1:9)

그러므로 너희가 회개하고 돌이켜 너희 죄 없이 함을 받으라 이같
이 하면 새롭게 되는 날이 주 앞으로부터 이를 것이요 또 주께서 너희
를 위하여 예정하신 그리스도 곧 예수를 보내시리니 하나님이 영원
전부터 거룩한 선지자들의 입을 통하여 말씀하신 바 만물을 회복하실
때까지는 하늘이 마땅히 그를 받아 두리라 (행3:19-21)

만일 우리가 우리 죄를 자백하면 그는 미쁘시고 의로우사 우리 죄
를 사하시며 우리를 모든 불의에서 깨끗하게 하실 것이요 (요일1:9)

(3) 우리는 예수님께로 나아가 그분의 말씀을 지키며 순종하여야
합니다. 우리가 예수님께 나아가면 우리를 눈과 같이 깨끗하게
하실 것이며, 우리가 그분의 말씀을 지키고 믿으면 구원을 받게
하실 것입니다. (사1:18, 고전15:2)

여호와께서 말씀하시되 오라 우리가 서로 변론하자 너희의 죄가 주
홍 같을지라도 눈과 같이 희어질 것이요, 진홍 같이 붉을지라도 양털
같이 희게 되리라. (사1:18)

너희가 만일 내가 전한 그 말을 굳게 지키고 헛되이 믿지 아니하였
으면, 그로 말미암아 구원을 받으리라. (고전15:2)

4) 예수님께서 하나님과 사람 사이에 중보자가 되셨습니다.

(1) 예수님께서는 하나님과 사람 사이의 중보자로서 우리 죄를 대
신하여 십자가에서 고난을 받으셨다가, 돌아가신 지 사흘 만에
다시 부활하심으로 영생을 확증시켜 주셨습니다.
(고전15:3-6, 딤전2:5, 벧전3:18)

내가 받은 것을 먼저 너희에게 전하였노니 이는 성경대로 그리스도
께서 우리 죄를 위하여 죽으시고 장사 지낸 바 되셨다가 성경대로 사
흘 만에 다시 살아나사 게바(베드로)에게 보이시고, 후에 열두 제자에
게와 그 후에 오백여 형제에게 일시에 보이셨나니 그 중에 지금까지
대다수는 살아 있고 어떤 사람은 잠들었으며 (고전15:3-6)

하나님은 한 분이시요, 또 하나님과 사람사이에 중보자도 한 분이

시니, 곧 사람이신 그리스도 예수라. (딤전2:5)

그리스도께서도 단번에 죄를 위하여 죽으사 의인으로서 불의한 자를 대신하셨으니 이는 우리를 하나님 앞으로 인도하려 하심이라 육체로는 죽임을 당하시고 영으로는 살리심을 받으셨으니 (벧전3:18)

(2) 예수님께서 십자가에서 피 흘리심은 우리의 죄를 대신 짊어지시고 우리의 죄를 대속하기 위함이었습니다. 예수님께서 어린 양, 속죄의 제물로 그분의 몸을 친히 드리심으로 우리가 나음을 입게 되었습니다. (사53:5, 벧전2:24-25)

그가 찔림은 우리의 허물 때문이요, 그가 상함은 우리의 죄악 때문이라. 그가 징계를 받음으로 우리는 평화를 누리고, 그가 채찍에 맞음으로 우리는 나음을 받았도다. (사53:5)

친히 나무에 달려 그 몸으로 우리 죄를 담당하셨으니 이는 우리로 죄에 대하여 죽고 의에 대하여 살게 하려 하심이라. 그가 채찍에 맞음으로 너희는 나음을 얻었나니 너희가 전에는 양과 같이 길을 잃었더니 이제는 너희 영혼의 목자와 감독되신 이에게 돌아왔느니라.
(벧전2:24-25)

(3) 예수 그리스도를 믿고, 독생자(獨生子) 예수 그리스도를 보내신 하나님을 믿는다면, 영생을 얻게 되고, 심판에서 벗어나 사망에서 생명으로 옮겨지게 될 것입니다.
(마16:16, 요1:12-14, 5:24-25)

주는 그리스도시요 살아계신 하나님의 아들이시니이다. (마16:16)

영접하는 자 곧 그 이름을 믿는 자들에게는 하나님의 자녀가 되는 권세를 주셨으니 (요1:12)

말씀이 육신이 되어 우리 가운데 거하시매 우리가 그의 영광을 보니 아버지의 독생자의 영광이요 은혜와 진리가 충만하더라. (요1:14)

내가 진실로 진실로 너희에게 이르노니 내 말을 듣고 또 나 보내신 이를 믿는 자는 영생을 얻었고, 심판에 이르지 아니하나니, 사망에서 생명으로 옮겼느니라. 진실로 진실로 너희에게 이르노니 죽은 자들이 하나님의 아들의 음성을 들을 때가 오나니 곧 이때라. 듣는 자는 살아나리라. (요5:24-25)

5) 예수님을 믿는 사람들에게는 예수님뿐만 아니라, 예수님의 이름으로 오시는 성령님께서 함께 하십니다.

(1) 예수님께서는 우리와 함께 하시고 우리에게 보혜사(保惠師) 성령님을 보내시고, 우리를 도와 주십니다.

(마28:20, 요16:13, 20:22-23, 롬8:12-17,26)

볼지어다 내가 세상 끝날까지 너희와 항상 함께 있으리라. (마28:20)

진리의 성령이 오시면 그가 너희를 모든 진리 가운데로 인도하시리니, 그가 스스로 말하지 않고, 오직 들은 것을 말하며, 장래 일을 너희에게 알리시리라. (요16:13)

이 말씀을 하시고 그들을 향하사 숨을 내쉬며 이르시되 성령을 받으라 너희가 누구의 죄든지 사하면 사하여질 것이요, 누구의 죄든지 그대로 두면 그대로 있으리라 하시니라. (요20:22-23)

그러므로 형제들아 우리가 빚진 자로되 육신에 져서 육신대로 살 것이 아니라. 너희가 육신대로 살면 반드시 죽을 것이로되, 영으로써 몸의 행실을 죽이면 살리니 무릇 하나님의 영으로 인도함을 받는 사람은 곧 하나님의 아들이라. 너희는 다시 무서워하는 종의 영을 받지 아니하고, 양자의 영을 받았으므로 우리가 아빠, 아버지라고 부르짖느니라. 성령이 친히 우리 영과 더불어 우리가 하나님의 자녀인 것을 증언하시나니, 자녀이면 또한 상속자 곧 하나님의 상속자요, 그리스도와 함께 한 상속자니 우리가 그와 함께 영광을 받기 위하여 고난도 함께 받아야 할 것이니라. (롬8:12-17)

(2) 보혜사 성령님의 감동이 없이는 예수 그리스도를 내 생명의 구주로 시인할 수 없습니다. (고전12:3)

그러므로 내가 너희에게 알리노니 하나님의 영으로 말하는 자는 누구든지 예수를 저주할 자라 하지 아니하고 또 성령으로 아니하고는 누구든지 예수를 주시라 할 수 없느니라. (고전12:3)

(3) 예수님의 이름으로 세례를 받고 죄 사함을 받아야만 합니다. 우리가 예수 그리스도의 이름으로 세례를 받고 죄 사함을 받게 되

면, 예수님의 이름으로 오시는 성령님께서 우리에게 오셔서 우리 안에 거하시며, 우리에게 예수님에 대하여 증거하여 주실 것입니다. (요15:26-27, 행2:38-39, 갈5:18, 요일5:13, 계3:20)

내가 아버지께로부터 너희에게 보낼 보혜사(保惠師) 곧 아버지께로부터 나오시는 진리의 성령이 오실 때에 그가 나를 증언하실 것이요 너희도 처음부터 나와 함께 있었으므로 증언하느니라.
(요15:26-27)

너희가 회개하여 각각 예수 그리스도의 이름으로 세례를 받고 죄 사함을 받으라 그리하면 성령을 선물로 받으리니, 이 약속은 너희와 너희 자녀와 모든 먼 데 사람 곧 주 우리 하나님이 얼마든지 부르시는 자들에게 하신 것이라. (행2:38-39)

너희가 만일 성령의 인도하시는 바가 되면 율법 아래에 있지 아니하리라. (갈5:18)

6. 죄 사함과 영생의 축복

(예수 그리스도는 죄 사함과 축복의 길입니다.)

죄 사함을 얻는 비결이 있다면 그 보다 더 큰 축복이 있을까요? 우리는 죄인일 수밖에 없고, 우리를 위하여 예수그리스도께서 오셨음을 이미 확인하였습니다. 예수 그리스도를 믿음으로 얻게 되는 축복이 죄 사함과 영생이라면, 이렇게 쉬운 길을 마다할 수 있을까요. 그 이유를 함께 알아봅니다.

1) 예수님을 믿으면 죄 사함의 축복을 얻게 됩니다.

(1) 우리는 바로 지금 이 순간 예수 그리스도를 믿음으로 구속 곧 죄 사함을 얻게 되었습니다. (골1:14)

> 그 아들 안에서 우리가 속량 곧 죄 사함을 얻었도다. (골1:14)

(2) 예수 그리스도를 믿는다는 것은 예수 그리스도를 주님으로 영접한다는 것이요, 하나님께서 보내신 예수 그리스도를 믿는다는 것은 예수 그리스도를 나의 주 나의 하나님으로 받아들인다는 것을 말합니다. 하나님을 영접하는 자, 곧 그 이름을 믿는 자들에게는 하나님의 자녀가 되는 권세를 주십니다. (요1:12-13)

> 영접하는 자 곧 그 이름을 믿는 자들에게는 하나님의 자녀가 되는 권세를 주셨으니 이는 혈통으로나 육정으로나 사람의 뜻으로 나지 아니하고 오직 하나님께로부터 난 자들이니라. (요1:12-13)

(3) 이러한 은총은 구원을 이루게 하신 하나님께서 우리에게 믿음을 주심으로 이루어진 것입니다. 즉 이것은 우리 힘으로 된 것이 아니라 오직 하나님의 은혜로써 하나님의 선물로 주어진 것입니다. (엡2:8-9)

너희는 그 은혜에 의하여 믿음으로 말미암아 구원을 받았으니 이것은 너희에게서 난 것이 아니요 하나님의 선물이라. 행위에서 난 것이 아니니 이는 누구든지 자랑하지 못하게 함이라. (엡2:8-9)

2) 예수님을 믿으면 영원한 생명의 축복을 얻게 됩니다.

(1) 예수님을 믿으면 영생을 얻게 됩니다. (요3:36, 6:47, 17:3)

아들을 믿는 자에게는 영생이 있고, 아들에게 순종하지 아니하는 자는 영생을 보지 못하고 도리어 하나님의 진노가 그 위에 머물러 있느니라. (요3:36)

(2) 세상의 종말의 날에 예수 그리스도께서 심판의 주님이 되시어 산 자와 죽은 자를 심판하러 오십니다. 하나님의 말씀을 듣고 예수 그리스도를 구주로 영접한 자는 영생을 얻은 사람이 되어 심판에 이르지 않고, 생명을 얻게 됩니다.
(요5:24, 6:40,47, 11:25-26, 벧전4:5-6)

내가 진실로 진실로 너희에게 이르노니 내말을 듣고 또 나 보내신 이를 믿는 자는 영생을 얻었고 심판에 이르지 아니하나니 사망에서 생명으로 옮겼느니라. (요5:24)

예수께서 이르시되 나는 부활이요 생명이니 나를 믿는 자는 죽어도 살겠고, 무릇 살아서 나를 믿는 자는 영원히 죽지 아니하리니 이것을 네가 믿느냐? (요11:25-26)

(3) 이 때 믿음의 사람들은 항상 주님과 함께 있게 될 것입니다.
(살전4:16-17)

주께서 호령과 천사장의 소리와 하나님의 나팔 소리로 친히 하늘로부터 강림하시리니 그리스도 안에서 죽은 자들이 먼저 일어나고, 그 후에 우리 살아남은 자들도 그들과 함께 구름 속으로 끌어 올려 공중에서 주를 영접하게 하시리니 그리하여 우리가 항상 주와 함께 있으리라. (살전4:16-17)

7. 예수님을 섬기는 삶으로의 변화
(그렇다면 우리는 어떻게 살아야 할까요?)

누군가 당신이 진 커다란 빚을 탕감해 주었다면, 빚을 탕감해 준 그분을 위해 여러분은 어떻게 하여야 할까요? 우리의 빚을 탕감해 주신 분이 바로 예수님이라면, 우리를 죽음에서 건지시고 구원의 길로 인도하신 분이 예수님이라면, 여러분은 어떤 모습으로 그분을 뵈어야 할까요? 예수님을 섬기는 삶으로의 변화를 기대해 봅니다.

1) 예수님을 믿는 성도들은 예수님의 온유와 겸손을 배우며 살아야 합니다. 예수님 안에서 평안을 누리게 될 것입니다.

(1) 예수님께서 "수고하고 무거운 짐진 자들아 다 내게로 오라. 내가 너희를 쉬게 하리라."하고 말씀하셨습니다. (마11:28)

> 수고하고 무거운 짐 진 자들아 다 내게로 오라 내가 너희를 쉬게 하리라. (마11:28)

(2) 우리가 예수님의 '온유'와 '겸손'으로 예수님을 따라가면 우리의 마음이 쉼을 얻게 될 것입니다. (마11:29-30)

> 나는 마음이 온유하고 겸손하니 나의 멍에를 메고 내게 배우라. 그리하면 너희 마음이 쉼을 얻으리니 이는 내 멍에는 쉽고 내 짐은 가벼움이라 하시니라. (마11:29-30)

2) 우리는 항상 깨어 기도하며 미래를 준비하며 경건함으로 이 세상을 살아가야 합니다.

(1) 주님께서 언제 우리에게 오실는지 우리가 알 수 없기 때문에 우리에게 항상 "깨어 있으라"고 말씀하십니다. (마24:42)

　　그러므로 깨어 있으라 어느 날에 너희 주가 임할는지 너희가 알지
　　못함이니라. (마24:42)

(2) 주님께서 '도적 같이 생각지 않은 때'에 오신다고 하셨으므로,
　　우리는 항상 깨어 기다리며 미래를 예비하며 살아야 할 것입니
　　다. (마24:43-44)

　　너희도 아는 바니 만일 집 주인이 도둑이 어느 시각에 올 줄을 알
　　았더라면 깨어 있어 그 집을 뚫지 못하게 하였으리라. 이러므로 너희
　　도 준비하고 있으라 생각하지 않은 때에 인자가 오리라. (마24:43-44)

(3) 그러므로 우리는 우리의 크신 하나님 예수 그리스도의 영광의
　　나타나심을 기다리며, 이 세상 정욕을 버리고 신중함과 의로움
　　과 경건함으로 복스러운 소망을 가지고 살아야 합니다.
　　(딛2:11-14)

　　모든 사람에게 구원을 주시는 하나님의 은혜가 나타나 우리를 양육
　　하시되 경건하지 않은 것과 이 세상 정욕을 다 버리고 신중함과 의로
　　움과 경건함으로 이 세상에 살고 복스러운 소망과 우리의 크신 하나
　　님 구주 예수 그리스도의 영광이 나타나심을 기다리게 하셨으니, 그
　　가 우리를 대신하여 자신을 주심은 모든 불법에서 우리를 속량하시고
　　우리를 깨끗하게 하사 선한 일을 열심히 하는 자기 백성이 되게 하려
　　하심이라. (딛2:11-14)

3) 예수님 안에서 성령님의 열매를 맺으며 살아야 합니다.

(1) 예수님께서는 우리가 성령님의 열매 맺기를 원하십니다.
　　성령님의 열매는 나 자신뿐만 아니라 우리의 교회와 우리의 주
　　위 사람들에게 덕을 끼치게 할 것입니다. (마24:45, 갈5:22-25)

　　오직 성령의 열매는 사랑과 희락과 화평과 오래 참음과 자비와 양
　　선과 충성과 온유와 절제니 이 같은 것을 금지할 법이 없느니라.
　　(갈5:22-23)

(2) 그리스도인은 사랑을 공급하는 생활을 하여야 합니다. 사랑은

세상에서 썩어질 것을 피하여 하나님의 성품을 닮아가는 것입니다. (벧후1:4-7)

> 이로써 그 보배롭고 지극히 큰 약속을 우리에게 주사 이 약속으로 말미암아 너희가 정욕 때문에 세상에서 썩어질 것을 피하여 신성한 성품에 참여하는 자가 되게 하려 하셨느니라. 그러므로 너희가 더욱 힘써 너희 믿음에 덕을, 덕에 지식을. 지식에 절제를, 절제에 인내를, 인내에 경건을, 경건에 형제 우애를, 형제 우애에 사랑을 더하라.
> (벧후1:4-7)

(3) 이 사랑은 참으로 위대한 것이며, 제일 좋은 길입니다.
바로 이러한 사랑이 그리스도의 정신입니다.
(고전12:31, 13:4-7)

> 사랑은 오래 참고 사랑은 온유하며, 시기하지 아니하며, 사랑은 자랑하지 아니하며, 교만하지 아니하며, 무례히 행하지 아니하며, 자기의 유익을 구하지 아니하며, 성내지 아니하며, 악한 것을 생각하지 아니하며, 불의를 기뻐하지 아니하며, 진리와 함께 기뻐하고, 모든 것을 참으며, 모든 것을 믿으며, 모든 것을 바라며, 모든 것을 견디느니라.
> (고전13:4-7)

4) 우리는 우리가 받은 복음을 전하며 살아야 합니다.

(1) 예수님께서 "너희는 가서 모든 민족을 제자로 삼아 아버지와 아들과 성령의 이름으로 세례를 베풀고 내가 너희에게 분부한 모든 것을 가르쳐 지키게 하라"고 말씀하셨습니다.
(마28:19-20)

(2) 하나님의 말씀을 준행하기 위해서는 매일 말씀을 읽으며, 기도하며, 인내하며, 주님 오시는 그날까지 그리스도의 본을 보이며, 덕을 쌓으며, 복음을 전하며, 의로움과 경건함으로 굳건한 생활을 하여야 합니다.
(롬15:30, 고전11:26, 딤후3:15-17, 딛2:12-14, 히10:23,36)

(3) 믿음은 들음에서 나며, 들음은 그리스도의 말씀에서 나기 때문

에 말씀을 전하며 살아야 합니다. (롬10:17)

그러므로 믿음은 들음에서 나며 들음은 그리스도의 말씀으로 말미암았느니라. (롬10:17)

5) 결론적으로 하나님을 경외(敬畏)하는 삶이 행복입니다.

(1) 하나님을 경외하는 것이 지식의 근본이며, 주님을 의지하는 사람들이 복을 받게 됩니다. (잠1:7, 16:20, 23:17)

여호와를 의지하는 것이 지식의 근본이거늘 미련한 자는 지혜와 훈계를 멸시하느니라. (잠1:7)

삼가 말씀에 주의하는 자는 좋은 것을 얻나니 여호와를 의지하는 자는 복이 있느니라. (잠16:20)

네 마음으로 죄인의 형통을 부러워하지 말고 항상 여호와를 경외하라. (잠23:17)

(2) 하나님을 경외함의 보상은 재물과 영광과 생명입니다. (잠21:21, 22:4)

공의와 인자를 따라 구하는 자는 생명과 공의와 영광을 얻느니라. (잠21:21)

겸손과 여호와를 경외함의 보상은 재물과 영광과 생명이니라. (잠22:4)

(3) 하나님을 사랑하는 사람들은 의와 존귀와 부귀를 얻게 됩니다. (잠8:17-21)

나를 사랑하는 자들이 나의 사랑을 입으며, 나를 간절히 찾는 자가 나를 만날 것이니라. 부귀가 내게 있고, 장구한 재물과 공의도 그러하니라. 내 열매는 금이나 정금보다 나으며, 내 소득은 순은 보다 나으니라. 나는 정의로운 길로 행하며, 공의로운 길 가운데로 다니나니 이는 나를 사랑하는 자가 재물을 얻어서 그 곳간에 채우게 하려 함이니라. (잠8:17-21)

8. 예배드리는 생활과 그리스도 안에서의 교제
(그리스도 안에서 온전한 교제를 이루어야 합니다.)

예수님을 믿는 사람들이 모이는 장소가 있습니다. 바로 교회입니다. 그리스도 안에서 성도들과의 교제와 교회의 생활에 대하여 살펴봅니다. 교회의 생활에서 바른 가치관을 가진다면 너무나 어렵게만 느껴졌던 성도들과의 대화가 쉬워지고, 교회 생활에서의 즐거움을 발견하며 예수 그리스도에 대한 소망을 갖게 될 것입니다.

1) 예수님을 믿는 사람들은 교회에 출석하여 성도들과 함께 예배를 드리게 됩니다.

(1) 예수님을 믿은 여러분들은 교회에 출석하여 하나님께 예배를 드리게 됩니다. 교회는 예수님을 구주로 영접하고 시인한 사람들, 즉 성도들이 모여 하나님께 예배드리는 처소입니다.
(행16:13-15)

(2) 교회의 예배는 온전히 하나님께 드려지며, 예배의 순서는 기도와 찬송, 설교 그리고 헌금 등으로 지켜집니다. 이 예배의 예전은 초대 교회부터 지켜져 온 것입니다.
(행2:14-36, 4:35-36, 12:5, 20:36, 고전16:1-2, 엡5:19)

(3) 예수님은 그분의 몸인 교회와 함께 하시며, 감찰하시고, 징계를 내리시기도 하시며, 우리의 신앙을 권면하여 주시기도 하십니다. (엡1:22-23, 계1:20-3:22)

(4) 교회는 여러분을 믿음으로 양육하며, 영원한 생명을 사는 삶으로 인도하여 줄 것입니다. (엡3:10, 4:11-16)

(5) 이 교회는 세상 끝날 까지 있을 것이며, 인류 종말의 날, 하늘의

천국에서 온전히 그대로 유지 될 것입니다. (계19:9, 21:1-2)

2) 예수님을 믿은 이후, 교회 안에서의 삶의 방식은 기도와 전도 와 성도와 교제하는 생활입니다. (롬15:30-33)

(1) 늘 기도하는 생활을 하여야 합니다.
특히 목회자와 교회와 가정을 위하여 기도하는 생활을 계속하 는 것이 신앙생활을 유지하는 방법입니다. (롬15:30)

(2) 복음을 전하는 생활을 하여야 합니다.
복음은 내 이웃뿐만 아니라, 하나님을 알지 못하는 다른 민족까 지도 구원을 얻게 합니다. (롬15:31)

(3) 성도와 교제하는 생활을 하여야 합니다.
성도와 교제는 그리스도 안에서 평안과 기쁨을 유지하게 할 것 입니다. (롬15:32-33)

3) 성도와 교제를 가질 때는 그리스도 안에서 올바른 믿음과 덕 으로 이루어가야 합니다.

(1) 성도의 교제는 그리스도 안에서 이루어져야 합니다. 그리스도 인의 교제는 나눔입니다. (요일1:3, 행2:44-47)

(2) 그리스도인의 교제는 서로 권면하며, 격려하며, 서로 위하여 기 도하는 것입니다. (롬15:14, 골3:16, 살전4:18, 약5:16)

(3) 올바른 믿음의 교제는 여러분의 마음을 기쁘게 하며, 믿음의 덕 을 세워 줄 것입니다. (롬14:19, 히10:24-25)

9. 예수 그리스도를 믿은 이후의 결과
(예수 그리스도 안에서 영원히 축복된 삶을 얻게 됩니다.)

　예수를 그리스도를 믿은 이후의 궁극적인 삶의 변화와 그 결과는 무엇일까요? 현재는 어떻게 살아야 하는 것일까요? 그리고 우리가 죽은 이후의 미래는 어떤 것일까요? 또한 우리가 준비하여야 하는 삶은 어떠해야 할까요? 지금까지 소홀히 여겨왔던 삶의 지평들을 찾아본다면 아마 당신의 생은 즐거움과 결단의 연속이 될 것입니다.

1) 이 땅위에서는

(1) 우리의 하는 일이 복을 받게 됩니다.
　　하나님의 말씀을 순종하면 우리 자신과 우리의 자손들이 복을 받게 됩니다. 궁극적으로 얻게 되는 복은 영생입니다.
　　(신28:1-6, 시133:3)

(2) 모든 일이 형통하게 됩니다.
　　진리 안에 살면 우리의 영혼이 잘 되며, 우리의 모든 일이 잘 되고, 또한 우리의 육신 또한 강건해지도록 주님께서 인도하여 주십니다. (요삼1:2)

(3) 하나님의 말씀인 성경을 사랑하게 됩니다.
　　성경은 우리 인생에게 영생이 있음을 알려주고, 또한 영생이 예수님 안에 있음을 말씀해 줍니다. (요5:39)

2) 우리들이 죽은 이후에는

(1) 생명의 부활로 일어나 하늘에 있는 영원한 집에 들어가게 됩니다. (고전15:51-52, 고후5:1)

(2) 또한, 주님의 말씀에 거하는 자는 새 하늘과 새 땅을 바라보게
됩니다. (벧후3:9-13)

(3) 이 땅에 사는 동안 주님 안에서 행한 행위에 따른 상급을 받고
영원한 안식을 얻게 될 것입니다. (계14:13)

3) 예수님께서 오실 때까지

(1) 우리는 기도에 항상 힘쓰고 감사함으로 깨어 있어야 하겠습니
다. (롬12:12, 골4:2)

(2) 세상 정욕을 버리고 선한 행실을 가져야 하겠습니다.
(딛2:14, 벧전2:12)

(3) 빛 가운데로 행하는 삶을 살아야 하겠습니다. (요일1:7)

(4) 이웃에게 우리가 받은 복음을 전하며 살아야 하겠습니다.
(마28:19-20)

(5) 우리의 크신 하나님 구주 예수 그리스도의 영광의 나타나심을
기다리며 복스러운 소망을 가지고 신중함과 경건함과 의로움으
로 살아야 하겠습니다. (딛2:11-13)

(6) 주님 오시는 그 날까지 말입니다.

"아멘, 주 예수여! 오시옵소서!" (계22:20)

제 2 장
주기도문 · 사도신경 · 십계명

그리스도인이라면 적어도 주기도문과 사도신경, 십계명 이 세 가지는 기본적으로 알아야 합니다. 하나님을 사랑하는 구체적인 방법이 이 세 가지 안에 들어 있기 때문입니다. 이 장에서는 주기도문과 사도신경, 십계명이 제시하는 신앙과 삶의 지평에 대하여 알아봅니다. 믿음의 깊이가 더하여지게 될 것입니다.

너희가 내 이름으로 무엇을 구하든지 내가 행하리니
이는 아버지로 하여금 아들로 말미암아 영광을 받으시게 하려 함이라
내 이름으로 무엇이든지 내게 구하면 내가 행하리라
너희가 나를 사랑하면 나의 계명을 지키리라

(요14:13-15)

1. 주기도문 (The Lord's Prayer)

(주님께서 우리에게 가르쳐 주신 기도문입니다.)

　　주기도문은 주님께서 우리에게 가르쳐 주신 기도문입니다. 주기도문을 공부하는 것은 우리가 기도를 드릴 때 올바르게 기도를 드릴 수 있도록 하기 위해서입니다. 주기도문을 공부함으로써 주님을 기쁘시게 하는 기도를 드리며 바른 기도생활을 유지할 수 있게 될 것입니다. 이 장에서는 주기도문의 의미와 내용을 살펴봅니다.

새 주기도문

하늘에 계신 우리 아버지,

아버지의 이름을 거룩하게 하시며

아버지의 나라가 오게 하시며,

아버지의 뜻이 하늘에서와 같이 땅에서도 이루어지게 하소서.

오늘 우리에게 일용할 양식을 주시고,

우리가 우리에게 잘못한 사람을 용서하여 준 것같이

우리 죄를 용서하여 주시고,

우리를 시험에 빠지지 않게 하시고, 악에서 구하소서.

나라와 권능과 영광이 영원히 아버지의 것입니다. 아멘.

주기도문

하늘에 계신 우리 아버지여,

이름이 거룩히 여김을 받으시오며,

나라가 임하시오며,

뜻이 하늘에서 이룬 것같이 땅에서도 이루어지이다.

오늘 우리에게 일용할 양식을 주시옵고,
우리가 우리에게 죄 지은 자를 사하여 준 것같이
우리 죄를 사하여 주시옵고,
우리를 시험에 들게 하지 마시옵고,
다만 악에서 구하시옵소서.
나라와 권세와 영광이
아버지께 영원히 있사옵나이다. 아멘
(마 6:9-13)

1) 주기도문의 일반적인 내용을 살펴봅니다.

① 주기도문은 완전하고도 모범적인 기도문입니다.

(1) 주기도문은 기도의 표본으로 하나님께 구하여야 할 내용이 무엇인지를 가르쳐 줍니다.

① 주기도문의 특색은 한마디로 '기도의 표본'이며 '완전한 기도'라는 것입니다. 주님께서 '그러므로 너희는 이렇게 기도하라'고 가르치셨습니다. (마6:8-9, 눅11:1-2)

② 주기도문은 하나님께 구하여야 할 내용들을 간결하고도 깊은 기도의 내용으로 이루어져 있습니다. (눅11:2-4)

(2) 주기도문을 가르치신 이유는 바른 기도생활입니다.

"그러므로 너희는 이렇게 기도하라. (마6:9)"

① 기도할 때에 사람에게 보이려고 기도하지 말아야 합니다. (마6:5)

② 골방에 들어가 문을 닫고 은밀한 중에 계신 하나님께 기도해야 합니다. (마6:6)

③ 이방인과 같이 중언부언해서는 안 됩니다. (마6:7, 왕상18:26, 행19:34)

(3) 주기도문의 형식은 삼분법에 기초하고 있습니다.

① 먼저 기도의 대상인 '하늘에 계신 우리 아버지여' 하고 하나님을 호칭합니다. (마6:9)

· 하늘에 계신 우리아버지여 (마6:9a)

② 주기도문의 기도 내용은 하나님을 위한 세 가지와 사람을 위한 세 가지, 모두 여섯 가지의 기도문으로 나누어집니다. (마6:9-13)

　a. 하나님을 위한 세 가지 기도문 (마6:9-10)

· 이름이 거룩히 여김을 받으시오며 (마6:9b)
· 나라이 임하옵시며 (6:10a)
· 뜻이 하늘에서 이룬 것 같이 땅에서도 이루어지이다. (6:10b)

　b. 사람을 위한 세 가지 기도문 (마6:11-13)

· 오늘날 우리에게 일용할 양식을 주시옵고 (마6:11)
· 우리가 우리 죄를 사하여 준 것 같이 우리 죄를 사하여 주시옵고 (마6:12)
· 우리를 시험에 들게 마시옵고 다만 악에서 구하옵소서. (마6:13a)

③ 송영으로 정리되고 있습니다. (마6:13)

(4) 주기도문은 기도의 표본으로써 기도의 형식과 내용, 그리고 그 정신이 주님께서 가르치신 기도문과 같아야 한다는 말입니다. (마6:9)

② 주기도문에는 주님께서 가르치시는 교훈이 있습니다.

(1) 하나님과 우리의 관계가 아버지와 자녀의 관계임을 가르칩니다. (마6:9a)

* 하늘에 계신 우리 아버지
(하늘에 계신 우리 아버지여)

(2) 우리의 예배의 대상이 하나님이심을 가르칩니다.
   (마6:9b, 6:13b)

   * **아버지의 이름을 거룩하게 하시며**
     (이름이 거룩히 여김을 받으시오며)

   * **영광이 영원히 아버지의 것입니다.**
     (영광이 아버지께 영원히 있사옵니다.)

(3) 하나님은 왕이시고, 우리는 그분의 백성임을 가르칩니다.
   (마6:10)

   * **아버지의 나라가 오게 하시며**
     (나라가 임하시오며)

(4) 우리는 날마다 하나님의 은혜를 받아야 살 수 있는 존재임을
   가르칩니다. (마6:11)

   * **오늘 우리에게 일용할 양식을 주시고**
     (우리에게 일용할 양식을 주시옵고)

(5) 하나님은 구속주이시고, 우리는 죄인임을 가르칩니다.
   (마6:12)

   * **우리 죄를 용서하여 주시고**
     (우리를 죄에서 사하여 주시옵고)

(6) 우리 성도들은 언제나 하나님께 영광을 돌려야 한다는 사실
   을 가르칩니다. (마6:13, 고전10:31)

   * **나라와 권능과 영광이 영원히 아버지의 것입니다.**
     (나라와 권세와 영광이 아버지께 영원히 있사옵니다.)

2) 주님께서 가르치신 기도문의 내용을 세부적으로 살펴봅니다.

① 하늘에 계신 우리 아버지

'하늘에 계신 우리 아버지여' (하나님을 부르심, 마6:9a)

하나님은 곧 성부이시며, 인격자이시며, 절대자로 우리의 기도의 대상임을 가르쳐 줍니다.

(1) '하늘에 계심'은 하나님께서는 우주의 중심이신 하늘 보좌에 계시고, 우리는 땅에 있다는 뜻입니다. (시11:4, 115:3, 전5:2)

(2) '우리'라는 개념은 교회와 우리 그리스도인 모두를 지칭하는 말입니다.

(3) '아버지'는 우리를 창조하시고, 인도하시며, 보호하시며, 가르치시며, 선과 의의 길로 인도하시는 공평과 정의의 성부 하나님을 의미합니다. (사64:8, 말2:10, 요1:12, 롬8:15)

② 아버지의 이름을 거룩하게 하시며

(하나님을 위한 기도의 제1조문)

'이름이 거룩히 여김을 받으시오며' (마6:9b)

이는 우리가 하나님의 자녀로서 아버지이신 하나님을 위한 첫 번째 기도문입니다. 우리가 기도할 때에는 제일 먼저 하나님께 영광을 돌리는 기도를 드려야 합니다.

(1) '이름'이란 그분의 본성, 그분의 사역, 그분의 권위, 그분의 능력, 곧 '그분 자신'을 의미합니다. 하나님의 이름은 하나님 그분 자신을 가리키는 말입니다.

(창4:26, 12:8, 13:4, 출3:14, 20:7, 33:19, 34:5, 삿13:18)

(2) '이름을 거룩히 여김을 받으시오며'라는 뜻은 하나님의 이름이 거룩히 여김을 받으시오며, 즉 그분이 거룩하고 영화롭게 찬송 받으시기를 바라는 말씀으로 '하나님 한 분만이 예배의

대상'이 되기를 구하는 것입니다.
(시96:8, 102:15, 145:21, 148:13, 사29:23)

① 우리의 올바르지 못한 행위로 하나님의 이름을 욕되게 해서
는 안 됩니다.
(레18:21, 19:12, 21:6, 잠30:9, 딤전6:1 롬2:23-24)

② 우리는 하나님의 이름을 자랑하며 찬송하여야 합니다.
(시7:17, 20:7, 44:8, 69:30, 단2:20)

③ 하나님의 이름을 모독해서는 안 됩니다. 하나님의 이름을 모
독하면 죽임을 당하여야 합니다. (레24:16, 신5:11, 계16:9)

(3) '거룩하게 함'이란 성도들의 착한 행실과 성결한 삶을 통하
여 하나님께서 영광을 받게 되시기를 바라는 기도문입니다.
(레21:6, 마5:16, 롬2:24)

① 하나님의 속성처럼 인간 역시 거룩한 삶을 살아야 함을 의
미합니다. (레21:6)

② 우리의 착한 행실은 하나님께 영광이 될 것입니다. (마5:16)

③ 우리의 올바르지 못한 행실은 하나님의 이름에 누를 끼치게
됩니다. (롬2:24)

③ 아버지의 나라가 오게 하시며
(하나님을 위한 기도의 제2조문)

'나라이 임하옵시며' (마6:10a)

하나님의 자녀된 성도들이 천국의 시민으로서 하나님의 나라가
이 땅에 속히 임하기를 기원하는 두 번째 기도문입니다.

(1) '하나님의 나라'는 전능하시고 지극히 선하고 높으신 하나님
께서 통치하시는 영역, 즉 하나님이 계시는 곳, 임재하시는
곳으로 하나님께서 완전히 통치하는 것을 의미합니다.
(계12:10/ 비교, 마12:28, 시33:12, 막4:30-32)

① 하나님의 나라는 먹고 마시는 것이 아니라 오직 성령님 안에 있는 의와 평강과 희락입니다. (롬14:17)

② 하나님의 나라는 말에 있는 것이 아니라 능력에 있는 것입니다. (고전4:20)

③ 하나님의 나라는 볼 수 있는 것이 아니라, 우리 안에 있는 것이며, 우리가 거듭나야만 볼 수 있는 것입니다.
(눅17:20-21, 요3:3)

④ 하나님의 나라는 물과 성령으로 나지 아니하면 들어갈 수 없습니다. 즉 회개하고 오직 복음이신 예수님을 믿음으로써만 가능한 일입니다.
(마19:24, 막1:15, 10:23-25, 요3:5/ 비교, 마21:31)

⑤ 하나님의 나라를 어린 아이들과 같이 받드는 자만이 하나님의 나라에 들어갈 수 있습니다. (막10:14-15)

⑥ 술취함과 방탕함과 같은 육체의 일을 행하는 자들은 하나님의 나라를 유업으로 받지 못합니다. (고전6:10, 갈5:19-21)

⑦ 하나님의 나라를 위하는 자들은 고난을 받게 됩니다.
(살후1:4-5, 계1:9)

(2) '임하옵시며'라는 말은 하나님께서 친히 이 땅을 다스리시기를 기원하는 말이며, 이 땅이 하나님께서 다스리시는 천국으로 변화하기를 기원하는 기도문입니다.

① 예수님께서 하나님의 나라를 선포하였습니다. (눅8:1)

② 예수님께서 하나님의 성령을 힘입어 귀신을 좇아내시는 것이라면 이미 하나님의 나라가 임한 것이라고 말씀하셨습니다. (마12:28, 눅11:20/ 비교, 막9:1)

③ 우리는 하나님의 나라를 전하여야 합니다. 예수님께서도 하나님의 나라의 복음을 전하기 위하여 보내심을 받으셨다고 말씀하셨습니다. (눅4:43)

④ 우리가 먼저 하나님의 나라와 그분의 의를 구하면 우리에게 있어야 할 모든 것을 더하여 주실 것입니다. (마6:33)

④ 아버지의 뜻이 하늘에서와 같이 땅에서도 이루어지게 하소서
(하나님을 위한 기도의 제3조문)

뜻이 하늘에서 이룬 것 같이 땅에서도 이루어지이다. (마6:10b)

(1) '뜻이 하늘에서 이룬 것 같이'라는 기도는 하늘에서 주님의 나라가 완성된 것처럼 이 땅에서도 하나님의 나라가 이루어지기를 기원하는 표현입니다. (계21:1-7/ 비교, 22:7,12)

(2) '땅에서도 이루어지이다'라는 말은 하나님의 뜻이 하늘에서 이루어진 것처럼 땅에서도 이루어지기를 구하는 하나님을 위한 세 번째 기도문입니다. (롬12:2)

⑤ 오늘 우리에게 일용할 양식을 주시고
(사람을 위한 기도의 제1조문)

'오늘날 우리에게 일용할 양식을 주시옵고' (마6:11)

(1) '일용할 양식'은 생활에 필요한 최소한의 모든 것을 가리키는 말입니다. 육신의 생활을 위해 오늘의 양식을 구하는 것은 하나님을 기쁘시게 하는 일입니다. (마6:11/ 비교, 마6:31-34)

① 우리의 일용할 양식은 남의 것이 아닌, 우리의 것, 우리가 수고해서 얻은 것을 의미하는 말입니다. (시128:2)

② 우리가 일용할 양식은 먹을 양식과 우리에게 필요한 모든 것을 의미합니다. (잠30:8-9)

③ 한꺼번에 많은 것을 구하라 하지 않고, '일용할 양식을 구하라' 함은 재물을 의지하거나 물질에 대한 욕심을 부리지 말아야 한다는 뜻이 내포되어 있습니다.
(마6:25-26, 딤전6:6-7, 히13:5)

④ 우리가 구해야 할 양식은 육체의 양식뿐만 아니라 영혼의
양식까지도 구해야 합니다. 우리는 하나님의 말씀으로 하
루하루를 살아가는 것입니다.
(요4:32-34, 6:26-27,55, 고후9:10)

⑤ 우리는 먼저 하나님의 나라와 그분의 의를 구해야 합니다.
그렇게 하면 우리에게 일용할 모든 것을 더하여 주실 것입
니다. (마6:31-33)

⑥ 우리가 궁극적으로 얻어야 할 양식은 하나님의 뜻을 행하며
그분의 일을 온전히 이루는 것입니다. (요4:34, 6:55)

(2) '주시옵고'는 '주다', '위탁하다', '허락하다'라는 의미가 있습
니다. 하나님께서 주셔야만 받을 수 있습니다.
(마6:25-32, 7:7-8)

⑥ 우리가 우리에게 잘못한 사람을 용서하여 준 것같이 우리 죄를 용서하여 주시고 (사람을 위한 기도의 제2조문)

'우리가 우리에게 죄 지은 자를 사하여 준 것 같이 우리의 죄를 사하
여 주시옵고' (마6:12)

(1) '우리가 우리에게 죄 지은 자를 사하여 준 것 같이'라는 말은
우리가 하나님의 사하심을 받기 위해서는 먼저 우리가 용서
하여야 함을 의미합니다. (마5:23-24, 행7:59-60)

① '우리에게 죄 지은 자'는 우리를 고통 속에 몰아넣은 모든
이들을 가리키는 말일 것입니다. (창50:17/ 비교, 민5:7)

② '사하여 준 것'은 실수를 용서해 준다는 의미입니다.
(마18:21-35/ 비교, 눅23:34)

③ 이는 죄인인 인간이 간구하여야 할 가장 중요한 기도문입니
다. (마18:21-22, 눅17:3-4)

(2) '우리 죄를 사하여 주옵시고'라는 말은 우리의 원죄뿐만 아

니라 자범죄까지도 지은 죄를 회개하며 용서를 구해야 한다는 말입니다. 우리 인간이 하나님 앞에 나가기 위해서는 우리가 하나님으로부터 우리의 죄를 사함 받을 때만 가능한 일이기 때문입니다. (눅15:7, 행3:9, 8:22/ 비교, 마7:7-8)

⑦ 우리를 시험에 빠지지 않게 하시고 악에서 구하소서
(사람을 위한 기도의 제3조문)

'우리를 시험에 들게 마시옵고, 다만 악에서 구하옵소서' (마6:13a)

(1) '시험에 들게 마옵시고'라는 말의 뜻은 '시험에 말려들지 말게 하여 달라'는 기도입니다. (마6:13)

① 성도가 당하는 시험은 시련과 유혹입니다.

    a. 시련은 하나님께서 우리의 신앙을 시험하는 것입니다. (창22:1-2. 고전10:13/ 비교, 약1:13)

    b. 유혹은 마귀가 우리의 신앙을 타락시키는 것입니다. (창3:4-5)

    c. 각 사람이 시험을 받는 것은 자기 욕심에 끌려 미혹되기 때문입니다. (약1:14)

② 시험이란 말은 역경과 고난, 유혹의 의미가 있으나, 여기에서는 '죄를 짓도록 적극적으로 유혹하는 것'을 의미합니다. (딤전3:7, 벧전5:8, 요일3:8/ 비교, 창3:4-5)

③ 우리를 유혹하는 것은 마귀입니다. 마귀에게 틈을 주지 말아야 합니다. (마4:1, 눅4:2, 엡4:27, 6:11, 계2:10, 12:9)

④ 우리는 시험에 들지 않기를 기도하여야 합니다. (마26:41)

⑤ 시험은 누구에게나 있으나 우리가 시험을 당할 때 기도하면 주님께서 피할 길을 열어주실 것입니다. (고전10:13)

⑥ 시련의 시험은 하나님을 바라보며 끝까지 참으며, 유혹의 시험은 단호히 거부하고 피하는 것입니다. (약1:2-4,12/ 비교, 창39:7-18)

⑦ 여러 가지 시험이 다가올 때 우리가 가져야할 태도는 온전히 기쁘게 여기는 것입니다. (약1:2)

(2) '다만 악에서 구하옵소서'라는 말은 '악에서 승리하게 하여 달라'는 의미입니다.

　① '악'은 '불행', '타락한 본성', '악마', '마귀'를 가리킵니다.
　　(요8:44, 행13:10, 딤후2:26, 히2:14, 계20:2-3)

　② '구함'은 '구출'과 '건짐'을 의미합니다. (살전1:10)

⑧ 나라와 권능과 영광이 영원히 아버지의 것입니다. 아멘

'나라와 권세와 영광이 아버지께 영원히 있사옵나이다. 아멘'
(송영, 마6:13b)

(1) 이는 주기도문의 제3부로서 신앙고백이며 송영입니다.

　① '하나님의 나라'는 왕국, 왕권, 통치를, '권세'는 어떤 세력도 격파할 수 있는 힘, '영원히'는 영원무궁(끝없이 계속되는 시간)을 의미합니다.

　② 나라를 설립할 힘과 권세도 나라의 흥왕으로 실현될 영광도 그리스도 안에서 하나님께 속한 것입니다.
　　(마28:18, 눅10:19, 요1:12)

　③ 성도들은 하나님이 천지의 주재(主宰)시며, 나라의 흥망과 성쇠가 모두 다 하나님께 있으며, 하나님만이 그 영광을 영원히 받으실 분이심을 고백하여야 합니다.
　　(창14:19, 유1:24-25)

(2) '아멘(Amen)'은 '그렇게 되소서', '참으로', '진실로'라는 뜻입니다.

　① 교회 안에서 사용하는 아멘의 일반적 의미는 '진실로 그렇습니다.', '그렇게 믿습니다.'라는 뜻입니다.
　　(고전14:16, 계3:14)

② 기도와 송영 다음에는 '아멘'으로써 성도들이 화답하게 됩니다. (대상16:36, 느5:13, 8:6, 시41:13, 106:48)

3) 결론적으로 주기도문은 성도들에게 기도의 정신을 가르쳐 주신 것입니다.

(1) '너희는 이렇게 기도하라'는 말씀은 단순히 문자적 반복을 의미하는 것이 아니며, 기도의 정신, 표준, 순서 등을 말씀하신 것입니다.

(2) 성도들은 주님께서 가르쳐 주신 기도문의 정신을 따라 기도하여야 할 것입니다.

(3) 우리의 기도와 믿음의 행위는 언제나 일치하여야 합니다. 기도는 바른 생활로 이어지고, 생활 속에 실천되어져야만 응답받는 기도로서 하나님께 드려질 수 있을 것입니다.

2. 사도신경(The Apostles' Creed)
(우리들이 믿는 하나님에 대한 신앙고백입니다.)

사도신경은 믿음의 원천이며 믿음의 고백이기 때문에 오늘날 교회의 예배 중에 신앙고백을 드리는 시간을 갖게 되었습니다. 이 장에서는 사도신경의 기원과 역사를 알게 되고, 사도신경이 의미하는 바와 그 신앙고백의 내용을 조문별로 살펴봅니다. 여러분이 믿음을 고백해야 하는 내용이 무엇인지 알 수 있게 될 것입니다.

새 사도신경

나는 전능하신 아버지 하나님, 천지의 창조주를 믿습니다.
나는 그의 유일하신 아들, 우리 주 예수 그리스도를 믿습니다.
그는 성령으로 잉태되어 동정녀 마리아에게서 나시고,
본디오 빌라도에게 고난을 받아 십자가에 못 박혀 죽으시고,
장사된 지 사흘 만에 죽은 자 가운데서 다시 살아나셨으며,
하늘에 오르시어 전능하신 아버지 하나님 우편에 앉아 계시다가,
거기로부터 살아 있는 자와 죽은 자를 심판하러 오십니다.
나는 성령을 믿으며 거룩한 공교회와 성도의 교제와
죄를 용서받는 것과 몸의 부활과 영생을 믿습니다. 아멘.

사도신경

전능하사 천지를 만드신 하나님 아버지를 내가 믿사오며,
그 외아들 우리 주 예수 그리스도를 믿사오니,
이는 성령으로 잉태하사 동정녀 마리아에게 나시고,
본디오 빌라도에게 고난을 받으사, 십자가에 못 박혀 죽으시고,

장사한 지 사흘 만에 죽은 자 가운데서 다시 살아나시며,
하늘에 오르사, 전능하신 하나님 우편에 앉아 계시다가,
저리로서 산 자와 죽은 자를 심판하러 오시리라.
성령을 믿사오며, 거룩한 공회와, 성도가 서로 교통하는 것과,
죄를 사하여 주시는 것과, 몸이 다시 사는 것과,
영원히 사는 것을 믿사옵나이다, 아멘.

1) 사도신경의 기원은 사도인 열두 제자의 신앙고백으로 알려져 있습니다.

나는 믿습니다. 전능하신 아버지 하나님을 (베드로)

천지를 만드신 (요한)

하나님의 외아들 우리 주 예수 그리스도를 (야고보)

그분은 성령으로 잉태하사 동정녀 마리아에게 나시고 (안드레)

본디오 빌라도에게 고난을 받으사 십자가에 못 박혀 죽으시고

장사한지 (빌립)

사흘 만에 죽은 자 가운데서 다시 살아나시며 (도마)

하늘에 오르사 전능하신 하나님 우편에 앉아 계시다가 (나다나엘)

저리로서 산자와 죽은 자를 심판하러 오시리라 (마태)

나는 성령을 믿사오며 거룩한 공회와 (작은 야고보)

성도가 서로 교통하는 것과 죄를 사하여 주시는 것과 (시몬)

몸이 다시 사는 것과 (유다)

영원히 사는 것을 (맛디아)

아멘.

* 주) 사도신경의 원문은 '나는 믿는다' 시작하여 믿음의 내용을 뒤에 나열합니다. 킹의 『사도신경의 역사』

(1) A.D4세기의 루피어스(Rufius)가 '사도신조 주석'에서 열두 사도가 한 줄씩 썼다고 주장합니다.

(2) 오늘날의 사도신경의 모체는 A.D400년경의 라틴어로 된 『로마교회 신조』(The Old Roman Creed)로 알려져 있습니다.

(3) 사도신경은 8세기에 현재와 같은 언어로 확정되어 12C에 카톨릭 교회에 의하여 공식적으로 인준되었습니다.

2) 사도신경은 믿음의 원천이며 믿음의 고백입니다.

(1) 믿음의 근원은 하나님이시며, 믿음은 하나님께서 주시는 선물입니다.

① 성부 하나님께서 우리 인간들에게 믿음을 선물로 주셨습니다. (엡2:8, 히12:2)

② 성자 하나님은 믿음의 근원이 되십니다. (눅17:5, 딤후3:15, 히12:2)

③ 믿음은 성령 하나님의 은사로 주어진 것입니다. (고전12:9)

(2) 인간은 하나님께서 주신 믿음의 선물을 받아들여야만 하는 믿음의 선행조건이 있습니다.

① 하나님의 말씀을 들어야 합니다. (롬10:7)

② 하나님의 말씀에 동의하여야 합니다. (마13:23, 눅8:12,15, 요6:68-69)

③ 믿음의 주님이신 예수 그리스도를 바라보아야 합니다. (히12:2)

④ 예수 그리스도를 주님으로 영접하면 영생을 얻게 됩니다. (요1:12, 5:24, 17:3)

⑤ 믿음이 없는 사람이라도 그리스도의 복음을 듣고 진리의 말씀을 받아들일 때 믿음이 있게 됩니다. (행16:31-32)

(3) 신앙의 고백은 복되고 확실한 결과를 우리에게 보여 줍니다.

① 예수 그리스도를 구주로 믿고 영접하는 자는 하나님의 자녀가 되는 특권을 누리게 됩니다. (요1:12, 갈3:26)

② 영생을 얻게 됩니다. (요3:16, 10:28)

③ 심판에 이르지 않게 됩니다. (요5:24, 요10:28)

④ 하나님의 나라를 처소로 얻게 됩니다. (요14:2-31)

⑤ 마음에 기쁨과 평안이 있게 됩니다.
　(사26:3, 롬5:1, 14:17, 벧전1:8)

⑥ 능력을 얻게 됩니다. (마21:21, 히11:32-34)

⑦ 하나님을 기쁘시게 합니다. (히11:6)

⑧ 죄 사함과 병 고침을 받게 됩니다.
　(마8:16-17, 9:2, 히11:5, 약5:15)

⑨ 하나님을 사랑하게 되고, 세상을 이길 힘을 얻게 됩니다.
　(요16:33, 요일5:3-4)

⑩ 주님께[서 재림하실 때 영접을 받게 됩니다.
　(요14:3, 살전4:16-17)

3) 사도신경 본문을 살펴봅니다.

① 창조주 하나님(성부)의 실재에 대한 믿음을 고백합니다.
(출3:14, 합3:2, 골1:16, 히2:6)

나는 전능하신 아버지 하나님, 천지의 창조주를 믿습니다.
(전능하사 천지를 만드신 하나님 아버지를 내가 믿사오며)

(1) 천지를 창조하신 하나님을 믿습니다.
　(창1:1, 출3:14-15, 6:3, 욥42:2, 시121:2, 사45:18)

　전능하신⋯⋯ 천지의 창조주를 믿습니다.
　(전능하사 천지를 만드신 하나님)

　① 그리스도인은 하나님께서 천지를 창조하셨음을 믿습니다.
　　(창1:1, 골1:16)

　② 만물이 주님께로부터 나오고, 주님께로 돌아가게 됩니다.
　　(롬11:36)

③ 창세로부터 영원하신 하나님의 능력과 신성이 그 만드신 만물에 분명히 보이므로 모두가 성부 하나님을 알 수 있습니다. (롬11:36)

(2) 성부 하나님을 믿습니다.
(신32:6, 삼하7:14, 시68:5, 사63:16, 64:8, 말2:10, 마5:16,45, 48, 6:6-8, 10:29, 롬8:14, 히12:5-8)

아버지 하나님....... 믿습니다.
(아버지를 믿사오며)

① 하나님의 영으로 인도함을 받는 이들은 하나님의 아들이라 일컬음을 받게 됩니다. (롬8:14)

② 예수님을 영접하는 자, 즉 그분의 이름을 믿는 자들은 하나님의 자녀가 됩니다. (요1:12)

③ 하나님께서 이 세상을 사랑하셔서서 독생자를 주셨는데, 이는 믿는 자들에게 영생을 주시기 위함이셨습니다.
(요3:16, 5:24, 14:6)

　　예수께서 이르시되 내가 곧 길이요 진리요 생명이니 나로 말미암지 않고는 아버지께로 올 자가 없느니라. (요14:6)

④ 하나님을 믿는 사람은 신령과 진정으로 하나님께 예배를 드리게 됩니다. (요4:23-24, 롬12:1)

② 하나님의 아들 예수 그리스도에 대한 믿음을 고백합니다.

나는 그의 유일하신 아들, 우리 주 예수 그리스도를 믿습니다.
그는 성령으로 잉태되어 동정녀 마리아에게 나시고,
본디오 빌라도에게 고난을 받아 십자가에 못 박혀 죽으시고,
장사된 지 사흘 만에 죽은 자 가운데서 다시 살아나셨으며,
하늘에 오르시어 전능하신 아버지 하나님 우편에 앉아 계시다가,
거기로부터 살아 있는 자와 죽은 자를 심판하러 오십니다.

(그 외아들 우리 주 예수 그리스도를 믿사오니,
이는 성령으로 잉태하사 동정녀 마리아에게 나시고,
본디오 빌라도에게 고난을 받으사, 십자가에 못 박혀 죽으시고,
장사한 지 사흘 만에 죽은 자 가운데서 다시 살아나시며,
하늘에 오르사, 전능하신 하나님 우편에 앉아 계시다가,
저리로서 산 자와 죽은 자를 심판하러 오시리라.)

(1) 예수 그리스도는 하나님의 아들이심을 믿습니다.
　　(요1:14, 마16:16, 막1:1, 요3:16-18, 요일4:9)
　　나는 그의 유일하신 아들, 우리 주 예수 그리스도를 믿습니다.
　　(그 외아들 우리 주 예수 그리스도를 믿사오니)

　　① 주님은 그리스도이시며 살아계신 하나님의 아들이십니다.
　　　　(마16:16)
　　② 예수님은 하나님의 아들이십니다. (요1:34)
　　③ 예수님은 우리의 주님이 되십니다. (빌2:9-11, 계22:20)

(2) 예수 그리스도의 동정녀 탄생을 믿습니다.
　　(사7:14, 마1:18-25, 눅1;26-38)
　　그는 성령으로 잉태되어 동정녀 마리아에게 나시고
　　(이는 성령으로 잉태하사 동정녀 마리아에게 나시고)

　　① 예수님은 예언의 몸을 입고 이 세상에 오셨습니다.
　　　　(사7:14)
　　② 그분은 성령님으로 잉태되어 동정녀 마리아의 몸에서 나셨
　　　　습니다. (마1:18-25)
　　③ 예수님의 탄생을 천사가 알렸으며, 주위의 사람들이 하나님
　　　　의 아들임을 알았습니다.
　　　　(눅1:26-38,39-45,67-80, 2:8-20,25-35,36-39)

(3) 예수 그리스도의 대속의 죽으심을 믿습니다.
　　(마27, 막15, 눅23, 요18-19)

본디오 빌라도에게 고난을 받아 십자가에 못 박혀 죽으시고
(본디오 빌라도에게 고난을 받으사 십자가에 못 박혀 죽으시고)

① 예수님은 십자가 위에서 일곱 마디의 말씀을 남기시고 죽임
을 당하셨습니다. (빌2:8)

② 예수님의 죽으심은 우리의 죄를 대속하기 위함이셨습니다.
(히9:12, 벧전3:18-20)

(4) 예수 그리스도의 부활을 믿습니다.
(마28, 막16, 눅24, 요20)

장사된 지 사흘 만에 죽은 자 가운데서 다시 살아나셨으며
(사흘 만에 죽은 자 가운데서 다시 살아나시며)

① 예수님은 장사되신 후 사흘 만에 다시 살아나셨습니다.
(눅24:20-23, 고전15:3-4)

② 예수님의 부활은 모든 성도들의 부활의 첫 열매이십니다.
(고전15:20, 15:43-52)

(5) 예수 그리스도의 승천하신 사실을 믿습니다.
(막16:19-20, 눅24:50-53, 요20:17, 행1:9-11, 엡4:8-10, 딤전
3:16, 히4:14)

하늘에 오르시어 전능하신 아버지 하나님 우편에 앉아 계시다가
(하늘에 오르사 전능하신 하나님 우편에 앉아계시다가)

① 부활하신 예수님은 40일 동안 제자들에게 하나님 나라에 대
하여 가르치시다가 승천하셨습니다. (눅24:51, 행1:9-11)

② 예수님께서 승천하신 후 하나님 우편에 앉으셨습니다.
(막16:19, 행2:35-36)

③ 예수님께서 승천하신 이유는 우리를 위하여 처소를 예비하
시기 위함이셨습니다. (요14:3)

④ 승천하신 예수님은 하나님의 권세를 가지신 만왕의 왕이 되
셨습니다. (엡1:21, 빌2:9-11, 계1:5, 5:11-12, 19:16)

(6) 예수 그리스도의 재림과 심판을 믿습니다.
(마24:30, 25:31, 행1:11, 계22:7,12,20)

거기로부터 살아 있는 자와 죽은 자를 심판하러 오십니다.
(저리로서 산 자와 죽은 자를 심판하러 오시리라)

① 예수님의 재림은 인류의 마지막 때이며, 만물의 마지막 때가 될 것입니다. (벧후3:8-9)

② 예수님은 다시 오실 것이라고 약속하셨습니다. (계22:20)

③ 예수님의 재림의 때에는 반드시 심판이 있을 것입니다.
(시96:13, 전3:17, 마11:22, 25:31-36, 계20:11-14)

④ 심판의 날에는 각 사람의 행한 대로 보상을 받게 될 것입니다. (마25:31-46, 계20:13, 히9:27)

③ 성령님의 역사하심을 믿습니다.

나는 성령을 믿으며
(성령을 믿사오며)

(1) 성령님의 다른 이름은 보혜사이십니다. 성령님께서는 영원히 성도들과 함께 거하실 것입니다. (요14:16,26)

(2) 성도들에게는 예수 그리스도의 영이 거하시고 계십니다.
(롬8:9)

(3) 진리의 성령님께서는 성도들을 진리 가운데로 인도하시며, 장래 일에 대하여도 보여주실 것입니다. (요16:13-14)

(4) 성령님께서 임하시면 능력을 얻게 됩니다. (행1:8)

④ 교회의 일체성을 믿습니다.

거룩한 공교회와 성도의 교제와
(거룩한 공회와 성도가 서로 교통하는 것과)

(1) 교회는 그리스도의 몸이요, 우리는 그 지체입니다.

(롬12:4-6, 고전12:27, 엡5:23)

(2) 교회는 지상의 교회나 천상의 교회나 그리스도 안에서 다 하나입니다. (엡1:10)

(3) 교회의 주인은 예수 그리스도이십니다. (엡5:23)

⑤ 예수 그리스도의 속죄하심을 믿습니다.

죄를 용서받는 것과
(죄를 사하여 주시는 것과)

(1) 예수 그리스도께서 십자가에 죽으심과 보혈의 피 흘리심으로 우리가 죄 사함을 입게 되었습니다. (벧전2:24)

(2) 예수님께서 이 세상에 오신 목적은 자기 목숨을 많은 사람들을 위하여 대속물로 드리시기 위함이셨습니다. (막10:45)

(3) 예수님의 대속의 죽으심으로 우리가 하나님께 나아갈 수 있게 되었습니다. (벧전3:18)

⑥ 육체의 부활과 영생을 믿습니다.

몸의 부활과 영생을 믿습니다. 아멘.
(몸이 다시 사는 것과 영원히 사는 것을 믿사옵나이다. 아멘)

(1) 우리는 부활의 첫 열매되신 그리스도를 믿으며, 훗날 죽은 자 가운데서 우리도 살아날 것을 믿습니다.
(요11:25, 고전6:14, 15:13, 15:51-52, 계22:5)

(2) 그리스도를 구주로 믿고 영접한 성도는 영생을 얻게 됩니다.
(요3:16, 3:36, 6:40, 20:31)

(3) 성도들은 하나님과 함께 천국에서 영원히 거하게 될 것입니다. (요5:24, 10:28, 요일2:17)

4) 신앙고백에는 축복이 있습니다.

(1) 예수 그리스도를 구주로 믿고 신앙고백을 하는 성도들에게는 영생(永生)의 축복이 주어집니다.

① 영생을 얻고 멸망치 않게 됩니다. (요3:16)

② 심판에 이르지 않게 됩니다. (요5:24, 요10:28)

③ 하나님의 나라를 처소로 얻게 됩니다. (요14:2-3)

④ 예수님께서 다시 오실 때 주님을 영접할 수 있는 특권을 누리게 됩니다. (요14:3, 살전4:16-17)

(2) 예수 그리스도를 구주로 믿고 신앙고백을 하는 성도들에게는 믿음의 축복이 주어집니다.

① 믿음의 능력을 경험하게 됩니다. (마21:21, 요14:12, 히11:32-34)

② 하나님을 기쁘게 합니다. (히11:6)

③ 하나님의 자녀가 되는 특권을 누리게 됩니다. (요1:12, 롬8:16)

(3) 예수 그리스도를 구주로 믿고 신앙고백을 하는 성도들에게는 죄 사함의 축복이 주어집니다.

① 죄 사함과 병 고침을 얻게 됩니다. (마8:16-17, 9:2, 막5:15)

② 마음에 기쁨과 평강이 있게 됩니다.
(사26:3, 롬5:1, 벧전1:8, 롬14:17)

③ 세상을 이길 힘을 얻게 됩니다. (요16:33, 요일5:3-4)

5) 결론적으로 그리스도인이 사도신경을 통하여 신앙고백을 한다는 것은 근본적으로 예수 그리스도에 대한 믿음을 받아들인다는 것을 의미합니다. 예수 그리스도의 십자가 위에서의 대속의 죽으심과 부활하심, 그리고 성도들이 죽은 이후 다시 부활하여 천국에서 예수 그리스도와 함께 영원히 거하게 된다는 사실을 믿는다는 것을 의미합니다.

3. 십계명이란 무엇일까요?
(우리가 지켜야할 하나님의 명령입니다.)

오늘날 십계명이 우리에게 주는 의미는 무엇일까요? 십계명이 우리에게 말하고자 하는 바는 무엇일까요? 성도들의 윤리의 기준인 십계명이 의미하는 바를 살펴보고, 각 조항이 가진 의미들을 하나씩 공부해 보고자 합니다. 이 장을 공부함으로써 하나님의 명령으로서의 삶의 가치관과 윤리의 기준을 설정할 수 있을 것입니다.

1) 십계명의 본문은 성경에 기록된 하나님의 말씀입니다.

하나님이 이 모든 말씀으로 일러 이르시되

나는 너를 애굽 땅, 종 되었던 집에서 인도하여 낸 네 하나님 여호와니라.

제일은, 너는 나 외에는 다른 신들을 네게 두지 말라.

제이는, 너를 위하여 새긴 우상을 만들지 말고,

또 위로 하늘에 있는 것이나, 아래로 땅에 있는 것이나, 땅 아래 물속에 있는 것의 아무 형상도 만들지 말며, 그것들에게 절하지 말며, 그것들을 섬기지 말라.

나 네 여호와 하나님은 질투하는 하나님인즉 나를 미워하는 자의 죄를 갚되, 아버지로부터 아들에게로 삼사 대까지 이르게 하거니와, 나를 사랑하고 내 계명을 지키는 자에게는 천 대까지 은혜를 베푸느니라.

제삼은, 너는 네 하나님 여호와의 이름을 망령되게 부르지 말라.

여호와는 그의 이름을 망령되게 부르는 자를 죄 없다 하지 아니하리라.

제사는, 안식일을 기억하여 거룩하게 지키라.

엿새 동안은 힘써 네 모든 일을 행할 것이나, 일곱째 날은
네 하나님 여호와의 안식일인즉, 너나 네 아들이나, 네 딸
이나, 네 남종이나, 네 여종이나, 네 가축이나, 네 문 안에
유하는 객이라도 아무 일도 하지 말라. 이는 엿새 동안에
나 여호와가 하늘과 땅과 바다와, 그 가운데 모든 것을 만
들고 일곱째 날에 쉬었음이라. 그러므로 나 여호와가 안식
일을 복되게 하여, 그 날을 거룩하게 하였느니라.

제오는, 네 부모를 공경하라.

그리하면 네 하나님 나 여호와가 네게 준 땅에서 네 생명
이 길리라.

제육은, 살인하지 말라.

제칠은, 간음하지 말라.

제팔은, 도둑질하지 말라.

제구는, 네 이웃에 대하여 거짓 증거하지 말라.

제십은, 네 이웃의 집을 탐내지 말라.

네 이웃의 아내나, 그의 남종이나 그의 여종이나, 그의 소
나, 그의 나귀나, 무릇 네 이웃의 소유를 탐내지 말라.

(출20:1-17)

※ 주님께서 가르치신 계명

예수께서 이르시되, 네 마음을 다하고 목숨을 다하고 뜻을 다하여,
주 너의 하나님을 사랑하라 하셨으니, 이것이 크고 첫째 되는 계명이
요, 둘째도 그와 같으니, 네 이웃을 네 자신 같이 사랑하라 하셨으니,
이 두 계명이 온 율법과 선지자의 강령이니라.

(마22:37-40, 막12:29-31)

2) 십계명의 성격은 하나님의 율법이며 명령입니다.

(1) 십계명은 하나님의 명령 즉 율법입니다.

① 십계명은 하나님께서 주신 말씀입니다. (출19:1-3, 출21-23)

　a. 하나님께서 시내산에서 자신과 이스라엘 자손 사이에 모세를 통하여 세우신 규례와 율법이었습니다. (레26:46)

　b. 하나님께서 그 언약을 반포하시고 지키라고 명령하신 내용이며, 두 돌판에 친히 쓰셨습니다. (신4:13, 10:4)

② 십계명은 증거판에 새겨진 계약의 말씀입니다. (출34:28)

　a. 십계명은 증거판입니다. (출31:7, 32:15, 34:29)

　b. 십계명은 계약의 석판입니다. (출24:12, 신4:13, 9:19,11,15)

　c. 십계명은 증거궤관에 안치되었습니다. (출25:16,21, 40:20)

③ 십계명은 모세오경의 중심입니다. (출34:28, 신4:13, 10:4)

(2) 하나님께서 이스라엘 백성에게 십계명, 즉 율법을 주신 목적과 이유가 있습니다.

① 믿음의 백성들을 구별되게 하기 위함이었습니다.

　a. 그들을 거룩한 백성이 되게 하기 위함이었습니다. (출19:6)

　b. 그들을 열방 중에 제사장 나라가 되기 위함이었습니다. (출19:6)

　c. 지도자와 백성들과 자녀들에게 하나님 경외하기를 배우도록 하기 위함이었습니다. (신7:18-20, 28:1-6, 31:12-13)

② 믿음의 백성들의 삶의 규범이 되게 하기 위함이었습니다.

　a. 하나님에 대하여 믿음과 규례를 지키는 올바른 삶을 살게 하기 위함이었습니다. (신27:26, 레26:46, 수22:5-6)

　b. 인간 공동체 사이에서 올바른 관계를 유지하여 질서를 지키도록 하기 위한 하나님의 법도였습니다. (잠29:18)

③ 인간을 행복하게 하기 위함이었습니다.

　　a. 십계명은 인간을 속박함이 아니라 하나님의 법도 안에서
　　　삶의 질서를 지킴으로 행복을 보장해 주시기 위하여 규범
　　　을 마련해 주신 것이었습니다.
　　　(신31:9-13, 수1:7-8, 사51:4/ 비교, 딤전1:8-10)

　　b. 궁극적으로 십계명은 인간에게 복을 주시기 위하여 하나님
　　　께서 규정하여 주신 것입니다. (신30:9-10, 렘6:19)

　　c. 하나님을 사랑하고 하나님께서 주신 계명을 지키는 자는
　　　천 대까지 은혜를 받게 됩니다. (신5:10)

(3) 십계명은 크게 두 가지로 그 구성이 나누어집니다.

　① 십계명은 크게 하나님과의 관계와 이웃과의 관계 두 가지로
　　나누어집니다.

　　a. 첫 번째 부분은 하나님과의 바른 관계에 대하여 설명하고
　　　있습니다. (제1~5계명)

　　b. 두 번째 부분은 인간공동체, 즉 이웃들과의 관계에 대하여
　　　언급하고 있습니다. (제6~10계명)

　② 십계명은 '하라'는 것과 '하지 말라는 것' 두 가지로 구성되어
　　있습니다.

　　a. 십계명에는 하나님과 이웃과의 관계에서 '하라'는 명령, 즉
　　　'지키라'는 강제적인 명령적 특성을 가진 항목이 있습니다.
　　　(제4, 5계명)

　　b. 십계명에는 하나님과 이웃과의 관계에서 '하지 말라'는 명
　　　령, 즉 '금지'된 항목들이 있습니다. 이 계명을 지키지 않으
　　　면 하나님의 저주를 받게 됩니다. (제1~3, 6~10계명)

(4) 십계명은 우리 그리스도인들이 지켜야 할 신성한 의무입니다.

　① 하나님의 계명과 율법을 지키지 않는 것은 죄이며 저주를 받
　　게 됩니다.
　　(출20:5,7, 신27:26, 28:58-62, 대하19:10, 렘44:23, 단9:11, 암

2:4, 마12:5)

② 인간의 모든 삶이 하나님과 연결되어 있음을 나타냅니다.
(출21-23)

③ 구약의 율법은 왕 뿐만 아니라 모든 이스라엘 백성들이 지켜
야할 의무입니다. (신27:1, 31:2-13)

④ 율법은 하나님께서 이스라엘 백성들에게 지켜 행하도록 하셨
기 때문에 모든 백성들이 이해하여야 했습니다.
(출16:14, 신27:26, 31:12-13, 대하17:9, 31:4, 느8:1-18, 호4:6,
말2:9)

⑤ 모세는 시내산에서 하나님께서 주신 율법을 백성들에게 해석
하여 주었습니다. 이 율법은 7년마다 열리는 민족의 성회에서
읽혀졌습니다. (출20:18, 신5:1, 31:1)

(5) 십계명이 담긴 율법은 우리를 그리스도에게로 인도하는 기준이
되며 결국 복음으로 완성이 됩니다.

① 믿음으로 율법을 굳게 세우게 됩니다. (롬3:31)

② 율법을 범한 사람들의 죄를 깨우쳐 줍니다. (롬7:7,12-13)

③ 율법은 우리를 그리스도에게로 인도하는 기준이 됩니다.
(갈3:24)

④ 성도들은 하나님의 자녀로서 율법을 지키게 됩니다.
(요일2:3, 5:2)

⑤ 계명을 지킴으로 하나님의 자녀의 모습을 보이게 됩니다.
(요일5:3)

⑥ 사랑은 율법의 완성입니다. (롬13:10)
하나님의 크신 사랑과 은혜로 인류에 대한 대속과 구속이 이
루어졌습니다. 예수님께서 십자가 위에서 인류를 위한 대속의
피를 흘리셨습니다. 이것이 바로 복음입니다. (롬1:2)

3) 십계명의 내용을 살펴보면 우리 그리스도들에 대한 삶의 교훈임을 알 수 있습니다.

십계명의 내용

제1계명 : 나 외에 다른 신을 두지 말라.

제2계명 : 우상을 섬기지 말라.

제3계명 : 여호와의 이름을 망령되이 일컫지 말라.

제4계명 : 안식일을 거룩히 지켜라.

제5계명 : 네 부모를 공경하라.

제6계명 : 살인하지 말라.

제7계명 : 간음하지 말라.

제8계명 : 도적질하지 말라.

제9계명 : 거짓 증거하지 말라.

제10계명 : 네 이웃의 것을 탐내지 말라.

① 제 1 계명(예배의 대상) : 나 외에 다른 신을 두지 말라.

너는 나 외에는 다른 신(神)들을 네게 두지 말라. (출20:3, 신5:7)

(1) 제1계명은 우리에게 오직 하나님만 예배할 것을 명령하고 있습니다.

① 제1계명은 하나님만이 유일한 신이심을 우리에게 가르쳐 줍니다. (신6:4, 사37:16, 막12:29)

② 그리스도인은 다른 신을 섬겨서는 안 됩니다.
(출34:14, 신6:4, 8:19, 수24:20, 삿2:12, 왕상9:6, 11:4)

③ 그리스도인은 다른 신들의 이름조차 불러서도 안 됩니다.
(출23:13)

④ 레위기는 제1계명이 가르치는 하나님께 올바르게 예배를 드리는 방법에 대하여 설명합니다.

(2) 제1계명은 참 신앙의 기초가 됩니다.

① 만약 누구든지, 무엇이든지 하나님 보다 더 사랑하게 되면 그것을 신으로 여기게 됨으로 우상이 됩니다. (빌3:19)

② 무엇보다 더욱 하나님을 두려워하고 사랑하며 신뢰하라는 뜻입니다. (소요리 문답 제46문)

③ 우리 자신을 우상에서 멀리하여야 합니다. (요일5:21)

(3) 결론적으로, 그리스도인은 오직 하나님만 경외하는 삶을 살아야 합니다. 마음을 다하고 성품을 다하고 힘을 다하여 하나님을 사랑하는 생활을 하여야 합니다. (신6:4-5, 마22:37)

② 제 2 계명(예배의 형식) : 우상을 섬기지 말라.

너를 위하여 새긴 우상을 만들지 말고, 또 위로 하늘에 있는 것이나, 아래로 땅에 있는 것이나, 땅 아래 물속에 있는 것의 아무 형상도 만들지 말며, 그것들에게 절하지 말며, 그것들을 섬기지 말라. (출20:4-6, 신5:8-10)

(1) 제2계명은 우상 숭배를 금지하고 있는 하나님의 절대적인 명령입니다.

① 우상을 섬기지 말라는 명령입니다. (출20:6, 신5:9)

② 우상은 보잘 것 없는 것이며, 헛된 것입니다. (사44:9-20)

③ 우상은 나무나 돌로 만들어져 깨어져 없어질 것들입니다. 우상은 나무나 돌, 은, 금으로 만들어진 신상을 의미합니다. (신29:17, 삿17:3, 18:20/ 비교, 왕하21:7)

④ '우상을 만들지 말라'고 명령하고 있습니다. (출20:4, 레26:1)

⑤ '아무 형상도 만들지 말라'고 명령하고 있습니다. 위로 하늘에 있는 것, 아래로 땅에 있는 것, 땅 아래 물 속에 있는 것, 아무 형상도 만들어서는 안 됩니다. (출20:4, 레26:1, 신4:16-18)

⑥ '우상에게 절하지 말라'고 명령하십니다. (출20:5, 신5:9)

우상에게 절하는 것은 하나님께서 보시기에 우상을 숭배하는 악한 행위입니다. (왕하21:21)

> ※ 구약성경에서 절을 한다는 것은 예배의 행위입니다.
> (출34:8, 삼상1:28, 대상16:29, 시5:7, 96:9/ 비교, 창37:9)

(2) 하나님께서 우상 숭배자를 벌하신다는 점을 분명히 말씀하시고 계십니다.

① 우상을 만들어 섬기게 되면 하나님의 화를 유발하게 됩니다. (신4:25)

② 우상 숭배자에게는 그 아버지의 죄를 자손 삼사 대까지 이르게 하겠다고 하셨습니다. (출20:5)

③ 하나님께서는 '우상을 숭배하지 말라'는 계명을 지키는 자를 '하나님을 경외하는 자'로 여기셔서 자손 천대까지 은혜를 베푸신다고 하셨습니다. (출20:6)

(3) 하나님께서는 하나님에 대한 경배의 표시로 우상에 대한 숭배를 금지하시고 계십니다.

① 성도들은 마음을 다하고 성품을 다하고 힘을 다하여 하나님을 사랑하여야 합니다. (신6:4-5)

② 사람은 하나님과 재물을 겸하여 섬길 수 없습니다. (마6:24)

③ 예수님께서 공생애를 시작하기 전에 받으신 시험은 빵, 권력, 명예에 관한 것이었습니다. (마4:1-11)

④ 이 세상의 것들은 모두가 지나가는 것이므로 이를 사랑해서는 안 됩니다. 이 세상을 사랑하게 되면 하나님의 사랑이 그 속에 있지 않게 됩니다. (요일2:15-17)

(4) 성경의 말씀에 비추어 보아 우상 숭배에 대한 의미를 다음과 같이 확장해 볼 수 있습니다.

① 하나님 보다 더 사랑하는 것이 곧 우상이 된다고 볼 수 있습니다. (빌3:19/ 비교, 신6:4-5, 눅14:25-27)

② 탐심이 곧 우상 숭배입니다. (골3:5)

③ 우상 숭배는 하나님께 드릴 예배를 우상에게 바치는 것을 두고 하는 말입니다. (신5:9/ 비교, 계12:12-15)

④ 이 세상이나 세상에 있는 것들을 사랑하게 되면 하나님의 사랑이 그 속에 있지 않게 됩니다.
(빌2:15-17/ 비교, 지혜서12:14)

⑤ 그리스도인은 재물을 섬겨서는 안 됩니다. 예수님께서 성도들이 하나님과 재물을 함께 섬길 수 없다는 사실을 분명하게 말씀하셨습니다. (마6:24)

(5) 결론적으로, 그리스도인들은 우상을 숭배해서는 안 됩니다. 이는 하나님께서 금지하신 명령에 위배되는 하나님 보시기에 죄악의 행위입니다.

③ 제 3 계명(예배의 자세) : 하나님의 이름을 망령되이 일컫지 말라.

너는 네 하나님 여호와의 이름을 망령되게 부르지 말라. 여호와는 그의 이름을 망령되게 부르는 자를 죄 없다 하지 아니하리라. (출20:7)

(1) 거룩하게 드려지는 예배에서 하나님의 이름을 불렀습니다.

① 아브람(아브라함)이 하나님께 제단을 쌓고 처음으로 하나님의 이름을 불렀습니다. (창12:8)

② 하나님께 드리는 제사(예배) 때에 하나님의 이름을 불렀습니다. (창13:4, 26:25/ 비교, 21:33)

③ 하나님의 성전에 하나님의 이름을 영원히 두게 하였습니다.
(대하33:7/ 비교, 스6:12)

(2) 제3계명은 '하나님의 이름'에 대한 남용을 금지하고 있는 하나님의 명령입니다.

① 성경에서 하나님의 이름은 하나님과 동일하게 받아들여졌습니다. (레21:6, 대상22:19)

② 성도는 여호와의 이름을 자랑하며 찬송하여야 합니다.
  (시20:7, 69:30, 단2:20)

③ 여호와 하나님을 섬기되 '두려움과 떨리는 마음'으로 거룩히 섬길 것에 대한 명령입니다. (레21:6)

④ 하나님의 이름을 경솔하고 부주의하게 사용하거나 그 이름에 대한 두려움 없이 함부로 사용하지 말라는 경고입니다.
  (삼상17:45)

⑤ 하나님의 이름을 헛되고 무가치한 대상에 적용시키는 것을 금지하는 말씀입니다. 우상을 섬기는 행위나 헛된 맹세로 하나님의 이름을 욕되게 해서는 안 됩니다. (레18:21, 19:12)

⑥ 헛된 맹세 또는 거짓된 맹세를 금하는 말씀입니다.
  (레19:12, 마5:33-34)

(3) 제3계명의 교훈은 '하나님의 이름'조차도 성스럽게 받아들여야 함을 우리에게 가르치는 교훈입니다.

① 주기도문에서 '하나님'은 '하나님의 이름'으로 거룩하여지심을 우리에게 보여 주고 있습니다. (마6:9)

② 하나님의 이름을 망령되이(허무하고 거짓되이) 일컬어서는 안 됩니다. (출20:7)

③ 하나님의 이름을 망령되이 일컫는 것은 바로 죄가 됩니다.
  (출20:7, 신5:11)

④ 우리의 올바르지 못한 행동은 하나님의 이름을 욕되게 할 수 있습니다. (잠30:9)

(4) 결론적으로, 성도들은 하나님의 이름을 헛되이 함부로 불러서는 안 됩니다. 하나님은 거룩하신 분이시기 때문입니다. 성도들은 하나님의 존재에 대하여 그 이름조차도 거룩하신 분이심을 인식하여야 합니다.

4 제 4 계명(하나님의 날, 예배의 날) : 안식일을 거룩히 지키라.

안식일을 기억하여 거룩히 지키라. 엿새 동안은 힘써 네 모든 일을 행할 것이나, 일곱째 날은…… 안식일인즉…… 아무 일도 하지 말라. 이는 엿새 동안에 나 여호와가…… 모든 것을 만들고 일곱째 날에 쉬었음이라. 그러므로…… 안식일을 복되게 하여 그날을 거룩하게 하였느니라. (출20:8-11)

(1) 안식일은 하나님께 예배드리며, 하나님을 기쁘시게 하는 거룩한 날입니다.

① 안식일은 반드시 지켜야 합니다. (출20:8, 레26:2)

② 안식일은 하나님의 날이며, 하나님께 속한 날이므로 세속적인 일을 중지하고 쉼으로써 이를 거룩하신 하나님께 드린다는 의미입니다. (창2:2, 출16:23,29-30)

③ 안식일은 '하나님을 위한 날' 즉 '하나님께 영광을 돌리는 거룩한 날'로 '하나님께 속한 날'입니다. 안식일을 범하는 자는 생명을 끊도록 명령하셨습니다. (출31:14)

④ 안식일은 하나님의 선물입니다. (출16:29)

⑤ 안식일의 주인은 주님이십니다. (막2:28)

⑥ 예수님께서도 안식일에 회당에 가셔서 성경을 읽으셨습니다. (눅4:16)

⑦ 예수님께서 안식일에 병자를 고치셨습니다. (마12:9-13, 막3:1-5, 눅6:6-11)

⑧ 안식일은 하나님의 성일로 사행성 오락이나 게임에 빠져서는 안 됩니다. (출31:14, 사58:13-14)

(2) 제4계명, 즉 안식일의 기원은 하나님께서 우리에게 일주일 중 하루를 쉬도록 명령하셨기 때문입니다.

① 하나님께서 일곱째 날을 복을 주시고 거룩하게 하셨는데 이는 하나님이 그 창조하시며, 만드시던 모든 일을 마치시고

이 날에 안식하셨기 때문입니다. (창2:2-3)

② 엿새 동안 힘써 일한 후 안식일은 일을 하지 말고 쉴 것을 지시하였습니다. 안식일에 쉬기 위해서는 엿새 동안 열심히 일하여야 합니다. (출20:9-10)

③ 안식일은 가정 모두가 지켜야 합니다. (출20:10)

④ 이스라엘 백성이 광야를 지날 때에 하늘에서 만나가 6일 동안 내리고 일곱째 날에는 내리지 않았으며, 여섯째 날에는 갑절로 거두도록 허락하셨습니다. (출16:22)

(3) 오늘날 안식일은 주일로 지킵니다.

① 안식일이 주일이 된 이유는 그리스도께서 십자가에 달려 죽으셨다가 부활하신 사실을 기념하기 위해서입니다.
(마28:1, 눅24:1-12, 막16:9, 요20:1)

② 주일은 예수님께서 부활하신 날, 성령님께서 강림하심으로 초대 교회가 시작된 날입니다. (요20:19, 행2:1-12)

③ 일주일 중 첫 번째 날을 가장 축복된 날로 여기며 예배를 드린 초대 교회의 전통에서 시작되었습니다. (행2:1, 20:7)

④ 이 날은 주님의 날로 지켜졌습니다. (행20:7, 고전16:2)

⑤ 그리스도인들이 주님의 날에만 모여 예배를 드리기 시작함으로써 안식일은 주일을 지키는 것으로 대체 되었습니다.
(요20:19/ 비교, 골2:16)

⑥ 이는 그리스도께서 우리를 위하여 십자가에 달려 우리 죄를 위하여 화목제물이 되셨기 때문입니다. (요일2:2, 4;10, 롬3:25)
오늘날은 소나 양의 희생제물은 폐지되었고, 거룩한 백성의 표인 할례를 세례로, 구속을 기념하던 유월절은 성만찬으로 안식일은 주일로 대체 되었습니다.

⑦ 안식일의 주인은 주님이시며, 또한 주님께서는 주일의 주인이 되십니다. (막2:28/ 비교, 계1:10)

⑤ 제 5 계명(자식의 도리) : 네 부모를 공경하라

네 부모를 공경하라. 그리하면 너의 하나님 나 여호와가 네게 준 땅에서 네 생명이 길리라. (출20:12)

(1) 제5계명은 사람에 대한 첫째 계명으로 부모에 대한 자식의 도리를 규정한 계명입니다.

　　① 제5계명은 약속이 있는 첫째 계명으로 부모를 공경하면 하나님께서 주신 땅에서 생명이 길게 될 것이라는 조건이 첨가되어 있습니다. (출20:12, 엡6:1-2)

　　② 성경은 부모를 거역하는 죄악을 하나님을 거역하는 죄악과 동일 시 하고 있음을 보여 줍니다. (참조, 레20:9, 24:15-16)

(2) 부모를 공경하는 자가 복을 받게 됩니다.

　　① 하나님이 주신 땅에서 생명이 길고 복을 누리게 될 것입니다. (신5:16, 렘35:19)

　　② 부모를 순종하는 것은 주님을 기쁘게 해 드리는 일입니다. (골3:20, 새번역 성경 참조)

(3) 부모를 거역하는 것은 죄악입니다.

　　① 아버지나 어머니를 저주하는 자는 반드시 죽이도록 명령하고 있습니다. (레20:9, 마15:4)

　　② 아버지의 말씀을 듣고 따르고, 어머니의 말씀을 가볍게 여겨서는 안 됩니다. (잠23:22)

　　③ 부모를 경홀히 여기는 자는 저주를 받게 됩니다. (신27:16)

　　④ 아버지를 조롱하며 어머니 순종하기를 싫어하는 자의 눈은 골짜기의 까마귀에게 쪼이고 독수리 새끼에게 먹힌다고 경고하고 있습니다. (잠30:17)

　　⑤ 부모를 거역하는 행위는 그 마음에 하나님 두기를 싫어하여 하나님께서 그 상실한 마음대로 내버려 두서서 합당하지 못

한 일을 하게 하셨기 때문에 나타나는 것입니다. (롬1:28-32)

⑥ 제 6 계명(생명의 신성) : 살인하지 말라.

살인하지 말라. (출20:13)

(1) 제6계명은 사람의 생명을 보호하기 위한 계명입니다.

① 살인이란 고의적 살인과 원한 살인, 모의까지도 포함하는 말입니다. (출21:14, 레19:14,17-18, 24:17, 신22:8)

② 사람은 사람의 형상대로 지음을 받았으므로 누구든지 사람을 죽인 자는 죽임을 당해야 하는 엄벌에 처해졌습니다. (창9:6)

③ 역사에 대한 최초의 살인은 가인이 그 동생 아벨을 죽인 것입니다. 성경은 가인이 악한 자, 곧 사탄에게 조종을 당하여 살인한 것이라고 말합니다. (창4:8, 요일3:12)

④ 예수님은 마귀가 최초의 살인자임을 말씀하셨습니다. (요8:44)

(2) '살인하지 말라'는 계명에는 다른 사람의 생명과 인격을 보호하려는 의미가 담겨져 있습니다.

① 살인은 사람의 마음으로부터 나오는 것입니다. (마15:19, 막7:21)

② 타인의 명예와 인격을 모독하거나 손상하지 말아야 합니다. (마5:21-22)

③ 타인의 육체를 살해하지 말라는 말입니다. (창9:6)

④ 타인의 영혼을 실족케 하지 말하는 뜻입니다. 다른 사람을 타락케 하거나 신자를 유혹하여 실족하게 하지 말아야 합니다. (마18:6)

⑤ 천하보다 귀한 생명의 가치를 존중하여야 합니다. (마16:26)

(3) 사람을 죽인 행위 이외에도 살인에 해당하는 행위가 있다는
사실을 성경은 교훈합니다.

① 그 형제를 미워하는 자마다 살인하는 자라고 하였으며 영생
이 그 속에 거하지 않게 된다고 하였습니다. (요일3:15)

② 노하고 욕하는 행위도 살인과 같은 행위로 보았습니다.
노의 감정이나 증오는 살인의 원인이 아니라 살인의 시작이
기 때문입니다. (마5:21-22)

③ 예수님을 죽음에 내어준 행위도 살인에 해당이 됩니다.
의인을 모함하고 박해하여 죽음에 내어주는 행위도 살인에
해당함을 알 수 있습니다. (행7:52)

(4) '살인하지 말라'는 명령은 사람을 죽이는 모든 행위가 다 살
인죄로 정죄에 해당한다는 뜻은 아닙니다.

① 하나님께서는 하나님의 율법을 어긴 자를 죽이는 것은 합법
적인 행위였습니다. (레24:14, 신22:21)

② 정당한 전쟁에 의한 살생은 살인이 아니라고 보았습니다.
(민31:7-9, 신20:13-17/ 비교, 히11:33)

③ 원수를 갚는 행위는 허락된 경우도 있습니다. (민35:18)

④ 도적이 뚫고 들어오는 것을 보고 그를 죽이는 경우와 같은
정당방위는 살인으로 보지 않았습니다. (출22:2)

⑤ 살인의 의도가 없이 단순한 실수로 인한 것일 때에는 도피
성을 두어 피하도록 하여 사형을 면하게 하였습니다.
(민35:11,15, 수20:1-3)

(5) 우리가 살인의 마음을 품지 않으려면 마음의 화평과 원수를
사랑하는 마음을 가져야 합니다.

① 원수까지도 사랑하는 마음을 가져야 합니다. 사랑만이 시
기와 미움의 마음을 이길 수 있기 때문입니다.
(마5:44, 18:21-35/ 비교, 레19:17-18)

② 시기의 마음을 버리고 화평한 마음을 소유하도록 노력하여
야 합니다. 마음의 화평은 육신의 생명이나, 시기는 뼈의 썩
음이기 때문입니다. (잠14:30)

③ 분을 내어도 죄를 짓지 말며 해가 지도록 분을 품지 말아야
합니다. (엡4:26)

7 제 7 계명(가정의 신성) : 간음하지 말라

간음하지 말라. (출20:14)

(1) 제7계명은 가정의 신성과 행복을 지키기 위하여 하나님께서
우리에게 주신 계명입니다.

① 간음은 하나님의 질서에 어긋나는 행위입니다. (창2:24)

② 다른 사람의 아내와 통간하는 음행으로 자기를 더럽히지 말
아야 합니다. (레18:20, 고전6:18)

③ 간음함으로 세상과 벗된 것은 결국 하나님과 원수가 됩니
다. (약4:4)

④ 예수님께서는 간음을 하고자 하는 생각을 품는 것과 버림받
은 여자와 결혼하는 것까지 간음한 행위로 간주하셨습니다.
(마5:28, 5:32)

⑤ 하나님의 심판을 면할 수 없는 죄입니다. (히13:4)

⑥ '간음하지 말라'는 말씀 속에는 간음과 음행, 즉 강간, 남색,
동성연애, 근친상간, 매음행위 등 모든 성범죄를 포함하고
있는 말입니다. (레20:10-23, 고전5:1, 6:15-16)

⑦ 모세의 율법에서 간음을 행한 사람은 누구든 죽이도록 명령
하였습니다. (레20:10, 신22:22-28/ 비교, 딤전1:9-10)

(2) 선지자들에 의하여 하나님과 선민 이스라엘 사이를 부부 관
계로 비유하여 영적인 간음을 정죄합니다.

① 영적인 간음은 우상 숭배와 하나님에 대한 불신을 가리키는

말로 표현하고 있습니다. (대상5:25, 사57:3, 렘3:8-9)

② 하나님과 선민 이스라엘 사이를 부부 관계로 표현하고 하나
님의 신부로서 정절을 잃어버린 이스라엘을 영적인 간음을
한 아내로 표현하여 꾸짖고 있습니다.
(사54:5, 62:4-5, 렘3:2, 5:7, 겔16:32, 23:27,43, 호2:4, 9:1)

③ 하나님께서 이스라엘을 위해 그 모든 언약을 이행하였음에
도 그들이 하나님의 면전에서 행음하였습니다. (호7:4)

④ 신약성경은 교회와 그리스도와의 관계를 부부로 비교하여
교회의 영적인 정절, 즉 거룩하고 흠이 없을 것을 명령합니
다. (고후11:1-2, 엡5:24-28, 계19:7, 21:9)

(3) 성경은 우리에게 음행을 금지하는 이유를 설명합니다.

① 음행을 금지하는 것은 성령의 전인 우리의 몸에 죄를 범할
뿐만 아니라 영혼까지도 망하게 하기 때문입니다.
(고전6:18-19)

② 간음은 침소를 더럽히고 가정을 파괴하기 때문에 금지하는
것입니다. (히13:4)

③ 간음하는 자는 하나님의 나라를 유업으로 받지 못하게 됩니
다. (고전6:9-10)

④ 창녀와 합하는 자는 저와 한 육체를 만들게 됨으로 창녀를
찾아서는 안 됩니다. (고전6:15-17)

⑤ 음행으로 몸과 심령이 더러워진 영혼들은 불과 유황으로 타
는 불못에 던져지게 되는 둘째 사망에 들어가게 됩니다.
(계21:8/ 비교, 레11:45, 계20:13-16)

(4) 결론적으로 제7계명은 부부 간에 신뢰를 저버리지 말고 사
랑으로 살아가라는 의미입니다.

① 부부 관계에서 가장 신뢰하고 사랑해야 할 대상은 자신의
반려자입니다. (마19:5, 엡5:22-25)

② 주님의 나라는 깨끗한 사람들이 들어가는 거룩한 나라이기 때문입니다. (레11:45, 계21:8)

※ 다윗의 밧세바에 대한 간음 사건과 남편 우리야를 죽음으로 몰게 한 사건은 율법에 의하면 죽음에 처하여야 할 아주 커다란 죄를 저지른 사건이었습니다. 다윗은 회개함으로 하나님으로부터 사하심을 받았으나, 그 결과로 첫째 아기는 하나님의 징계로 죽음에 이르렀고, 둘째 태어난 아들은 솔로몬으로 후일 하나님의 성전을 건축하게 되는 하나님의 은혜의 역사가 있었습니다. 우리는 이 사건을 통해서 간음의 죄는 회개와 예수 그리스도의 사랑을 통해서 구원을 받을 수도 있다는 사실을 다시 한 번 이해하게 됩니다.

⑧ 제 8 계명(재산과 권리의 보장) : 도적질하지 말라

도적질하지 말라. (출20:15)

(1) 제8계명은 이웃의 소유물, 재산권 보호를 위한 계명으로 남의 물건을 도적질하지 말라는 명령입니다.

① 도적질하는 것은 다른 사람의 것을 훔치거나 빼앗아 가지는 것을 의미합니다. (눅10:30)

② 도적은 남의 재산을 훔치거나 빼앗는 자로서 좀도둑과 노상강도를 포함합니다. (눅10:30, 요12:6)

③ 아담과 하와는 하나님께서 금하신 선악과를 먹음으로써 최초의 도적이 되었습니다. 인간에 의해서 최초의 저질러진 죄가 도적질이었음을 보여 줍니다. (창3:6)

④ 이스라엘 백성이 가나안 땅에 들어갔을 때, 최초로 저질러진 범죄가 '아간'의 도적질이었습니다. (수7:21)

⑤ 예수님의 제자인 가룟 유다는 주님의 일을 하면서 도적질하였습니다. (요12:6)

⑥ 초대 교회의 '아나니아'와 '삽비라'는 하나님께 드리려고 작정했던 헌금을 몰래 빼돌려 도적질하고 말았습니다. 하나님께 드려질 헌물(금)을 다른 곳에 쓰는 경우 이것이 도적

질이 아닌지 곰곰이 생각해 보아야 합니다. (행5:2)

(2) 성경이 말하는 도적질의 개념은 단순히 물건을 훔치거나 빼앗은 것만을 말하는 것은 아닙니다.

① 기본적으로 다른 사람의 물건을 훔치거나 빼앗는 것을 도적질이라고 말합니다. (수7:21, 눅10:30, 행5:2)

② 착취나 고리대금을 받고 돈을 빌려주는 것도 도적질에 해당됩니다. (암8:5)

③ 사기 · 횡령도 도적질에 속합니다. (미2:2)

④ 품질이나 물량을 속이는 것도 도적질입니다. (미6:11)

⑤ 성경은 성도들이 하나님께 드려야 할 십일조와 헌물을 하나님께 드리지 않고 다른 곳에 쓰는 것도 도적질임을 지적합니다. (말3:8-9)

⑥ 하나님께서 받아야 할 영광이나 다른 사람이 받아야 할 칭찬을 가로채는 것도 도적질입니다.
(잠3:27, 말3:8-9/ 비교, 욥32:21, 시115:1, 단5:23, 행12:23, 계16:9)

⑦ 고용인 학대와 임금체불 등은 도적질에 해당합니다.
(신24:14, 사3:15, 약5:4)

⑧ 남의 물건을 악평하거나 지나치게 싸게 사려는 것도 도적질로 보아야 합니다. (잠20:4,10,17)

(3) 도적질에 대한 형벌은 배상과 사형입니다.

① 도적질에 대한 형벌은 물건을 훔치거나 착취한 때에는 그것의 5배에 해당하는 배상을 하도록 되어 있습니다.
(출22:1-4)

② 사람을 유기 납치한 경우에는 사형에 처하도록 하였습니다.
(신24:7)

(4) 도적질의 원인은 욕심과 탐심입니다.

　① 욕심과 탐심이 도적질을 하게 합니다. 아담과 하와는 탐심
　　이 생겨 금지된 선악과를 먹었습니다. (창3:6, 수7:21)

　② 마귀의 유혹 때문에 도적질하게 됩니다. 가룟 유다와 아나
　　니아와 삽비라 모두 마귀의 유혹 때문에 도적질하였습니다.
　　(요13:27, 행5:2-3)

　③ 게으름 때문에 도적질하게 됩니다. 도적질하는 자는 제 손
　　으로 힘써 일하여 얻은 소득으로 선한 일을 하며 살아야 할
　　것입니다. (잠26:15, 엡4:28)

(5) 제8계명의 교훈은 하나님께 드려야 할 것을 드리지 않고 도
　적질해서는 안 된다는 것을 보여 줍니다.

　① 성도는 십일조나 헌물과 같은 하나님께 드릴 것을 도적질해
　　서는 안 됩니다. 저주에서 벗어나지 못하게 됩니다.
　　(말3:8-9)

　② 하나님께 드릴 헌물을 도적질해서는 안 됩니다. 하나님의
　　진노하심을 받게 됩니다. 엘리 제사장의 두 아들들이 하나
　　님의 헌물을 도적질함으로써 결국 하나님의 징계를 받아 비
　　참한 죽음을 맞고 말았습니다. (삼상2:27-34)

　③ 하나님께 돌려야 할 영광을 가로채서는 안 됩니다. 헤롯이
　　하나님께 영광을 돌리지 않아 벌레가 먹어 죽게 되었습니
　　다. (행12:23)

　④ 하나님으로부터 재산을 여유 있게 허락받은 사람이 그 재산
　　을 남을 위해 사용하지 않는 것은 도적질이 됩니다. 하나님
　　께서 우리에게 물질을 여유 있게 주신 이유는 그 물질로 다
　　른 사람의 부족함을 채우라는 뜻이 있다는 사실을 명심해야
　　합니다. (고후8:14)

(6) 제8계명의 교훈은 하나님뿐만 아니라 이웃과의 관계나 상거래

에서도 정직하며 성실해야 한다는 점을 보여 주고 있습니다.

① 부적절한 상거래로 도적질하는 것은 죄가 됩니다.(레19:35)

② 빌리고 갚지 않은 것은 도적질로 간주됩니다. (시37:21)

③ 고용인이 품삯을 떼어 먹는 행위는 도적질이 됩니다.
   (약5:4)

④ 높은 이자를 받아 부를 축적하는 행위는 도적질이 됩니다.
   (출22:25)

⑤ 다른 사람이 하나님께 드린 헌금(물)을 잘못 쓸 데 하나님
   의 징계를 받게 되어 결국 저주의 죽음을 맞게 된 예가 있습
   니다. (삼상2:27-34)

(7) 결론적으로 우리 성도들은 성실과 근면한 바른 생활을 해야
    만 합니다.

① 부지런히 일하며 근면하게 생활하고 정직한 직업을 가지는
   것이 바람직한 일입니다. (살후3:10)

② 열심히 일한 소득으로 생활하고 나아가서는 궁핍한 자를 구
   제하는 선한 생활을 해야 합니다. (엡4:28)

③ 탐심을 버리고 현재 소유한 것으로 만족하며, 하나님께 감
   사하는 생활을 하여야 합니다. (빌4:11-12)

④ 아굴의 잠언처럼 허탄과 거짓말을 멀리하고 탐심이 일어나
   지 않는 적정한 부를 누리도록 항상 기도하는 생활을 하여
   야 합니다. (잠30:8-9)

⑨ 제 9 계명(재산과 명예의 보장) : 거짓 증거하지 말라.

네 이웃에 대하여 거짓 증거하지 말지니라. (출20:16)

(1) 제9계명은 위증, 즉 거짓 증언을 해서 남에게 손해를 끼치지
    말라는 말입니다.

① 거짓말은 본래 마귀가 행한 범죄였습니다. (요8:44)

② 거짓말은 특별히 하나님께서 미워하십니다. (슥8:17)

③ 거짓 증언(위증)은 남의 명예를 훼손시키는 범죄 행위이며 때로는 사람의 목숨을 앗는 일까지 초래할 수 있습니다. 구약성경의 나봇의 포도원 사건은 대표적이 위증 범죄의 한 유형이라고 할 수 있습니다. (참조, 왕상21:13)

④ 거짓 증언은 상대방에게 돌이킬 수 없는 피해를 주게 됩니다. (민35:30, 신19:16-19)

⑤ 예수님께서도 위증으로 인하여 고초를 당하셨습니다. (마26:60-61, 막14:56-58)

⑥ 모세의 율법은 어떤 사람의 증언이 거짓으로 판명나게 되면, 그 위증인 피고인이 받을 형벌을 대신 받도록 규정하고 있습니다. (신19:18-20)

(2) 성경은 거짓 증언하는 사람들에 대한 경고의 말씀을 기록합니다.

① 두루 다니며 한담하는 자는 남의 비밀을 누설하는 사람으로 사귀지 말라고 경고하고 있습니다. (잠20:19)

② 이웃 사람들에게 돌아다니며 사람을 논평하지 말며, 이웃을 죽을 지경에 이르게 하지 말라고 하나님께서 말씀하십니다. (레19:15)

③ 대제사장들과 온 공회가 예수님을 죽이려고 모의할 때에 거짓 증언이 있었음을 보여 줍니다. (마26:59-60)

④ 모든 거짓말의 배후에는 사단의 유혹과 조정이 있음을 알아야 합니다. (요8:44)

(3) 그리스도인은 말에 항상 주의를 기울여야 함을 알 수 있습니다.

① 사람이 무슨 말을 하든지 심판 날에 심판을 받게 됨을 알아야 합니다. (마12:36)

② 혀는 불같으며, 불의가 가득하여 우리 온 몸을 더럽히므로

혀를 쓰기를 주의해야 합니다. 이는 말을 항상 조심해야 한
다는 말입니다. (약3:6)

③ 경우에 맞는 말을 하고, 말에 실수를 하지 않도록 하며, 혀
를 금하여 악한 말을 하지 말아야 합니다.
(잠25:11, 약3:2, 벧전3:10)

⑩ 제 10 계명(십계명의 결론) : 네 이웃의 소유를 탐내지 말라.

네 이웃의 집을 탐내지 말라. 네 이웃의 아내나, 그의 남종이나 그의
여종이나, 그의 소나, 그의 나귀나, 무릇 네 이웃의 소유를 탐내지 말
라. (출20:17)

(1) 제10계명은 탐욕을 금지하는 명령으로 모든 계명의 결론과
요약이 됩니다. 이전 아홉 가지 계명은 행동 강령인데 비하
여 제10계명은 마음을 다스려야 하는 강령입니다.

① 탐욕과 탐심은 물질적인 것과 정신적인 것까지도 포함하는
말입니다. (마23:25, 막7:22, 엡5:3)

② 그리스도인은 무엇인가를 탐내어 가지려고 하는 탐심을 물
리쳐야만 합니다. (출20:17, 롬7:7)

③ '네 이웃의 소유를 탐내지 말라'라는 말은 다른 사람의 소유
권의 인정을 강조하고 있음을 보여 줍니다. (출20:17)

④ 온갖 더러운 것과 탐욕은 그 이름이라도 부르지 말라고 경
고하고 있습니다. (엡5:3)

⑤ 탐심은 우상 숭배입니다. 탐하는 자와 우상 숭배자는 하나
님의 나라를 유업으로 받지 못합니다. (골3:5, 엡5:5)

⑥ 아담과 하와가 저지른 인류 최초의 범죄도 하나님과 같이
되고자 하는 탐심 때문이었습니다. (창3:1-6)

⑦ 예수님도 마귀로부터 받은 시험에서 이 세상의 명예에 대한
탐심을 이기셨습니다. (마4:1-11, 눅4:1-14)

(2) 탐심은 우상 숭배와 간음, 도적질과 같은 모든 죄를 일으키는 근원이 됩니다.

① 탐심은 우상 숭배이므로 버려야 합니다. 욕심이 죄를 낳고, 죄가 사망을 낳게 됩니다. (약1:15)

② 사람의 중심을 살피시고 감찰하시는 주님을 의지해야 인간의 지체에서 나오는 탐심을 죽이고 하나님을 기쁘시게 해 드릴 수 있습니다. (삼상16:7, 살전2:4, 골3:5)

③ 탐심은 죄악의 뿌리가 됨으로 탐심을 버려야 합니다. (약1:15)

④ 탐심은 만족함이 없는 끝없는 탐욕의 죄로 빠져들게 함으로 이를 멀리하여야 합니다. (전5:10)

⑤ 탐심을 물리쳐야 합니다. 사람의 생명이 그 소유의 넉넉함에 있지 않기 때문입니다. (눅12:15)

4) 결론적으로 십계명의 완성은 예수님께서 가르치신 사랑을 실천하는 데 있음을 알 수 있습니다.

예수께서 이르시되, 네 마음을 다하고 목숨을 다하고 뜻을 다하여, 주 너의 하나님을 사랑하라 하셨으니, 이것이 크고 첫째 되는 계명이요. 둘째도 그와 같으니 네 이웃을 네 자신 같이 사랑하라 하셨으니, 이 두 계명이 온 율법과 선지자의 강령이니라. (마22:37-40/ 비교, 막12:29-31)

(1) 십계명에서 강조하는 가장 큰 정신은 거룩한 하나님에 대한 경외와 사랑입니다.

(2) 또한 하나님을 사랑하는 것처럼 이웃에 대하여도 하나님의 거룩한 사랑의 마음을 가지고, 사랑을 실천하며 사는 것입니다.

제 **3** 장

그리스도인의 참된 생활

이 장에서는 성경이 우리에게 가르치는 그리스도인의 삶이 어떤 것인지 알아봅니다. 하나님을 섬기는 삶의 자세뿐만 아니라, 가정과 사회, 그리고 경제생활까지도 하나님의 말씀의 비추어 어떤 삶을 살아야 하는지를 살펴보게 됩니다. 하나님의 성품에 이르는 거룩한 인격의 삶으로 여러분은 변화하게 될 것입니다.

+++

범사에 네 자신이 선한 일의 본을 보이며
교훈에 부패하지 아니함과 단정함과 책망할 것이 없는
바른 말을 하게 하라
이는 대적하는 자로 하여금 부끄러워
우리를 악하다 할 것이 없게 하려 함이라. (딛2:7)

1. 그리스도인은 어떻게 생활해야 할까요?

그리스도인은 어떻게 살아가야 할까요? 성경은 우리 그리스도인들에게 그리스도 안에서 생활하라고 권면하고 있습니다. 그리스도 안에서 생활하여야 한다면 그 의미는 무엇이며, 그리스도인에게 필요한 것은 무엇일까요? 이 장에서는 그리스도인이 살아가는 생활 양식이 무엇인지 살펴봅니다.

1) 그리스도인의 생활 양식은 '그리스도 안에서의 생활'입니다.

(1) '그리스도 안'에서 거한다는 말은 우리가 예수님의 말씀 안에서 순종하며 따르며 생활한다는 것을 의미합니다.

① 그리스도 안에 거한다는 것은 믿음의 사람들이 회심 후에 그리스도인이 되는 것을 의미합니다. (롬16:7)

② '그리스도 안'이라는 의미는 성도가 영적인 체험을 가지는 것임을 의미하기도 합니다. (고후12:2)

③ '그리스도 안'에 거한다는 의미는 우리가 '그분' 안에 거함과 동시에 그분이 '우리 안'에 거하는 것을 말합니다. (요15:7, 갈2:20)

④ '그리스도 안'에 거한다는 말은 우리가 예수 그리스도와 함께 죽음과 장사됨, 부활, 승천과 연관되어 있다는 것을 의미합니다. (롬6:4-11, 고후5:14, 갈2:20, 엡2:6, 골2:13-13)

(2) 하나님은 '그리스도 안'의 우리를 바라보시고 계십니다.

① 그리스도 안에서의 생활은 그분의 예정하심과 함께 시작되었습니다. (엡1:4)

② 그리스도 안에서의 생활은 우리의 소명과 의로워짐과 함께 지

속되어지는 것입니다. (고후5:21)

③ 우리가 영화될 때 완성될 것입니다. (롬8:30)

(3) 그리스도 안에서의 생활은 성결하고도 거룩함을 추구하는 생활로 더욱 그리스도를 닮아가는 생활입니다.

① 그리스도 안에서의 생활은 믿음에 굳게 서게 됨으로 감사가 넘치는 생활입니다. (골2:6-7)

② 그리스도 안에서의 생활은 믿음을 실천하는 생활로 예수 그리스도께서 가르치신 사랑의 계명을 지키는 생활입니다.
(요15:4,7,9-10,12,15)

③ 그리스도 안에서의 생활은 성령님을 근심하지 않게 하는 생활입니다. 성령을 근심하게 하는 생활은 악독과 노함과 분냄, 떠드는 것과 훼방하는 것, 인색하거나 상대방의 죄를 용서하기를 거부하는 것들입니다.
(갈5:20, 엡4:31-32, 골3:8, 3:13, 히2:15, 약2:14)

④ 그리스도 안에서의 생활은 율법의 완성인 사랑을 실천하고, '땅에 있는 지체'에 속한 것을 죽이는 생활입니다.
(롬13:9-10,12-14, 고전13, 골3:5)

⑤ 그리스도 안에서의 생활은 시험을 기쁘게 여기고 끝까지 인내하는 생활입니다. (약1:2-4)

⑥ 그리스도 안에서의 생활은 빛 가운데로 행하는 생활입니다.
(요일1:7)

⑦ 그리스도 안에서의 생활은 매일 하나님의 얼굴(그분의 승인)을 구하고 성령님으로 충만해진 생활입니다.
(시27:8, 눅11:9-13, 롬8:9, 엡5:18)

⑧ 그리스도 안에서의 생활은 더욱 그리스도를 닮아가는 생활입니다. (벧전2:20, 요일2:6)

2) 그리스도인의 생활 양식은 십자가를 지는 생활입니다.

(1) 그리스도인은 십자가를 지는 생활을 하여야 합니다.

① 십자가를 지는 것은 곧 예수 그리스도에 대한 대속의 죽으심과 피 흘리심으로 속죄하심에 대한 믿음의 응답이기 때문입니다. (롬3:25-26)

② 십자가를 짐으로 예수님의 말씀과 명령을 준행하는 것이기 때문입니다. (마16:24)

③ 그리스도인이 십자가를 지는 생활을 하여야 하는 이유는 십자가가 복음의 핵심이기 때문입니다. 예수님께서 이 땅에 오신 이유는 십자가를 지시기 위함이었습니다. (요3:16)

④ 십자가는 우리가 예수 그리스도와의 사랑 안에 있다는 증거로서 받아들이는 상징이기 때문입니다. (고후1:5, 갈6:14)

⑤ 우리는 십자가를 참으시고 부끄러움을 개의치 않으셨던 예수님의 모습을 닮아가야 하기 때문입니다. (히12:2)

(2) '십자가를 짐'의 본질은 예수님께서 받으신 '기꺼이 오해 받는' 고난을 의미합니다.

① '오해받음'은 예수님께서 친히 겪으신 고난의 일부였습니다.

  a. 당시에 제자들은 예수님의 삶의 모든 상황을 이해할 수 없었으며, 예수님께서도 제자들에게 모든 것을 설명할 수 없었습니다. (요16:12)

  b. 예수님께서는 성부께서 자신을 기뻐하심을 아는 데서 기쁨을 얻었습니다. 오해받음이라는 고난은 하나님만이 이해하신다는 사실을 앎으로써 완화되는 것입니다. (요5:44)

  c. 예수님께서 로마 병정들로부터 업신여김을 당하고 조롱을 당하시면서 기꺼이 어리석은 자처럼 보이셨습니다. (마27:29, 눅23:11)

② 그리스도인은 십자가를 위해 '오해받음'을 기꺼이 여길 수 있

어야 합니다.

    a. 그리스도인은 예수 그리스도와 그분이 십자가에 못 박힌 것 외에는 다른 관심이 있을 수 없습니다. (고전2:2)

    b. 십자가에 대한 이야기를 전하는 것은 유대인에게는 '꺼리 끼는 것'으로 이방인에게는 '미련한 것'으로 여겨졌습니다. (고전1:23)

(3) '십자가를 짐'의 고통은 십자가의 질과 양으로 고난으로 다가옵니다.

    ① 예수님께서는 부끄러움을 개의치 아니하셨습니다. (히12:2)

    ② 우리는 그분과 같은 십자가의 고통을 체험하지 않을 수도 있습니다. 히브리 그리스도인들이 십자가의 고통을 직접 체험하지는 않았습니다. (히12:4)

    ③ 우리는 십자가의 고난이 다가올 때 놀랄 필요가 없습니다. 오히려 그리스도의 고난에 참여하는 것으로 즐거워해야 할 것입니다. (벧전4:12-13)

    ④ 그리스도인이기 때문에 받는 최고의 형태의 짐은 그리스도의 이름으로 욕을 받는 '십자가의 짐'입니다. (벧전4:14)

(4) 우리가 십자가를 져야 하는 이유는 우리는 예수님을 따르는 그리스도인이기 때문입니다.

    ① 우리는 우리 자신의 소유가 아니라 주님께서 값을 주고 사신 존재로 하나님께 영광을 돌려야 하기 때문입니다. (고전6:19-20)

    ② 선을 행함으로 고난을 받는 것은 하나님의 뜻이기 때문입니다. (창39:1-20, 벧전3:17)

    ③ 하나님께 불순종함으로 고난을 받는 경우가 있을 수 있습니다. 하나님께서는 죄에 빠진 믿음의 사람들에게 십자가를 지게 하실 것입니다. (벧전4:15/ 비교, 삼하12:10)

④ 십자가를 짐에는 언제나 이유가 있습니다. 하나님께서 우리에게 의미 없이 십자가를 지게 하시는 경우는 결코 없습니다. (벧전4:12-14)

(5) 하나님께서 우리에게 십자가를 지게 하시는 몇 가지 이유가 있습니다.

① 우리가 장차 이르게 될 상태에 대해 더욱 더 대비시키려는 것입니다. 하나님께서 우리에게 십자가를 지라고 요구하시는 가장 주된 이유는 우리로 예수님을 더욱 닮게 하시려는 것입니다. (롬8:30)

② 하나님께서는 우리의 칭찬과 영광과 존귀를 더 하시게 하시기 위하여 십자가를 지게 하십니다. 우리의 삶속에서 십자가를 존귀히 여기는 정도는 하나님께로부터 소명의 범위와 일치하기 때문입니다. (벧전1:7)

③ 우리를 성공에 대처할 수 있게 만들기 위해서입니다. 지극히 작은 것에 충성된 자는 큰 일에도 충성될 것이기 때문입니다. (눅16:10/ 비교, 요셉의 고난)

④ 우리로 하여금 자신이 지신이 지닌 모습을 그대로 직시하도록 하기 위해서입니다. (욥42:6)

⑤ 손가락질 하는 습관을 끊게 하시기 위해서입니다. (마7:1, 눅6:38)

(6) 성도는 적어도 위엄 있게 십자가를 짊어지기 위하여 하여야 할 일들과 하지 말아야 할 일들이 있습니다.

① 십자가를 지는 짐을 즐겁게 여겨야 합니다. (약1:2, 벧전4:12)

② 하나님만이 나의 사정을 안다는 것에서 기쁨을 얻어야 합니다. (삼상24:15, 렘17:15-16, 20:12-12/ 비교, 시7:1,11, 55:6)

③ 하나님께서 일하시는 때를 기다려야 합니다. (사25:9, 고전4:5)

④ 십자가의 고난을 불평하거나 원망하지 말아야 합니다.
(고전10:10)

⑤ 자신에 대한 변명을 하지 말아야 합니다. 우리가 하지 않아도
하나님께서 친히 보응하심을 알아야 합니다.
(창40:15, 욥27:5-6, 롬12:19)

⑥ 하나님께서 우리에게 질병이나 핍박, 불의, 기도 응답의 지연
등으로 십자가를 지게 하실 때에도 하나님을 비난해서는 안
됩니다. (약1:20)

⑦ 예수님의 모습을 닮은 십자가를 지는 가장 큰 모습은 원수를
위해 기도하는 것입니다. (눅6:35)

3) 그리스도인의 생활 양식은 '거룩함'을 추구하며 하나님을 닮아가는 '성결한 생활'입니다.

(1) 하나님의 본 모습은 '거룩하신 분'으로 하나님을 완전히 이해할
수 있는 증거들은 이 세상에 존재하지 않습니다.

① 하나님의 존재에 대한 그분의 말씀은 '내가 거룩하니'라는 말
씀이었습니다. (레11:44)

② 하나님께서는 인간의 본질과 행위와 완전히 다른 분이신 거룩
하신 분이십니다. (사6:1-3, 40:25)

③ 하나님께서는 가까이 가지 못할 빛에 거하시고 아무 사람도
보지 못하는 또 볼 수 없는 '빛'이십니다.
(요3:19, 딤전6:16, 요일1:5/ 비교, 행9:3, 26:13)

④ 하나님은 진리이시며, 예수님도 진리이셨고, 성령님도 진리의
영이셨습니다. (신32:4, 요1:14, 14:6,17)

⑤ 하나님은 신실하신 분으로 언제나 자신의 말씀을 지키심으로
언제나 의지할 수 있는 분이십니다.
(시91:3, 애3:23, 고전1:9, 10:13)

(2) 하나님은 '거룩하신 분'으로 근본적으로 죄를 미워하십니다.
(합1:13, 슥8:16-17)

　① 하나님께서 거룩함을 보여주는 율법을 주신 이유는 그분이 죄
　　를 미워하시는 분이시기 때문입니다. (갈3:2-22)

　② 십계명은 하나님이 인간에게 요구하시는 최소한의 삶의 표준
　　을 보여주는 것으로 죄에 대한 하나님의 의식을 보여주는 것
　　입니다. (출20:1-20)

　③ 하나님께서는 형벌 받을 자에게 반드시 보응하십니다.
　　(출34:7, 롬2:16)

(3) 예수님은 하나님의 거룩하신 모습을 완전히 나타내 보이시는
분이십니다.

　① 예수님은 전혀 죄가 없으신 분이시며, 그분 자신이 완전히 거
　　룩하신 분이셨습니다. (요14:9, 히7:26, 벧전2:22)

　② 예수님은 그분의 행동을 통하여 하나님의 거룩하심을 보여주
　　셨습니다. (히4:15)

　③ 예수님은 한 번도 죄를 짓지 않으셨을 뿐만 아니라, 그분의 모
　　든 말씀과 행동으로 성부의 소원을 나타내셨으며, 율법의 완
　　전함을 드러내셨습니다. (마5:17, 요12:49, 벧전2:22)

　④ 예수님은 그분의 삶과 죽음을 이루심으로 완전한 대속자가 되
　　셨습니다. (롬5:10, 벧전2:24)

　⑤ 예수 그리스도께서 그분의 몸을 산제물로 드리심으로 모든 성
　　도들이 거룩함을 옷입게 되었습니다. (히10:10)

(4) 하나님의 백성은 '거룩하라'는 요청을 지속적으로 요구받게 됩
니다. (히12:14)

　① 본래 우리 인간은 혐오스러운 존재이며 심히 부패한 존재입니
　　다. (렘17:9, 롬3:10-18)

　② '성화' 또는 '거룩함'은 그리스도에게 속한 것으로써 우리가 그

분 안에 있음으로 소유하게 된 것이다. (고전1:30)

③ 성화(거룩함)는 우리가 추구하도록 부름받은 목표이며, 성령
님의 도우심으로 거룩함과 구원에 이르게 됩니다.
(롬6:22, 살후2:13, 딤후1:9)

(5) 우리가 사는 동안에 이루어야 할 거룩함의 모습과 목표를 성경
에서 찾아보게 됩니다.

① 성경은 성도들에게 올바른 가정 생활과 높은 수준의 도덕성으
로 그 거룩함을 지속적으로 유지할 것을 강조합니다.
(엡5:3, 살전4:3-7, 벧전1:14-16)

② 돈에 대한 정직성과 진실한 생활을 하여야 합니다.
(시58:3, 말3:8, 엡4:28, 계21:8)

③ 모든 사람에게 친절한 마음을 가지며, 악독한 마음을 품지 않
아야 합니다. (엡4:30, 히12:14)

④ 잘 절제된 혀입니다. (마7:1-2, 12:36, 엡5:4, 약3)

⑤ 빛 가운데로 행하는 삶입니다. (빌3:12-15, 요일1:7-9)

4) 그리스도인의 생활 양식은 '하나님을 경외'하는 생활입니다.

(1) 하나님을 경외하는 생활은 성경이 끊임없이 성도들에게 요구하
는 삶의 주제입니다.

① 하나님을 경외한다는 말은 그분의 인격, 일하신 방법에 대한
가장 깊은 존경, 그분을 기쁘시게 하지 못하는 것에 대한 강한
두려움이 포함되어 있다는 의미입니다.
(신9:19, 마3:7, 히12:21)

② 아브라함의 신앙 생활은 그리스도인의 모범으로 하나님을 경
외함에 대한 칭찬을 받았습니다. (창22:12, 롬4:16, 갈3:8)

③ 시내산에서 모세가 받은 율법은 하나님을 경외하며, 하나님의
명령을 지키라는 것이었습니다. (출20:18, 신5:29)

④ 하나님을 경외하는 것은 인간의 본분이며, 지속적으로 가르쳐
야 하는 것입니다. (시34:11, 전12:13, 계14:7)

⑤ 표적과 기사는 치유에서 오는 큰 기쁨뿐만 아니라 두려움도
가져오게 됨을 사도들의 이적을 통해서 알 수 있습니다.
(행2:43)

⑥ 성령님을 모독하는 경우 죽음까지도 가져올 수 있을 뿐만 아
니라 '큰 두려움'을 불러일으키게 된다는 사실을 아나니아와
삽비라에 대한 사례에서 알 수 있습니다. (행5:11)

(2) 하나님께서 여러 가지 방법으로 그분 자신을 우리에게 보이심
으로 우리가 그분을 경외할 수 있게 됩니다.

① 치유하시는 임재를 그분 자신을 통하여 나타내 보이십니다.
(눅5:17)

② 즐거이 부르는 찬송과 경배의 임재를 통하여 그분 자신을 나타
내 보이십니다. (시126:2, 스3:11, 눅24:52-53, 행2:47, 16:25)

③ 하나님을 기뻐하는 일에서 그분 자신을 나타내실 수 있습니
다. (느8:10)

④ 하나님께 간절히 기도하는 간구의 영을 통해서 그분 자신을
나타내실 수 있습니다. (행1:14, 4:24-31, 12:5)

⑤ 심판의 임재를 통해서 하나님께서 그분 자신을 나타내실 수
있습니다. (행5:1-11, 8:21)

⑥ 구원의 때를 통하여 그분 자신을 우리에게 나타내십니다.
(행16:16-18)

⑦ 하나님을 경외함의 임재를 통해 그분 자신을 나타내십니다.
(눅1:12, 5:26, 7:16, 8:37, 행2:43, 5:5,11, 19:17)

⑧ 하나님은 경외로우신 분이시지만, 우리에게 '두려워하지 말라'
라고 말씀하시며 그분을 나타내 보이십니다.
(마28:10, 눅1:13, 2:10, 계1:17)

⑨ 하나님의 행하신 일의 결과가 기쁨과 함께 눈물과 두려움을 수반하는 경우가 많이 있습니다. (스3:13, 마28:18)

(3) 하나님을 경외하는 방법은 몇 가지 방법을 통해서 배우게 됩니다. 이는 근본적으로 성령님의 부르심의 결과입니다.

① 근본적으로 하나님의 말씀을 들음으로써 하나님을 경외하는 방법을 배우게 됩니다.
(신11:18-19, 롬10:14-18/ 비교, 행2:37-40)

② 하나님의 행하신 일들을 보거나 경험하게 됨으로써 하나님을 경외하는 방법을 배우게 됩니다.
(신11:7, 눅5:26, 히2:4, 행5:5,11, 19:17)

③ 하나님의 말씀에 순종함으로써 하나님을 경외하는 방법을 배우게 됩니다. 하나님의 말씀에 순종함과 하나님을 사랑함은 동일한 것입니다.
(신10:12-13, 11:1,5, 요14:15, 롬1:5, 살전1:8/ 비교, 벧전4:17)

④ 하나님을 경외하는 방법을 배우게 되는 모든 것은 결국 성령님을 통한 하나님의 은혜로우신 부르심의 결과입니다. (행2:39)

(4) 사람들이 하나님을 경외하는데 이르게 되는 동기를 성경을 통해서 찾아 볼 수 있습니다.

① 예수님을 믿지 않은 비그리스도인이 하나님을 알게 되는 동기는 들음과 경험입니다.

a. 하나님의 진노에 대한 설교를 들음으로써 하나님을 경외하게 됩니다. (마3:7)

b. 힘 있는 설교를 들음으로써 하나님을 경외하게 됩니다.
(행2:37)

c. 권위 있는 가르침을 들음으로써 하나님을 경외하게 됩니다.
(마7:28-29, 22:33)

d. 표적과 기사를 경험하게 됨으로써 하나님을 경외하게 됩니다.
(행4:16)

② 이미 예수 그리스도를 믿은 그리스도인이 하나님을 경외함에 이르게 되는 동기는 하나님에 대한 경외심입니다.

　a. 하나님의 징계하심에 대한 두려움 때문에 하나님을 경외함에 이르게 됩니다. (시6:1)

　b. 하나님의 진노케 함에 대한 두려움 때문에 하나님을 경외함에 이르게 됩니다.

　(시2:11, 4:3-4, 6:1, 19:7-14, 요 3:36, 롬9:22)

　c. 하나님의 안식에 들어가지 못함에 대한 두려움 때문에 하나님을 경외함에 이르게 됩니다. (히4:1)

　d. 지속적인 불순종에 대한 두려움 때문에 하나님을 경외함에 이르게 됩니다. (히10:26-31)

(5) 우리가 하나님을 진정으로 경외하는지 여부는 성경말씀에 비추어 알게 됩니다.

① 진정으로 하나님으로부터 오는 영광을 구하고 사람으로부터 오는 영광을 구하지 않습니다. (요5:44)

② 우리가 그분의 이름을 경외하기를 원하시는 만큼 우리가 그분의 이름을 존중하게 됩니다. (신28:58)

③ 진정으로 모든 일에 하나님을 기쁘시게 하려는 관심을 가지게 됩니다. 이는 지극히 작은 일에도 충성을 하게 되는 모습으로 나타나게 됩니다. (눅16:10, 고후5:9, 요일1:7)

5) 그리스도인의 생활 양식은 '중보기도'하는 생활이 매일 매일 지속되는 생활입니다.

(1) '중보기도'는 다른 사람을 위해 하나님께 간정하는 것입니다. (행12:5, 엡6:18)

① 예수님만이 우리의 중보자가 되시며, 그분이 우리 성도들을 위해 성부 하나님의 오른편에서 지금도 기도하시고 계시다는

사실을 먼저 알아야 합니다. (롬8:34, 히7:25)

② 우리가 하나님께 첫 번째로 구해야 할 것은 언제나 긍휼하심입니다. (히4:16)

③ 중보기도는 하나님과 도움이 필요한 사람 사이에 서는 것이며, 대변자가 되는 것을 의미합니다. (행12:5)

④ 중보기도를 드릴 때 하나님을 속여서는 안 됩니다. 즉 우리의 입술의 말과 생각이 달라서는 안 됩니다. 그분은 우리의 마음을 모두 아시기 때문입니다. (히4:13)

(2) 예수님께서 친히 중보자의 본을 보이셨습니다.

① 예수님께서도 자신을 십자가에 못 박은 자들을 위하여 기도하셨습니다. (눅23:34)

② 예수님께서 다른 사람들을 위하여 기도하셨습니다. (롬15:3)

③ 주님은 우리의 연약함을 친히 동정하셨습니다.
진정한 중보기도자라면 자신이 기도하는 대상들에 대하여 먼저 동정(불쌍히 여김)의 마음을 가져야 합니다. (히4:15)

④ 그분은 자비롭고 충성된 대제사장이시며, 항상 살아서 우리를 위하여 간구하시고 계십니다. (히2:17, 7:25)

⑤ 예수님께서도 성부 하나님께 심한 통곡과 눈물과 간구하심으로 소원을 드리셨으며, 그분의 경건하심으로 인하여 들으심을 얻었습니다. (히5:7)

⑥ 예수님께서는 언제나 성부 하나님을 기쁘시게 하셨습니다. (요5:30)

(3) 이스라엘의 지도자인 모세는 위대한 중보기도자였으며, 모세 외에도 많은 중보기도자가 있었습니다.

① 모세는 두 손을 들고 이스라엘 민족을 위해 중보기도를 드렸습니다. (출17:11-12)

② 모세는 하나님께 거역하는 백성들을 위해 중보기도를 드렸습

니다.(출32:11)

③ 모세는 중보기도를 드릴 때 하나님께 그분의 명성을 상기시켰습니다. (출32:12)

④ 모세의 기도를 들으심으로 하나님께서 이스라엘 백성에게서 노를 돌이키시고 멸하시지 않게 하셨습니다. (시106:23)

⑤ 구약성경에는 모세 외에도 아브라함, 에스라, 다니엘, 사무엘, 엘리야 등의 중보기도자를 찾아볼 수 있습니다.
(창18:16-33, 삼상7:5, 스9:5-15, 단9:3-19, 약5:17-18)

(4) 사도바울에게서 중보기도의 중요성을 살펴볼 수 있습니다.

① 신약성경을 쓴 사도 바울도 절대적으로 중보기도의 필요성을 느꼈습니다. (엡6:19-20, 살전5:25/ 비교, 골4:3-4)

② 바울은 자신의 민족을 위하여 기도하였습니다.
(롬10:1, 딤전2:1-2/ 비교, 시122:6)

③ 바울은 자신이 관심을 둔 교회들을 위하여 기도하였습니다.
(롬1:9-10, 엡1:17, 3:14-19, 빌1:3-6, 살전1:2-3)

④ 바울은 목회자인 디모데 한 사람을 위하여 기도하기도 하였습니다.(딤후1:3-4)

⑤ 바울은 중보기도를 드렸을 때 자신이 원하던 것과 다른 응답을 얻은 경우도 있었습니다. (고후12:9)

⑥ 바울은 가장 큰 시련을 겪을 때 자신의 구원을 하나님의 구체적인 개입과 다른 신자들의 중보기도의 수고로 돌렸습니다.
(고후1:10-11)

(5) 교회가 합심하여 중보기도를 드릴 때 기도의 응답이 이루어진 모습을 볼 수 있습니다. (행1:14)

① 영적 전쟁의 일부의 승리는 중보기도에 의하여 이루어집니다.
(엡6:10-18)

② 초대 교회는 옥에 갇힌 베드로를 위하여 중보기도를 드렸으며

그 결과 베드로가 기적적으로 구출되었습니다. 이것은 합심기도의 응답이었습니다. (행12:2-17)

③ 환난 중에 있는 교회는 합심기도에 의하여 큰 도움을 받는 모습을 보입니다. (행4:24,31)

(6) 중보기도에 반드시 포함되어야 할 내용들이 있습니다.

① 먼저 하나님을 인정하고, 감사함으로 기도하는 찬양이 수반됩니다. (행4:24-28, 롬1:8, 고후9:14-15, 빌1:3-4, 4:6)

② 하나님께서는 우리가 구하기 전에 필요한 모든 것을 아시지만 그래도 우리는 하나님께 구해야 합니다. (마6:8, 빌4:6)

③ 직면한 문제를 인정하고 교회에 구체적인 기도 제목을 요청해야 합니다. (엡6:19/ 비교, 행4:27)

④ 중보기도에는 치유기도가 포함됩니다.(약5:16/ 비교, 행4:30)

⑤ 하나님의 모든 뜻 가운데서 안전하고 확신있게 설 수 있기를 구하여야 합니다. (골4:12)

⑥ 우리가 그리스도를 잘 알도록 기도하여야 합니다.
(엡1:16, 3:17)

⑦ 기도할 때에는 어떤 이유로도 다른 사람을 원망해서는 안 됩니다. (주기도문, 마6:12,14-15, 막11:23,25)

⑧ 원수를 위해 기도하는 것은 가장 숭고하지만 가장 어려운 문제일 수 있습니다. 여러분의 대적이 심판을 받지 않고 복을 받도록 기도할 뿐만 아니라, 여러분 자신이 하나님의 축복을 받기 원하듯이 하나님께서 대적들을 축복해 주시도록 기도해야 합니다. (주기도문, 눅23:34, 행7:51-60)

(7) 이상적인 중보기도자는 예수님처럼 기도하는 사람입니다.
예수님의 사역의 모습에서 중보기도자가 가져야 할 마음의 자세를 확인할 수 있습니다.

① 그분은 우리의 연약함을 동정하신 자비하신 분이셨습니다. 효

과적인 중보기도자는 판단하거나 비판하는 사람이 아니며, 인
간의 연약함을 이해할 수 있는 사람일 것입니다.
(히2:17, 4:15)

② 그분은 원수들을 위해 기도하셨습니다. 중보기도자는 자신의
입장에 따라서 기도하는 것이 아니라 공평하게 그의 대적을
위해 기도하여야 합니다. (눅23:34)

③ 그분은 성실하셨습니다. 중보기도자는 대제사장이신 예수 그
리스도처럼 하나님께 신실함과 섬김이 있어야 합니다.
(히2:17)

④ 그분은 자신을 내세우지 않는 온유하시고 겸손하신 분이셨습
니다. 자신을 드러내지 않고 배후에서 중보기도하시는 성령님
처럼 훌륭한 중보기도자는 숨어서 기도하는 사람일 것입니다.
(마11:29, 롬8:26-27)

⑤ 그분은 항상 살아서 저희를 위하여 구하시고 계십니다. 중보
기도자는 기도하는 시간을 내거나 따로 구별된 시간을 내며,
중보기도에 우선을 두는 사람일 것입니다. (히7:25)

6) 결론적으로 그리스도인의 생활 양식은 예수님을 믿는 믿음 안에서 그분을 닮아가는 삶으로 이루어져야 합니다.

(1) 그리스도인은 예수님 안에서 십자가를 지는 삶을 살아야 하며,
또한 거룩함을 추구하며 하나님을 닮아가는 성결한 생활을 유
지하여야 합니다.

(2) 그리스도인의 삶은 하나님을 경외하며, 매일 매일 다른 사람을
위하여 기도하는 생활이 되어야 합니다.

2. 그리스도인의 바른 성품

　　예수 그리스도를 믿고 따르는 사람들의 성품은 어떠해야 할까요? 예수님을 믿는 사람들이 일반 사람들과 달라야 한다는 점은 무엇일까요? 우리의 모습이 우리가 좋아하는 사람을 닮아 가듯이 예수님을 믿고 따르는 그리스도인의 인품은 거룩한 예수님의 사랑의 모습을 닮아가야 한다는 점을 이 장을 통해서 배울 수 있습니다.

1) 그리스도인들은 '하나님의 성품'을 닮아가야 합니다.
(마11:28-30)

　(1) 예수님의 성품은 '온유와 겸손'입니다.

　　① 예수님께서는 '수고하고 무거운 짐 진 자들아, 다 내게로 오라. 내가 너희를 쉬게 하리라.'고 말씀하셨습니다. (마11:28)

　　② 예수님의 마음은 온유하고 겸손하므로, 예수님의 멍에를 메고 예수님께 배우면, 우리의 마음이 쉼을 얻게 될 것입니다. (마11:29)

　　③ 예수님의 짐은 가볍고, 예수님의 멍에는 우리가 메기 쉽기 때문입니다. (마11:30)

　(2) 그리스도인의 인격은 '하나님의 성품'에 참여하는 자가 되는 것입니다. (벧후1:3-11/ 비교, 골3:12-17)

　　① 더욱 힘써 믿음에 덕을 더하여야 합니다. (벧후1:5)

　　② 덕에 지식을 더하여야 합니다. (벧후1:6)

　　③ 지식에 절제를 더하여야 합니다. (벧후1:6)

　　④ 절제에 인내를 더하여야 합니다. (딤후4:2, 벧후1:6)

⑤ 인내에 경건을 더하여야 합니다. (골3:12, 벧후1:6)

⑥ 경건에 형제우애를 더하여야 합니다. (벧후1:7)

⑦ 형제우애에 사랑을 더하여야 합니다. (골3:14, 벧후1:7)

(3) 그리스도인은 '하나님께로부터 오는 지혜와 총명'을 가져야 합니다. (약3:13-18)

① 선행에 힘써야 합니다. (약3:13)

② 지혜의 온유함으로 행하여야 합니다. (약3:13)

③ 오직 위로부터 오는 지혜는 첫째 성결입니다. (약3:17)

④ 화평합니다. (마5:9, 롬12:18, 갈5:22, 약3:17)

⑤ 관용이 있습니다. (약3:17)

⑥ 양순합니다. (약3:17)

⑦ 긍휼과 선한 열매가 가득합니다. (골3:12, 약3:17)

⑧ 편견과 거짓이 없습니다. (약3:17)

⑨ 화평으로 심어 의의 열매를 거둡니다. (약3:18)

2) 그리스도인은 성령님의 인도함을 받아 '성령님의 열매'를 맺는 모습을 보여야 합니다. (고전12:31, 갈5:22-23, 골3:12-17)

(1) '성령의 열매'는 9가지입니다. (갈5:22-23)

① 사랑의 열매를 맺어야 합니다.
(마5:44, 22:37-40, 요13:34, 15:12, 롬12:9, 고전13:13, 갈5:14)

② 희락의 열매를 맺어야 합니다.
(시100, 요15:11, 롬5:3, 12:15, 살전1:6, 5:16)

③ 화평의 열매를 맺어야 합니다.
(마5:9, 골3:15, 히12:14, 약3:18)

④ 인내(오래 참음)의 열매를 맺어야 합니다.
(눅21:19, 롬12:12, 골1:11,24, 약1:12)

⑤ 자비의 열매를 맺어야 합니다. (마12:7, 엡2:7, 딛3:4)

⑥ 양선(어질고 착함)의 열매를 맺어야 합니다.
　(마4:16, 빌1:10, 2:5-8, 딤전1:18-19, 약3:13)

⑦ 충성의 열매를 맺어야 합니다. (마25:21, 히3:5-6, 계2:10)

⑧ 온유의 열매를 맺어야 합니다. (마5:5, 골3:12)

⑨ 절제의 열매를 맺어야 합니다. (갈5:16, 딛1:8, 벧후1:5)

(2) 하나님의 택하신 거룩하고 사랑하신 자처럼 성령님의 열매인 사랑으로 옷 입어야 합니다. (골3:12-17)

① 긍휼과 자비와 겸손과 온유와 오래 참음으로 옷 입어야 합니다. (골3:12)

② 주님께서 우리를 용서하신 것과 같이 서로 용서하여야 합니다. (골3:13)

③ 이 모든 것 위에 사랑을 더하여야 합니다. (골3:14)

④ 그리스도의 평강이 우리 마음을 움직이게 해야 합니다. 우리는 평강을 위하여 한 몸으로 부름을 받았습니다. (골3:15)

⑤ 마음에 감사함으로 하나님을 찬양하여야 합니다. (골3:15-16)

⑥ 말에나 일에나 무엇을 하든지 다 주 예수님의 이름으로 그분을 힘입어 하나님 아버지께 감사하여야 합니다. (골3:17)

(3) 성경은 고귀한 인격을 갖춘 성도가 가져야 할 '사랑'의 모습을 설명해 줍니다. (고전13:4-7)

① 사랑은 오래 참습니다. (고전13:4, 벧전2:20)

② 사랑은 온유합니다. (고전13:4)

③ 사랑은 시기하지 않습니다. (고전13:4)

④ 사랑은 자랑하지 않습니다. (고전13:4)

⑤ 사랑은 교만하지 않습니다. (고전13:4)

⑥ 사랑은 무례히 행치 않습니다. (고전13:5)

⑦ 사랑은 자기의 유익을 구치 않습니다. (고전13:5)

⑧ 사랑은 성내지 않습니다. (고전13:5)

⑨ 사랑은 악한 것을 생각지 않습니다. (고전13:5)

⑩ 사랑은 불의를 기뻐하지 않습니다. (고전13:6)

⑪ 사랑은 진리와 함께 기뻐합니다. (고전13:6)

⑫ 사랑은 모든 것을 참습니다. (고전13:7)

⑬ 사랑은 모든 것을 믿습니다. (고전13:7)

⑭ 사랑은 모든 것을 바랍니다. (고전13:7)

⑮ 사랑은 모든 것을 견딥니다. (고전13:7)

3) 그리스도인은 '사랑의 사람'으로 변화되어야 합니다.

(1) 사랑은 성도들에게 꼭 있어야만 하는 중요한 은사입니다.
(고전13:1-3)

① 사람의 방언과 천사의 말을 한다고 하더라도 사랑이 없으면 아무 것도 아닙니다. (고전13:1)

② 예언하는 능력이 있어 모든 비밀과 모든 지식을 알고, 또 산을 옮길 만한 믿음이 있더라도 사랑이 없으면 아무 것도 아닙니다. (고전13:2)

③ 모든 것으로 구제하고, 또 몸을 불사르게 내어 준다고 하더라도 사랑이 없다면 아무런 유익이 없습니다. (고전13:3)

(2) 그리스도인에게 있어서 '사랑의 성품'은 믿음을 실천하는 선한 행위로 나타나게 됩니다. (롬12:9-21)

① 악을 미워하고 선에 속하게 됩니다. (롬12:9)

② 형제를 사랑하며 서로 우애하고 존경하기를 서로 먼저 하게 됩니다. (롬2:10)

③ 부지런하며 열심을 내어 주님을 섬기게 됩니다. (롬12:11)

④ 소망 중에 즐거워하게 됩니다. (롬12:12)

⑤ 환난 중에도 참을 수 있게 됩니다. (롬12:12)

⑥ 성도의 쓸 것을 공급하며, 손님 대접하기를 힘씁니다.
(롬12:13)

⑦ 박해하는 자를 축복하고, 저주하지 않습니다. (롬12:14)

⑧ 즐거워하는 자들과 함께 즐거워하며, 우는 자들과 함께 웁니
다. (롬12:15)

⑨ 서로 마음을 같이합니다. (롬12:16)

⑩ 높은 데 마음을 두지 아니하고 낮은 곳으로 행합니다.
(롬12:16)

⑪ 스스로 지혜 있는 체 아니 합니다. (롬12:16)

⑫ 선으로 악을 이깁니다. 악을 악으로 갚지 않고, 모든 사람 앞
에서 선한 일을 도모합니다. (롬12:17,21)

⑬ 모든 사람으로 평화하려고 노력합니다. (롬12:18)

⑭ 본인이 원수를 갚지 않습니다. 원수 갚는 것은 하나님의 진노
하심에 맡깁니다. (롬12:19)

⑮ 원수에게 음식물을 제공합니다. (롬12:20)

⑯ 악에게 지지 않고 선으로 악을 이깁니다. (롬12:21)

(3) 사랑은 율법의 완성입니다. (마22:36-40, 롬13:8-10)

① 남을 사랑하는 자들은 율법을 다 이루었습니다. (롬13:8)

② 사랑은 율법의 완성입니다. (롬13:10)

③ 하나님 사랑과 이웃 사랑은 온 율법과 선지자의 강령입니다.
(마22:37-40)

4) 음행과 온갖 더러운 것과 탐욕은 그 이름이라도 부르지 말아야 합니다. (엡5:3)

(1) 육체의 일들에서 멀어져야 합니다. 이와 같은 일들은 하나님 나라를 유업으로 받지 못합니다. (갈5:19-21, 골3:5-10)

① 음행과 더러운 것과 호색하는 것입니다.
(갈5:19, 약3:14-15)

② 우상 숭배와 술수와 원수를 맺는 것입니다. (갈5:20)

③ 분쟁과 시기와 분내는 것입니다. (갈5:20)

④ 당 짓는 것과 분리함과 이단입니다. (갈5:20)

⑤ 투기와 술취함과 방탕입니다. (갈5:21)

(2) 세상적이고 정욕적이며 마귀적인 것은 버려야 합니다.
하나님 두기를 싫어하게 되어 하나님께서도 그 상실한 마음대로 버려 두시므로 합당치 못한 일을 하게 하십니다.
(롬1:28, 약3:15-18)

① 독한 시기와 다툼을 버려야 합니다. (약3:14)

② 진리를 거스리는 거짓을 버려야 합니다. (약3:14)

③ 시기와 다툼과 혼란과 모든 악한 일을 버려야 합니다.
(약3:16)

④ 사람을 외모로 취하지 말아야 합니다. (약2:1)

⑤ 형제와 이웃을 비방하거나 판단하지 말아야 합니다.
(약4:11-12)

⑥ 혀를 길들여야 합니다. (약1:26, 3:2-12)

(3) 사형에 해당하는 자가 될까 스스로 조심해야 합니다.
(롬1:28-32)

① 모든 불의, 추악, 탐욕, 악의가 가득한 자입니다. (롬1:29)

② 시기, 살인, 분쟁, 사기, 악독이 가득한 자입니다. (롬1:29)

③ 수군수군하는 자입니다. (롬1:29)

④ 비방하는 자입니다. (롬1:30)

⑤ 교만한 자입니다. (롬1:30)

⑥ 자랑하는 자입니다. (롬1:30)

⑦ 악을 도모하는 자입니다. (롬1:30)

⑧ 부모를 거역하는 자입니다. (롬1:30)

⑨ 우매한 자입니다. (롬1:31)

⑩ 배약한 자입니다. (롬1:31)

⑪ 무정한 자입니다. (롬1:31)

⑫ 무자비한 자입니다. (롬1:31)

(4) 사람 속에서 나오는 여러 가지 악한 생각이 사람을 더럽게 합니다. (막7:20-23)

① 음란입니다. (막7:21)

② 도적질입니다. (막7:21)

③ 살인입니다. (막7:21)

④ 간음입니다. (막7:22)

⑤ 탐욕입니다. (막7:22)

⑥ 악독입니다. (막7:22)

⑦ 속이는 것입니다. (막7:22)

⑧ 음탕한 생각입니다. (막7:22)

⑨ 질투입니다. (막7:22)

⑩ 비방입니다. (막7:22)

⑪ 교만입니다. (막7:22)

⑫ 우매함입니다. (막7:21-22)

(5) 결국 자기 욕심에 끌려 미혹되게 되면 죄로 인하여 사망에 이르

게 됩니다. (약1:14-15)

① 오직 각 사람이 시험을 받는 것은 자기 욕심에 끌려 미혹되기 때문입니다. (약1:14)

② 욕심이 잉태한즉 죄를 낳게 되고, (약1:15)

③ 죄가 장성하여 사망을 낳게 됩니다. (약1:15)

5) 결론적으로 그리스도인은 하나님의 성품을 닮은 사랑의 성품을 갖춘 모습이어야 합니다. 그리스도인은 성령님의 열매를 맺는 생활을 유지함으로써 거룩한 하나님의 사람으로서의 바른 성품을 갖추어야 하는 것입니다.

3. 주 하나님을 섬기는 삶

그리스도인의 인격이 우리 주 예수 그리스도를 닮아가는 것이라면, 지금까지 세상을 중심으로 살던 우리의 삶은 하나님을 섬기는 삶으로 변화될 것입니다. 하나님을 섬기는 삶이 어떤 것인지를 살펴봄으로써 우리의 삶의 전부가 하나님께 드려지고 하나님을 전적으로 의지하는 삶으로 여러분을 안내할 것입니다.

1) 성도는 '예수 그리스도의 복음'으로 살아갑니다.

(1) 예수님께서 가르치신 복음의 내용을 깨달아야 합니다.

① 예수님께서 우리 죄를 위해 십자가에 달려 돌아가셨습니다. (롬5:8, 고전15:3)

② 예수님께서 영생을 확증하시기 위하여 3일 만에 부활하셨습니다. (눅24:1-6, 고전15:14)

③ 예수님께서 산 자와 죽은 자를 심판하시기 위하여 재림하십니다. (행1:11, 고전15:51)

(2) 이 복음은 선언된 것이며, 전파될 것입니다.

① '주 예수님을 믿으라.'고 전하여야 합니다. (행16:31)

② '성령님을 받으라.'고 전하여야 합니다. (요3:5,34, 20:22)

③ '끝까지 견디며' 인내하여야 합니다. (마24:13)

(3) 예수님께서 믿음의 '생활의 본'을 보이셨습니다.

① 온 갈릴리에 두루 다니시며, 회당에서 예배를 드리며, 복음을 가르치셨습니다. (마4:23, 눅4:14-16)

② 백성 중의 모든 병자와 약한 것을 고치셨습니다.

(마4:23-24, 9:35)

③ 두루 다니시며 천국 복음을 전파하시고, 모든 약한 것을 고치
시므로 그분의 소문이 온 동리와 지역(수리아)에 퍼졌습니다.
(마4:23-24, 9:35)

2) 교회와 성도에게 주어진 책임과 사명이 있습니다.

(1) 교회에 주어진 책임이 있습니다.

① 예배와 교육에 힘써야 합니다. (딤후3:14-15)

② 봉사와 구제에 힘써야 합니다. (벧전4:9-10)

③ 전도와 헌신에 힘써야 합니다. (딤후4:1-5)

(2) 성도는 그리스도와의 교제의 삶을 살아야 합니다. (요일1:3,7)

① 기도는 영혼의 호흡입니다.
성도는 쉬지 않고 기도함으로써 살아가는 것입니다.
(살전5:16-17)

② 성경은 영혼의 양식입니다.
사람은 떡으로 사는 것이 아니라 하나님의 말씀으로 살아갑니
다. (마4:4, 요5:39)

③ 전도는 영혼의 운동입니다.
예수님의 제자와 증인 된 우리는 사람들에게 주 예수님을 전
파하며 사는 것입니다. (막1:17, 행1:7-8)

3) 그리스도인은 하나님께 예배를 드리는 삶을 살아야 합니다.

(1) 하나님께 예배를 드리는 삶은 그리스도 안에서 감사와 찬송을
드리는 생활입니다.

① 믿음에 굳게 서서 감사하는 생활을 하여야 합니다. (골2:6-7)

② 믿음의 사람들은 예수 그리스도 안에 거하여야 합니다.
(요15:4)

③ 믿음의 사람들은 항상 찬송의 제사를 하나님께 드리는 생활을
하여야 합니다. 찬송은 그분의 이름을 증언하는 입술의 열매
이기 때문입니다. (히13:15)

④ 하나님께서 기뻐하시는 제사는 선을 행함과 나눠주는(봉사와
구제) 것임을 잊지 말아야 합니다. (마5:16, 히13:16)

⑤ 성령님 안에 살며, 성령님을 근심하게 하지 말아야 합니다.
(요14:16-17, 엡4:30)

(2) 하나님께 예배드리는 삶은 그리스도를 닮아가는 삶으로 변화하
는 것을 의미합니다.

① 땅에 있는 지체에 속한 것을 죽이게 됩니다.
(롬13:12-14, 골3:5)

② 시험을 기쁘게 여기며, 인내하며 극복하게 됩니다. (약1:2-4)

③ 믿음으로 하나님과 화평을 누리게 됩니다. (롬5:1)

④ 그리스도 안에 거함으로 사랑을 실천하는 삶을 살게 됩니다.
사랑은 율법의 완성이기 때문입니다. (롬13:10, 고전13:13)

⑤ 빛 속에 걸으며, 성령님 충만한 생활을 하게 됩니다.
(엡5:17-18, 요일1:7)

⑥ 결국 우리는 예수 그리스도를 닮아가는 삶을 살게 될 것입니
다. (빌2:5, 벧전2:20, 벧후1:4-7, 요일2:6)

4) 주 하나님을 섬기는 삶은 이 세상의 형식적인 것을 버리는 데 있습니다.

(1) 주님 안에서 그분의 힘과 능력으로 강건하여져야만 이 세상을
이길 수 있습니다. (엡6:10-18)

① 마귀를 대적하기 위하여 하나님의 전신갑주(全身甲冑)를 취
해야 합니다. (엡6:13)

② 진리로 허리띠를 띠고, 의의 호심경을 붙여야 합니다. (엡6:14)

③ 평안의 복음의 준비한 것으로 신을 신어야 합니다. (엡6:15)

④ 모든 것 위에 믿음의 방패를 가지고, 이로써 악한 자의 모든 불화살을 소멸시켜야 합니다. (엡6:16)

⑤ 구원의 투구와 성령님의 검인 하나님의 말씀을 가져야 합니다. (엡6:17)

⑥ 결론적으로, 모든 기도와 간구를 하되, 항상 성령님 안에서 기도하고, 이를 위하여 깨어 구하기를 항상 힘써야 합니다. (엡6:18)

(2) 하나님께서 미워하시는 것과 그 마음에 싫어하시는 것은 버려야 합니다. (잠언6:16-19)

① 교만한 눈은 싫어하십니다. (잠6:17)

② 거짓된 혀를 싫어하십니다. (잠6:17)

③ 무죄한 자의 피를 흘리는 손을 싫어하십니다. (잠6:17)

④ 악한 계교(計巧)를 꾀하는 마음을 싫어하십니다. (잠6:18)

⑤ 빨리 악에 달려가는 발을 싫어하십니다. (잠6:18)

⑥ 거짓을 말하는 망령된 증인을 싫어하십니다. (잠6:19)

⑦ 형제 사이를 이간하는 자를 싫어하십니다. (잠6:19)

(3) 말세의 고통하는 때의 사람들의 모습에서 돌아서야 합니다. (딤후3:1-5)

① 사람들은 자기를 사랑합니다. (딤후3:2)

② 돈을 사랑합니다. (딤후3:2)

③ 자랑합니다. (딤후3:2)

④ 교만합니다. (딤후3:2)

⑤ 비방합니다. (딤후3:2)

⑥ 부모를 거역합니다. (딤후3:2)

⑦ 감사치 아니합니다. (딤후3:2)

⑧ 거룩하지 아니합니다. (딤후3:2)

⑨ 무정합니다. (딤후3:3)

⑩ 원통함을 풀지 않습니다. (딤후3:3)

⑪ 모함합니다. (딤후3:3)

⑫ 절제하지 못합니다. (딤후3:3)

⑬ 사납습니다. (딤후3:3)

⑭ 선한 것을 좋아하지 않습니다. (딤후3:3)

⑮ 배신합니다. (딤후3:4)

⑯ 조급합니다. (딤후3:4)

⑰ 자만합니다. (딤후3:4)

⑱ 쾌락을 사랑하기를 하나님 사랑하는 것보다 더합니다.
   (딤후3:4)

⑲ 경건의 모양만 있습니다. (딤후3:5)

⑳ 경건의 능력은 부인합니다. (딤후3:5)

㉑ 어리석은 여자를 유혹합니다. (딤후3:6)

(4) 이 세상이나 세상에 있는 것들을 사랑해서는 안 됩니다.

① 세상을 사랑하면 하나님의 사랑이 그 속에 있지 않게 됩니다.
   (요일2:15-17)

② 이런 것들은 하나님께로부터 온 것이 아니라, 세상으로부터
   온 것입니다. (요일2:16)

   a. 세상에 있는 것은 육신의 정욕입니다. (요일2:16)

   b. 세상에 있는 것은 안목의 정욕입니다. (요일2:16)

   c. 세상에 있는 것은 이생의 자랑입니다. (요일2:16)

③ 이 세상도, 그 정욕도 지나가되 오직 하나님의 뜻을 행하는 사
   람은 영원히 거하게 될 것입니다. (요일2:17)

5) 야고보서는 성숙한 그리스도인의 삶을 살게 하는 구체적인 실천 방법들을 제시합니다.

(1) 성경공부와 이를 실천하는 생활이 복된 삶을 사는 성숙한 그리스도인이 되게 합니다. (약1:17-18,21-25)

① 하나님의 뜻에 따라 진리의 말씀으로 낳아진 우리는 (약1:18)

② 마음에 심어진 말씀을 온유함으로 받아 (약1:21)

③ 이를 실천함으로 행하는 일에 복을 받게 될 것입니다. (약1:25)

④ 온갖 좋은 은사와 온전한 선물이 다 위로부터 빛들의 성부 하나님께로부터 내려오기 때문입니다. (약1:17)

(2) 고난과 인내가 성숙한 그리스도인이 되게 합니다. (약5:10)

① 믿음의 시련이 성숙한 그리스도인으로 민들이 갑니다. (약1:2-4,12-15)

② 인내가 성숙한 그리스도인이 되게 합니다. (약5:7-11)

③ 고난을 극복하는 기도가 성숙한 그리스도인이 되게 합니다. (약5:13)

(3) 하나님을 가까이하는 선한 생활이 성숙한 그리스도인이 되게 합니다.

① 하나님을 가까이하는 예배와 기도의 생활이 성숙한 그리스도인이 되게 합니다. (약4:1-17)

② 행함이 있는 믿음으로 나타나는 교회에 대한 봉사의 생활이 성숙한 그리스도인이 되게 합니다. (약2:14-26)

③ 그리스도인의 선한 언어가 성숙한 그리스도인이 되게 합니다. (약1:26-27, 3:1-18)

④ 자기 희생이 성숙한 그리스도인이 되게 합니다. (약5:1-6)

⑤ 외모로 사람을 차별하지 아니하는 성실함이 성숙한 그리스도인이 되게 합니다. (약2:1-13)

⑥ 한 영혼을 구하는 일인 전도하는 생활이 성숙한 그리스도인이 되게 합니다. (약5:19-20)

6) 결론적으로 그리스도인은 육체적인 삶의 목적으로 사는 것이 아니라 하나님의 말씀을 기준으로 살아가는 것입니다. 성숙한 그리스도인이 되기 위해서는 하나님의 말씀을 묵상하며 주 하나님을 섬기는 선한 삶을 살아야만 합니다. (신8:3)

4. 그리스도인의 성결한 삶과 고난

그리스도인의 삶의 궁극적인 목적은 무엇일까요? 하나님의 거룩함에 이르는 경건을 연습하는 것은 아닐까요? 많은 선지자들이 주님을 섬기는 거룩한 삶을 살다가 갔습니다. 주님을 따르는 삶은 성결하고도 세상과는 구별된 삶으로 고난이 따른다는 사실을 성경을 통해서 알게 됩니다. 성결한 삶과 고난에 대하여 알아봅니다.

1) 그리스도인의 삶은 성실하고도 '청결한 생활'로 이루어져야 합니다.

(1) 그리스도인은 성결한 생활을 하여야 합니다.

① 죄에서 벗어나 스스로 깨끗하게 살아야 합니다. (민8:21-22)

② 마음이 청결한 사람은 하나님을 보게 될 것입니다. (마5:8)

③ 우리 몸이 성령님의 전인 줄 알고 우리 몸으로 하나님께 영광을 돌려야 하며, 음행하지 말아야 합니다. (고전6:19-20)

④ 양심의 악을 깨닫고 참 마음과 믿음으로 하나님께 나아가야 합니다. (히10:22)

⑤ 하나님 앞에서 정결하고, 더러움이 없는 경건으로 또 자기를 지켜 세속에 물들지 않게 해야 합니다. (약1:27)

(2) 그리스도인은 맡은 일을 주님께 하듯 해야 합니다.

① 일하기를 힘써야 합니다. 성경은 일하기 싫어하거든 먹지 말게 하라고 기록하고 있습니다. (살전4:11, 살후3:10-12)

② 일을 눈가림으로 하지 말아야 합니다. 주님을 두려워하여 주님께 하듯이 성실한 마음으로 하여야 합니다.

(엡6:5-7, 골3:22-23)

③ 지극히 작은 일에도 신실한 자가 되어야 합니다. (마25:21)

④ 상전에게는 성실한 마음으로 그리스도를 섬기듯이 하여야 합니다. (엡6:5-6)

⑤ 진심으로 하나님의 뜻을 실천하여야 합니다. (엡6:6)

(3) 그리스도인은 올바르게 부를 축적함으로써 다른 사람에게 '믿음의 본'이 되어야 합니다.

① 뇌물을 받지 말아야 합니다. 뇌물은 밝은 자의 눈을 어둡게 하여 의로운 자의 말을 굽게 합니다.
(출23:8, 신16:19, 잠17:23, 사5:23)

② 도둑질하지 말아야 합니다. (출20:15, 22:3)

③ 이웃의 것을 탐내어서는 안 됩니다. (출20:17)

④ 물질을 선하게 써야 합니다. (엡4:28)

⑤ 보물을 하늘에 쌓아야 합니다. (마6:20-21)

⑥ 고리는 받지 말아야 합니다. (출22:25)

⑦ 임금은 정당하게 지불하여야 합니다.
기업을 경영하는 사람은 사원들의 임금을 체불하거나 착복하여서는 안 됩니다. (약5:4)

2) 그리스도인의 검소한 생활과 선한 언어는 교회에 덕을 끼치게 될 것입니다.

(1) 의복은 하나님의 선물이므로 옷을 입을 때에는 검소하고 단정하게 입는 것이 좋습니다.

① 의복은 하나님께서 주신 선물입니다. (창3:21)

② 음식(먹을 것)과 의복(입을 것)에 대하여 염려하지 말아야 한다고 가르치셨습니다. (마6:31)

③ 외모보다는 온유하고도 정숙한 마음으로 단장하여야 합니다. (벧전3:3-4)

④ 옷을 입을 때에는 단정하게 입는 것이 교회에 덕을 끼치게 됩니다. (딤전2:9-15)

   a. 단정하게 옷을 입으며, 소박함과 정절로써 자기를 단장하여야 합니다. (딤전2:9)

   b. 머리를 지나치게 꾸미지 말고 금이나 진주나 값진 옷으로 치장하지 않아야 합니다. (딤전2:9)

   c. 믿음과 사랑과 거룩한 모습으로 선행을 하며 정숙하게 살면 구원의 기쁨을 얻게 될 것입니다. (딤전2:10,15)

(2) 검소한 그리스도인의 식생활은 믿음의 덕을 세우게 될 것입니다.

  ① 하나님께서 음식을 주셨습니다. (창3:18, 시104:14-15)

  ② 때로는 금식이 큰 유익을 가져옵니다. (사58:6-7)

  ③ 음식은 감사하는 마음으로 먹어야 합니다. (딤전4:3-4)

  ④ 시장에서 파는 것은 양심을 위하여 묻지 말고 먹는 것이 좋습니다. (고전10:25)

  ⑤ 먹기만을 탐하는 사람은 재산을 탕진하게 된다고 성경은 경고하고 있습니다. (잠23:20-21)

  ⑥ 우상의 제물은 먹지 않는 것이 좋습니다. (고전8:8-9,13, 10:28)

(3) 그리스도인은 정결한 언어를 사용하여 선한 말을 함으로써 믿음의 본이 되어야 할 것입니다. (시141:3)

  ① 선한 마음을 가지고 선한 말을 하여야 심판을 면하게 됩니다. 사람이 어떤 무익한 말을 하든지 심판 날에 이에 대하여 심문을 받게 될 것입니다. (마12:34-37)

  ② 말에 대하여 주의를 기울여야 합니다. 스스로 경건하다고 생각하면서도, 혀를 다스리지 않아 자신의 마음을 속이게 되면, 이 사람의 신앙은 헛되고 말 것입니다. (약1:26)

③ 하나님의 이름은 함부로 불러서는 안 됩니다. 하나님께서는 그분의 이름을 함부로 부르는 사람을 죄 없다 하지 않으신다고 하셨습니다. (출20:7, 제3계명)

④ 성령님을 거역하는 말을 해서는 안 됩니다. 누구든지 말로 성령님을 거역하면 이 세상과 오는 세상에서도 사하심을 받지 못하게 됩니다. (마12:31-32, 막3:29, 눅12:10, 히10:29)

⑤ 비판을 받지 않으려면 남을 비판하지 말아야 합니다. 비판하지 않으면, 비판을 받지 않게 될 것입니다. 정죄하지 않으면, 정죄를 받지 않게 될 것이며, 남을 용서하게 되면, 나 또한 용서를 받게 될 것입니다. (마7:1, 눅6:37)

⑥ 듣기는 빨리 하고 말하기는 더디 하여야 합니다. (약1:19)

⑦ 나쁜 말은 입 밖에 내지 말고 버려야 합니다. 오직 덕을 세우는 선한 말을 하여 듣는 자들에게 은혜를 끼치게 해야 합니다. (엡4:29, 5:3)

⑧ 거짓말하지 말아야 합니다. 무서운 심판을 받게 됩니다. (계21:8)

⑨ 거짓을 버리고 참된 것을 말하여야 합니다. (엡4:29)

(4) 하나님께서 우상 숭배를 금하셨기 때문에 그리스도인에게 우상 숭배는 금물입니다.

① 우상 숭배란 하나님 외의 다른 신을 섬기거나, 어떤 다른 형상을 만들어 섬기는 것을 말합니다.
(출20:4, 엡5:5, 빌3:19, 골3:5/ 비교, 삼상15:23, 마6:24)

② 물건으로 신상을 만들어 절하지 말아야 합니다.
(출20:4-5, 제2계명)

③ 이방인의 제사는 귀신에게 하는 짓입니다. (고전10:20)

④ 우상 숭배는 영적 간음을 행하는 것입니다.
(레20:6, 대하21:11-13, 겔6:9, 14:5, 16:17, 23:7,30,37, 호4:12, 14, 9:10, 고전10:7-8)

⑤ 우상 숭배자는 유황불 못, 즉 둘째 사망에 가게 됩니다.
　(계21:8)

⑥ 신접한 자, 점쟁이(박수)는 끊어 버려야 합니다.
　(레19:31, 20:6, 대상10:13-14)

⑦ 쾌락을 하나님보다 더 사랑하는 것과 탐심은 우상입니다.
　(골3:5)

⑧ 성도들은 하나님께 항상 찬송의 제사를 드려야 합니다.
　(히13:15)

3) 그리스도인은 술 취하지 말아야 하며, 술에 대하여 경계의 마음을 가져야 합니다.

(1) 성경은 술에 대하여 완전히 정죄하지는 않지만, 술을 멀리 할 것을 권고합니다.

① 성경은 술에 대하여 완전히 정죄하지는 않습니다.
　(시104:15, 잠31:6)

② 성경은 독주에 대한 위험성을 지적합니다.
　(잠20:1, 사5:11)

③ 제사장과 선지자, 통치자들은 술을 멀리하여야 했습니다.
　(레10:9-11, 잠31:4-5, 사28:7, 56:12)

④ 질병으로 인하여 약으로 조금씩 쓸 수도 있습니다. (딤전5:23)

(2) 그리스도인은 술에 대한 경계의 말씀을 교훈으로 삼아 술에 취하지 말아야 합니다.

① 술 취하는 것은 방탕한 것입니다. (엡5:18)

② 술 취하고 음식을 탐하는 자는 가난하여지게 됩니다.
　(잠23:21)

③ 포도주는 붉고 잔에서 번쩍이며 순하게 내려가므로, '보지도 말지어다'라고 성경은 경계하고 있습니다. (잠23:31)

④ 혼합한 술(폭탄주)과 술에 잠기는 것은 재앙과, 근심과, 분쟁
과, 원망의 원인이 됨으로 먹지 말아야 합니다. (잠23:29-30)

(3) 성경은 술 취한 후에 나타나는 나쁜 망상들을 교훈으로 기록합
니다. (잠23:32-35)

① 술은 뱀 같이 물게 될 것입니다. (잠23:32)

② 독사 같이 쏠 것입니다. (잠23:32)

③ 눈에는 괴이한 것이 보이게 될 것입니다. (잠23:33)

④ 마음은 구부러진 말을 하게 될 것입니다. (잠23:33)

⑤ 바다 가운데 누운 자 같이 될 것입니다. (잠23:34)

⑥ 돛대 위에 누운 자 같이 될 것입니다. (잠23:34)

⑦ 스스로 말하기를 사람이 때려도 아프지 아니하고, 사람이 상
하게 하여도 감각이 없다고 하게 될 것입니다. (잠23:35)

⑧ 내가 언제나 깰까 다시 술을 찾겠다 할 것입니다. (잠23:35)

(4) 그리스도인이 술에 취하게 되면 덕스럽지 못한 생활을 하게 됩
니다.

① 술은 의식을 잃게 합니다. (창19:32-33)

② 술은 사람을 강포하게 만듭니다. (잠4:17)

③ 거만하고 수다스러워지게 합니다. (잠20:1)

④ 술은 사람을 가난하게 만듭니다. (잠23:21)

⑤ 해를 당하게 됩니다. (잠23:31-32)

⑥ 판단을 그르치게 됩니다. (잠31:4-5)

⑦ 향락에 빠지게 됩니다. (사22:13)

4) 그리스도 안에서 경건하게 살고자 하는 사람들은 반드시 고난을 받게 됩니다. (딤후3:12)

(1) 성도들에게 고난의 근원은 하나님께로부터 오는 것과 유혹으로부터 오는 것, 이 두 가지로 나누어집니다.

① 비가 의로운 자와 불의한 자에게 모두 내리는 것처럼 고난은 모든 사람에게 있습니다. (욥5:7/ 비교, 마5:45)

② 시련으로서의 고난은 하나님께로부터 오는 것이며, 그 시련의 결과는 우리에게 가장 좋은 것을 가져다주는 것입니다. (창22:1-2, 출20:20, 신8:2, 눅22:28-30)

③ 유혹으로서의 고난은 마귀에게서 오는 것이며, 세상과 육신을 이용하여 성도를 공격하며, 성도를 고통에 빠뜨립니다. (창3:1-6, 마4:1, 고후11:3-4, 약1:13-14)

④ 그리스도인이 받는 시험과 고난은 결국 하나님께서 허락하신 것입니다. (욥1:12, 마10:29)

(2) 성도는 고난과 시험을 반드시 경험하게 됩니다.

① 고난은 알지 못하는 순간에 갑작스럽게 여러 가지 시험으로 다가오게 되며, 성도가 고난을 받는 것은 확정적입니다. (약1:2)

② 가장 큰 고난을 받으신 분은 예수님이시며, 우리는 그분의 발자취를 따라 갈 의무가 있습니다. (벧전2:21)

③ 하나님의 징계 또한 그리스도인이면 누구나 다 받는 것입니다. (히12:6-8)

④ 선을 행함으로 고난을 받는 것은 하나님의 뜻입니다. (벧전3:17)

⑤ 하나님께서는 우리에게 감당할 만한 시험을 허락하실 뿐만 아니라, 피할 길을 내어 주십니다. (고전10:13)

(3) 시험과 고난의 모양은 고통과 질병 등 여러 가지 형태로 다가옴

니다.

① 시험은 여러 가지 모양으로 다가옵니다. (약1:2)

② 사탄이 고통과 질병을 사람에게 가져다줍니다. (욥2:7)

③ 고통과 질병은 죄 때문에 세상에 들어오게 되었습니다.
　(창3:18-19, 4:7, 4:12-13, 롬5:12)

④ 하나님은 전화위복으로 유익과 소망을 주시기도 하십니다.
　(롬5:3-4)

⑤ 성도의 고통은 이 세상에서 잠깐 동안 주어질 뿐입니다.
　(고후4:17, 벧전5:10, 계21:1)

(4) 하나님께서 고난을 주신 이유는 성숙한 그리스도인으로 만들기
　위해서입니다.

① 시험은 인내를 만들어 냄으로써 성도로 부족함이 없게 변화를
　가져오게 합니다. (약1:3-4)

② 예수님 안에서 경건하게 살고자 하는 자는 반드시 핍박을 받
　게 됩니다. (딤후3:12)

③ 하나님의 징계가 당시에는 즐거워 보이지 않고 슬퍼 보이나
　이로 연단 받은 자들은 의와 평강의 열매를 맺게 됩니다.
　(히12:11)

④ 오직 각 사람이 시험을 받는 것은 자기 욕심에 끌려 미혹되기
　때문입니다. (약1:14)

⑤ 시험을 받은 때에는 '하나님께 시험을 받는다'고 해서는 안 됩
　니다. 하나님께서는 악에게 시험을 받지도 않으시고, 아무도
　시험하시지 않으시기 때문입니다. (약1:13)

(5) 시험과 고난에 임할 그리스도인의 태도는 기쁨입니다.

① 시험을 만나면 그리스도의 고난에 참여하게 되는 것이므로 온
　전히 기뻐하며 즐거워하여야 합니다.
　(마5:12, 골1:24, 약1:2, 벧전4:12-13)

② 고난과 핍박이 올 때는 마음에 그리스도를 주님으로 모심으로 거룩하고, 선한 양심을 가지되, 온유와 두려움으로 소망에 관한 이유를 묻는 물음에 대한 대답을 항상 준비하여야 할 것입니다. (벧전3:14-17/ 비교, 눅21:12-15)

③ 하나님의 뜻대로 고난을 받는 사람들은 선을 행하는 가운데서 그 영혼을 하나님께 의뢰해야 합니다. (벧전4:19)

④ 그리스도인은 시험에 들지 않기를 기도해야 합니다. (마6:13, 주기도문)

(6) 하나님께서는 우리들의 고난에 반드시 응답하십니다.

① 고난 중에 부르짖으면 주님께서 반드시 응답하십니다. (시118:5)

② 환란 날에 주님께 부르짖으면 주님께서 반드시 응답하십니다. (창35:3, 시20:1, 50:15, 81:7, 86:7, 91:15, 120:1)

③ 주님께 부르짖어 기도하면 주님께서 그 기도를 들으시고 반드시 응답하십니다. (렘29:12-13, 33:3)

(7) 시험과 고난 후에 성도는 상급을 받게 됩니다.

① 의를 위하여 고난을 받는 자는 복이 있는 사람입니다. 천국이 그들의 것이기 때문입니다. (마5:10, 벧전3:14)

② 예수님의 이름 때문에 핍박과 욕을 받으면 복 있는 사람입니다. 하늘에서 상을 받게 됩니다. (마5:11-12, 벧전4:14)

③ 인내로 영혼을 얻게 됩니다. (눅21:19)

④ 나중까지 견디는 자는 구원을 얻게 될 것입니다. (마10:22)

⑤ 잠깐 고난을 당한 우리를 그리스도께서 친히 온전케 하시며, 굳건하게 하시며, 강하게 하시며, 견고하게 하실 것입니다. (벧전5:10)

⑥ 시험을 참는 자들은 생명의 면류관을 얻게 됩니다. (약1:12)

5) 결론적으로 주 하나님을 섬기는 그리스도인의 삶은 '성결한 삶'으로 확장되어집니다.

(1) 성결한 삶을 사는 그리스도인의 참된 모습은 성결한 생활과 선한 언어로 교회에 덕을 끼치는 생활이 지속될 것입니다.

(2) 성결한 삶을 살기를 다짐하는 그리스도인에는 고난이 따르기 마련이며, 이 고난을 참고 이겨나갈 때 구원의 기쁨을 누리게 될 것입니다.

5. 하나님께서 허락하신 믿음의 가정

주 예수 그리스도를 믿는 사람들은 먼저 교회와 가정을 통해서 그 믿음의 생활을 실천하게 됩니다. 성경에서 설명하는 믿음의 가정은 어떤 가정이며, 축복은 무엇인지 살펴봅니다. 모범적인 믿음의 가정이 갖추어야 할 가정생활의 원칙은 무엇인지 또한 이 장을 통해서 알게 될 것입니다.

1) 성경에서 모범적인 가정생활의 사람들을 찾아볼 수 있습니다.

(1) 아브라함과 이삭과 야곱은 대를 이은 믿음의 가정의 표본이 됩니다.

① 아브라함과 이삭과 야곱은 하나님께 예배를 드리는 가정이었습니다. (창12:7-8, 22:1-13, 26:23-25, 31:54, 35:1-3)

② 아브라함과 이삭과 야곱은 대를 이은 믿음의 가정으로 하나님의 축복이 늘 함께 하였음을 보여 줍니다.
(창12:1-4, 26:2-5, 28:13-15)

③ 반면에 아브라함이 자기 아내를 누이라고 속이는 모습이 아들 이삭에게도 똑 같이 나타나는 현상을 볼 수 있습니다.
(창12:12-13, 20:2-7, 26:6-11)

④ 또한 이삭의 아내 리브가는 차남 야곱이 형을 속이도록 부추기며, 야곱은 형과 아버지를 속이는 모습을 보입니다. 그 결과로 야곱이 집을 떠난 후 어머니 리브가와 죽을 때까지 만나지 못하게 되는 뼈아픈 모습을 볼 수 있습니다.
(창25:31-34, 27:1-23,35,42-45, 33:1)

(2) 욥은 극도의 고난과 시련을 이겨낸 믿음의 표본입니다.

① 욥은 경건한 믿음의 생활로 하나님께로 가정을 이끌어 간 사람이었습니다. (욥1:4-5)

② 욥은 시련 가운데서도 하나님을 배반하지 않았습니다. (욥9:1-3, 23:1-17)

③ 욥은 고난을 이기고 난 이후에 고난 전보다 배가(倍加)의 축복을 받았습니다. (욥42:10)

(3) 브리스길라와 아굴라는 늘 함께 동행하고 사역하는 믿음의 아름다운 선교의 가정을 이루었습니다.

① 브리스길라와 아굴라는 아내의 이름이 남편의 이름보다 먼저 기록됩니다. 신약성경에 여섯 번 언급되는 중에서 남편의 이름보다 아내의 이름이 네 번이나 먼저 나오는 특징적인 선교의 가정입니다. (행18:2,18,26, 롬16:3, 고전16:19, 딤후4:19)

② 두 내외는 일상적인 직업(천막지기)을 가졌으며, 두 내외의 이름이 한 번도 분리되어 언급된 적이 없습니다. (행18:2-3)

③ 초대 교회의 특징인 가정 교회를 두 내외의 저택에 설립하여 운영하였습니다. (고전16:19)

④ 브리스길라와 아굴라는 바울의 선교여행에도 함께 동참하였으매, 로마와 고린도, 에베소 등으로 자주 이사하며 살았습니다. (행18:2,18, 롬16:3-4, 고전16:19, 딤후4:19)

⑤ 그들은 아볼로를 자기 집에 초대하여 아볼로의 불완전한 복음을 시정하여 주었습니다. (행18:24-26)

⑥ 전통에 의하면, 저희들은 같은 날 같은 자리에서 목이 잘리는 순교를 당하였다고 합니다.

2) 그리스도인은 가정생활의 원칙을 지켜야 합니다.

(1) 성경은 우리에게 결혼생활에는 질서가 있음을 알려줍니다.

① 결혼은 하나님의 정하신 뜻, 서로가 사랑하고 존중해야 합니

다. (창2:24, 마19:4-5, 엡5:22-28)

② 부부는 서로가 의무를 다해야 합니다. (고전7:3-5)

③ 젊을 때 취한 아내를 즐거워하며 순결을 지켜야 합니다.
(잠5:18)

④ 결혼의 침소를 더럽히면 하나님께서 심판하시게 됩니다.
(히13:4)

⑤ 이혼은 간음죄와 같은 죄입니다. (막10:11-12)

⑥ 결혼은 믿음의 사람과 하여야 합니다. 성경은 '믿지 않는 사람
과 멍에를 같이 메지 말라'고 권면하고 있습니다. (고후6:14)

(2) 부부생활의 질서를 지켜야 합니다. (엡5:22-33)

① 부부는 한 남자와 한 여자가 서로 도우며 살아가는 것입니다.
(창1:27, 2:18,23-24)

② 부부는 하나님께서 짝지우신 것입니다. (마19:4-6)

③ 부부는 성결해야 합니다. 음행하거나 간음하게 되면 하나님의
심판을 받게 됩니다. (출20:14/제4계명, 잠5:20-21, 히13:4)

④ 남편은 아내를 사랑하고, 아내는 남편을 경외해야 합니다.
(잠5:19, 엡5:33)

⑤ 부부간에는 신뢰를 가질 수 있도록 해야 합니다. (히13:4)

⑥ 젊어서 결혼한 아내를 배신하면, 하나님께서 기도를 듣지 않
으십니다. (말2:13-15, 마5:31)

(3) 가정생활의 질서를 지켜야 합니다.

① 자녀를 노엽게 하지 말고 주님의 훈련과 훈계로 양육해야 합
니다. (엡6:4)

② 자녀들은 주님 안에서 부모님을 순종하고 공경해야 합니다.
부모를 공경하는 것은 약속이 딸린 첫 계명으로 자녀가 잘되
고 장수하는 비결입니다. (마15:4-6, 엡6:1-3)

③ 성경은 불효한 자를 엄격하게 징계하도록 명령합니다.
(출21:15,17, 레20:9, 신27:16, 잠20:20, 막7:10)

④ 매일 가정 예배를 드리고 성경을 자녀들의 마음 판에 새기도
록 양육하여야 합니다. (신6:7, 11:19,21, 사38:19)

⑤ 매일 찬양으로 가정을 이끌어 가야 합니다.
(시145:1-2, 엡5:18-20)

⑥ 쉬지 말고 기도하는 생활을 하여야 합니다.
(롬12:12, 살전5:17)

⑦ 부활하신 주님의 날(수일)에 함께 모여 예배를 드리는 생활을
하여야 합니다. (행20:7, 고전16:2)

⑧ 빛의 자녀들은 착하고, 의로우며, 진실하게 살아야 합니다.
(엡5:8-9)

3) 성경은 그리스도인의 여인상을 제시합니다.
(잠언31:10-31)

> **하나님을 경외하는 여인(女人)이 아름다운 여인입니다.** (잠31:30)

(1) 아름다운 여인은 현숙한 여인입니다.

① 어진 여인은 남편의 면류관입니다. (잠12:4)

② 그 값은 진주보다 더 뛰어납니다. (잠31:10)

③ 남편이 그 아내를 믿습니다. (잠31:11)

④ 슬기로운 아내는 하나님께로부터 주어집니다. (잠19:14)

(2) 아름다운 여인의 행실은 가정에 덕이 됩니다.

① 선행으로 남편을 도우며, 악을 행치 않습니다. (잠31:12)

② 부지런하고 근면할 뿐 아니라 경제적 부를 증대시킵니다.
(잠31:13,16-20,24,27)

③ 상인의 배와 같아서, 먼 곳으로부터 양식을 구하여 옵니다. 가족의 건강을 위하여 먹거리를 걱정하는 모습을 알 수 있습니다. (잠31:14)

④ 밤이 새기 전에 일어나서 음식을 준비하며, 여종에게 일을 정하여 맡기며, 집안 일을 두루 살펴봅니다. 즉, 아침 일찍 일어나 하루 일을 설계하고 계획적으로 일을 처리합니다. (잠31:15,27)

⑤ 그는 가난한 자와 궁핍한 자를 돕습니다. (잠31:20)

⑥ 눈이 와도 가족들 때문에 걱정하지 않습니다. 항상 가족들을 돌보기 때문입니다. (잠31:21)

⑦ 손수 이부자리를 만들며, 고운 모시옷과 자주색 옷을 지어 입습니다. 자신의 맵시를 가꾼다는 뜻입니다. (잠31:22)

⑧ 자신감과 위엄이 몸에 배어 있고, 미래에 대한 두려움이 없습니다. (잠31:25)

⑨ 입을 열어 지혜를 말하며, 그의 혀로 인애의 교훈을 말합니다. (잠31:26)

(3) 하나님을 사랑하는 여인은 축복을 받게 됩니다.

① 남편이 존귀케 됩니다.
남편은 마을 원로들과 함께 마을 회관을 드나들게 되며, 사람들의 존경을 받게 됩니다. (잠31:23)

② 남편이 아내를 칭찬합니다. (잠31:28-29)

③ 자녀들이 일어나 어머니의 업적을 찬양합니다. (잠31:28)

④ 그녀는 자신이 행한 일들로 칭찬을 받게 됩니다. (잠31:31)

⑤ 고운 것도 거짓되고, 아름다운 것도 헛되지만, 주님을 경외하는 여인은 칭찬을 받게 됩니다. (잠31:30)

4) 그리스도인은 자녀를 올바르게 가르치고 양육해야 합니다.

(1) 그리스도인의 자녀는 반드시 하나님을 경외하는 삶을 살아야만 합니다.

① 하나님을 경외하는 것이 지식의 근본이므로 항상 하나님을 경외하여야 합니다. (욥28:28, 시111:10, 잠1:7, 9:10, 23:17)

② 하나님을 경외하면 장래가 있고, 소망이 끊어지지 않게 될 것입니다. (잠23:18)

(2) 성경은 부모를 공경하고 효도하는 자녀의 모습을 가르칩니다. (잠1:7-10, 엡6:1-4)

① 주님 안에서 부모님께 순종하여야 합니다. (엡6:1)

② 부모님을 공경하여야 합니다. 성경은 부모님을 공경하면 하나님께서 주신 땅에서 장수하게 된다고 약속하고 있습니다. (출20:12; 신15:16/제5계명, 엡6:2)

③ 아버지의 가르침을 잘 들으며 어머니의 가르침을 저버리지 말아야 합니다. (잠1:8, 4:1-2,4,20-23, 6:20, 7:1-3)

④ 부모님의 말씀을 순종하면 하나님을 경외하는 방법을 깨달으며 하나님을 알게 될 것입니다. (잠2:1-5)

⑤ 부모님의 말씀을 받아들이면 공의와 공평과 정직, 즉 모든 선한 길을 깨닫게 될 것입니다. (잠2:9)

⑥ 지혜로운 아들은 아버지를 기쁘게 합니다. (잠10:1, 15:20)

⑦ 아들이 지혜로우면 부모의 마음이 즐겁게 되고, 아들의 입술이 정직을 말하면 부모의 가슴이 유쾌해집니다. (잠22:15)

⑧ 아버지를 조롱하며 어머니 순종하기를 싫어하는 자의 눈은 골짜기의 까마귀에게 쪼이고 독수리 새끼에게 먹히게 됩니다. (잠30:17)

(3) 그리스도인의 자녀는 선한 삶을 살아야 합니다.

① 지혜와 명철을 가져야 합니다. (잠언4:5-9, 7:4)

② 악한 자가 꾈지라도 좇지 말아야 합니다. (시1:1, 잠1:10)

③ 선한 도리의 법과 바른 길을 떠나지 않아야 합니다.
(잠4:2, 23:19)

④ 음녀의 길로 치우치지 말아야 합니다. (잠7:25-27)

(4) 성경은 자녀에 대하여 올바른 길을 가르치며 훈계할 것을 명령하고 있습니다.

① 마땅히 행할 길을 자녀에게 가르치면 늙어서도 그것을 떠나지 않을 것입니다. (잠22:6)

② 아이를 훈계하기 위하여 채찍으로 때릴지라도 죽지 않을 것입니다. (잠23:13-14)

5) 결론적으로 하나님의 사람들은 성경에서 가르치는 가정생활의 원칙을 지키며 생활하여야 하며, 자녀의 양육 또한 하나님께서 가르치신 말씀 안에서 이루어져야 함을 알 수 있습니다.

6. 그리스도인의 경제생활

성도들이 금전 문제로 곤란을 겪는 경우를 많이 보게 됩니다. 예수님께서 그리스도인이 돈을 어떻게 벌어야 하는지를 직접 말씀하신 적은 없지만, 성경에서 비유의 소재로서 부의 문제를 언급하고 있습니다. 부의 축적은 그리스도인에게도 매우 중요한 문제이므로 성경을 통해서 그리스도인의 올바른 경제생활을 살펴봅니다.

1) 복되고 부유한 생활은 하나님의 축복입니다.

(1) 믿음의 조상들은 하나님의 말씀을 믿고 따름으로써 경제적 부와 명예를 누리며 살았습니다.

① 아브람은 하나님의 말씀을 준행하여 본토를 떠나 하나님께서 지시하시는 땅으로 나아감으로써 거부가 되었을 뿐만 아니라 족장이 되었으며, 아브라함으로 이름을 바꾸어 축복된 생활을 누렸습니다. (창12:1-4, 17:4-8)

② 이삭은 믿음의 아버지를 따라 하나님을 순종하는 생활을 함으로써 축복을 받아 거부가 되었습니다. (창22:1-17, 26:12-14)

③ 야곱은 장자의 직분을 살 정도로 축복을 쟁취하였으며, 하나님과의 만남을 통하여 이스라엘로 이름을 바꾼 후 축복된 이스라엘의 족장이 되었습니다. (창27:5-29)

④ 요셉은 야곱이 사랑했던 아내 라헬로부터 태어난 사랑의 아들이었습니다. 많은 고난 후에도 정직함을 잃지 않고 하나님을 믿음으로 애굽(이집트)의 국무총리가 되었습니다. (창41:39-43)

⑤ 믿음의 조상들에게서 얻을 수 있는 교훈은 하나님을 믿는 믿음과 절대적인 순종의 자세를 가질 때 하나님께서 함께 하셨

다는 사실입니다. 하나님께서 주신 부의 근원은 바로 하나님에 대한 신뢰와 믿음임을 알 수 있습니다.

(2) 성경은 부귀와 재물이 하나님께 있고, 하나님을 믿고 사랑하며 말씀을 지키는 성도들에게 경제적 부와 복을 함께 허락한다는 사실을 분명히 설명합니다. (잠8:17-21)

① 하나님께 부귀와 재물이 있습니다. (잠8:18)

② 하나님을 경외함 보상은 재물과 생명과 영광입니다. (잠22:4)

③ 하나님을 사랑하는 자들에게 재물을 얻도록 하여 그 곳간에 채우게 하려하신다고 하셨습니다. (잠8:21)

④ 하나님께서 주시는 복은 사람으로 부하게 하고 근심을 겸하여 주시지 않습니다. (잠10:22)

⑤ 하나님께서 온전한 십일조를 드리는 자에게 하늘 문을 열고 복을 쌓을 곳이 없도록 부어주신다고 말씀하셨습니다. (말3:10)

(3) 재물을 가진 자는 재물에 대한 경계의 말씀에 귀를 기울여야 합니다. 그래야만 재물을 잃어버리지 않게 됩니다.

① 반드시 하나님을 기억하여야 합니다. 하나님께서 우리에게 재물을 얻을 능력을 주시기 때문입니다. (신8:18)

② 하나님께서 주시는 것은 금이나 정금보다 더 낫다는 것을 알아야 합니다. (잠8:19)

③ 모든 것이 다 주님께로부터 왔으므로, 모든 것이 다 주님의 것이라는 사실을 알아야합니다. (대상29:14,16)

④ 우리가 얻은 재물과 첫 소산물의 처음 익은 열매로 하나님을 공경하여야 합니다. (잠3:9)

⑤ 부귀는 부지런한 자에게만 온다는 사실을 명심해야만 합니다. 게으른 자에게는 부귀가 찾아 올 수 없습니다. (잠12:27)

⑥ 자기의 재물을 의지하고 부유함을 자랑하는 자는 아무도 자기의 형제를 구원하지 못하며, 그를 위한 속전 또한 하나님께 바

치지 못하게 됩니다. (시49:6-7, 52:7)

⑦ 상거래 시에는 공의와 정의를 하나님께서 기뻐하신다는 사실을 분명히 알아야 합니다.
(레19:36, 신25:13-16, 렘9:24, 미6:6, 암5:24)

⑧ 가난한 자의 것을 토색해서도 안 된다는 사실을 알아야 합니다. (사10:2, 16:4)

⑨ 재물이 아무리 늘어도 거기에 마음을 두어서는 안 됩니다.
(시52:7, 약5:3)

⑩ 재물은 영원히 있지 않다는 사실을 분명히 알아야 합니다.
(잠27:24, 전5:14)

⑪ 부자는 그의 부함을 자랑해서는 안 됩니다. 하나님께서는 하나님을 아는 것과 사랑과 정의와 공의를 땅에 행하는 분이심을 깨닫는 것을 기뻐하신다는 사실을 명심해야 합니다.
(렘9:23-24/ 비교, 잠23:4)

⑫ 재물을 가진 자는 하나님께로부터 재물을 위탁받은 것처럼 진실한 청지기로서의 삶을 살아야 합니다. (눅12:42-43)

(4) 그리스도인의 경제생활에는 하나님의 계획하신 의도와 목적이 있습니다.

① 하나님께서는 우리의 근본적 생활에 필요한 것들을 공급하여 주시길 원하십니다. (마6:31-32, 빌4:19)

② 하나님의 능력을 깨닫게 되기를 원하십니다.
(대하16:9, 말3:10, 히11:6)

③ 그리스도인들을 하나로 연합시켜 주시길 원하십니다.
(고후8:14-15/ 비교, 고후8:1-2)

④ 하나님께서 기뻐하시는 길을 보여 주시길 원하십니다.
(빌4:13-18)

(5) 성경은 올바르지 못한 경제생활에 대하여 지적합니다.

① 빚진 삶이 되어서는 안 됩니다.

가난한 자는 채주의 종이 되며, 부자는 가난한 자를 주관하게 됩니다. (잠22:7)

② 돈을 사랑하는 삶이 되어서는 안 됩니다.

돈을 사랑하는 것은 일만 악의 뿌리가 됩니다. 파멸과 멸망에 빠지게 할 수 있습니다. (딤전6:9-10)

③ 자기 생활에 너무 얽매이는 생활이 되어서는 안 됩니다. (딤후2:4)

④ 급히 재물을 얻으려는 욕심에 눈이 어두워져서는 안 됩니다. (잠28:22)

⑤ 임금을 착취하거나 부당한 이익을 얻으려고 해서는 안 됩니다. (약5:1-4)

⑥ 재물을 섬기는 삶이 되어서는 안 됩니다. 성도는 하나님과 재물을 겸하여 섬길 수 없습니다. (마6:24)

(6) 초대 교회의 그리스도인들은 서로 재물을 통용하고 공동 소유와 분배를 통하여 신앙 공동체가 경제적 공동체로 연합되었음을 보여 줍니다. (행2:42,44-45)

2) 성경에서 경제생활에 대한 지혜와 교훈을 얻을 수 있습니다.

(1) 하나님의 나라와 부의 증대에 대한 교훈을 살펴봅니다.

① 하나님을 사랑하는 사람들이 부하여집니다.

하나님을 사랑하는 자들이 하나님의 사랑을 입게 됩니다. (잠언8:21)

② 부와 명예는 하나님의 선물입니다.

재물과 부는 하나님의 선물임을 분명히 알아야 합니다. (잠22:4, 전5:19)

③ 하나님을 찾는 자들이 부자가 됩니다.

재물과 부가 하나님께 있으므로 하나님을 간절히 찾고 찾는
자가 부를 누리게 됩니다. (잠8:17-18, 렘29:13)

④ 돈보다는 하나님의 은혜를 먼저 구하여야 합니다.
많은 재물보다 은혜를 더욱 더 사모하여야 합니다. (잠22:1)

⑤ 어릴 때부터 부를 얻는 방법을 가르쳐야 합니다.
마땅히 행할 길을 아이들에게 가르치라고 성경은 교훈합니다.
(잠언1:8-14, 22:16, 23:12-14)

⑥ 하나님께서 주시는 부는 근심이 없습니다.
하나님께서 부를 수실 때 근심을 함께 주시지 않습니다.
(잠언10:22)

⑦ 고난은 모든 이에게 있습니다.
고난을 극복할 수 있는 지혜를 가져야 합니다. (잠24:10)

(2) 그리스도인의 돈을 버는 방법은 세상 사람과 달라야 합니다. 성
경의 여러 가지 비유와 사례에서 돈을 버는 지혜를 얻을 수 있
습니다.

① 십일조를 드림으로 하늘 곳간에 쌓음과 같이 저축하는 생활을
하여야 합니다. (십일조의 생활, 말3:8-12)

② 투자에는 반드시 이윤을 남겨야 합니다.
(달란트의 비유와 씨 뿌리는 비유, 마13:1-9, 눅19:11-27)

③ 여러분의 안전한 주거에 투자를 하여야 합니다.
(반석 위에 지은 집의 비유, 마7:24-27)

④ 적어도 그 분야에는 최고의 전문가가 되어야 합니다.
(성경에 통달했던 바울의 부르심과 소명, 행22:3)

⑤ 돈은 온전하게 정당하게 벌어야 합니다.
(정의의 아모스 선지의 외침, 암5:24)

⑥ 더 나은 미래를 위하여 투자를 하여야 합니다.
(젊은 시절의 고생, 편안한 여생, 잠3:10, 전11:1)

⑦ 투자에는 믿음으로 신중을 기하여야 합니다.
(그리스도와 벨리알이 조화되겠는가? 고후6:14-16, 잠1:13-15)

⑧ 돈으로 사람을 교제할 수 있어야 합니다.
(약지만 슬기로운 종의 비유, 눅16:1-9)

⑨ 지혜를 사모하여 더욱 유능한 사람이 되어야 합니다.
(지혜를 더욱 사모하라, 잠3:13-14, 20:15, 대상28:21)

⑩ 근면하고 정직하며 성실한 사람이 되어야 합니다.
(신실한 종과 맡은 일에 최선을 다하는 자, 마24:45, 25:23)

3) 하나님의 축복을 받은 사람과 그렇지 못한 사람들의 이야기는 우리 그리스도인들에게 교훈이 됩니다.

(1) 성경에서 패망한 사람들의 교훈을 살펴봅니다.

① 가룟 유다는 돈에 대한 유혹을 이기지 못하였습니다. 은 삼십에 주님을 팔았던 그 죄책감을 이기지 못하여 결국은 자살하고 말았습니다. (마26:15, 27:3-10, 요12:4-6)

② 아나니아와 삽비라는 재물의 유혹으로 성령을 속임으로써 결국은 죽음에 이르게 되었습니다. (행5:1-11)

③ 에서는 작은 '빵'으로 가장 중요한 '축복'을 놓쳤습니다. 장자의 직분을 동생에게 죽 한 그릇에 팔고 마는 어리석음을 범했습니다. (창25:29-34, 27:34-35)

④ 홉니와 비느하스는 재물의 탐욕으로 하나님을 소홀히 여김으로써 결국 하나님의 저주를 받게 되어 죽음에 이르고 말았습니다. (삼상2:12-17,34, 4:11)

⑤ 롯은 인간의 눈으로 자신의 인생을 투자하여, 결국 아내는 소금기둥이 되고 빈털터리가 되고 말았습니다.
(창13:5-13, 19:26,30)

⑥ 발람은 뇌물에 눈이 어두워져서 하나님의 명령을 거역하여 나귀에게 조롱을 당하였습니다. (민22:20-35)

(2) 성경에서 성공한 사람들의 교훈을 살펴봅니다.

① 마리아는 옥합을 깨뜨려 주님을 섬긴 여인으로 그 이름이 성경에 기록되어 후대에 길이 전해지게 되었습니다. (마26:6-13)

② 수넴 여인은 하나님의 사람을 섬김으로 예기치 않는 축복의 아들을 얻었을 뿐만 아니라, 후일 재물이 회복되는 은혜를 누렸습니다. (왕하4:8-37, 8:3-6)

③ 나오미의 며느리 룻은 효심이 가득하여 예수그리스도의 계보 가운데 여성의 선조로 이름이 기록됩니다.
(룻1:15-18, 마1:5)

④ 아브라함과 이삭과 야곱의 성공은 대를 잇는 믿음은 우리 그리스도인들이 남겨야 할 유산이 믿음이 되어야 한다는 사실을 일깨워 줍니다. (창17:7)

⑤ 욥은 많은 고난이 있었지만 인내로써 하나님의 인정함을 얻은 축복의 인생을 누렸습니다. (욥1:1, 42:10-17)

⑥ 다윗과 요나단은 죽음의 순간까지 우정의 아름다운 복을 누렸습니다. (삼상20:17, 23:18)

⑦ 솔로몬이 지혜를 구하며 하나님께 예배(일천번제)를 드렸을 때 하나님께서 구하지 않은 부귀와 영광을 함께 약속했습니다. 평생에 왕들 중에 솔로몬 같은 사람이 없을 것이라고 약속하셨습니다. (왕상3:10-13)

⑧ 예수님을 만난 사개오는 세리로서 예수님을 집으로 모셔 들일 수 있는 복을 누렸습니다. (눅19:2-9)

⑨ 요셉은 정직과 성실로 고난 후에도 축복을 받은 꿈의 사람이었습니다. 우리는 미래를 더 나은 생활로 하나님께서 주신 꿈을 꿀 수 있어야 합니다. (창37:5-11, 39:7-23, 42:6-8)

⑩ 히스기야의 기도는 하나님의 보좌를 움직임으로 생명을 십오 년간이나 연장받았으며, 그 증표로 해의 움직임을 보이실 정도로 하나님을 감동시켰습니다. (사38:1-8)

⑪ 스테반은 용서의 기도를 드리는 모습을 보임으로써 박해자 바울을 회심시켰으며, 그 결과 교회의 새 역사를 쓸 수 있는 위대한 한 사람을 탄생시켰습니다. (행7:54-60, 8:1-3)

⑫ 베드로는 모든 것을 버리고 예수님을 따름으로써 반석이라는 베드로의 이름 위에 교회가 우뚝 서게 되었습니다. (마16:18)

4) 예수님의 비유를 심도 있게 살피면 그 안에 재물에 대한 교훈이 숨어 있음을 알 수 있습니다.

(1) 예수님께서 재물(돈)에 대하여 경계하신 말씀은 우리가 재물에 현혹되지 말하야 함을 보여 줍니다.

① 재물이 있는 곳에 마음도 있다고 하셨습니다.
재물은 하늘에 쌓아 두어야(구제와 헌금)함을 가르치셨습니다. (마6:19-21, 눅12:33-34)

② 하나님과 재물을 함께 섬길 수 없다고 하셨습니다.
(마6:24, 눅16:13)

③ 세상의 염려와 재물에 대한 유혹을 이기지 못하면 마치 가시떨기에 뿌려진 씨앗처럼 말씀이 막혀 그 결실을 맺지 못하게 됩니다. (마13:22)

④ 가버나움에서 오해 당하지 않게 하기 위하여 베드로에게 성전세를 내게 하셨습니다. (마17:24-27)

⑤ 황제에게 바치는 세금 논쟁에 대하여, 황제의 것은 황제에게 하나님의 것은 하나님께 돌려드리라고 말씀하셨습니다.
(마22:15-22, 막12:13-17, 눅20:20-26)

⑥ 신실한 종과 신실하지 않은 종의 비유에서, 그리고 달란트의 비유에서 재물로 비유의 소재를 삼으셨습니다.
(마24:45-51, 25:14-30, 눅12:41-48, 19:11-27)

⑦ 한 부자 청년은 모든 소유를 팔아 가난한 자에게 나누어주고 주님을 좇으라는 명령을 돈을 사랑하였기 때문에 지키지 못하

였습니다. (마19:16-30, 막10:21-23, 눅18:18-30)

⑧ 한 부자 청년의 교훈에서 '부자가 하나님의 나라에 들어가는 것보다 낙타가 바늘귀로 지나가는 것이 더 쉽다'고 교훈하셨습니다. (막10:25)

⑨ 재물을 쌓아두고도 하나님에 대하여 부요치 못한 어리석은 자의 비유를 들어 탐심을 물리칠 것을 말씀하셨습니다. (눅12:13-21)

⑩ 우리의 소유를 팔아 구제를 실천함으로써 하늘에 보물을 쌓으라고 하셨습니다. (눅12:33)

⑪ 보물이 있는 곳에 마음도 있다고 하셨습니다. (마6:24, 눅12:34)

⑫ 목숨을 위하여 무엇을 먹을까 무엇을 입을까 구하지 말고 그분의 나라와 그분의 의를 구하면, 이 모든 것을 더하여 주신다고 하셨습니다. (마6:31-33, 눅12:31)

(2) 천국과 재물에 대한 교훈을 예수님의 비유에서 찾아봅니다.

① 하나님의 것은 하나님께 반드시 구별하여 드려야 합니다. (하나님의 것, 황제의 것, 마22:15-22)

② 부유한 사람은 어려운 이웃을 위하여 그 재물을 사용하거나 나눌 수 있어야 합니다. (선한 사마리아 사람 이야기, 눅10:29-37)

③ 재물로써 하늘에 상급을 쌓을 수 있어야 합니다. (하늘에 보물을 쌓으라, 마6:19-21, 눅12:33-34)

④ 영혼이 잘되면 모든 일에 축복이 넘치게 됩니다. (복 있는 사람의 교훈, 마5:3-12)

⑤ 하나님과 세상, 두 주인을 섬길 수는 없습니다. 하나님을 선택할 수 있어야 합니다. (하나님과 재물사이의 선택, 눅16:10-13)

⑥ 재물은 유혹의 원인이 됩니다. 예수님께서도 마귀로부터 먹을

것과 명예, 재물에 대한 시험을 받으셨던 사실이 있습니다.
(세 가지의 유혹을 받으신 예수님, 마4:1-11, 눅4:1-13)

(3) 생명과 재물에 대한 교훈을 예수님의 비유에서 찾아봅니다.

① 재물은 잃어버릴 수 있는 것입니다.
(돌아온 탕자의 비유, 눅15:11-32)

② 부자는 구원받기 어렵다는 사실을 예수님은 비유와 실례를 들어 말씀하셨습니다.
(부자에 대한 교훈, 마19;23, 막10:23-27. 눅18:24-27)

③ 우리의 먹거리나 잠잘 곳과 모든 부는 하나님께서 허락하신 축복이란 사실을 알아야 합니다.
(들의 꽃과 새들의 축복, 마6:25-34, 눅12:22-32)

④ 재물로 생명을 보장받지 못한다는 사실을 알아야 합니다.
(어리석은 부자 이야기, 눅12:16-21)

⑤ 도움을 얻기를 바란다면 먼저 베풀어야 합니다.
(황금률, 눅6:31, 마7:12)

⑥ 하나님을 섬김이 모든 복의 근원임을 깨달아야 합니다.
(너희는 먼저 그의 나라와 의를 구하라, 마6:33)

5) 그리스도인의 올바른 경제생활은 바른 헌금생활에서 출발합니다.

(1) 예수님께서 올바른 헌금의 자세에 대하여 가르치셨습니다.

① 예수님께서 헌금의 기본자세에 대하여 말씀하셨습니다. 헌금에는 율법의 근본정신인 정의와 긍휼과 믿음이 함께하여야 한다는 사실을 말씀하셨습니다. (마23:23)

② 가난한 과부는 두 렙돈을 드렸지만, 이 과부가 생활비 전부를 드린 것을 주님께서 아시고 제자들에게 말씀하셨습니다.
(막12:41-44, 눅21:1-4)

⑤ 예수님께 값비싼 옥합을 깨뜨려 예수님의 발을 씻긴 여인을 제자들에 대하여 변호하셨습니다.

(마26:6-13, 막14:3-9, 요12:1-8)

(2) 그리스도인은 바른 헌금을 드릴 때 하나님께서 축복을 더하심을 알아야 합니다.

① 하나님의 소유를 도적질해서는 안 됩니다.

십일조는 하나님의 것입니다. 온전한 십일조를 드려 하나님의 집에 양식이 있게 하면 하나님께서 하늘 문을 열고 복을 쌓을 곳이 없도록 붓는다고 말씀하셨습니다. (말3:7-12)

② 하나님을 찾는 것이 축복의 근원임을 알아야 합니다.

하나님을 사랑하는 자들이 하나님의 사랑을 입으며 하나님을 간절히 찾는 자가 하나님을 만나게 되며, 재물과 부도 하나님께 있다고 말씀하시고 계십니다. (잠언8:17-21)

6) 부자가 되려는 사람이나 부자인 사람들은 성경이 교훈하는 주님의 말씀을 들어야 합니다.

(1) 부자가 되려고 하는 사람들은 성경이 가르치는 말씀을 마음에 새겨 담을 필요가 있습니다.

① 무리하게 부를 축적하려고 하면 시험에 빠지게 됩니다.

부하려 하는 사람들은 시험과 올무와 여러 가지 어리석고 해로운 욕심에 떨어지게 되어 결국 파멸과 멸망에 빠지게 됩니다. (딤전6:9)

② 돈을 사랑하는 것이 일만 악의 뿌리가 됩니다.

돈을 탐하는 사람들은 미혹을 받아 믿음에서 떠나 많은 근심으로써 자기 자신을 찌르게 됩니다. (딤전6:10)

③ 자족하는 마음은 경건에 큰 유익이 됩니다.

우리는 세상에 아무 것도 가지고 온 것이 없으므로 또한 아무 것도 가지고 가지 못할 것입니다. 우리에게 먹을 것과 입을 것이 있다는 사실 하나로 만족할 줄 알아야 할 것입니다.
(딤전6:6-8)

(2) 주님을 섬기는 그리스도인들이라면 부유한 사람들에게 가르치는 하나님의 음성을 들어야 합니다. (딤전6:17-18)

① 부한 자들은 마음을 높이지 말고 정함이 없는 재물에 소망을 두지 말아야 합니다. (딤전6:17)

② 오직 마음을 우리에게 모든 것을 후히 주시며 누리게 하시는 하나님께 두어야 합니다. (딤전6:17)

③ 선을 행하고 선한 사업을 많이 하고 나누어 주기를 좋아하며 너그러운 사람이 되어야 합니다. (딤전6:17)

④ 이것이 장래에 자기를 위하여 좋은 터를 쌓아 참된 생명을 얻는 것이 됩니다. (딤전6:17-18)

⑤ 자랑하는 자는 오직 명철하여 하나님을 아는 것과 하나님은 사랑과 정의와 공의를 땅에 행하시는 분이심을 깨달아야 합니다. (렘9:24)

(3) 스스로 부자라 하여 하나님의 일을 소홀히 하면 주님께로부터 책망을 받게 됩니다. 라오디게아 교회의 교훈에서 알 수 있습니다. (계3:14-22)

① 라오디게아 교회는 스스로 부자라고 인식하였으며, 부요해서 더 이상 부족한 것이 없다고 하였으나, 곤고한 것과 가련한 것과 눈먼 것과 벌거벗은 것을 알지 못한다는 강한 책망을 받았습니다. (계3:17)

② 라오디게아 교회의 가장 큰 책망은 미지근하여 뜨겁지도 아니하고 차지도 아니하다는 것이었습니다. 주님께서 입에서 토하여 버리신다고 하셨습니다. (계3:15-16)

③ 이에 대한 해결책은 불로 연단한 금을 사서 부요하게 하고 흰 옷을 사서 입어 벌거벗은 수치를 가리고 안약을 사서 눈에 바

르는 것이었습니다. 부자여서 처음 주님의 사랑에서 떠나 있
다면 회개하고 주님의 일에 열심을 내어야 할 것입니다.
(계3:18-19)

(4) 사람의 생명이 그 소유의 넉넉함에 있지 않다는 사실을 깨닫고
탐심을 물리치며 주님께 가까이 나아가는 생활을 하여야 합니
다. (눅12:15, 딤전6:6-10)

① 부하려 하는 자들은 시험과 올무와 여러 가지 어리석고 해로
운 욕심에 떨어지게 됩니다. 사람으로 파멸과 멸망에 빠지게
만듭니다. (딤전6:9)

② 돈을 사랑하는 것은 일만 악의 뿌리가 됩니다. 돈을 탐내는 자
들은 미혹함을 받아 믿음에서 떠나 많은 근심으로 자기를 찌
르게 됩니다. (딤전6:10)

③ 우리에게는 먹을 것과 입을 것이 있는 만큼 족한 줄로 알아야
합니다. (딤전6:8)

④ 우리가 세상에 아무 것도 가지고 온 것이 없으므로 또한 아무
것도 가지고 가지 못한다는 사실을 알아야 합니다. (딤전6:7)

7) 결론적으로 그리스도인은 부와 명예가 하나님께 있음을 알고, 하나님께 소망을 두는 선한 삶을 살아야 합니다.

(1) 그리스도인은 하나님의 것을 별도로 구별하여 드려야 하며,
(말3:10)

(2) 모든 재물과 부와 명성도 모두가 하나님께 있음을 깨닫는 것이
부의 출발이며 근본임을 알아야 합니다. (잠언 8:17-21)

7. 그리스도인의 복된 삶과 사회적 책임

하나님의 말씀인 성경은 그리스도인이 공의를 실천하여야 함을 설명하고 있습니다. 그리스도인의 복된 삶이 무엇이고, 사회정의를 실천하기 위해서 그리스도인이 갖추어야 할 태도는 어떤 것일까요? 이 장에서는 그리스도인의 복된 삶이 어떤 것인지 또한 사회적 책임과 어떤 상호 연관성이 있는지 알아봅니다.

1) 그리스도인의 복된 삶은 하나님의 가르치신 말씀을 따라 생활하는 것입니다.

(1) 그리스도인의 복된 삶은 주님께서 주신 복을 누리며 사는 삶입니다.

① 겸손과 하나님을 경외함의 보상은 재물과 영광과 생명입니다. (잠22:4)

② 하나님께서 주시는 복은 사람을 부하게 하고, 근심을 겸하여 주시지 않습니다. (잠10:22)

③ 공의와 인자를 따라 구하는 자는 생명과 공의와 영광을 얻게 됩니다. (잠21:21)

④ 하나님을 경외하면 구원과 지혜와 지식이 풍성하게 될 것입니다. (사33:6)

(2) 그리스도인의 복된 삶은 말씀 가운데 사는 삶입니다.

① 대회(大會, 예배를 가리킴) 가운데 주님께 감사하며, 많은 백성 가운데서 주님을 찬송합니다. (시35:18)

② 그리스도인의 소유는 주님의 말씀과 법도를 지키는 것입니다. (시119:56-57)

③ 주님의 계명들을 금, 곧 순금보다 더 사랑합니다. (시119:127)

④ 주님의 말씀의 맛이 꿀보다 더 달게 느껴집니다. (시119:103)

⑤ 주님의 법을 사랑하며, 즐거워하여 밤낮으로 묵상합니다.
   (시1:1-2, 시119:78)

⑥ 주님의 말씀은 심히 순수하므로, 주님의 말씀을 사랑합니다.
   (시119:140)

⑦ 날마다 주님을 송축하며, 영원히 주님의 이름을 송축합니다.
   (시145:2)

(3) 그리스도인의 복된 삶은 하나님을 경외하는 삶입니다.

① 마음으로 죄인의 형통함을 부러워하지 말고, 항상 하나님을
   경외하여야 합니다. (잠23:17)

② 하나님을 경외하면 장수하게 됩니다. 그러나 악인의 수명은
   짧아지게 됩니다. (잠10:27)

③ 하나님을 경외하면 생명에 이르게 됩니다. 하나님을 경외하는
   자는 풍족하게 지내고, 재앙을 당하지 않게 됩니다. (잠19:23)

(4) 그리스도인의 복된 삶은 정의를 행하며, 덕스런 삶을 사는 삶입
   니다. (시15편)

① 의인의 입은 지혜로우며, 그의 혀는 정의를 말하고, 그의 마음
   에는 하나님의 법이 있으므로, 그의 발걸음이 흔들리지 않습
   니다. (시37:30-31)

② 주님의 성산(聖山)에 거하는 사람들은 정직하게 행하며, 공의
   를 실천하며, 그 마음에 진실을 말하며, 그의 혀로 남을 허물하
   지 않으며, 그 이웃에게 악을 행하지 않으며, 그의 이웃을 비방
   하지 않는 사람입니다. (시15:1-3)

③ 주님을 두려워하는 사람을 존대하며 그의 마음에 서원한 것은
   해가 되더라도, 변함없이 지키는 사람입니다. (시15:4)

④ 이자를 받으려고 돈을 꾸어 주지 아니하며 뇌물을 받고 무죄

한 자를 해하지 않습니다. 이런 일을 행하는 사람은 영원히 흔
들리지 아니할 것입니다. (시15:5)

2) 국가와 사회를 위하여 정의를 실천하며 기도하여야 합니다.

(1) 그리스도인은 하나님께서 주신 복된 삶, 즉 고요하고, 평안한
생활을 누리기 위하여 국가와 사회의 구성원으로서 기도할 의
무와 책임이 있습니다. (딤전2:1-2)

① 하나님의 소유와 가이사의 것을 구별해야 합니다. (마22:21)

② 권세는 하나님께로부터 난 것이며, 하나님의 정하신 것입니
다. (롬13:1-3)

③ 우리 성도들이 고요하고 평안한 생활을 누리기 위하여 국가와
위정자, 모든 사람들 모든 사람을 위해 기도해야 합니다.
(딤전2:1-3)

④ 성경은 권세를 거스르는 것은 하나님의 명을 거스르는 것으로
인식하여 권세를 거스르게 되면 심판을 자취하게 될 것이라고
경고하고 있습니다. 통치자들과 집권자들에게 순종하는 것이
평안을 위하여 좋은 일이라고 기록하고 있습니다.
(롬13:2, 딛3:1)

⑤ 하나님을 아는 백성은 강하여 용맹을 발휘하게 됩니다.
(단11:32)

(2) 성경은 그리스도인이 공의와 정의를 실천하는 생활을 하여야
한다는 점을 강조하고 있습니다.

① 그리스도인은 선을 행하여야 합니다. 우리의 착한 행실을 통
하여 하늘에 계신 하나님께 영광을 돌려야 합니다.
(마5:16, 롬13:3, 벧전2:12/ 비교, 잠3:3, 4:2, 살후3:13)

② 하나님께서는 행악자를 절대적으로 싫어하십니다.
(신25:16, 시5:5/ 비교, 마15:19-20, 막7:20-23)

a. 하나님은 악인을 의롭다 하지 아니하십니다. (출23:7)

b. 하나님을 향하여 악을 행하는 사람은 하나님의 자녀가 아닙니다. (신32:5)

c. 하나님께서는 악을 행하는 자들을 땅에서 자취를 끊으실 것이며, 영원히 멸망하게 될 것입니다.
(시34:16, 37:9, 92:7,9, 101:8, 잠언24:19-20, 사14:20)

d. 악을 행하는 자는 반드시 심판을 받게 됩니다.
(미2:1, 말4:1, 마12:34-37, 25:46, 요삼1:11)

③ 하나님께서 우리의 모든 행동에 진심으로 원하시는 것은 정의와 긍휼과 믿음이라는 사실을 알아야 합니다.
(마23:23/ 비교, 렘22:15-16, 미6:8, 마9:13)

a. 하나님께서 우리에게 구하시는 것은 오직 정의를 행하며 인자를 사랑하며 겸손하게 하나님과 함께 행하는 것입니다. (미6:8)

b. 하나님께서는 인애를 원하고 제사를 원하지 아니하시며, 번제보다 하나님을 아는 것을 원하십니다. (호6:6)

c. 하나님께서 제사 드리는 것보다 공의와 정의를 행하는 것을 기쁘게 여기십니다. (잠21:3)

d. 예수님께서 세상에 오실 때 '정의를 세우리라'는 구약 성경의 예언을 입고 오셨습니다. (사42:1-4)

e. 그리스도인은 모든 일을 공평과 정의로 처리해야 합니다. 그렇지 않으면 하나님께서 예배를 받으시지 않으십니다.
(사1:10-17, 암5:21-24/ 비교, 출23:6-8, 레19:15, 신25:13-16, 32:4, 잠21:3)

f. 그리스도인은 외모로 사람을 판단하지 말아야 합니다.
(신1:17, 16:19, 삼상16:7, 요7:24, 약2:9)

g. 공의의 열매는 화평이며, 공의의 결과는 영원한 평안과 안전이 됩니다. (사32:17)

(3) 그리스도인은 가능한 한 서로 송사(訟事)는 피하는 것이 좋습니다.

　① 송사는 피해야 합니다. (고전6:1-7/ 비교, 눅17:3-4)

　② 화평을 만드는 사람이 복 있는 사람입니다. (마5:9)

　③ 악을 선으로 갚도록 노력해야 합니다. (롬12:17-21)

　④ 의를 위해 박해를 받는 자는 복 있는 사람입니다. (마5:10)

　⑤ 그리스도인이 송사를 판결하는 위치에 있다면 공평하게 송사를 처리하여야 합니다. (출23:6-7, 레19:15, 시9:8, 사10:2)

(4) 그리스도인은 사회정의를 위하여 불의에 대하여 반드시 항거해야 할 때가 있습니다.

　※ 이 경우에는 이 일이 주님의 영광을 위한 일인지 잘 분별하여 간절한 기도 후에 참여해야 할 것입니다.

　① 우리 자신을 의의 병기로 하나님께 드려야 합니다. (롬6:13)

　② 그리스도인은 불의를 기뻐하지 않으며, 진리와 함께 기뻐합니다. (고전13:6)

　③ 주님의 이름을 부르는 자는 불의에서 떠나야 합니다.
　　(딤후2:19, 딤후3:1-5)

　④ 그리스도인은 나에게 해를 끼치는 이에 대한 징계를 하나님께 맡겨야 한다는 점을 주의해야 합니다.

　　a. 교만하여져서 마귀를 정죄(定罪)하는 범죄에 빠질 수 있게 될 수 있습니다. (딤전3:6)

　　b. 그리스도인은 악인의 징계를 하나님께 맡겨야 합니다.
　　　(시37:1-7,12-15)

　⑤ 하나님께서는 압제 당하는 자의 피난처와 산성이 되십니다.
　　(시9:9)

3) 그리스도인의 복의 근원은 산상보훈에 있습니다. (마5:3-12)

(1) 궁극적인 그리스도인의 복된 사회적 삶의 원천은 예수 그리스
도께서 가르치신 여덟 가지 복의 교훈에 있습니다. 이는 성도들
이 그리스도인의 모습으로 사회적 삶을 살아가는 지침이기도
합니다. (마5:3-10)

① 심령이 가난한 자는 복이 있습니다.
천국이 그들의 것이기 때문입니다. 이는 오로지 하나님을 의
지한다는 것을 의미하며 천국을 상속받는다는 의미입니다.
(마5:3)

② 애통하는 자는 복이 있습니다.
그들이 위로를 받을 것이기 때문입니다. 이는 죄를 민감히 여
겨 통회함으로써 위로를 받게 된다는 점을 가르치신 말씀입니
다. (시61:1-3, 마5:4)

③ 온유한 자는 복이 있습니다.
그들은 땅을 기업으로 받게 될 것입니다. 이는 온유하고 악의가
없으므로 새 땅을 상속받게 된다는 것을 의미합니다. (마5:5)

④ 의에 주리고 목마른 자는 복이 있습니다.
이는 하나님의 의를 간절히 사모하는 자에게는 예수 그리스도
께서 그 의가 되심으로 만족함을 얻게 할 것입니다. (마5:6)

⑤ 긍휼히 여기는 자는 복이 있습니다.
저희가 긍휼히 여김을 받게 될 것이기 때문입니다. 이는 사죄
와 연민을 가진 그리스도인이 하나님의 도우심으로 구원을 얻
게 된다는 말입니다. (마5:7)

⑥ 마음이 청결한 자는 복이 있습니다.
그들은 하나님을 보게 될 것이기 때문입니다. 거룩한 마음과
경건하고도 성결한 삶을 사는 사람들을 하나님께서 찾아가실
것이기 때문입니다. 그분을 만나고 그분의 임재를 경험하게
될 것입니다. (마5:8)

⑦ 화평케 하는 자는 복이 있습니다. 그들이 하나님의 아들이라 일컬음을 받을 것이기 때문입니다. 이는 하나님과 예수님을 믿지 않는 사람들을 주님께로 인도하여 화목케 함으로써 하나님의 아들이라 일컬음을 받게 된다는 의미입니다. (마5:9)

⑧ 의를 위하여 박해를 받는 자는 복이 있습니다.
천국이 그들의 것이기 때문입니다. 예수님에 대한 의와 믿음과 신뢰 때문에 박해를 받는 성도들에게는 천국이 예비되어 있습니다. (마5:10, 벧전3:14, 계7:13-17)

(2) 궁극적으로 예수 그리스도 그분의 교훈을 따르는 제자의 삶을 삶으로 고난을 당하는 것은 축복입니다. (마5:11-12)

① 예수 그리스도로 말미암아 욕을 당하고, 박해를 당하며, 모든 악한 말을 듣는 것은 우리 그리스도인들에게는 복이 됩니다. 하늘에서 우리의 상급이 클 것이기 때문입니다.
(마5:11, 눅21:19, 약1:12, 벧전4:14)

② 예수님께서 이 세상에 오시기 전 선지자들이 이미 박해를 받았을 뿐만 아니라, 제자들 역시 예수님 때문에 박해를 받았다는 사실로 우리 그리스도인들에게도 박해가 있을 수 있다는 사실을 알 수 있습니다.
(마5:12, 눅21:16-17, 행7:51-52, 벧전5:9)

③ 예수님 때문에 환란을 당할 때, 주님께서 예비하신 상급이 있다는 사실로 우리는 기뻐하며 즐거워하며, 우리의 믿음을 굳건히 하여야 할 것입니다. (마5:12, 벧전5:9-10)

(3) 하나님께서 우리에게 허락하신 궁극적인 축복은 영생입니다.
(마5:11-12)

① 하나님께서 복을 명령하셨습니다. 이 복은 영생입니다.
(시133:3)

② 주님의 이름을 위하여 집이나 형제나 자매나 부모나 자식이나 전토를 버린 자마다 여러 배를 받고 영생을 상속받게 됩니다.

(마19:29, 막10:30, 눅18:29-30)

③ 하나님께서 이 세상을 사랑하셔서 독생자를 보내셨고, 그분을 믿는 자마다 영생을 허락하셨습니다. (요3:16, 3:36, 6:40,47)

④ 영생은 유일하신 참 하나님과 그분께서 보내신 예수 그리스도를 아는 것입니다. (요17:3)

⑤ 죄로부터 해방되고 하나님의 종이 되어 거룩함에 이르는 열매를 맺은 결과는 영생입니다. (롬6:22)

4) 결론적으로, 그리스도인의 복된 삶은 하나님의 가르치신 말씀을 따라 사는 데서 출발합니다.

(1) 궁극적인 그리스도인의 복된 삶의 본질은 예수님께서 가르치신 사랑의 계명을 지키는 데 있습니다.

> 예수께서 이르시되, 네 마음을 다하고 목숨을 다하고 뜻을 다하여, 주 너의 하나님을 사랑하라 하셨으니, 이것이 크고 첫째 되는 계명이요, 둘째도 그와 같으니, 네 이웃을 네 자신 같이 사랑하라 하셨으니, 이 두 계명이 온 율법과 선지자의 강령(綱領)이니라.
> (마22:37-40, 막12:29-31)

(2) 그리스도인은 성경이 가르치신 대로 국가와 사회를 위하여 기도하며 또한 정의를 실천하여야 합니다.

(3) 그리스도인에게 사회적 책임이 요구될 때, 그리스도인은 하나님의 말씀에 비추어 정의를 판단하고, 그 행동에 그리스도인으로서의 책임이 따른다는 사실을 잊지 말아야 합니다.

제2부

예배를 드리는 방법

이 장에서는 예배의 방법과 기도, 그리고 찬송과 헌금, 하나님의 말씀인 성경과 축복된 삶으로 이끄는 전도 등에 대하여 알아봅니다. 이는 신학이론에서 실천신학의 범주에 들어 있는 것이지만, 우리가 교회에서 예배를 드리기 위하여 필수적으로 알아야 할 내용들이기도 합니다. 바른 예배를 드리는 방법을 배울 수 있을 것입니다.

✝

네 마음을 다하고 목숨을 다하고 뜻을 다하고 힘을 다하여
주 너의 하나님을 사랑하라 하신 것이요.
(막12:30)

제 4 장

거룩한 하나님께로 나아감

예배

✠ ✠ ✠

예배의 정신은 어떤 것이어야 할까요? 우리가 매주 모여 하나님께 드리는 예배는 어떤 의미가 있는 것일까요? 그리고 하나님께서 기뻐하시는 예배는 과연 어떤 예배일까요? 예배의 의미와 예배를 드리는 구체적인 방법을 우리가 알게 된다면, 진정으로 하나님께 더욱 가까이 나아갈 수 있는 예배를 드릴 수 있게 될 것입니다.

✠ ✠ ✠

하나님은 영이시니 예배하는 자가 영과 진리로 예배할지니라.
(요4:24)

1. 예배란 무엇일까요?

　그리스도인들이 예배를 드린다고 이야기하는데 과연 예배란 무엇일까요? 예배의 의미와 예배의 장소와 때 등 예배에 대한 기본적인 내용들에 대하여 알아봅니다. 우리는 공 예배와 같이 정해진 시간이나 그렇지 않은 경우에도 항상 예배를 드리는 생활을 합니다. 예배가 구체적으로 무엇을 의미하는지 살펴봅니다.

1) 예배란 하나님을 경배하며 그분을 섬기는 것입니다.

　(1) 주 하나님을 경배하고 그분을 섬기는 것입니다. (마4:10)

　　① 창조주 하나님께 신령과 진정으로 경배를 드리는 것입니다.
　　　(요4:23-24, 계7:11-12)

　　② 주 하나님의 영광을 찬송하며, 그분을 영화롭게 하는 것입니다. (엡1:5-6,11-12,14, 3:21, 살후1:12)

　　③ 성소(예배당)에서 하나님께 찬양드리는 것입니다. (시150:1)

　　④ 하나님의 전에 예물을 들고 나아가는 것입니다. (시96:8)

　　⑤ 하나님께 우리 자신을 산 제물로 드리는 것입니다. (롬12:1)

2) 어디서든지 예배를 드릴 수 있습니다.

　(1) 기본적으로 교회에 함께 모여 공 예배를 드리게 됩니다.

　　① 예루살렘 교회는 날마다 모여 예배드렸습니다. (행2:46)

　　② 초대 유대의 그리스도인들은 안식일에 예배를 드렸습니다. (행13:14)

　　③ 그러나 사도시대 말기부터 주일(主日, 일요일)에 예배를 드리기 시작하였습니다. (행20:7, 고전16:2, 계1:10)

(2) 예배는 어디에서든지 드릴 수 있습니다.

　① 예루살렘 교회는 성전과 가정의 다락방에서 모여 예배를 드렸습니다. (행1:13, 2:46)

　② 다른 곳에서는 회당에서 모이기도 하였습니다.
　　 (행15:21, 18:4)

　③ 집에서 모여 예배를 드리기도 하였습니다.
　　 (행2:46, 골4:15, 몬1:2)

3) 하나님의 피조물이기 때문에 예배를 드려야 합니다.

(1) 우리는 하나님의 피조물로서 창조주 하나님께 예배를 드려야 합니다. (창1:31)

　※ 하나님 보시기에 좋았더라 (창1:4-31, 반복하여 말씀하십니다.)

　① 하나님께서 하나님의 형상대로 인간을 창조하시고 축복하셨기 때문에 예배를 드려야 합니다. (창1:27-28)

　② 하나님의 이름에 합당한 영광을 돌리며 경배하기 위하여 예배를 드려야 합니다. (시29:2)

(2) 죽임 당하신 어린 양이 찬송을 받으시기에 합당하시기 때문에 예배를 드려야 합니다. (계5:12)

(3) 예수님께서 당신 자신을 버림으로써 사람들을 완전케 해 주시기 때문에 예배를 드려야 합니다. (히10:14)

4) 예배의 목적은 하나님께 영광을 돌리는 것입니다.

(1) 하나님께 영광을 돌리기 위하여 예배를 드립니다. 이것이 예배를 드리는 가장 큰 이유입니다.

　① 하나님께 경배하며 찬송과 영광과 존귀와 지혜와 감사와 능력과 힘이 위대하신 우리 하나님께 있음을 찬송하여야 합니다.
　　 (시96:1-10, 계7:11-12)

② 여호와께 그분의 이름에 합당한 영광을 돌리며 거룩한 옷을 입고 하나님께 예배를 드려야 합니다. (시29:2)

③ 감사로 제사를 드림으로 하나님을 영화롭게 하여야 합니다. (시50:23)

④ 우리는 먹든지 마시든지 모두 다 하나님께 영광을 드리기 위하여 행하는 것입니다. (고전10:31)

(2) 예배자의 신앙이 성장하기 위하여 예배를 드립니다. (엡4:13-15)

(3) 믿지 않은 사람들을 예수님 앞으로 인도하기 위하여 예배를 드립니다. (고전14:23-25)

2. 예배에 꼭 있어야 할 것들

예배를 드림에 있어 갖추어야 할 필수적인 요소들은 무엇일까요? 예배에 있어 빠져서는 안 될 것들은 어떤 것들이 있을까요? 예배를 드림에 있어 예배자가 반드시 갖추어야 될 점과 예배에 필요한 요소들을 살펴봅니다. 예배를 드리는 성도가 올바르게 예배에 임하는 태도와 마음가짐을 배울 수 있도록 안내할 것입니다.

1) 교회의 공 예배에는 반드시 포함되어야 하는 기본 내용이 있습니다.

(1) 하나님께 영광을 돌립니다. (대상16:28)

(2) 회개와 간구의 기도를 드립니다. (행1:12-14, 3:19)

(3) 감사와 찬송을 드립니다. (대상16:29, 시50:14,23, 100:4)

(4) 하나님의 말씀을 받습니다. (시95:7)

(5) 변화와 결단이 있어야 합니다. (롬12:1)

(6) 헌금을 들고 나아갑니다. (시96:8)

2) 예배를 드릴 때 예배자는 반드시 하나님께 경건한 마음으로 나아가 경배를 드려야만 합니다.

(1) 예배(Worship)란 하나님께 경배를 드리는 것입니다.
경배란 피조물인 인간의 창조주이며, 구속주이시며, 절대적인 권위자이신 하나님께 기도와 복종과 경외와 감사로 존경심을 표현하는 행위를 말합니다.
(출4:31, 24:1, 34:8-9, 대하7:3, 20:18, 29:30, 느8:6, 욥1:20, 마 4:10, 눅2:37, 롬12:1, 계7:11,15, 4:10)

(2) 하나님께 경건(Godliness)하게 나아가야 합니다.

경건이란 거룩한 하나님에 대한 공경심을 가지고 깊이 삼가고 조심하며, 거룩한 생활과 계시된 하나님의 말씀에 따라 완전히 복종하는 생활을 말합니다.

(신33:8, 시32:6, 86:2, 43:1, 행10:2, 딤전2:2, 3:16, 4:7-8, 딛2:2, 벧후2:9, 3:11)

(3) 하나님을 경외(Fear)하는 마음이 있어야 합니다.

경외란 인간이 하나님께 존경과 두려운 마음을 가지는 것을 말합니다. 경외란 하나님을 절대적으로 존경하고 숭상하는 태도와 불순종에 대한 징계와 형벌의 두려움을 가리킵니다.

(창22:12, 대하19:9, 느5:9, 욥15:4, 28:28, 시2:11, 34:11, 잠1:7, 전12:13, 말3:16, 히5:7, 11:7, 계11:18, 19:5)

(4) 하나님에 대한 신뢰(Trust)를 가지고 나아가야 합니다.

신뢰란 무지하고 연약한 인간이 전지전능하시고 자비로우시며, 은혜로우신 하나님을 의지하는 것을 말합니다.

(대하20:20, 시9:10, 32:10, 71:5, 84:12, 118:8, 146:3, 잠3:26, 16:20, 28:25, 29:25, 사50:10, 렘17:7, 39:18, 마27:43, 빌1:14)

(5) 믿음(Faith)으로 하나님께 나아가야 합니다.

믿음이란 신의 계시에 대한 인간의 응답입니다. 인간이 신앙의 대상인 하나님을 믿고 그분의 계시를 진리로 받아들이며, 우리의 미래를 그분에게 전적으로 의뢰하는 것을 말합니다.

(시33:18-20, 25:3, 31:24, 130:7, 롬4:18, 5:2, 히9:28,11:10)

3) 사적으로 예배를 드릴 때에는 성령님 안에서 말씀과 기도로 생활하는 것이 올바른 예배자의 모습입니다.

(1) 성령님 안에서 성경을 읽는 것이 참된 예배입니다. (딤전4:13)

(2) 성령님 안에서 설교를 듣는 것이 참된 예배입니다. (눅4:32)

(3) 성령님 안에서 기도를 드리는 것이 참된 예배입니다. (엡6:18)

(4) 성령님 안에서 찬송을 드리는 것이 참된 예배입니다. (히13:15)

① 하나님께서 우리에게 기쁨을 주실 때 내 마음 속에서 우러나
오는 찬송의 예배를 드리게 됩니다. (요7:38)

② 우리가 하나님을 기쁘시게 해 드리고자 할 때 찬송의 제사를
드리게 됩니다. (히13:15)

3. 예배를 드리는 방법

하나님께 예배를 드리는 방법은 하나님에 대한 사랑과 헌신입니다. 성경은 여러 곳에서 하나님께 예배를 드리는 방법을 가르치고 있습니다. 하나님께 예배를 드릴 때는 하나님께서 그 예배를 받으시도록 항상 마음가짐을 바르게 하고 성실히 예배를 준비하여야 합니다. 예배에 있어 헌신과 다짐이 왜 중요한지 성경에서 살펴봅니다.

1) 예배는 하나님에 대한 사랑과 헌신입니다.

(1) 예배의 본질은 하나님에 대한 사랑입니다.

① 예배는 하나님께 나아가 무릎을 꿇고 경배하며 그분의 음성을 듣는 것입니다. (시95:6-7)

② 하나님을 영화롭게 하는 삶(생활)으로 예배를 드리는 것입니다. (롬12:1-3, 엡1:4-6, 살후1:12)

③ 예배는 주님의 뜻을 행하며, 주님의 성실하심과 구원 그리고 의의 기쁜 소식을 전하는 것입니다. (시40:6-10)

(2) 예배의 자세는 겸손과 헌신의 마음을 가지는 것입니다.

① 참회와 용서의 마음으로 예배를 드려야 합니다.
믿음의 사람들은 무릎을 꿇고 경배를 드렸습니다. (시95:6)

② 비하(卑下)와 겸손한 마음으로 예배를 드려야 합니다.
믿음의 사람들은 땅에 엎드려서 경배를 드렸습니다.
(욥1:20, 미6:6-8/ 비교, 시22:26)

③ 존경과 감사의 마음으로 예배를 드려야 합니다.
예수님께서는 얼굴을 땅에 대시고 경배를 드렸습니다.
(마26:39/ 비교, 시111:1)

④ 경건과 성결한 마음으로 예배를 드려야 합니다.
   믿음의 사람들은 거룩한 옷(옳은 행실)을 입고 경배를 드렸습니다. (시29:2, 110:3, 계19:8)

⑤ 헌신과 경배의 마음으로 예배를 드려야 합니다.
   믿음의 사람들은 아름답고 거룩한 것으로 경배를 드렸습니다. (시96:8-9)

⑥ 공의와 인자를 사랑하는 마음으로 예배를 드려야 합니다. (사1:13-17, 렘7:3-7, 호6:6, 암5:21-24, 미6:6-8)

2) 예배는 우리의 찬양과 경건한 삶을 드리는 것입니다.

(1) 우리 몸을 거룩한 산 제물로 하나님께 드려야 합니다.

① 우리 몸을 하나님께서 기뻐하시는 거룩한 산 제물로 드리는 것입니다. (롬12:1, 15:16, 벧전2:5)

② 찬양의 제사로 예배를 드립니다. (히13:15)

③ 선행의 제사로 예배를 드립니다. (시50:23, 히13:16, 벧전2:12)

(2) 하나님을 영화롭게 하는 삶으로 예배를 드립니다.

① 우리의 찬양과 감사의 제사와 기도하는 생활을 통하여 하나님께 영광을 돌립니다. (시50:23, 요14:13, 히13:15)

② 사랑의 열매를 맺음으로 하나님께 영광을 돌립니다. (요15:8,16)

③ 물질을 이웃과 나눔으로써 하나님께 영광을 돌립니다. (빌4:18, 히13:16)

④ 믿음과 봉사하는 생활을 통하여 하나님께 영광을 돌립니다. (벧전4:11)

⑤ 하나님께서 기뻐하시는 사랑을 실천하는 삶을 삶으로써 하나님께 영광을 돌립니다. (요13:34, 롬15:5-6)

⑥ 하나님의 아들을 인정함으로써 하나님을 기쁘게 합니다.

(빌2:9-11)

⑦ 하나님의 말씀을 믿음으로써 하나님께 기쁨이 됩니다.
(롬4:20)

⑧ 고난을 통하여 연단을 받음으로써 우리 삶이 하나님께 영광이
됩니다. (요21:18-19, 벧전4:14,16)

⑨ 전도를 통하여 하나님을 기쁘시게 합니다. (살후3:1)

⑩ 우리의 먹고 마시는 것도 모두 다 하나님의 영광을 위하여 행
하는 것입니다. (고전10:31)

4. 예배의 기원과 역사

예배는 언제부터 시작된 것일까요? 그리고 언제부터 하나님께 예배를 드리기 시작한 것일까요? 성경을 통하여 구약시대 때부터 하나님께 예배를 드렸던 사실들을 확인 해 보고, 이 예배의 기원이 현재 우리에게 의미하는 바와 앞으로 우리에게 주어질 예배가 어떤 모습인지 살펴봅니다.

1) 예배는 하나님께 드리던 제사에서 기원합니다.

(1) 하나님께서 아벨과 가인의 제사에서 아벨의 제사를 받으셨습니다. (창4:3-7)

① 가인은 땅의 소산으로, 아벨은 양의 첫 새끼와 기름으로 제사를 드렸습니다. (창4:3-4)

② 가인의 제사는 받으시지 않으시고, 아벨의 제사만 받으셨습니다. (창4:4-5)

③ 믿음으로 아벨은 가인보다 더 나은 제사를 하나님께 드림으로 의로운 자라 하는 증거를 얻었습니다. (히11:4)

(2) 하나님께서 노아의 제사에서 그 향기를 받으셨습니다. (창8:20-22)

① 정결한 짐승과 새로 번제를 드렸습니다. (창8:20)

② 하나님께서 그 향기를 받으시고, 그 중심에 이르시기를 '다시는 사람으로 인하여 땅을 저주하지 않으리라'고 하셨습니다. (창8:21)

(3) 아브람이 처음으로 단을 쌓아 제사를 드리며, 하나님의 이름을

불렀습니다. (창12:7-8)

① 아브람이 처음으로 단을 쌓아 하나님의 이름을 불렀습니다.
(창12:7-8, 13:4)

② 하나님과의 언약의 제사를 드렸습니다. 그날에 하나님께서 아
브람으로 언약을 세우셨습니다. (창15:8-10,18)

③ 하나님의 명령에 의하여 수양을 잡아 제사를 드렸습니다.
(창22:13)

(4) 아론의 첫 제사는 번제(燔祭)였습니다. (레9:1-11)

① 흠 없는 송아지를 속죄제로 드렸습니다. (레9:2)

② 송아지와 어린 양의 일 년 되고 흠 없는 것을 번제를 위하여 드
렸습니다. (레9:3)

③ 수소와 수양으로 화목제를 드렸습니다. (레9:4)

2) 구약시대의 예배는 하나님의 명령에 의한 것입니다.

(1) 예배는 성소와 제사장, 그리고 절기로 구성됩니다.

① 예배드리는 장소가 거룩한 성소 혹은 성전으로 구별되어 있었
습니다. (Places) (출25:8-9)

② 제사장에 의한 희생제와 속죄제가 있었습니다. (Actions)
(레1:1-17, 8:1-9)

③ 예배는 절기와 축제 때에 이루어졌습니다. (Times)
(출23:14-19, 레23:1-44)

(2) 구약의 제사는 제사의 목적에 따라 제사 내용이 구분되어집니
다. (레1:1-7:38)

① 번제(燔祭, Burnt or Holocaust offering)는 부정한 백성이 거
룩한 하나님께 나아가기 위한 방법으로 무의식적인 원죄를 없
이 하기 위해 화제(火祭)로 드리는 제사입니다.
(레1:1-17, 6:8-13)

a. 재산의 정도에 따라 흠 없는 수송아지, 수양, 수염소와 비둘
기를 드렸으며, 제물이 동물인 경우에는 수컷으로만 드렸
습니다. (레1:2-3,10,14)

b. 제물 전체가 온전히 하나님께만 드려졌습니다. 제사장이나
제주에게 몫이 배분되지 않았습니다. (레1:3-17)

c. 제사장은 피를 제단 위에 뿌리고 그 제물들은 제단에서 화
제로 완전히 드림으로 하나님께 향기로운 제사가 되었습니
다. (레1:9,13,17, 7:22-27)

d. 피와 기름은 생명, 머리는 사상, 내장은 마음, 정강이는 행
위의 걸음을 의미합니다. 이는 흠 없이 자신을 온전히 하나
님께 드림으로 우리를 죄에서 구원하신 예수 그리스도의
모형으로 볼 수 있습니다.
(레1:5-9,11-13,15-17, 히5:8-9, 9:11-26)

② 속죄제(贖罪祭, Sin offering)는 인간이 연약하여 실수로 하나
님께 지은 죄를 속죄하기 위하여 드리거나 배상이 불가능한
무의식적인 죄를 속죄하기 위하여 드린 제사입니다.
(레4:1~5:13, 6:25-30)

a. 속죄제는 죄를 그만둔다는 의식과 죄를 제거한다는 두 가
지 의미를 가지고 있습니다.
(레4:2-3,13-15,20,26-31,35, 5:4,10)

b. 제사를 드리는 죄인의 신분과 지위에 따라 제물을 수송아
지, 수염소, 암염소, 어린 양, 두 마리 새, 또는 고운 가루로
제물이 달랐습니다. 이는 아주 가난한 자라도 속죄제를 드
릴 수 있도록 배려하였기 때문입니다.
(레4:3,13-14,23,28,32, 5:11)

c. 제사장은 제물을 받아서 그 피를 손가락으로 찍어 번제단
뿔에 바르고, 피 전부는 단 밑에 쏟고 기름진 부분은 화제로
하나님께 드린 후, 나머지 제물은 제사장의 몫이 되었으며,

성막 안에서 먹어야 했습니다. (레6:24-30, 7:7-10)

d. 속죄제에서 피는 생명을 의미하기 때문에 죄의 속죄를 위하여 사용됩니다. 예수 그리스도는 인간을 위한 속죄 제물로 단번에 드려지셨습니다. (히10:3-10)

③ 속건제(贖愆祭, Guilt or Trespass offering)은 제2의 속죄제로 하나님의 성물 침해와 타인의 소유권 침해에 따른 용서를 위하여 드리는 제사입니다. (레5:14-6:7, 7:1-6)

  a. 속건제의 제물은 죄인의 신분이나 형편을 고려하지 않고 오직 흠 없는 수양만이 제물로 드려졌습니다. (레5:15-16)

  b. 속건제의 대상은 보상이 가능한 범죄이기 때문에 타인에게 손해를 입힌 액수의 1/5을 더해서 피해자에게 갚은 후에 제사를 드리도록 규정하고 있습니다. (레6:5-6)

  c. 속건제의 제물의 분배 원칙과 제사 방법은 속죄제와 같습니다. (레7:7-10)

④ 화목제(和睦祭, Peace offering)는 번제, 속죄제, 속건제의 제사를 통해 죄의 속함을 얻은 자가 하나님과의 교제, 화목을 도모하는 뜻으로 드리는 제사입니다. (레3:1-17, 7:11-14)

  a. 흠 없는 소와 양, 염소를 제물로 드리되, 어린 양을 제물로 드리기도 하였습니다. (레3:1,7,12)

  b. 화목제는 제주의 목적에 따라 선택하여 드릴 수 있습니다.
    감사제(感謝祭, Thanks offering)는 예기치 않는 축복에 감사를 드리는 제사입니다. (레7:15, 22:29)
    서원제(誓願祭, Vow-offering)는 서약과 맹서의 이행 또는 구원의 은총을 위해 드리는 제사입니다. (레7:16, 22:18-19)
    낙헌제(樂獻祭, Freewill offering)는 구원의 은총을 감사하여 드리는 제사입니다. (레7:16/ 비교, 민15:3-4, 시54:6)

  c. 화목제의 참가자는 속죄와 청결함이 요구되었습니다. (레7:19-21)

d. 화목제는 제물 분배가 특징입니다. 기름 부분을 화제로 하나
님께 드리고, 제물의 가슴은 요제로 하나님께 흔들어 보인
후 제사장에게 주고, 제물의 나머지는 제주의 가족과 친구들
이 함께 나누어 먹는 축제로 이루어졌습니다. (레7:15-21)

e. 예수 그리스도께서 피를 흘리시고 살이 찢기시는 죽음으로
인류를 구원하셨습니다. 이는 우리의 죄를 속죄하시기 위
한 화목제물이 되신 것입니다. (요일2:2, 4:10)

⑤ 곡물제사인 소제(素祭)는 유일하게 피 없는 제사로 하나님의
말씀을 굳게 지키려는 노력의 제사입니다.
(레2:1-16, 6:14-23, 9:17, 민15:4)

a. 소제는 고운 가루 또는 무교병, 처음 익은 곡식으로 첫 이삭
을 볶아 찧어 드렸습니다. (레2:1-16)

b. 이 곡물의 제사에는 첫 이삭과 처음 익은 것, 그리고 하나
님과의 언약의 소금을 쳐서 드리며, 유황을 가미하고, 누룩
과 꿀을 넣지 못하였습니다. (레2:11,13,15-16)

c. 극빈자의 속죄의 제사로 드려지기도 하였습니다.
(레5:11-13)

d. 반드시 하나님의 언약의 소금을 쳐서 드렸으며, 언약의 소
금은 뺴 놓을 수 없었습니다. 누룩은 넣지 못하였습니다.
(레2:11,13)

e. 공식적인 번제와 화목제에는 항상 소제가 드려졌으나, 후
세의 제사법에는 전적으로 번제의 부속물이 되었습니다.
(레7:9-10, 7:11-14, 민15:3-13, 28:2-31, 29:1-39)

f. 소제물은 그 드린 제사장에게 배분되었습니다.
(레2:3,10, 7:9-10)

g. 소제는 제주가 하나님께 드리는 선물로서, 번제의 부속물
로 드림은 죄의 용서에 대한 답례로 하나님께 드리는 감사
의 표시입니다. 즉 소제는 사람이 노력해서 얻은 산물을 드

리는 제사로 그리스도께서 모든 노력을 바치신데 대한 감
사의 예표로서 이해할 수 있습니다.

(3) 구약시대의 제사를 드리는 방법은 정하여져 있었습니다.

① 화제(火祭, Fire offering)는 제물을 불에 태워서 드리는 제사입
니다. 화제는 하나님께 향기로운 냄새와 식물이 되었습니다.
(레1:9, 1:17, 2:2,9,16, 3:5,11,16, 4:31, 5:12, 6:15, 6:22, 민29:
13, 29:36)

② 전제(奠祭, Libations)는 제물의 피를 찍거나 부어서 드리는 제
사 방법입니다. (레4:16-18, 4:25, 4:34, 5:9)

③ 요제(搖祭, Wave offering)는 제물을 흔들며 드리는 제사 방법
입니다. (레7:30)

④ 거제(擧祭, Heave offering)는 제물을 손으로 수평을 유지하여
높이 받들면서 드리는 제사 방법입니다. (레7:32)

(4) 구약의 절기 예배는 하나님의 명령에 의한 것이었습니다.
(레23:1-44)

① 안식일(安息日, Sabbath)로 지켰습니다.
매 일곱째 날, 하나님의 안식을 기념하여 성회(聖會)로 모였습
니다. (레23:1-3)

② 유월절(逾越節, Passover)로 지켰습니다.
출애굽 10가지 재앙 때 어린 양의 피로써 이스라엘 장자를 구
원하신 것을 기념하는 절기입니다.
(출12:1-14, 레23:4-8, 민28:16-25, 신12:1-8)

③ 무교절(無酵節, The Feast of unleavened)로 지켰습니다.
유월절 제정시 함께 지시된 고난의 떡을 먹는 유월절 후 7일간
의 절기입니다. (출12:15-20, 23:15, 레23:4-5)

④ 초수절(初收節)로 지켰습니다.
곡물을 거둘 때에 첫 이삭을 드렸습니다. (레23:9-14)

⑤ 오순절(五旬節, The Feast of Weeks)로 지켰습니다.

유월절 후 50일째 행해지는 절기로 칠칠절, 맥추절(麥秋節)로도 지켰습니다. 곡식 추수를 마친 것을 기념하는 절기입니다. 신약에서는 교회가 탄생한 날이 되었습니다.

(출23:16, 34:22, 레23:15-22, 신16:9-12, 행2:1-4, 20:16, 고전16:8)

⑥ 나팔절(Seventh New Moon)로 지켰습니다.

신년 새해의 첫날을 기념하는 절기로 나팔을 불어 기념해서 나팔절이라고 이름하였습니다. (레23:23-25)

⑦ 속죄일(贖罪日, Day of Atonement)로 지켰습니다.

7월 15일을 속죄일로 지켜 성회로 모였습니다. (레23:26-32)

⑧ 장막절(帳幕節, Feast of Tabernacle)로 지켰습니다.

유목생활을 기념하는 절기로 수장절(收藏節), 초막절(草幕節)이라고도 합니다.

(출23:16, 레23:34-36, 민29:12, 신16:13, 스3:4)

⑨ 안식년(Sabbatical Year)과 희년(Jubilee)으로 지켰습니다.

7년째와 50년째 되는 해를 각각 기념하여 지키는 절기입니다. (레25:1-12)

※ 에스더서의 부림절은 하만의 모함에서 구원받은 것을 기념하는 후대에 만들어진 절기입니다. (에9:24-28)

(5) 하나님께 헌신하는 사람들이 예배를 드렸습니다.

① 솔로몬은 일천 번제의 예배를 드림으로 지혜를 얻었습니다.

(왕상3:3-5, 대하1:3-12)

② 사무엘이 번제의 예배를 드릴 때에 여호와께서 블레셋 사람을 우뢰로 치시므로 전쟁을 승리로 이끌게 되었습니다.

(삼상7:10-13, 에벤에셀)

③ 다윗이 여호와께 단을 쌓고 번제와 화목제를 드릴 때 하나님께서 재앙을 멈추셨습니다. (대상21:26-27)

④ 하나님의 성전의 기초를 놓을 때 제사장들이 예복을 입고, 나
팔을 들고, 회중은 거룩하신 하나님께 큰 소리로 즐거이 찬송
을 드렸습니다. (스3:10-11)

(6) 올바른 예배를 드리기 위해서는 반드시 지키며 주의하여야 할
점이 있습니다.

① 여호와의 단 외에 다른 단을 쌓지 말고 하셨습니다.
(수22:19)

② 하나님 외에 다른 신을 섬기지 말라고 하셨습니다.
(출20:3, 신5:7, 제1계명)

③ 너희 마음을 여호와께 돌이키고, 여호와만 섬기라고 하셨습니
다. (삼상7:3-4)

④ 공의와 인자를 사랑하며 하나님을 섬겨야 합니다.
(창18:19, 잠21:3, 호6:6, 12:6, 암5:21-24, 미6:8-9)

⑤ 악행을 그치고 선행을 배우며, 공의를 구하며, 학대받는 자를
도와 주며, 고아를 위하여 신원하며, 과부를 위하여 변호하여
야 하나님께서 예배를 받으십니다. (사1:15-17)

⑥ 하나님의 능력을 구하며 그분의 얼굴을 항상 찾아야 합니다.
(대상16:11)

⑦ 악을 행하면 헛된 예배가 됩니다. (사1:11,13)

3) 신약시대의 예배는 예수님의 사역에 기초합니다.

(1) 예수님께서 예배에 대하여 가르치셨습니다.

① 성전 예배의 절기를 지키셨습니다.
(마4:23, 막1:21, 3:1-5, 눅4:15, 요5:1)

② 성전을 정화(淨化)시키셨습니다. (요2:13-22)

③ 예배의 완성이 무엇인지 말씀하셨습니다.

a. 신령과 진정으로 예배를 드릴 때가 온다고 하셨습니다.

(요4:23)

    b. 이웃을 내 몸과 같이 사랑하라고 하셨습니다. (마22:37-40)

(2) 사도들의 예배 사역은 성전과 회당을 통하여 이루어졌습니다.

  ① 예수님께서 승천하신 후 성전에서 하나님을 찬양하였습니다.
    (눅24:53)

  ② 마가의 다락방에서 기도하였습니다. (행1:12-14)

  ③ 날마다 마음을 같이 하여 성전에서 모이기를 힘썼습니다.
    (행2:14-15,46-47, 3:1)

  ④ 회당 예배에서 메시야이신 예수님을 전하였습니다.
    (행14:1, 17:17)

  ⑤ 날마다 성전과 집에서 예수님이 그리스도라는 사실을 가르치
    는 것과 전도하는 일을 쉬지 않았습니다. (행5:42)

(3) 오늘의 예배 의식에 포함되어 있는 설교와 기도, 헌금, 찬송 등은
    초기 교회 때부터 전통적으로 지켜져 온 예전임을 알 수 있습니다.

  ① 안식일에 회당에서 성경을 가지고 강론하였습니다.
    (행17:1-3,10-11)

  ② 성전에서 시간을 정하여 기도를 드렸습니다. (행3:1-2)

  ③ 성전과 집(가정 교회)에서 하나님을 찬미하며 기쁨과 순수한
    마음으로 떡을 떼며(성만찬) 음식을 나누어 먹었습니다.
    (행2:46-47)

  ④ 정성으로 모아서 헌금을 드렸습니다. (고후9:5-7)

  ⑤ 옥중에서도 기도와 찬송을 드렸습니다. (행16:25)

  ⑥ 성경말씀을 상고하기를 즐거워하였습니다. (행17:11)

  ⑦ 결론적으로 참되게 예배를 드리고자 하는 자들은 영과 진리로
    예배를 드릴 때가 온다고 예수님께서 약속하신 말씀이 이루어
    졌습니다. (요4:23-24)

4) 우리의 사후(死後) 천국에서도 예배가 계속될 것입니다.

(1) 어린 양의 혼인잔치에서 하나님께 영광을 돌리게 됩니다.
(계19:6-10)

① 보좌에 앉으신 하나님께 경배하여 영광을 돌립니다. (계19:4)

② 오직 하나님께 경배와 찬양을 드립니다. (계19:5, 19:10)

③ 즐거워하며 크게 기뻐하고 하나님께 영광을 돌립니다.
(계19:7)

(2) 계시록은 천국(天國, 하늘 나라)에서의 예배의 모습을 기록합니다. (계4:1-11)

① 하나님께 영광과 존귀와 감사를 드립니다. (계4:9)

② 하나님께 자신의 관을 벗어 경배 드립니다. (계4:10)

③ 모든 성도의 기도가 하나님께 향(香)으로 드려집니다.
(창8:21, 레1:9, 시141:2, 계5:8, 8:3-4)

(3) 새로운 예배가 우리 성도들에게 주어질 것입니다. (계5:9-14)

① 큰 음성으로 새 노래를 노래하며 하나님과 어린 양(예수님)께
영광을 돌립니다. (계5:9,12)

② 하늘 위에와 땅 위에와 땅 아래와 바다 위에와 모든 만물이 찬
양을 드려 영광을 돌립니다. (계5:13)

③ 하나님께 엎드려 경배를 드립니다. (계5:14)

5. 예배의 종류

교회에는 어떤 예배가 있을까요? 그리고 각 예배의 차이는 무엇일까요? 이 장에서는 교회에서 드리는 여러 종류의 예배를 살펴보고 그 의미를 알아보고자 합니다. 전통적인 교회가 가지는 예배 외에도 각종 기도회와 같이 우리나라의 고유의 문화로 자리 잡은 예배의 형태를 알게 되면 예배를 드리는 데 도움이 될 것입니다.

1) 교회에는 공적으로 드려지는 예배가 있습니다.

(1) 교회의 공 예배는 반드시 참석하여야 합니다.

① 주일 낮 예배는 매 일요일 낮 시간을 정하고 교회에 모여서 드리는 예배입니다. 안식일인 토요일에서 주일인 일요일에 예배를 드리게 된 것은 예수님의 부활을 기념하여 예배를 드린 초대 교회의 전통에서 유래됩니다. (막2:27, 고전16:2/ 비교, 출20:8)

② 주일 밤 예배는 매 일요일 밤 시간을 정하고 교회에 모여서 드리는 찬양 예배입니다. 요즘은 주일 오후에 예배를 드리는 경우도 많이 있습니다. (시42:8, 행20:7)

③ 삼일 밤 예배는 주일로부터 3일째 되는 날, 즉 매 수요일 밤 시간을 정하고 모여 드리는 예배를 말합니다. 삼일기도회 또는 성경공부로 모이는 교회도 있습니다. (행2:46, 히10:25)

※ 성도들은 위의 3가지 예배에 반드시 참여해야 합니다.

(2) 교회는 공 예배 외에도 각종 기도회로 모여 예배를 드립니다.

① 새벽 예배는 매일 새벽 시간을 정하여 교회에 모여 드립니다. (시5:3, 막1:35/ 비교, 잠8:17)

② 금요(철야) 예배(기도회)는 매주 금요일 모이는 철야 기도회를

말합니다. 최근에는 일정 시간만 드리는 금요 예배 또는 금요 기도회로 모이기도 합니다. (눅6:12, 행16:25, 20:11)

(3) 교회는 특별집회를 통한 예배를 드리기도 합니다.

① 부흥(사경)회는 1년에 한두 차례 1주일간 또는 일정을 정하여 특별 강사를 모시고 모이는 집회입니다. 심령대부흥회 또는 부흥사경회로 개최하기도 합니다. (합3:2, 행2:14, 10:33)

② 헌신예배는 각 기관이 특별한 일정을 정하여 충성과 헌신을 다짐하며 드리는 예배입니다.

(4) 속회나 가정에서 예배를 드리기도 합니다.

① 구역 예배는 매 금요일 낮이나 밤에 각 구역(속회, 다락방)별로 가정이나 교회에서 구역원들이 함께 모여 드리는 예배입니다. (출18:21, 행2:46)

② 가정 예배는 가족들이 함께 모여 드리는 예배입니다. (신6:6-7)

2) 교회는 특정기념 주일 별로 절기로 지켜 예배를 드립니다.

(1) 예수님의 탄생과 고난, 그리고 부활 등 예수님의 공생애를 기념하는 절기 예배들이 있습니다.

① 사순절 예배는 사순절이 시작되는 수요일 모든 과거의 잘못을 회개하며 드리는 예배입니다. 부활주일 이전 40일간을 사순절이라 하기 때문에 붙여진 명칭입니다.

② 종려주일 예배는 예수님께서 십자가에 달리신 주간에 드리는 예배입니다. (마21:1-11)

③ 부활주일 예배는 예수님께서 부활하신 날을 축하하여 드리는 예배입니다. (마28:6, 눅24:5)

④ 승천 기념 예배는 부활 후 40일을 지나서 승천하신 날을 기념하여 드리는 예배입니다. (눅24:51, 행1:3,9)

⑤ 성령 강림 예배는 승천 후 부활일로부터 50일째 되는 날 성령

님께서 강림하신 날을 기념하여 드리는 예배입니다. (행2:1-4)

⑥ 삼위일체 주일은 성령 강림절 다음 주일 드리는 예배입니다.

⑦ 성탄절 예배는 예수님이 이 땅에 오신 날을 축하하여 드리는 예배입니다. (눅2:11-20)

(2) 구약시대부터 지켜오는 절기와 예배들이 있습니다.

① 추수감사 예배는 가을 추수를 감사하여 드리는 예배입니다. (출23:16)

② 맥추감사 예배는 보리 추수를 감사하여 지키는 절기 예배입니다. (출23:16)

(3) 각종 기념 주일을 지켜 예배를 드리기도 합니다.

① 신년주일 예배는 새해 첫 주일에 드리는 예배입니다. (출40:2,17, 민10:10, 대하29:17)

② 어린이주일 예배는 5월 첫 주일 어린이를 생각하며, 하나님께 드리는 감사 예배입니다. (마19:13-14)

③ 어버이주일 예배는 5월 둘째 주일 부모님의 은덕을 생각하며, 하나님께 드리는 감사예배입니다. (엡6:1-3)

④ 광복절 기념 예배는 일본 압제에서 해방된 8·15 해방을 기념하여 지키는 우리나라 고유의 절기 예배입니다. (출12:11,17, 15:1-21)

⑤ 종교개혁 기념 예배는 10월 마지막 주일 종교 개혁을 기념하여 드리는 예배입니다. (왕하23:4-25, 롬1:17)

3) 성도의 생활과 관련된 가정과 개인적인 예배의 절기들이 있을 수 있습니다.

(1) 혼인 예식, 장례 예배, 추도 예배 등의 각종 기념 예배를 드리기도 합니다. 이런 경우에는 교회 예식서에 의하여 예배를 드리는 것이 일반적입니다.

① 혼인 예식은 한 가정의 새로운 출발입니다. 반드시 목사님을 모시고 예식을 개최하여야 합니다.

② 장례 예배는 세상을 떠나는 사람을 위해 드리는 예배입니다. 임종, 입관, 발인, 하관시 예배를 드립니다.

③ 추도 예배는 돌아가신 조상을 기억하면서 드리는 예배입니다.

(2) 혼인, 생일, 돌, 회갑, 개업, 이사 등에는 성도라면 반드시 목사님을 모시고 기념 예배를 드리는 것이 가정과 사업에 축복이 될 것입니다.

※ **교회의 공 예배에 대하여**

교회의 공 예배(일반 예배)와 절기 예배는 각 교단(장로교회, 성결교회, 감리교회, 침례교회 등)의 총회에서 교리를 규정한 『교단 헌법』이나 『예식서』 등에서 정하고 있으며, 예배의 순서와 내용이 조금씩 다른 경우가 있습니다.

6. 교회력 (The Church Year)

　　교회가 전통적으로 지켜오던 교회력은 교회의 연간 예배의 주기와 행사 일정을 나타냅니다. 우리가 지키는 각종 교회의 절기들은 이 교회력과 상관이 있습니다. 성도들이 실제적으로 교회력의 필요성을 느낄 수는 없지만, 교회력은 부활절과 크리스마스 등 각종 절기 예배와 밀접한 연관성을 가지고 있음을 알 수 있습니다.

1) 교회력은 초기 교회가 절기를 지킴으로 시작되었습니다.

　(1) 초기 교회에서 교회력의 형태가 만들어졌습니다.

　　① 초기 교회의 구성원들이 유대인들로 자연스럽게 유대 교회의 예배력이 정한 축일과 절기들을 지키게 되었습니다.

　　② 동방 정교회는 부활절을 가장 큰 절기이며, 교회력의 시작으로 보았으나, 서방 교회는 성탄절부터 오순절까지를 주기로 하는 초대 교회의 유대력을 절기력으로 지켰습니다.

　　③ 4세기 중반에 로마에서 성탄일이 12월 25일로 지켜졌으며, 부활절은 4세기 후반부터 예루살렘에서 지켜졌습니다.

　(2) 오늘날 개신 교회가 전통적인 방식으로 교회력을 모두 지키는 경우는 거의 없습니다.

2) 교회력은 절기를 중심으로 예배를 드리는 것을 말합니다.

　(1) 대강절(待降節, Advent), 강림절이라고도 합니다.

　　① 크리스마스 4주 전부터 크리스마스 이브까지의 기간을 말합니다. 11월 30일에 가장 가까운 주일에 시작하여 성탄절 전일까지 4주간을 지킵니다.

② 예수 그리스도의 오심을 즐겁게 준비하는 기간입니다.

    a. 성탄절을 기점으로 하여 예수님의 육적인 강림을 기다립니다.

    b. 말씀과 성령을 통하여 오시는 예수님의 강림을 기다립니다.

    c. 세상 끝날 영광 중에 오실 그리스도의 강림을 기다립니다.

③ 상징색은 보라색입니다.

(2) 성탄절(聖誕節, Christmas)

  ① 크리스마스에서 1월 5일까지의 기간을 말합니다.

  ② 이 땅의 주권자, 평화의 왕으로 오신 예수그리스도의 탄생을 축하하는 절기입니다. 성탄일은 4C경 로마에 의하여 그리스도의 탄생일을 12월 25일로 지키게 되었다고 전해집니다.

  ③ 상징색은 흰색입니다.

(3) 주현절(主顯節, Epithany), 현현절이라고도 합니다.

  ① 1월 6일에서 성회 수요일 이브(eve)까지의 기간을 말합니다.

  ② 주현절은 예수님께서 나타나심을 의미합니다. 하나님의 나타나심을 강조하고 선교적 사명을 강조합니다. 그리스도의 첫 번째 이방인에게 나타나심을 기념하는 의미이기도 합니다.

  ③ 상징색은 흰색입니다.

(4) 사순절(四旬節, Lent)

  ① 성회 수요일에서 부활주일 전날까지의 40일간의 기간을 말합니다. 성회 수요일은 사순절의 첫 번째 날로써 고난과 부활에 대한 준비일로 참회자의 머리에 재를 뿌린 습관에서 유래되었습니다.

  ② 부활절을 예비하기 위한 회개기도를 드립니다. 교회는 금식기도와 함께 깨끗한 마음으로 부활절을 맞이하기 위해 준비하는 기간으로 준비적 훈련을 의미하기도 합니다.

  ③ 사순절 마지막 한 주간, 즉 사순절 6주째 주일은 종려주일로

지킵니다. 예수님의 예루살렘성 입성을 기념하는 주일입니다.

④ 종려주일에서 부활절 전일까지의 기간은 그리스도의 고난과 죽으심을 기억하기 위한 고난 주간이나 수난 주간으로 지킵니다.

⑤ 상징색은 보라색입니다.

(5) 부활절(復活節, Easter)

① 부활주일에서 오순절 이브(eve)까지의 기간으로 부활절에서 일곱 주일을 포함하는 50일간의 기간을 말합니다. 매년 춘분 이후 보름달이 뜨는 날 다음 주를 부활주일로 지킵니다.

② 부활의 주님 안에서 기쁨을 의미합니다. 죽음을 이기시고 영원한 승리의 약속을 다짐하는 절기이기도 합니다. 부활주일 후 40일째 되는 목요일은 승천일로 지켰습니다.

③ 상징색은 흰색입니다.

(6) 오순절(五旬節, Pentecost)

① 오순절은 9월말 주일까지의 기간을 말하며, 부활주일로부터 50일째 되는 날에 시작됩니다. 오순절은 원래는 구약의 절기이나 성령님께서 강림한 사실을 기념하여 지킵니다.

② 성령님의 강림과 교회의 시작을 기념합니다. 교회력의 전반부가 예수 그리스도의 생애와 수난, 부활, 승천을 강조한데 비하여 오순절은 성부, 성자, 성령의 계시를 실제적인 생활에 적용하는데 의미가 있습니다. 성령님 안에서 살아가는 성도들의 생동력 있는 삶을 강조합니다.

③ 상징색은 붉은 색입니다.

④ 성령 강림절은 부활일로부터 50일째, 승천일로부터 10일째 해당되는 주일에 시작하여 한 주간을 지키며, 삼위일체 주일은 성령님의 강림으로 인한 삼위일체 하나님의 역사를 기념하는 주일로 성령 강림일 다음 주일부터 지킵니다.

(7) 왕국절(王國節, Kingdom)

　① 10월 첫 주에서 대강절까지의 기간을 말합니다.

　② 예수 그리스도 안에서의 삶과 사회적 책임을 강조합니다.

　③ 상징색은 초록색입니다.

3) 교회력에 의한 예전(Liturgy)은 색상을 구분하여 그 의미를 나타냅니다.

※ 교회 예전의 색상은 목회자의 의상의 변화와 연단의 가운의 색상에 변화를 줌으로써 절기를 표현합니다.

(1) 보라색(violet)은 위엄(dignity)을 의미합니다.

　① 강림절과 수난절에 사용하였습니다.

　② 하나님께서 죄로 인하여 죽을 수밖에 없는 인간들에게 회개의 기회를 부여하였음을 상징합니다.

(2) 흰색(white)은 성결(purity)을 의미합니다.

　① 성탄절과 성목요일, 그리고 부활주일과 부활절에 사용하였습니다.

　② 예수 그리스도를 통하여 하나님의 사랑을 완성한 것, 광대성을 상징합니다. 결혼식에도 사용되고 있습니다.

(3) 붉은색(red)은 그리스도의 보혈(blood)을 의미합니다.

　① 수난 주일과 오순절에 사용하였습니다.

　② 하나님의 자녀로서의 그리스도인의 희생적인 생활을 의미하며, 교회의 순교의 피를 상징합니다.

(4) 초록색(green)은 성장(growth)과 영원성(eternity)을 의미합니다.

　① 삼위일체 주일부터 강림절까지 사용하였습니다.

　② 그리스도인의 영원 불멸, 종교적인 소망의 신선함을 의미합니다.

7. 예배의 순서

교회의 예배의 순서는 정형화 된 것일까요? 카톨릭 교회와 달리 개신교의 예배는 자유로운 경향이 있습니다. 그리고 교회마다 예배의 순서가 조금씩 다르다는 것을 알 수 있습니다. 일반적인 예배의 순서와 함께 각 예배의 순서가 의미하는 바를 하나씩 살펴봅니다. 예배의 순서에 대한 이해는 여러분의 예배에 도움을 줄 것입니다.

1) 예배의 준비 (예배의 자리에 나아감)

(1) 전주 또는 준비 찬양

마음을 정돈하여 하나님께 찬송드리며 예배를 준비합니다. (시100:1-5)

(2) 준비 기도 (회개기도)

예배의 자리에 나아가기 위하여 하나님께 감사하고, 죄를 고백하며, 하나님께 예배의 도와 주심을 빕니다. (시51:1, 행3:19, 히5:7)

2) 개회 (Approach)

(1) 묵상기도

눈을 감고, 마음을 정돈하여, 주님을 사모합니다. (시4:1, 23:1-6, 143:5)

※ 하나님을 찬양하는 노래로 예배를 시작하는 경우도 있습니다.

(2) 예배의 부름과 기원

사회자가 예배의 시작을 알리며 성경말씀을 인용하여 하나님께서 예배를 받으시기를 기원합니다. (시23:1-6, 133:1-3, 요4:24)

(3) 송영 (예배의 기원 후의 성가대)

성가대가 묵상기도를 돕는 '우리를 향하신 하나님의 인자하심과 구속하심'을 찬양드립니다. (시117:1-2)

(4) 개회 찬송

회중 모두가 하나님의 선하심과 인자하심, 하나님의 구원의 은혜를 감사하며 하나님께 영광을 돌리며 찬양드립니다.

(시57:9-11, 96:1-9, 107:1, 147:12, 148:5, 148:12-13)

(5) 교독문(성시 교독)

성경, 시편으로 인도자와 회중이 화답합니다. 찬송가 후면의 교독문을 이용합니다. (엡5:19)

(6) 신앙고백

사도신경 또는 주기도문을 외워 우리의 신앙을 고백합니다.

(마6:9, 16:16, 빌2:11)

(7) 대표 기도(인도 기도)

회중을 대표해서 하나님께 교회의 소망과 성도들의 소원을 하나님께 아룁니다. (행12:5, 롬8:26-27, 빌4:6)

※ 모든 기도는 '주님의 이름으로 기도합니다'라고 한 후에 모두가 '아멘(진실로 그렇게 되기를)'으로 마칩니다. (요14:13, 15:16)

(8) 송영(기도 후의 성가대)

(9) 찬양

우리의 신앙고백을 받으시며, 하나님께서 영광을 받으시기를 찬양합니다. (사44:21,23)

3) 말씀의 선포 (Word of God)

(1) 성경봉독

하나님의 말씀인 성경을 설교자 또는 사회자가 낭독합니다. 회중의 대표자가 낭독하는 경우도 있습니다.

(신31:11, 느8:8, 눅4:16, 행13:15, 15:31, 골4:16, 딤전4:13)

※ 봉독(奉讀) : 높이 받들어 읽는다는 뜻입니다.

(2) 찬양

성가대가 세세토록 찬양과 영광을 받으실 하나님께 기쁨의 찬양으로 영광 돌립니다.

(시100:1-5, 150:1-6, 롬9:5, 계4:10-11, 5:11-12)

(3) 설교

하나님의 말씀을 선포 또는 하나님의 말씀을 풀이하여 설명합니다. (신1:5, 시95:7, 마13:36, 15:15, 행2:14)

※ 주제 : 하나님의 구속하심과 권능을 성도들에게 알게 합니다.
　　(시106:8)

※ 설교의 예문 : 베드로의 오순절 설교(행2:14-36),
　　　　　　　　베드로의 솔로몬 행각의 설교 (행3:12-26)
　　　　　　　　스데반의 설교 (행7:2-53)
　　　　　　　　바울의 간증 설교 (행22:2-22)

4) 말씀의 응답 (Response)

《 봉헌과 교제 》

(1) 헌금

온전한 십일조와 준비된 헌금(물)을 드립니다.

(신14:22-23, 16:7, 말3:8-10, 마23:23, 고전16:1-2)

(2) 헌금기도

온전한 헌금에 대하여 목회자가 축복기도를 드립니다.

(행20:35)

(3) 교회 소식 전달

성도의 교제를 위하여 교회의 소식과 서로의 소식을 알립니다.

(행2:42)

《 파송과 축복 》

(4) 위탁의 말씀

복음을 전하는 삶을 기원하는 위탁의 말씀을 드립니다.
(엡6:10-17)

(5) 축도

성부와 성자와 성령의 이름으로 목회자가 손을 들어 축복을 비
는 기도를 드립니다. (눅24:50, 고전16:23-24, 고후13:13)

(6) 송영(축도후의 성가대)

(7) 폐회

성도의 교제를 나누며, 애찬을 함께 나누기도 합니다.

제 5 장

주님과의 대화 있는 만남

기도

✦ ✦ ✦

기도는 성도들에게 생활이며, 예배 의식의 매
우 중요한 부분이기도 합니다. 그렇기 때문에 성
도들이 기도생활을 지속하는 것은 매우 중요한
일입니다. 성경에 나타난 구체적인 기도에 대한
교훈들을 살펴봄으로써 기도의 중요성을 인식하
게 되고, 또한 성도 여러분들의 기도생활이 지속
될 수 있도록 안내하게 될 것입니다.

✦ ✦ ✦

그를 향하여 우리가 가진 바 담대함이 이것이니
그의 뜻대로 무엇을 구하면 들으심이라.
우리를 무엇이든지 구하는 바를 들으시는 줄을 안즉
우리가 그에게 구한 그것을 얻은 줄을 또한 아느니라.

(요일5:14-15)

1. 기도란 무엇일까요?

교회에 다니면서 가장 먼저 배우게 되는 것이 기도일 것입니다. 이 장에서는 기도란 무엇이며, 우리가 기도를 드리는 대상은 누구인지를 먼저 알아봅니다. 기도에 대한 개념과 대상이 분명해야만 기도에 대하여 확신을 가질 수 있고, 우리가 드리는 기도에 대하여 그 응답을 기대할 수 있기 때문입니다.

1) 기도는 하나님과의 영적인 교제의 시간입니다.

(1) 기도란 하나님과의 영적인 대화입니다.

① 하나님과의 대화이며, 영적 교제입니다. (시91:14-15, 사1:18)

② 영혼의 호흡입니다. (롬12:12, 살전5:17)

③ 구하고, 찾고, 문을 두드리는 것입니다.
(마7:7, 렘29:12-13, 33:3)

(2) 기도는 나 자신 뿐만 아니라 교회 공동체가 함께 간구하는 것입니다.

① 나 자신이 항상 하나님께 기도하여야 합니다.
(느1:4, 시119:145,170, 120:1, 121:1)

② 두세 사람 또는 그룹이 함께 모여 기도하여야 합니다.
(전4:9-12, 마18:20, 행3:1, 16:25)

③ 온 교회가 함께 모여 한마음으로 기도하여야 합니다. (행12:5)

④ 모든 회중이 모두 한마음으로 기도하여야 합니다.
(행2:1, 4:24,31)

2) 기도의 대상은 삼위일체 하나님입니다.

살아계신 아버지(성부) 하나님께 예수님의 이름으로
(요14:6, 13 16:23-24, 16:26)

(1) 성부, 하나님께 기도드립니다. (롬1:8)

① "너희가 내 이름으로 구할 것이요"라고 예수님께서 하나님께
구하라고 말씀하셨습니다. (요16:26-28)

② "너희가 무엇이든지 아버지께 구하는 것은 내 이름으로 주시
리라"고 예수님께서 말씀하셨습니다. (요16:23)

③ 예수님께서도 자신을 위하여 성부 하나님께 기도하셨습니다.
(마11:25-27, 막14:35-36, 눅10:21-22, 11:1, 22:41, 요17:1-26)

(2) 성자, 하나님께 기도드립니다. (요16:24, 행7:59-60, 계5:8)

※ 아멘! 주 예수여 오시옵소서! (계22:20)

① 많은 사람들이 예수님께 기도와 간구를 드렸습니다.

a. 스데반이 순교할 때 예수님께 기도 드렸습니다.
(행7:59-60)

b. 십자가에 달린 한 강도의 간구에 예수님께서 응답하셨습니
다. (눅23:42-43)

c. 사도들은 예수님의 이름으로 주님께 기도하였습니다.
(행4:29-30)

d. 예수님의 이름으로 구하면 받게 됩니다. (요16:24, 26)

※ 예수님께 간구하던 많은 믿음의 사람들이 이적과 표적, 병 고침을
경험하였으며, 회개하고 예수님을 믿게 되었습니다.

② 예수님을 만난 여러 사람들이 예수님께 간구하여 응답과 치유
를 받았습니다.

a. 수로보니게 여인이 예수님의 발 아래 엎드려 간구하였습니
다. (막7:25)

    b. 예수님께서 사마리아 여인에게 생수를 주셨습니다.
      (요4:10,14)

    c. 한 소경 바디매오가 예수님께 간구하여 치유를 얻었습니
      다. (막10:47-48, 눅18:38-39)

    d. 나병 환자가 예수님께 꿇어 엎드려 간구하여 낫게 되었습
      니다. (막1:40)

    e. 바울이 다메섹 길 위에서 회심(回心) 때에 예수님께 기도드
      렸습니다. (행9:4-6, 22:8)

    f. 아나니아가 기도할 때 환상 가운데서 예수님께서 말씀하시
      고 지시하셨습니다. (행9:10-16)

③ 요한계시록은 성도들이 기도와 경배로 어린 양(예수님)께 예
  배드리는 모습을 보여 줍니다. (계5:8-14)

    a. 죽임을 당하신 어린 양(예수님)이 능력과 부와 지혜와 힘과
      존귀와 영광과 찬송을 받으십니다. (계5:12)

    b. 보좌에 앉으신 이(성부)와 어린 양(예수님)께 세세토록 찬
      송과 존귀와 영광과 능력을 돌려 찬송합니다. (계5:13)

    c. 네 생물과 이십사 장로들이 어린 양(예수님)께 경배할 때
      향이 가득한 금대접을 가졌는데 이 향은 성도의 기도들이
      었습니다. (계5:8)

(3) 성령, 하나님께 기도드립니다. (요16:13)

① 성령님께서 우리에게 말씀하십니다.
  (계2:7,11,17,29, 3:6,13,22)

② 성부께로부터 진리의 성령님께서 우리에게 오셨습니다.
  (요15:26)

③ 진리의 성령님께서 오시면 (요16:13)

    a. 우리를 진리 가운데로 인도하십니다.

    b. 자의로 말하지 않고 오직 듣는 것을 말씀하십니다.

    c. 장래 일을 우리에게 알려 주십니다.

④ 베드로와 요한이 사마리아 사람들에게 성령님께서 오시기를 기도하였습니다. (행8:15-16)

⑤ 성령님께서 빌립에게 이디오피아 내시에게 전도를 지시하셨습니다. (행8:29-38)

⑥ 보혜사 성령님께서 예수님에 대하여 가르쳐 주십니다. (요15:26)

   ※ 각종 찬송가에는 성령님의 도우심을 기도하거나 찬양하는 노래들이 많이 있습니다.

3) 기도의 목적은 하나님의 뜻을 구하는 것입니다.

(1) 기도의 목적은 예배를 드리기 위한 것입니다.

① 하나님의 영광을 드리기 위하여 기도하여야 합니다. (요14:13, 계5:13-14)

② 하나님께서 가까이 하시기 때문에 기도드려야 합니다. (시145:14-16, 120:1-7, 121:1-2)

(2) 기도의 목적은 하나님의 도우심을 구하는 것입니다.

① 어려울 때 하나님의 도우심을 구하기 위하여 기도하여야 합니다. (시50:15, 59:1-2, 107:19-20, 120:1)

② 무엇보다 하나님께로부터 죄 사함을 받기 위하여 기도하여야 합니다. (대하7:14)

③ 유혹에 빠지지 않기 위해서, 즉 시험에 들지 않기 위하여 기도하여야 합니다. (눅22:46)

(3) 기도의 목적은 믿음과 성령님 충만함을 구하기 위한 것입니다.

① 아들(성자)을 보내신 사실을 믿는 믿음을 구하여야 합니다. (요17:21)

② 기도는 성령님의 충만함을 얻을 수 있게 해 줍니다. (요14:16-17, 행8:15)

2. 하나님의 선택의 수단으로서의 기도

하나님께서는 성도들에게 왜 기도를 명하셨을까요? 성도들이 기도를 드리는 것은 하나님께 무슨 의미가 있을까요? 우리들의 기도에 응답하신다고 약속하신 하나님께서 성도들의 기도를 통하여 이루시는 역사와 성도들이 기도를 드릴 때 반드시 갖추어야 할 기도의 요건은 무엇인지 살펴봅니다.

1) 기도는 하나님께서 성도를 선택하여 사용하시는 수단입니다.

(1) 기도는 성도를 죄에서 보전하게 합니다.

① 마귀를 무찌르는 때 사용하십니다. (눅22:31-32)

② 죄인을 구원하는 수단으로 기도를 사용하십니다. (눅18:13)

③ 타락한 자를 회복시키는 수단으로 기도를 사용하십니다. (약5:16)

④ 성도를 강하게 하시기 위하여 기도를 사용하십니다. (유1:20)

⑤ 죄로부터 보전하는데 기도를 사용하십니다. 시험에 들지 않게 하십니다. (마6:13, 26:41)

(2) 성도에게 좋은 것을 주시고자 하시는 하나님께서 선택하신 계시의 방법입니다.

① 좋은 것을 주시기 위하여 기도를 사용하십니다. (시102:17, 잠8:17-21, 마7:7-11)

② 지혜를 주실 때 사용하십니다. (약1:5)

③ 평안을 주실 때 사용하십니다. (빌4:6-7)

(3) 하나님의 뜻을 전달하실 때 기도를 사용하십니다.

① 하나님의 뜻을 계시하는데 기도를 사용하십니다. 기도하는 사람들에게 성령님을 보내 주십니다. (눅11:9-13)

② 하나님의 이름을 영화롭게 하실 때 기도를 사용하십니다. (계5:8, 8:3-4)

③ 일꾼을 파송하실 때 기도를 사용하십니다. (마9:38, 행13:2-3)

④ 병자를 치유하는데 기도를 사용하십니다. (약5:13-15)

2) 기도에는 조건이 있습니다.

(1) 기도의 태도는 겸손과 믿음입니다.

① 기도는 겸손한 자세로 드려야 합니다. (시10:17, 눅18:13-14)

② 기도를 드릴 때는 구하시는 바를 주실 줄을 알고 담대함으로 하나님을 향하여 나아가야 합니다. (요일5:13-15)

③ 기도는 믿음으로 하여야 합니다. (히11:6)

④ 기도는 진실한 마음으로 드려야 합니다. (시145:18)

(2) 기도는 구체적이고도 하나님의 뜻에 합당해야 합니다.

① 기도는 구체적이어야 합니다. (시27:4, 행12:5)

② 기도는 단순해야 합니다. (마6:7)

※ 중언부언하거나, 미사여구의 수식어를 많이 넣어 꾸미어 기도하는 것도 올바르지 못한 기도일 것입니다.

③ 하나님의 뜻에 맞게 기도하여야 합니다. 즉 기도는 성경과 일치해야 합니다. (요일5:14)

(3) 기도는 끈기와 인내가 필요합니다.

① 기도는 끈기가 있어야 합니다. 즉 인내심이 필요합니다. (눅18:7, 골4:2)

② 기도는 항상 하되 낙망치 말아야 합니다. (눅18:1)

3. 기도의 방법과 마음가짐

기도의 방법과 마음가짐은 어떠해야 할까요? 주기도문은 기도의 방법을 가르쳐 줍니다. 그러나 성경은 주기도문 외에도 기도의 자세에 대하여 성경 여러 곳에서 설명하고 있습니다. 모범적인 기도의 순서를 정리해 보고, 올바른 기도의 가르침을 살펴봅니다. 또한 올바르지 못한 기도는 어떤 것인지 마음의 경계로 살펴봅니다.

1) 성경은 기본적인 기도의 자세를 설명합니다.

(1) 구약성경에서 기도드릴 때의 마음가짐을 찾아볼 수 있습니다.

① 아침에 일어나서 성결케 하고 기도하여야 합니다. (욥1:5)

② 온 회중과 하나님을 사랑하는 마음으로 기도하여야 합니다. (왕상3:3, 대하1:5-6)

③ 공의와 인자를 사랑하며, 겸손한 마음으로 하나님께 나아가는 마음 자세로 기도하여야 합니다. (미6:6-8)

(2) 에베소서는 기도와 간구의 구할 모든 것에 대하여 설명합니다. (엡6:18-19)

① 첫째, 항상 성령님 안에서 기도할 수 있도록 간구하여야 합니다. (엡6:18)

② 둘째, 여러 성도를 위하여 기도하여야만 합니다. (엡6:18)

③ 셋째, 목회자와 선교사에게 말씀을 주셔서 복음의 비밀을 담대하게 전할 수 있게 도우시기를 기도하여야 합니다. (엡6:19)

2) 기도의 순서를 정리하는 것은 모범적인 기도를 드릴 수 있는

방법이기도 합니다. (ACTS)

(1) 먼저 하나님의 영광의 찬미를 드린 후 회개와 감사의 기도를 드립니다.

① 먼저 하나님께 영광을 돌리며 찬미합니다. (Adoration)
(시22:22-24, 57:9-11, 눅11:2)

② 모든 죄를 고백하며 회개합니다. 그래야만 기도를 드릴 때 기도가 막히지 않게 됩니다. (Confession) (요일1:9, 시94:9)

③ 받은 사랑과 은혜를 생각하며 감사의 기도를 드립니다.
(Thanks) (시100:1-5, 행16:25, 엡5:20, 골3:17)

(2) 그 다음에 소원과 간구를 드립니다.

① 하나님의 영광을 목적으로 소원을 간구합니다. (Supplication)
(빌4:6)

② 나라, 교회, 이웃 형제를 위해 도고합니다. (Supplication)
(행8:15, 삼상7:5)

※ 도고(禱告) : '빌며 아뢴다'는 의미입니다.

(3) 기도는 "예수님의 이름으로 기도합니다"하고, "아멘"(진실로 그렇게 되기 바랍니다)으로 마칩니다.

① 예수님의 이름으로 (요14:13, 16:23-24, 16:26)

② 아멘 (대상16:36, 고후1:20, 계5:14, 19:4-5, 22:20-21)

3) 예수님께서 기도할 때의 마음가짐에 대하여 구체적으로 말씀하여 주셨습니다.

(1) 기도는 하나님과의 은밀한 대화이며 간구입니다.

① 위선자들처럼 남에게 보이기 위하여 기도하지 말아야 합니다.
(마6:5)

② 골방문을 닫고서 은밀하게 계시는 하나님께 기도하여야만 합

니다. (마6:6)

③ 하나님께서는 우리에게 필요한 것을 아시기 때문에 이방인들
처럼 말을 되풀이하지 말아야 합니다. (마6:7)

(2) 기도는 용서가 전제된 끈기 있는 기도여야 합니다.

① 남의 잘못을 용서해 주고 기도하여야 합니다. (마6:15)

② 구하고, 찾고, 두드려야 합니다. (마7:8, 눅11:9)

③ 하나님께서는 구하는 자에게 좋은 것으로 채워 주십니다.
(마7:11)

4) 신약성경 여러 부분에서 기도드릴 때의 마음가짐을 찾아볼 수 있습니다.

(1) 기도할 때의 올바른 마음가짐을 살펴봅니다.

① 청결한 삶과 선한 양심, 그리고 거짓이 없는 믿음에서 나는 사
랑을 가지고 분노와 다툼이 없이 기도하여야 합니다.
(딤전1:5, 2:8)

② 죄인임을 깨달아 가슴을 두드리며 통회 자복하는 마음으로 기
도하여야 합니다. (눅18:13)

③ 일어서서 경건하게 기도하여야 합니다. (막11:25)

④ 먼저 그분의 나라와 그분의 의, 즉 하나님의 영광을 먼저 구해
야 합니다. (눅11:31)

⑤ 언제나 항상 무시로 성령님 안에서 기도해야 합니다. (엡6:18)

⑥ 하나님의 뜻이 어떤 것인지 우리는 알지 못하기 때문에 우리
는 하나님의 뜻을 간절히 구해야 합니다. (롬8:26-27)

⑦ 성령님께서 말할 수 없는 탄식으로 도우심을 믿어야 합니다.
(롬8:26-27)

⑧ 그분의 뜻대로 구하면 무엇이든 얻은 줄로 알아야 합니다.
(요일5:14-15)

(2) 기도할 때는 주의하여야 할 점이 있습니다.

　① 말씀을 들어야 합니다. (전5:1)

　② 함부로 입을 열지 말고 급한 마음으로 말하지 말아야 합니다.
　　(전5:2)

　③ 서원을 하였으면 서원을 갚아야 합니다. (전5:4)

　④ 사람에게 보이려고 외식하지 말아야 합니다. (마6:16-18)

　⑤ 자기를 낮추어야 합니다. (눅18:14)

　⑥ 말을 적게 하여야 합니다. (전5:2-3, 마6:7)

　⑦ 더러운 말과 행동으로 성령님을 근심시키지 말아야 합니다.
　　(엡4:30)

5) 마음가짐이 올바르지 못하게 되면 하나님께서 기도를 듣지 아니하시는 경우가 있습니다.

(1) 기도에 다른 장애물이 있을 수 있습니다.

　① 가정 문제는 기도를 막히게 합니다.
　　부부간에 화합하지 않고 기도를 드릴 때 하나님께서 듣지 않으십니다. (벧전3:7)

　② 용서하지 않거나 용서받기를 거절할 때 하나님께서는 기도를 듣지 않으십니다. (마5:23-24, 6:12-15)

　③ 하나님의 것을 도적질할 때 저주에 놓이게 됩니다.
　　그럴 때 하나님께서 기도를 듣지 않으십니다. (말3:8-9)

　④ 가난한 자를 돌아보지 않을 때 하나님께서 기도를 듣지 않으십니다. (요일3:17-18)

　⑤ 하나님의 말씀을 듣기 싫어할 때, 즉 성경의 가르침을 지키지 않을 때 하나님께서 기도를 듣지 않으십니다.
　　(잠1:24-28, 28:9, 슥7:11-14)

　⑥ 마음에 죄악을 품으면 주님께서 기도를 듣지 않으십니다.

(시66:18)

(2) 마음이 깨끗하지 못하거나 불성실할 때는 아무리 간구할지라도
그 기도를 듣지 않으십니다.

① 원수 맺은 것을 풀지 않고 기도드릴 때 듣지 않으십니다.
(마5:23, 18:18)

② 남을 용서하지 않고 기도드릴 때 기도를 듣지 않으십니다.
(마6:15, 막11:25)

③ 자기 죄와 허물을 회개하지 않고 기도드릴 때 기도를 듣지 않
으십니다. (사58:1-3, 59:1-3)

④ 교만하여 시기하고 비판하며 기도드릴 때 하나님께서는 기도
를 듣지 않으십니다. (엡4:29-30, 갈5:15-17)

(3) 올바르지 않은 기도의 내용은 듣지 않으십니다.

① 하나님의 뜻을 거역하는 행동을 하면서 드리는 기도는 듣지
않으십니다. (사58:1-5, 59:1-8)

② 정욕으로 쓰려고 기도를 드릴 때 듣지 않으십니다. (약4:3)

③ 믿음이 없이 기도를 드릴 때 듣지 않으십니다. (히11:6)

④ 의심하면서 기도를 드릴 때 듣지 않으십니다. (약1:6)

⑤ 감사하지 않고 기도를 드릴 때 듣지 않으십니다. (눅18:11)

(4) 성경에는 기도를 방해 받는 경우와 하나님께서 기도를 들으시
지 않은 사례들을 기록하고 있습니다.

① 사탄의 활동은 기도를 훼방합니다. (단10:10-13)

② 모세는 가나안 땅에 들어가기를 간구했지만 하나님 앞에서 잘
못되었던 과거의 행동으로 하나님께 허락을 받지 못하였습니
다. (민20:12, 신3:23-28)

③ 겟세마네 동산에서의 예수님의 기도는 예수님께서도 성부 하
나님의 뜻에 순응하심을 보여 줍니다. (마26:39,42)

④ 바울은 자신의 병이 떠나가게 하기 위하여 세 번이나 하나님께 간구했지만, 하나님께서는 그 기도를 들어주시지 않으셨습니다. 이는 바울이 너무 자만하지 않게(여러 계시를 받은 것이 너무 커서) 하시기 위함이었습니다. (고후12:8-9)

4. 예수님의 기도

예수님께서도 기도하셨을까요? 그분이 기도하셨다면 어떤 기도를 드리셨을까요? 예수님께서 이 세상에 오신 공 생애 기간 동안 그분의 기도의 내용은 무엇이었을까요? 예수님께서 드리신 기도의 내용들을 살펴보면서, 그분이 성부 하나님께 기도를 드리신 이후에 이루신 사역들을 살펴봅니다.

1) 언제 기도하셨나요?

(1) 새벽과 한밤이 되도록 기도하셨습니다.

① 밤새도록 기도하셨습니다. (눅6:12)

② 한 밤이 지난 후에 기도하셨습니다.
(마26:39-40, 막14:35-37, 눅22:41-42)

③ 새벽에 기도하셨습니다. (막1:35, 눅4:42)

(2) 십자가 위에서 고난 중에도 기도하셨습니다.

① 이른 아침에 십자가 위에서 기도하셨습니다. (눅23:34)

② 오후 늦게 십자가 위에서 기도하셨습니다.
(마27:46, 막15:34, 눅23:46)

2) 어디서 기도하셨나요?

(1) 산과 들 한적한 곳에서 기도하셨습니다.

① 주로 산에서 기도하셨습니다. (눅22:39)

② 변화산으로 올라가서서 기도하셨습니다. (눅9:28-29)

③ 들(광야)에서 기도하셨습니다. (눅4:1-2)

(2) 최후의 만찬 시 가정에서 축사의 기도를 하셨습니다.
(마26:26, 막14:22)

(3) 십자가 위에서 고난 중에 기도하셨습니다.
(마27:46, 막15:34, 눅23:46)

3) 무엇을 위하여 기도하셨나요?

(1) 예수님의 사역을 통하여 성부 하나님의 뜻이 이루어지기를 기도하셨습니다.

① 성부 하나님의 영광과 그분의 뜻이 이루어지기를 기도하셨습니다. (마26:39-42,44, 막14:35-36,39, 눅22:41-44, 요12:27-28)

② 예수님의 사역을 위하여 기도하셨습니다. (눅4:42-43, 22:42)

③ 예수님의 신성을 보여주시기를 기도하셨습니다. (눅9:18)

④ 아버지 하나님께서 그분의 영혼을 받으시고 그분을 영화롭게 하시기를 기도하셨습니다. (눅23:46, 요17:1-26)

(2) 제자들을 통하여 사역을 이루시기를 기도하셨습니다.

① 열두 제자의 선택을 위하여 기도하셨습니다. (눅6:12-13)

② 제자들에게 영적인 진리를 보이신 것을 감사하셨습니다.
(마11:25-27, 눅10:21-22)

(3) 기도를 통하여 몸소 사랑을 실천하셨습니다.

① 그분의 대적들을 용서하여 주시기를 기도하셨습니다.
(눅23:34)

② 예수님께서 친히 드리신 기도는 성부 하나님께서 주신 일을 다 이루시어 하나님을 영화롭게 하시고 모든 사람을 위하여 기도하신 것이었습니다. (요17:1-26)

4) 누구를 위하여 기도하셨나요?

(1) 그분은 자신과 어린아이들을 위하여 기도하셨습니다.

① 그분 자신을 위하여 기도하셨습니다.
(마26:39,42-44, 막14:35-36, 눅22:41-42, 요12:27, 17:1-26)

② 어린 아이들을 위하여 기도하셨습니다.
(마19:13-15, 막10:13-16, 눅18:15-17)

(2) 그분은 그분을 따르는 성도들과 제자들 외에도 그분을 대적하는 자들을 위하여도 기도하셨습니다.

① 모든 믿는 자들을 위하여 기도하셨습니다. (요17:1-26)

② 칠십 명의 제자들을 위하여 기도하셨습니다.
(눅10:21-22/ 비교, 마11:25-27, 눅10:1-2)

③ 그분의 대적들을 위하여 기도하셨습니다. (눅23:34)

5) 어떻게 기도하셨나요?

(1) 그분의 기도하시던 여러 모습들을 찾아볼 수 있습니다.

① 하늘을 향해 눈을 들어 우러러보시며 기도하셨습니다.
(요11:41-42, 17:1)

② 무릎을 꿇고 기도하셨습니다. (마26:39,42, 눅22:41)

③ 얼굴을 땅에 대고 엎드리시어 기도하셨습니다. (마26:39)

④ 십자가에 매달린 고난 중인 상태에서도 기도하셨습니다.
(마15:34, 27:46, 눅23:34,46)

⑤ 용모가 변화되고 그 옷이 희어진 영광의 광채 속에서 기도하셨습니다. (눅9:28-29)

(2) 그분은 홀로 외로이 간절히 기도하셨습니다. (마26:36-46)

① 베드로의 고백을 들으시기 전에 따로 혼자서 기도하셨습니다.
(눅9:18)

② 세례 후 사십일 동안 광야에서 금식하며 기도하셨습니다.
(눅4:1-3)

③ 기도에 힘쓰고 애쓰시며 더욱 간절히 기도하시어서 땀이 땅에
떨어지는 핏방울 같이 될 정도로 기도하셨습니다. (눅22:44)

④ 예수님께서 간절히 기도하실 때 천사가 하늘로부터 예수님께
힘을 더하였습니다. (눅22:43)

6) 왜 기도하셨나요?

(1) 그분의 사역을 감당하시기 위하여 기도하였습니다.

① 아버지 하나님의 뜻을 받아들이기 위하여 기도하셨습니다.
(마26:42, 눅22:42)

② 죽음이 임박하셨음을 아셨기 때문에 고난의 십자가를 지시는
사역을 감당하시기 위하여 기도하셨습니다. (마26:37-39)

(2) 십자가 위에서 그분을 죽인 자들에 대한 용서와 그분의 영혼을
하나님께 의탁하시기 위하여 기도하셨습니다.

① 십자가 위에서 예수님을 십자가에 못 박은 사람들을 아버지
하나님께 용서를 빌기 위하여 기도를 드렸습니다. (눅23:34)

② 십자가 위에서 운명하시기 직전 그분의 영혼을 아버지 하나님
께 의탁하시기 위하여 기도하셨습니다. (눅23:46)

(3) 그분의 지상 사역활동을 위하여 기도하셨습니다.

① 예수님께서는 지상 사역활동 중에 수시로 기도하셨습니다.
(눅22:39)

② 식사 전에 축복하시기 위하여 기도하셨습니다. (요6:11)

7) 예수님께서 기도하신 후에는 어떻게 되셨나요?

(1) 시험을 이기시고 아버지 하나님의 뜻에 순응하여 고난의 십자

가를 질 수 있었습니다.

① 마귀의 시험을 이기셨습니다. (마4:1-11, 눅4:1-13)

② 열두 제자를 선택하게 되셨습니다. (눅6:12-13)

③ 성부 하나님의 뜻에 순종하셔서 고난의 십자가를 지심으로 그 분의 사역을 완성하셨습니다. (눅22:42)

(2) 미리 일어날 일들을 아셨습니다.

① 예루살렘에서 별세(別世)하실 것을 아셨습니다. (마26:21)

② 예수님께서 십자가에 달리시기 위하여 잡히실 때임을 아셨습니다. (막14:42)

③ 변화산에서 용모가 변화되는 영광의 광채의 모습을 보이셨습니다. (눅9:28-29)

5. 주님께서 가르쳐 주신 기도문

　　주님께서 가르쳐 주신 기도문은 정말 모범적인 기도문입니다. 주
님께서 우리에게 기도할 것을 명하시면서, 우리에게 어떻게 기도하
여야 하는지를 알려주신 기도문이기 때문입니다. 주님께서 가르치
신 기도문을 통하여 우리가 기도할 때 꼭 갖추어야 할 기도의 내용
들을 살펴봅니다. (마6:9-13, 눅11:2-4)

1) 주님께서 가르쳐 주신 기도문에서 기도하는 방법을 배울 수 있습니다.

(1) 하나님을 믿는 믿음이 있어야만 합니다.

　'하늘에 계신' 하나님께 믿음으로 기도들 드려야 합니다.

　(시6:9, 마6:9, 막11:22-24, 15:39, 요14:13-14)

(2) 하나님과의 관계가 형성되어야만 기도를 드릴 수 있습니다.

　① '우리 아버지'에서 '아버지'는 하나님과의 종적 관계, 즉 하나
　　님과 나와의 바른 관계를 가져야 함을 의미합니다.

　　(시89:26, 마6:9, 요12:28)

　② '우리'라는 단어는 횡적 관계, 즉 믿음의 사람들과 나와 형제
　　관계를 가져야 함을 의미합니다. (빌3:17, 살전4:1, 히10:22)

(3) 예배로써 기도를 드려야 합니다.

　'이름이 거룩히 여김을 받으시오며'라는 말은 거룩하고도 위대
하신 하나님께 드리는 예배의 표현입니다.

　(시145:5, 요4:23-24, 계14:7)

(4) 하나님에 대한 기대와 소망을 가져야 합니다.

　'나라이 임하옵시며'라는 말은 이 땅에 복된 하나님의 나라가

건설되기를 염원하는 우리의 소망의 표현입니다.
(사2:2-4, 35:8-10, 65:20-25, 마6:10, 눅12:31, 요8:12, 계20:1-6)

(5) 하나님의 뜻에 순종하여야 합니다.

'뜻이 하늘에서 이룬 것 같이 땅에서도 이루어지이다.'하고, 하나님의 뜻을 순종하는 기도를 드려야 합니다.
(시103:20-21, 단4:35, 마6:10)

(6) 하나님께 우리의 쓸 것을 간구하여야 합니다.

'오늘날 우리에게 일용할 양식을 주옵시고'하고 우리의 일용할 양식을 위하여 기도를 드려야 합니다. 기도는 우리의 영혼의 양식임을 알아야 합니다.
(마6:11, 요4:34, 6:41/ 비교, 마7:24-34, 눅12:22-31)

(7) 용서와 사랑의 마음으로 기도하여야만 합니다.

'우리가 우리에게 죄지은 사를 사하여 준 것 같이'라고 기도를 드립니다. 이해와 용서와 사랑의 마음은 기도의 필수적인 요소입니다. (마6:12,14-15, 18:35, 행7:60)

(8) 하나님께 우리의 죄를 자백하여야만 합니다.

"우리 죄를 사하여 주옵시고"라고 기도를 드려야 합니다. 우리 죄를 고백하는 기도를 들으시고 주님께서는 우리의 죄를 용서해 주실 것입니다. 그리스도의 피가 우리를 모든 죄에서 깨끗하게 하지만, 우리는 우리가 지은 죄에 대하여 변명을 해서는 안 됩니다. (마6:12, 막10:45, 11:25)

(9) 모든 것을 하나님께 의뢰해야만 합니다.

"우리를 시험에 들게 마시고, 다만 악에서 구하옵소서"
우리를 시험에 당하지 않게 한 것이 아니라, 우리를 그 시험 가운데서 보호해 주시겠다고 약속하셨습니다.
(마6:13, 14:38, 눅21:8, 고전10:13)

(10) 하나님의 주권을 시인하여야 합니다.

"나라와 권세와 영광이 아버지께 영원히 있사옵나이다."라는
기도의 내용은 다윗의 기도에도 포함되어 있습니다. 하나님의
주권을 시인하여 하나님께 영광을 돌리는 내용입니다.
(역대상29:10-19, 마6:13)

2) **결론적으로 주님께서도 성부 하나님께 기도를 드리신 것처럼
성도들도 주님께서 가르쳐 주신 기도문으로 신앙고백이 있는
믿음의 기도를 드릴 수 있어야만 합니다.**

6. 기도하여야 할 내용

　　우리는 누구를 위하여 그리고 무엇을 위하여 기도를 드려야 할까요? 사도들이 쓴 여러 편지의 내용 가운데서 기도를 권면하는 내용을 찾아볼 수 있습니다. 성경을 통하여 누구를 위하여 무엇을 간구할 것인지 구체적으로 알아봅니다. 여러분의 기도생활의 깊이가 더하여지게 될 것입니다.

1) 누구를 위하여 기도를 드려야 할까요?

　(1) 하나님과 교회를 위하여 기도하여야 합니다.

　　　① 하나님께 영광을 돌려야 합니다. (눅11:2)

　　　② 교회를 위하여 기도하여야 합니다. (계2:1-3:2)

　　　③ 목회자를 위하여 기도하여야 합니다.
　　　　(엡6:19, 골1:3-4,9, 4:3)

　　　④ 성도들을 위하여 기도하여야 합니다. (엡6:23, 빌2:17-18, 4:1)

　　　⑤ 병든 신자를 위하여 기도하여야 합니다. (약5:14-15)

　　　⑥ 우리 대적을 위하여 기도하여야 합니다. (마5:44, 행7:59-60)

　(2) 자신과 가족을 위하여 기도하여야 합니다.

　　　① 자신을 위하여 기도하여야 합니다.
　　　　(마14:30-31, 눅23:42, 행24:13, 롬12:12)

　　　② 가족을 위하여 기도하여야 합니다. (엡5:21-33)

　　　③ 자녀를 위하여 기도하여야 합니다. (엡6:1-4)

　(3) 국가와 이웃을 위하여 기도하여야 합니다.

　　　① 국가와 사회를 위하여 기도하여야 합니다. (롬13:1)

국가와 사회를 위하여 기도할 때에는 기도 내용이 너무 추상적이지 않도록 성경말씀을 따라 기도하여야 할 것입니다.

② 위정자들을 위하여 기도하여야 합니다. (딤전2:1-3)

③ 직장 상사와 직원을 위하여 기도하여야 합니다. (엡6:5-9)

④ 모든 사람을 위하여 기도하여야 합니다. (딤전2:1)

2) 무엇을 위하여 기도를 드릴까요?

(1) 구약성경에서 기도하여야 할 내용들을 찾아볼 수 있습니다.

① 적과의 대적에서 승리할 수 있도록 기도합니다.
(왕상8:44-45)

② 주님의 이름을 인정하고 회개하며 죄를 사해 주시며 행할 길을 가르쳐 주시도록 기도합니다. (왕상8:35-36)

③ 주님께서 얼굴을 비추시어 구원을 얻을 수 있도록 기도합니다. (시80:7)

④ 우리의 걸음을 인도하여 주시도록 기도합니다. (잠16:9)

⑤ 하나님을 의지할 수 있도록 기도합니다. (잠16:20)

⑥ 주님께서 행하신 길로 행할 수 있도록 도와 주시기를 기도합니다. (렘7:23)

⑦ 지혜로운 마음과 선악을 분별할 수 있는 마음을 가질 수 있도록 기도합니다. (왕상3:9)

(2) 주기도문에서 기도하여야 할 내용들을 찾아볼 수 있습니다.

① 하나님의 영광을 위하여 기도하여야 합니다.
(마6:9-13, 눅11:2)

② 하나님의 나라가 임하도록 기도하여야 합니다.
(마6:10, 눅11:2)

③ 일용할 양식을 주시도록 간구하여야 합니다. (마6:11, 눅11:3)

④ 우리에게 빚진 자들에 대하여 용서할 수 있기를 또한 우리 죄
를 용서하여 주시기를 간구하여야 합니다. (마6:12, 눅11:4)

⑤ 시험에 들지 않게 하여 주시기를 기도하여야 합니다.
(마6:13, 눅11:4, 22:40)

⑥ 악에서 구하여 주시기를 간구하여야 합니다. (마6:13)

(3) 골로새서는 우리가 무엇을 기도하여야 할 것인가를 알려주고
있습니다. (골1:9-12, 4:2-3)

① 우리 모두에게 모든 신령한 지혜와 총명에 하나님의 뜻을 아
는 지식을 채워 주시기를 기도하여야 합니다. (골1:9)

② 주님께 합당하게 행하여 모든 일에 그분을 기쁘시게 할 수 있
게 되기를 기도하여야 합니다. (골1:10)

③ 모든 선한 일에 열매를 맺게 하여 주시기를 기도하여야 합니
다. (골1:10)

④ 하나님을 아는 지식에 이를 수 있도록 자라게 하여 주시기를
기도하여야 합니다. (골1:10)

⑤ 그분의 영광의 힘을 따라 모든 능력으로 능(能)하게 하여 주시
기를 기도하여야 합니다. (골1:11)

⑥ 기쁨으로 모든 견딤과 오래 참음에 이를 수 있게 하여 주시기
를 기도하여야 합니다. (골1:11)

⑦ 우리로 하여금 빛 가운데서 성도의 기업의 부분을 얻도록 합
당하게 하신 하나님께 감사하게 하시기를 기도하여야 합니다.
(골1:12)

⑧ 전도자(목회자, 선교사)를 위하여 기도하여야 합니다. (골4:3)

⑨ 하나님께서 우리에게 전도의 문을 열어 주시기를 기도하여야
합니다. (골4:3)

⑩ 우리가 그리스도의 비밀을 말할 수 있게 하여 주시기를 기도
하여야 합니다. (골4:3)

(4) 신약성경 여러 곳에서 기도하여야 할 내용들을 찾아 볼 수 있습니다.

　① 그분의 나라와 그분의 의를 구하여야 합니다. (마6:33)

　② 성령님의 오심과 도우심을 구하여야 합니다. (눅11:13)

　③ 날마다 십자가를 지고 주님을 따라갈 수 있도록 기도하여야 합니다. (눅9:23)

　④ 선한 행실을 가질 수 있도록 기도하여야 합니다. (벧전2:11-12)

　⑤ 온전하게 되도록 기도하여야 합니다. (고후13:9)

　⑥ 복음의 비밀을 담대히 알릴 수 있도록 간구하여야 합니다. (엡6:19)

　⑦ 늘 성령님의 능력을 따라 살아가도록 기도하여야 합니다. (갈5:17-26)

　⑧ 구원의 투구와 성령의 검인 하나님의 말씀을 지닐 수 있도록 기도하여야 합니다. (엡6:17)

　⑨ 늘 주님 안에서 기뻐할 수 있게 되기를 기도하여야 합니다. (빌4:4)

　⑩ 성령님의 열매를 맺을 수 있게 되기를 기도하여야 합니다. (갈5:22-23)

　⑪ 믿음의 가장 높은 단계인 사랑의 단계까지 이를 수 있도록 주님께서 도와 주시기를 기도하여야 합니다. (벧후1:6-7)

　⑫ 우리에게 제일 좋은 길을 보여 주시기를 기도하여야 합니다. (고전12:31)

7. 기도의 유형

    기도는 엄밀하게 예배의 의식 안에서 이루어지는 경우도 있지만, 전혀 달리 오로지 개인적인 문제로 하나님께만 매달리는 기도를 드리는 경우도 있습니다. 기도를 드리는 형태에 따라 그 유형을 분류해 볼 수 있습니다. 성경에 나타난 여러 기도의 형태를 살펴봄으로써 기도의 깊이를 더하게 될 것입니다.

1) 기도는 크게 공적인 기도와 사적인 기도로 분류해 볼 수 있습니다.

(1) 공적인 기도가 있습니다.

    ① 합심기도는 전 교인이 함께, 혹은 모인 성도들이 함께 한 마음으로 기도드리는 것을 말합니다. 합심기도를 성부 하나님께서 들으시고 응답하신다고 말씀하셨습니다.

      (마18:19-20, 행12:5,12)

    ② 대표기도 또는 공중기도는 모인 사람들과 회중(會衆)을 대표해서 한 사람이 여러 사람을 대표해서 드리는 기도입니다.

      (눅1:9)

      ※ 공중기도는 짧고도 간략하게 집중해서 기도하여야 합니다. 공중기도를 드리는 경우 너무 기도의 시간이 길거나 너무 많은 것을 기도하는 경우가 있어, 예배 시간에 영향을 주는 경우가 종종 있습니다. 공중기도는 예배에 지장을 주지 않도록 짧고도 축약되게 기도하는 것이 바람직할 것입니다.

    ③ 축복기도는 복을 비는 기도를 말합니다.

      a. 현재 예배 의식 중에 드리는 축복기도는 일정한 자격을 갖춘 목사님만 행할 수 있도록 각 교단에서 따로 정하고 있습니다.

　　　b. 목사님의 축복기도는 성부와 성자와 성령의 이름으로 행하
　　　　여집니다. (고후13:13)

　　④ 안수기도는 머리에 손을 얹고 축복을 비는 기도입니다.

　　　　a. 축복과 치유를 위한 기도로써 목회자가 성도의 머리에 손
　　　　　을 올려놓고 행하는 기도 방법입니다. 초대 교회 사도들이
　　　　　안수하며 기도하던 예가 성경에 기록되어 있습니다.
　　　　　(행9:17, 28:8, 약5:14)

　　　　b. 교회에서는 신년 또는 연말, 부흥회 등 집회에서 목회자가
　　　　　안수기도를 행하기도 합니다.

　　⑤ 공적인 기도에는 이 외에도 혼례, 장례, 임직, 봉헌식 등의 예
　　　식에서 드리는 기도가 있을 수 있으며, 이는 예배의 일부분으
　　　로서 드려지는 대표기도이기도 합니다.

(2) 사적인 기도가 있습니다.

　　① 개인기도는 개인 각자가 혼자 드리는 기도입니다. (고후12:8)

　　② 가족기도는 가족이 합심해서 한마음으로 드리는 기도입니다.
　　　(행10:2,30)

2) 공적 예배의 의식을 가리키는 기도회를 찾아볼 수 있습니다.

(1) 새벽기도는 새벽에 교회가 드리는 기도회 예배입니다.
　　(시46:5, 119:147-148)

　　① 예수님께서도 새벽 미명에 일어나 기도를 드리셨습니다.
　　　(막1:35)

　　② 오늘날 우리나라의 대부분의 교회는 새벽기도를 드립니다.

(2) 철야기도는 밤을 지새우며 드리는 기도입니다.

　　① 철야기도는 밤을 지새우며 드리는 기도를 말합니다.
　　　(눅6:12, 행16:25)

　　② 요즘은 금요일 일정한 시간만 기도를 드리는 금요기도회로 모

이는 경우가 많이 있습니다.

(3) 삼일기도회는 주일로부터 셋째 날 수요예배를 기도회로 모이는 경우를 일컫는 말입니다.

3) 기도의 내용과 성격에 따라 기도의 여러 가지 유형을 찾아볼 수 있습니다.

(1) 감사의 기도가 있습니다.

① 생명과 구속의 은총, 물질의 축복 등으로 하나님께 감사를 드리는 기도입니다. (시50:23, 111:1, 118:1,19-24,29, 빌4:6)

② 감사의 기도와 함께 감사의 헌금과 헌물을 드리는 경우도 있습니다.
(출25:2, 36:3, 레1:2-3, 7:13, 27:9, 시76:11, 96:8, 마8:4/ 비교, 마5:23-24, 히10:5)

③ 감사는 기도의 승화로써 하나님에 대한 영광과 찬송을 돌리는 것입니다. 하나님에 대한 찬송은 '곡조 있는 기도'로서 오히려 간구보다도 더 큰 위력으로 하나님께서 우리에게 응답하셨음을 보여주기도 합니다.
(수6:12-16, 사44:22-23, 43:21, 행16:25-26, 엡1:3,6, 5:19)

(2) 참회와 회개의 기도가 있습니다.

① 죄를 뉘우치며 용서를 비는 기도입니다. (눅18:13)

② 자기 죄를 슬퍼합니다. (눅18:13)

③ '불쌍히 여겨 주옵소서'라는 용서와 긍휼을 구하는 기도를 드리게 됩니다. (눅18:13)

(3) 간구의 기도가 있습니다.

① 하나님의 도우심을 바라며 구하는 기도입니다.
(신9:26, 대하6:39, 20:3, 시34:4)

② 간구는 특별한 경우를 위한 애원으로써 죄악에서 구원을 얻기 위하여 또는 은혜를 더욱 충만히 받기 위한 기도임과 동시에 우리의 어려움을 호소하는 내용을 포함하는 기도로 우리가 사적으로 드리는 대부분의 기도입니다.
(스8:21-23, 시6:9, 28:2, 34:4, 86:6, 143:1, 단9:3, 마14:36)

③ '저를 도와 주옵소서'라는 도움의 기도를 드리게 됩니다.
(시77:1-3)

(4) 다른 사람을 위한 중보의 기도(도고)가 있습니다.

① 이는 남을 위한 기도로써 나 자신이 아닌 다른 사람을 위하여 대신 기도하는 것을 말합니다.
(행12:5, 롬15:30, 딤전2:1, 빌1:4,19/ 비교, 삼상2:25, 삼하12:16, 렘7:16)

② 우리의 기도를 들으시고 나 자신이 아닌 다른 사람을 위하여 주님께서 도우시는 손길을 펴시기를 구하는 기도입니다.
(눅23:34, 딤전2:1)

③ 예수님께서도 중보자가 되셔서 우리를 위하여 기도하시고 계십니다. (롬8:34)

(5) 헌신의 기도가 있습니다.

① 나 자신의 뜻을 버리고 전적으로 하나님께서 원하시는 뜻을 따르는 기도입니다. (눅22:42)

② 헌신이란 하나님을 섬기는 일과 예배에 자신을 구별하여 완전히 드리는 것을 말합니다. (삿5:2,9, 시110:3)

③ 예수님의 헌신의 기도는 세 가지의 기도의 내용을 보여 줍니다. (마26:36-46, 막14:32-42, 눅22:39-46)

a. 괜찮으시다면 다른 길을 내어 달라는, 마음을 바꾸어 주시기를 구하셨습니다. (마26:39)

b. 괜찮으시다면 두려운 시련을 면하게 해 달라고 간구하셨습

니다. (마26:39, 눅22:42)

   c. 결국 성부 하나님의 뜻이 그러하시다면 그분의 뜻을 이루
시기를 기도드리며, 그분의 뜻을 달게 받아들이셨습니다.
(마26:42, 눅22:42)

(6) 위탁의 기도가 있습니다.

  ① 위탁의 기도는 하나님께 나의 모든 것을 맡기는 기도를 말합
니다. (벧전5:7)

  ② 주님을 전적으로 믿고 신뢰하며 의지하는 기도입니다.
(시37:5, 55:22, 잠16:3)

(7) 소원의 기도가 있습니다.

  ① 주님의 인도하심을 바라는 기도입니다. (시61:2)

  ② 우리의 소원을 주님께 바라는 기도입니다. (시10:17, 38:9)

  ③ 주님을 기뻐하는 사람들의 소원을 들으시고 이루어주신다는
사실을 믿고 기도드리는 것입니다. (시37:4, 145:19)

(8) 축복의 기도가 있습니다.

  ① 축도는 복을 비는 기도이며, 예배의 끝에 드리는 축복기도를
일컫습니다. 예수님과 사도들도 축복기도를 하였습니다.
(막10:16, 눅24:50-51, 롬1:7, 고후1:2, 13:13, 갈1:3, 엡1:2, 빌
1:2, 골1:2, 살전1:1, 벧전1:2, 요삼1:2, 유1:25)

  ② 축복을 비는 기도문으로 일반적으로 다른 사람의 은혜와 평강
을 비는 중보기도의 내용을 나타내는 말이기도 합니다.
(창27:29, 48:12-20, 민6:22-27, 계1:5)

  ③ 우리 성도들이 다른 사람을 위하여 하나님께 간구하는 복을
비는 중보기도의 형태로 성경 여러 곳에서 축복기도의 모습을
보여 주고 있습니다.
(고전16:23-24 갈6:18, 엡6:24, 빌4:23, 살후3:16, 벧전5:14, 벧
후3:18, 유1:24-25)

4) 기도를 드리는 방법에 따라 여러 가지 기도의 유형을 찾아볼 있습니다.

(1) 묵상기도가 있습니다.

① 침묵한 채 오로지 마음속으로만 하나님을 간절히 염원하는 기도입니다. (삼상1:13, 시63:6)

② 하나님을 의지하며, 그분 앞에 깊은 마음을 내어 놓는 기도입니다. (시62:8)

③ 하나님께서 우리의 중심을 보시므로 마음속 깊은 곳으로부터 하나님의 도우심을 염원하는 기도를 드리게 됩니다. (삼상16:7, 사26:9)

(2) 큰 음성(소리)으로 부르짖어 기도하는 경우가 있습니다.

① 성경에는 큰 소리로 하나님께 기도를 드린 모습이 여러 곳에 기록되어 있습니다. (느9:4, 막15:37, 눅8:28)

② 큰 소리로 기도하는 경우 주의할 점은 사람들에게 보이려고 외식해서는 안된다는 점입니다. (잠27:14, 마6:4)

③ 큰 소리로 부르짖는 기도라 하더라도 중심에 하나님을 경외하는 마음이 없다면 하나님께서 그 기도를 들으시지 않으실 것입니다. (겔8:18)

(3) 우리의 마음이 괴로울 때 하나님께 울며 부르짖으며, 애곡과 통곡으로 기도를 드리는 경우가 있습니다.

① 구약성경에는 야곱과 한나가 마음이 괴로워 하나님께 통곡하며 기도하고 서원하였던 사실을 보여 줍니다. (삼상1:10-11, 호12:3-4)

② 예수님께서도 겟세마네 동산에서 심한 통곡과 눈물로 기도하였음을 보여 줍니다. (히5:7)

③ 세리는 멀리 서서 눈을 들어 하늘을 우러러보지도 못하고 가슴을 치며 기도하였다고 주님께서 말씀하여 주십니다. (눅18:13)

(4) 방언으로 기도하는 경우가 있습니다.

① 방언으로 기도하는 경우는 성령님의 감동이 일어날 때이며, 성령님께서 주신 기도의 은사의 하나입니다.
(막16:17, 행2:6, 고전`12:10)

② 방언을 말하는 것은 사람에게 하는 것이 아니라 하나님께 말씀을 드리는 것이며, 알아 듣는 사람이 없이 영으로 하나님께 비밀을 말하며, 자신의 덕을 세우는 것입니다. (고전14:2-4)

③ 방언으로 기도할 때는 영으로 기도하는 것이기 때문에 영과 마음으로 함께 기도하여 마음이 기도의 열매를 맺을 수 있도록 하여야 합니다. (고전14:4-15,19)

④ 방언으로 기도할 때는 믿음이 약한 다른 사람들에게 해를 끼치지 않을는지 주의하여야 합니다. 일만 마디 방언의 말보다 깨달은 다섯 마디 말이 낫다는 사실을 알아야 합니다.
(고전14:14-19)

(5) 금식을 하며 기도하는 경우가 있습니다.

① 금식기도는 죄를 회개할 때, 주님의 소명을 받을 때, 시험을 당할 때, 중대한 문제의 해결을 위하여 주님께 드리는 기도입니다. (출34:28, 왕상19:8, 마4:1-11)

② 회개 운동은 금식과 기도로 준비하는 것이 올바른 일입니다.
(욜1:14, 2:15, 욘3:5-9)

③ 민족이 위기를 당하였을 때에도 믿음을 가진 국가의 위정자들이라면 금식하며 기도하는 것이 올바른 일입니다. (에4:16)

④ 초대 교회에서 목회자와 선교사 등 사명자를 세울 때는 교회가 금식하며 기도하였음을 보여 줍니다. (행13:1-3, 14:23)

⑤ 금식기도를 드릴 때에는 사람에게 보이려고 슬픈 기색을 내서는 안 된다는 점을 예수님께서 분명하게 지적하셨음을 알아야 합니다. (마6:16)

⑥ 금식을 할 경우에는 오락으로 시간을 보내어서는 안 되며, 오로지 성경말씀을 읽으며 함께 하시는 하나님만 생각하여야 합니다. (렘36:6, 단6:18, 9:3, 욜1:14)

⑦ 금식을 하고자 하는 사람은 논쟁과 다툼, 분냄이 없이 잠자기를 금하며 검소한 옷 매무새와 함께 오직 애통하는 마음으로 하나님께 기도와 간구하기를 힘써야 합니다.
(사58:3-6, 단6:18, 9:3, 욜2:13, 욘3:5)

(6) 밤을 지새며 기도하는 철야기도가 있습니다.

① 철야기도는 특별히 밤을 지새우며 기도를 드리는 행위를 말합니다. (창32:24)

② 예수님께서 밤새워 기도하셨을 뿐만 아니라, 초대 교회에서도 철야기도를 드린 기록이 있습니다. (마26:36-46, 행12:5-12)

③ 철야기도 때에는 기도와 찬송으로 하나님을 찬미하며 간구합니다. (행16:25)

5) 기도를 드리는 모습에서 여러 가지 기도의 유형을 찾아볼 있습니다.

(1) 무릎을 꿇고 드리는 기도가 있습니다.
겸손히 주님 앞에 무릎을 꿇고 기도를 드리는 모습입니다.
(왕상8:54, 단6:10, 눅22:41, 행9:40, 20:36, 엡3:15)

(2) 두 손을 들고 찬양과 기도를 드립니다.
하나님께 영광을 돌리거나 도우심을 바랄 때 두 손을 들고 기도를 드리는 모습입니다. (출17:11, 딤전2:8)

(3) 일어서서 기도를 드립니다.
경건하게 일어서서 기도를 드리는 모습입니다. 예배 중에 모두 일어서서 하나님께 영광을 돌리는 기도를 드리는 경우입니다.
(막11:25/ 비교, 눅18:11)

(4) 엎드려서 기도를 드리는 모습이 있습니다.

① 이는 지극히 높고도 위대하신 하나님에 대한 경외와 경배의 표시입니다.

(민16:22, 신9:18, 대상21:16, 시132:7/ 비교, 창24:52, 출34:8, 겔1:28, 눅5:8)

② 거룩하신 하나님께 겸비한 모습으로 간절한 하나님의 도우심을 구할 때 드리는 기도의 모습입니다.

(스10:1, 욥1:20, 겔9:8)

③ 예수님께서도 하나님께 엎드리어 기도를 드리신 모습을 보이셨습니다. (마18:26,29)

8. 기도의 장소와 때

기도에도 특별한 장소와 때가 있나요? 따로 정해진 장소와 때가 없다는 말이 정답일 것입니다. 성경에 나타난 기도의 시간과 장소를 찾아봄으로써 우리가 언제, 어디서든지 항상 기도하여야 한다는 사실을 알게 될 것입니다. 우리는 항상 성령님 안에서 기도하고, 이를 위하여 깨어 구하기를 항상 힘써야 합니다. (엡6:18)

1) 어디서든지 기도할 수 있습니다.

(1) 기도의 기본적인 장소는 교회와 가정과 일터입니다.

① 교회는 기도하는 곳입니다.

성경은 '내 집은 만민의 기도하는 집'이라고 하심으로, 교회가 기본적으로 기도의 처소임을 알려 주고 있습니다.

(사56:7, 막11:17/ 사례, 행13:1-3)

※ 어느 날 이사를 한후 처음으로 집 주위에서 기도할 처소를 찾다가 헤멘 적이 있습니다. 교회마다 하나 같이 문이 굳게 닫혀 있었기 때문이지요. 우리 주님이시라면 이런 때는 어떻게 하셨을까요?

② 가정에서 기도하는 생활을 항상 유지하여야 합니다.

고넬료는 집에서 꾸준히 기도하는 생활을 계속하다가 주님의 지시하심을 받았습니다. (행10:30)

③ 은밀한 곳에서 하나님과 깊은 만남을 가져야 합니다.

주님께서는 우리에게 골방에서 문을 걸어 잠그고 은밀하게 기도하라고 가르치셨습니다. (마6:6, 막1:35)

④ 일터에서 기도하여야 합니다.

성경에는 이삭이 들에서 묵상하던 모습이 기록되어 있습니다. 이삭이 묵상한 곳은 자신의 집 주위의 일터였을 것입니다. 자

신의 일터의 첫 일과를 기도와 묵상으로 시작하는 것은 기본
적인 하나님을 섬기는 마음가짐입니다. (창24:63)

(2) 예수님께서는 산과 들의 일상에서, 그리고 십자가에 달리신 최
후의 고난의 시간까지 기도하시던 모습을 보여 주십니다.

① 예수님께서는 겟세마네 동산에서 기도하는 모습을 보여 주셨
습니다. 땀방울이 핏방울이 되어 떨어질 정도로 간절히 기도
하셨습니다. (마14:23, 26:36-44, 막14:32-42, 눅22:39-46)

② 예수님께서 오병이어의 이적 후에 무리를 보내신 후 따로 산
으로 기도하러 가셨습니다. (마14:23)

③ 서기관들과 바리새인들이 송사할 때 밤이 맞도록 산에서 기도
하셨습니다. (눅6:12)

④ 산에서 기도할 때에 용모가 변화되셨습니다. (눅9:28)

⑤ 예수님께서 문둥병자를 고치신 후 허다한 무리가 좇을 때 한
적한 곳으로 가셔서 기도하셨습니다. (눅5:16)

⑥ 새벽 미명에 한적한 곳(광야)에서 기도하셨습니다. (막1:35)

⑦ 십자가 위에서 최후까지 기도하셨습니다.

　a. 한 강도가 예수님께 기도하였습니다. (눅23:42)

　b. 예수님께서는 그분 자신을 하나님께 의탁하셨습니다.
　(눅23:46)

(3) 복음을 전하던 제자들의 기도는 일상 생활이었습니다.

① 제자들이 다락방에서 기도하였습니다.
열한 제자들이 그들이 유하던 다락방에서 오로지 기도에 힘썼
음을 보여 줍니다. (행1:13-14)

② 제자들이 강가에서 기도하였습니다.
안식일에 제자들이 강가에서 기도의 처소를 찾았던 것을 볼
수가 있습니다. 이때 루디아가 믿고 세례를 받게 되었으며, 제
자들을 가정에 머물게 한 것을 볼 수 있습니다. (행16:13)

③ 제자들은 바닷가에서 기도하기도 하였습니다.

제자들이 바닷가에서 무릎을 꿇고 기도하는 모습을 볼 수 있습니다. (행21:5)

④ 제자들이 옥중에서 기도하였습니다.

제자들의 옥고는 일반적인 고난이 아니라 복음을 전하다가 당한 고난이었다는 점을 새겨 볼 필요가 있습니다. (행16:25)

⑤ 바울이 환자의 병실에서 기도하였습니다.

보블리오의 부친이 열병과 질병에 걸려 누웠을 때 바울이 기도와 안수로 치료합니다. (행28:8)

⑥ 스데반은 공회(The place of public execution)에서 기도하였습니다. 스데반이 대제사장 앞에서 반론한 후 돌로 맞아 순교당할 때 마지막 순간까지 용서의 기도를 드렸던 모습을 우리는 잊지 못합니다. (행7:60/ 비교, 행7:1-60)

(4) 우리가 처한 어떤 환경에서도 기도하여야 합니다.

① 느헤미야는 궁전에서 기도하였습니다.

왕이 무엇을 원하느냐고 물을 때, 느헤미야는 기도(묵도)한 후에 대답하였습니다. (느2:4)

② 풍랑치는 배 안에서 사람들이 기도하였습니다.

요나의 불순종으로 배에 타고 있던 사람들이 풍랑을 만나 하나님께 부르짖어 기도하던 모습이 보입니다. (욘1:14)

③ 요나는 물고기 뱃속에서 기도하였습니다.

이와 같이 자신의 처한 어떤 상황에서도 기도하면, 하나님께서 구원하여 주십니다. (욘2:2)

④ 전쟁 중에 모세는 산꼭대기에서 기도하였습니다.

모세가 손을 들면 이스라엘이 전쟁에서 이겼습니다. (출17:8-16)

⑤ 사무엘이 전쟁터 가운데서 기도하였습니다.

사무엘이 이스라엘과 블레셋의 전쟁 중에 하나님께 부르짖음으로 하나님께서 응답하셨습니다. (삼상7:9)

⑥ 예레미야는 깊은 구덩이 안에서 기도하였습니다.
　예레미야가 깊은 구덩이, 즉 토굴감옥(dungeon) 깊숙이 갇힌
　상태에서 기도하였음을 보여 줍니다. 이는 선지자들이 죽음의
　위험 가운데서도 주님께 의뢰하며 메달렸음을 보여 줍니다.
　(애3:55)

2) 성경은 때에 따라 기도하는 모습을 보여 줍니다. 성도는 언제나 항상 깨어 기도하는 생활을 하여야 합니다.

(엡6:18, 골4:2)

(1) 때에 따라 기도하여야 합니다.

　① 새벽에 깨어 기도합니다. (시119:147, 막1:35, 눅4:42)

　② 아침에 기도합니다. (시5:3)

　③ 오전에 기도합니다. (행10:9)

　④ 오후에 기도합니다. (행3:1)

　⑤ 저녁에 기도합니다. (창24:63)

　⑥ 밤에 기도합니다. (눅6:12)

　⑦ 식사 전에 기도합니다. (마14:19)

　⑧ 식사 후에 기도합니다. (마14:23)

　⑨ 쉬지 말고 기도하여야 합니다. (살전5:17)

　⑩ 사도들은 시간을 정해 놓고 기도하였습니다. (행3:1)

　⑪ 전도나 선교 후에 기도합니다. (요17:1)

(2) 기쁠 때나 슬플 때 언제든지 기도하여야 합니다.

　① 기쁠 때 기도합니다. (눅10:21, 빌4:4-7)

　② 슬플 때 기도합니다. (느1:4)

　③ 환란과 고난 중에 기도합니다. (약5:13, 시18:6, 50:15)

　④ 병들 때 기도합니다. (약5:14-16)

⑤ 죄를 지었을 때는 죄를 서로 고하며 기도합니다. (약5:16)

⑥ 시간을 정하지 않고 항상 기도합니다. (엡6:18)

⑦ 항상 기도하여야 합니다. (엡6:18, 골4:2)

⑧ 세상 떠날 때까지 기도하여야 합니다. (눅23:46)

(3) 전도와 복음을 전한 후에는 반드시 기도하여야 합니다.

① 예수님께서 사역하시고 난 뒤에는 한적한 곳에서 기도하셨습니다. 이는 목회자가 복음을 전한 후에는 반드시 기도하여야 함을 보여주는 것입니다. (마14:23, 막1:35, 눅5:16, 요17:1)

② 예수님께서 회당에 들어가 가르치신 후 안식일에 오른손 마른 사람을 고치셨을 때 서기관들과 바리새인들이 분이 가득하여 예수님의 처치 방안을 논의하였습니다. 이때 예수님께서는 기도하셨습니다. (눅6:11)

(4) 특별한 환경에 처해 있을 때는 기도로 주님의 도우심을 구하여야 합니다.

① 사업과 큰일을 앞두고 기도하여야 합니다.

오랫동안 헤어졌던 형 에서를 만나기 전 요단강을 건넌 후, 야곱이 브니엘에서 기도하였습니다. 이와 같이 큰 일과 사업을 앞에 둔 경우에는 하나님께 매달리며 간절히 하나님의 도우심을 간구하여야 합니다. (창32:11,24-32)

② 결혼은 기도로 준비하여야 합니다.

이삭의 결혼을 앞두고 아브라함의 종(집사)과 이삭이 기도했던 모습을 찾아 볼 수 있습니다. (창24:12-14,45)

③ 선교사를 파송할 때는 기도로 준비하여야 합니다.

바울과 바나바의 선교사 파송 때와 같이 선교사를 파송할 때는 기도로 하나님의 도우심을 구하여야 합니다. (행13:2)

④ 교회에 고난이 찾아올 때 기도하여야 합니다.

성경에는 베드로가 옥에 있을 때 성도들이 합심으로 기도하던

모습과 바울과 실라가 옥중에서 기도하던 모습이 대조적으로 보여집니다. (행12:5, 16:25)

⑤ 국가에 위기가 찾아올 때 기도하여야 합니다.

다윗이 기도한 일례를 통해 알 수 있습니다. (대상21:18-30)

⑥ 성령의 충만함을 원할 때 기도하여야 합니다.

엘리사와 엘리야의 작별 때에 엘리사는 영감을 구하기 위하여 네 곳의 도시를 따라 다닌 결과 갑절의 영감을 얻게 되었습니다. 더 나은 은사를 사모할 때는 기도로 주님께 간구하여야 합니다. (왕하2:1-12)

⑦ 성전 건축을 앞둔 경우에는 기도로 준비하여야 합니다.

느헤미야가 기도한 일례를 통해 알 수 있습니다. (느4:4)

⑧ 개인과 교회의 의사 결정을 할 때 기도하여야 합니다.

어떤 의사 결정을 할 때에는 하나님께 기도하여 그분의 뜻을 구하여야 합니다. (느2:4)

⑨ 구원의 사역을 감당하기 위하여는 반드시 기도로 준비하여야 합니다. 예수님께서 십자가의 고난을 앞에 두고 겟세마네 동산에서 기도하실 때, 땀이 땅에 떨어지는 핏방울 같이 되었으며, 사자가 하늘로부터 예수님께 나타나 힘을 도왔습니다. 하나님의 사역은 반드시 기도로 준비하여야 함을 예수님께서 몸소 보이신 것입니다. (눅22:41,43-44)

9. 성경 속의 기도의 사람들

성경 속의 기도하던 사람들은 어떤 모습의 사람들일까요? 성경에 기록된 간절히 기도하던 선지자들의 모습을 찾아보는 것은 우리의 신앙에 매우 큰 유익이 될 수 있습니다. 고난 속에서도 기도하던 믿음의 선배들과 기도의 응답을 받은 옛 선지자들의 삶을 통하여 그분들과 같은 믿음과 소망을 누리게 될 것입니다.

1) 성경에서 간절히 기도한 사람들의 모습은 우리의 기도의 표본이 됩니다.

(1) 신약성경에서 간구하던 사람들의 모습을 살펴볼 수 있습니다.

① 베드로는 무릎을 꿇고 기도하였습니다. (행9:40)

② 수로보니게 여인은 예수님의 발 앞에 엎드려서 귀신을 쫓아주기를 간구하였습니다. (막7:25)

③ 눈먼 거지는 예수님께 소리를 질러 간구하였습니다. (눅18:39)

④ 스데반은 무릎을 꿇고 하늘을 우러러 기도하며 순교하였습니다. (행7:59-60)

⑤ 고넬료는 자선을 베풀며 늘 기도하였습니다. (행10:2-4)

⑥ 베드로가 옥중에 갇혔을 때, 온 교회가 간절히 하나님께 기도하였습니다. (행12:5)

⑦ 회중 모두가 예배와 금식으로 합심해서 기도하였습니다. (행13:2)

⑧ 바울은 무릎을 꿇고 모든 사람과 함께 기도하였습니다. (행20:36)

⑨ 에바브로는 항상 교회의 성도들을 위하여 애써 기도하였습니

다. (골4:12-13)

(2) 구약성경에서 기도하던 선지자들의 모습이 있습니다.

① 모세는 두 손을 높이 들고 기도하였습니다. (출17:11)

② 모세는 엎드려서 경배하며, 하나님께서 죄를 사해 주시기를 기도하였습니다. (출34:8)

③ 히스기야는 심히 통곡하면서 간절히 기도하였습니다. (사38:2,8)

④ 느헤미야는 앉아서 울며 수 일 동안 슬퍼하여 하나님 앞에서 금식하며 기도하였습니다. (느1:4)

⑤ 한나는 너무나 간절하여 속으로 말하여 입술만 움직이며 음성은 들리지 않게 기도하였습니다. (삼상1:13)

⑥ 한나는 마음이 괴로워서 통곡으로 서원하면서 기도하였습니다. (삼상1:10)

⑦ 다윗은 하나님의 징계를 받을 때 밤이 새도록 회개와 금식으로 하나님 앞에 엎드려 간구하였습니다. (삼하12:15-16/ 비교, 삼하12:7-14,18)

⑧ 다윗의 기도의 자세는 앉아서, 때로는 누워서, 때로는 손을 들고 기도하였습니다. (대상17:16, 시6:6, 28:2)

⑨ 솔로몬은 무릎을 꿇고 손을 펴서 하늘을 향하여 기도하였습니다. (왕상8:54)

⑩ 에스더와 모르드개는 큰 일을 앞두고 금식하며 애곡하며 부르짖으며, 굵은 베 옷을 입고 기도하였습니다. (에4:1-17)

⑪ 엘리야는 갈멜산 꼭대기에서 꿇어 엎드려 기도할 때 얼굴을 무릎 사이에 넣고 기도하였습니다. (왕상18:42)

⑫ 다니엘을 성소가 있는 예루살렘을 향하여 하루에 세 번씩 무릎을 꿇고 기도하며, 하나님께 감사하였습니다. (단6:10)

⑬ 요나는 3일 3야(3日3夜) 동안 물고기 뱃속에서 하나님께 기도

하였습니다. (욘1:7-2:10)

2) 기도의 거장들의 간구하는 모습은 우리들의 모든 것을 기도로 이루어가야 함을 보여 줍니다.

(1) 아브라함의 기도는 담대한 논쟁과 항변하는 간구가 있습니다.
  (창18:16-33)

  ① 그의 중보기도는 조카 롯을 죽음의 문턱에서 구해 내었습니다. (창19:23-29)

  ② 아브라함은 의인 열 사람이라도 있으면 소돔을 멸망시키지 않도록 끝까지 간구하는 모습을 보입니다. (창18:16-33)

(2) 모세의 기도는 전쟁터에서 흔들리지 않는 기도였습니다.

  ① 기도는 어떤 군대보다도 막강함을 알 수 있습니다.
  (출17:12-16)

  ② 모세의 기도는 무기를 들지 않는 기도의 손이 전쟁을 승리로 이끌었음을 보여 줍니다. 모세의 손이 해가 지도록 내려오지 않으므로 이스라엘을 전쟁에서 승리로 이끌게 했습니다.
  (출17:8-14)

(3) 한나의 소리 없는 기도가 사무엘이라는 위대한 선지자를 낳게 했습니다. (삼상1:13)

  ① 한나는 속으로 말하며 입술만 움직이고 음성은 들리지 않을 정도로 아주 조용히 기도하였습니다. (삼상1:13)

  ② 한나의 기도는 그의 아들을 하나님께 드린다는 서원이 함께하는 기도였습니다. (삼상1:11)

  ③ 한나는 기도로 그 아들 사무엘을 얻었으며, 하나님께 서원한 대로 아이를 하나님께 드렸습니다. (삼상1:27-28)

  ④ 한나의 삶은 여호와께 경배하는 삶이었습니다. (삼상1:28)

(4) 엘리야의 기도는 보이지 않는 가운데서도 믿음을 가진 기도였습니다. (약5:17)

① 엘리야는 우리와 성정이 같은 사람이지만 엘리야의 믿음의 기도는 권능을 일으키게 하였습니다. (왕상17:21, 18:36-37,42)

② 엘리야는 비 오기를 기도하면서 위로가 될 만한 눈에 보이는 증거를 요구하지 않았으며, 이렇다 할 증거가 없는 가운데서도 하나님을 믿는 믿음의 기도였습니다. (왕상18:43)

(5) 야베스의 기도는 지경을 넓혀 달라는 야망에 찬 기도였습니다. (대상4:10)

① 야베스의 기도는 지경을 넓혀 달라는 것과 주님의 손의 도우심으로 환란을 벗어나 근심이 없게 해 달라는 기도였습니다. (대상4:10)

② 하나님께서 그의 구하시는 것을 허락하셨습니다. (대상4:10)

(6) 히스기야의 기도는 문제를 즉시 하나님께 내어놓고 모든 것을 맡기는 단순한 기도의 모습을 보입니다. (사37:14-20, 38:2-5)

① 예루살렘을 포위한 적이 서신을 보냈을 때, 히스기야는 즉시 그 서신을 하나님 앞에 펴 놓고 맡기는 모습을 보입니다. (사37:14, 38:2-5)

② 이사야를 통해 죽으리라는 하나님의 뜻을 전해 들었을 때 히스기야의 믿음은 흔들리지 않았으며, 습관대로 하나님을 향해 기도하여 그 응답을 받았습니다. (사38:2-8)

(7) 느헤미야는 긴급한 판단이 필요한 순간적인 찰나에도 기도를 잊지 않는 진정으로 기도하는 선지자였습니다. (느2:4)

① 느헤미야는 울고 슬퍼하면서 금식하던 기도의 선지자였습니다. (느1:4)

② 느헤미야의 기도에는 찬송과 논쟁과 간구가 담긴 기도를 드렸습니다. (느1:5-11)

③ 느헤미야에게 기도로 구하던 기회가 찾아왔을 때 찰나의 순간
적인 판단이 필요할 때도 하늘의 하나님께 묵도하며 기도로
하나님의 도우심을 구하는 것을 잊지 않았음을 보여 줍니다.
(느2:4)

④ 느헤미야는 일하면서 기도했고, 기도하면서 일하였습니다.
(느4:4-6)

⑤ 느헤미야는 특별한 일이 있을 때만 기도한 것이 아니라, 모든
일을 세심하게 준비하며 또한 기도하며 행하였음을 보여 줍니
다. (느4:9,21)

(8) 다니엘의 정기적인 기도는 대적을 이기는 기도였으며, 그의 기
도에는 항상 대적하는 세력이 있었음을 보여 줍니다.
(단10:12-14)

① 그의 기도는 제멋대로 아무 때나 하는 기도가 아닌 하루 세 번
씩 시간을 정해 놓고 정기적으로 드린 매우 신실하고도 간절
한 기도였습니다. (단6:10)

② 다니엘의 기도는 보이지 않는 세력이 세상을 다스린다는 것과
한 사람의 끈질긴 기도가 세상을 변화시킬 수 있다는 사실을
보여 줍니다. (단10:20-21)

③ 기도는 도움을 주는 천사와 방해하는 마귀의 시합장이 될 수
있음을 다니엘의 기도를 통하여 알 수 있습니다.
(단10:13-14,20-21)

④ 응답 받지 못한 기도가 모두 거절된 기도가 아니며, 보이지 않
는 영의 활동으로 응답이 지연되는 기도도 있을 수 있다는 사
실을 알 수 있습니다. (단10:12-14)

⑤ 다니엘의 기도는 하늘에서 격렬한 전투가 일어나는 동안 땅에
서 끊임없이 씨름하는 기도였습니다. (단6:11-18)

10. 기도의 응답과 축복의 예증

하나님께서는 기도 응답에 대한 약속을 성경을 통하여 보증하여 주셨습니다. 만약 기도에 대한 응답이 없다고 한다면, 우리의 기도는 무의미한 일이 될 것입니다. 기도는 하나님의 약속입니다. 성경은 기도 응답에 대한 약속의 말씀들을 소중하게 기록하고 있습니다. 기도 응답의 약속은 여러분에게 기도에 대한 소망을 안겨줄 것입니다.

1) 성경은 기도에는 반드시 응답이 있음을 기록합니다.

(1) 구약성경은 기도를 응답받은 사례들을 기록합니다.

① 아브라함의 기도는 하나님의 천사를 접대하게 되었습니다. (창18:1-4)

② 야곱은 브니엘에서 모세는 시내산에서 하나님을 만나게 되었습니다. (창32:22-32, 출3:1-6)

③ 모세는 대적을 물치칠 수 있었습니다. (출17:8-16)

④ 한나는 하나님의 응답을 받게 되었습니다. (삼상1:9-20)

⑤ 히스기야에게는 인간의 생명을 연장하여 주셨습니다. (사38:1-8)

⑥ 이사야는 하나님의 모습을 보게 되었습니다. (사6:1-13)

⑦ 요나는 물고기 뱃속에서 구원을 얻게 되었습니다. (욘2:1-10)

(2) 신약성경은 기도에 대한 응답의 기쁨을 설명합니다.

① 사죄의 은총은 기쁨, 평안으로 다가옵니다. (롬8:1-2)

② 하나님의 사랑을 깨닫게 됩니다.
원수를 위해서도 기도할 수 있게 됩니다. (마5:44)

③ 성령님의 은사를 체험케 됩니다.

오순절 성령님의 세례에서 알 수 있습니다. (행2:1-13)

④ 하나님의 능력을 얻게 됩니다. (요14:26, 행4:30-31)

⑤ 병든 자를 고치는 기적을 체험케 됩니다. (약5:15)

⑥ 자녀에게 든 귀신을 물리칠 수 있습니다. (막7:25-29)

⑦ 귀신을 쫓아내는 능력을 얻게 됩니다. (막9:29, 16:17)

⑧ 눈먼 자가 눈을 뜨게 됩니다. (눅18:37-43)

⑨ 병을 고치게 됩니다. (막16:18)

⑩ 예수님께서 자리에서 일어나게 하는 감동을 드리게 됩니다.

(행7:56)

⑪ 정기적인 기도는 하나님의 천사를 만나게 하고 응답을 받게

합니다. (행10:1)

⑫ 하나님의 뜻을 발견하게 됩니다. (행10:9-16)

⑬ 성령님께서 말씀하시게 됩니다. (행13:1-3)

⑭ 기도로 옥문이 열리기도 합니다.

베드로, 바울과 실라의 옥중 탈출 사건에서 알 수 있습니다.

(행12:5-16, 16:25)

⑮ 베드로는 죽은 다비다를 살려 내었습니다. (행9:40-41)

⑯ 시간을 정해 드리는 기도는 앉은뱅이를 일어나게도 합니다.

(행3:1-2)

⑰ 주 예수 그리스도를 만나게 합니다. (계1:10)

2) 기도에 대한 응답의 약속은 하나님의 말씀인 성경이 보증하고 있습니다.

(1) 하나님께서 구약성경의 여러 곳에서 기도를 들으시겠다고 약속

하셨습니다.

① 우리의 기도를 들으시고 만나 주십니다. (시4:3, 렘29:12-13)

② 크고 비밀한 일을 우리에게 보이십니다. (렘33:3)

③ 우리의 환난 날에 응답하십니다.
(시18:6, 107:19-20, 120:1, 138:3)

④ 우리를 환난 중에서 건지시고 영화롭게 하십니다.
(시50:15, 91:14-15)

⑤ 우리의 부르짖음을 듣고 구원하십니다. (시55:16)

⑥ 우리의 피난처가 되어 주십니다. (시46:1, 61:1-3)

⑦ 우리의 기도하는 새벽에 도우십니다. (시46:5)

⑧ 빈궁한 자의 기도를 돌아보시며, 저희 기도를 멸시치 않으십니다. (시102:17)

(2) 예수님께서 기도에 대하여 응답하시겠다고 약속하셨습니다.

① 구하는 자에게 성령님을 주시겠다고 말씀하셨습니다.
(눅11:13)

② 무엇이든지 구하는 것은 이루어 주신다고 하셨습니다.
(마18:19, 눅11:9)

③ 두세 사람이 모인 곳에 함께 하신다고 하셨습니다. (마18:20)

④ 믿고 구하는 것은 다 받게 된다고 하셨습니다.
(마21:22, 막11:24)

⑤ 하나님 나라를 구하면 모든 것을 더하여 주신다고 하십니다.
(눅12:31)

⑥ 그 밤낮 부르짖는 택한 자들의 원한을 풀어 주신다고 하셨습니다. (눅18:7)

⑦ 내 집은 기도하는 집이라고 말씀하셨습니다. (사56:7, 마21:13)

⑧ 성도의 기도들이 하나님 전에서 향기가 되어 드려지는 모습을 요한계시록을 통하여 우리에게 보여주셨습니다. (계5:8, 8:3-4)

3) 기도 응답에 대한 귀중한 약속의 말씀들은 예수님에 대한 소망과 믿음의 확증을 더욱 깊어지게 합니다.

(1) 신약성경에서 약속의 말씀들을 찾아볼 수 있습니다.

① 너희에게 아버지가 되고 너희는 내게 자녀가 되리라. 전능하신 주의 말씀이니라 하셨느니라. (고후6:18/ 비교, 호1:10)

② 하나님께서 이르시되 내가 그들 가운데 거하며, 두루 행하여, 나는 그들의 하나님이 되고, 그들은 나의 백성이 되리라. (고후6:16b)

③ 그를 향하여 우리의 가진 바 담대함이 이것이니, 그의 뜻대로 무엇을 구하면 들으심이라. 우리가 무엇이든지 구하는 바를 들으시는 줄을 안즉, 우리가 그에게 구한 그것을 얻은 줄을 또한 아느니라. (요일5:14-15)

④ 너희는 먼저 그의 나라와 그의 의를 구하라. 그리하면 이 모든 것을 더하시리라. (마6:33)

⑤ 이와 같이 성령도 우리의 연약함을 도우시나니, 우리는 마땅히 기도할 바를 알지 못하나 오직 성령이 말할 수 없는 탄식으로 우리를 위하여 친히 간구하시느니라. 마음을 살피시는 이가 성령의 생각을 아시나니 이는 성령이 하나님의 뜻대로 성도를 위하여 간구하심이니라. (롬8:26-27)

⑥ 항상 기뻐하라, 쉬지 말고 기도하라, 범사에 감사하라, 이것이 그리스도 예수 안에서 너희를 향하신 하나님의 뜻이니라. (살전5:16-18)

⑦ 너희가 기도할 때에 무엇이든지 믿고 구하는 것은 다 받으리라 하시니라. (마21:22)

(2) 구약성경에서 약속의 말씀들을 찾아볼 수 있습니다.

① 여호와의 말씀이니라. 너희를 향한 나의 생각을 내가 아나니 곧 평안이요 재앙이 아니니라. 너희에게 미래와 희망을 주는

것이니라. 너희가 내게 부르짖으며 와서 내게 기도하면 내가 너희들의 기도를 들을 것이요 너희가 온 맘으로 나를 구하면 나를 찾을 것이요 나를 만나리라. (렘29:11-13)

② 저가 내게 부르기를 주는 아버지시요 나의 하나님이시요 나의 구원의 바위시라 하리로다. (시89:26)

③ 일을 행하는 여호와, 그것을 만들며 성취하시는 여호와, 그의 이름을 여호와라 하는 이가 이와 같이 이르시도다. 너는 내게 부르짖으라. 내가 네게 응답하겠고, 네가 알지 못하는 크고 은밀한 일을 네게 보이리라. (렘33:2-3)

④ 나를 사랑하는 자들이 나의 사랑을 입으며, 나를 간절히 찾는 자가 나를 만날 것이니라. 부귀가 내게 있고, 장구한 재물과 공의도 그러하니라. 내 열매는 금이나 정금보다 나으며, 내 소득은 순은보다 나으니라. 나는 정의로운 길로 행하며, 공의로운 길 가운데로 다니나니, 이는 나를 사랑하는 자가 재물을 얻어서 그 곳간에 채우게 하려 함이니라. (잠8:17-21)

⑤ 여호와께서는 자기에게 간구하는 모든 자, 곧 진실하게 간구하는 모든 자에게 가까이 하시는도다. (시145:18)

⑥ 환난 날에 나를 부르라 내가 너를 건지리니 네가 나를 영화롭게 하리로다. (시50:15)

⑦ 너희는 나를 찾으라 그리하면 살리라. (암5:4b)

⑧ 하늘의 하나님 여호와 크고 두려우신 하나님이여, 주를 사랑하고 주의 계명을 지키는 자에게 언약을 지키시며, 긍휼을 베푸시는 주여 간구하나이다. (느1:5)

⑨ 여호와를 기뻐하라, 그가 네 마음의 소원을 이루어 주시리로다. (시37:4)

⑩ 낮에는 여호와께서 그 인자하심을 베푸시고, 밤에는 그의 찬송이 내게 있어 생명의 하나님께 기도하리로다. (시42:8)

⑪ 내가 환난 중에서 여호와께 아뢰며 나의 하나님께 부르짖었더

니 그가 그의 성전에서 내 소리를 들으심이여, 그의 앞에서 나의 부르짖음이 그의 귀에 들렸도다. (시18:6)

⑫ 내가 환난 중에 여호와께 부르짖었더니 내게 응답하셨도다. (시120:1)

⑬ 내가 간구하는 날에 주께서 응답하시고, 내 영혼에 힘을 주어 나를 강하게 하셨나이다. (시138:3)

⑭ 나의 기도가 주의 앞에 분향함과 같이 되며, 나의 손드는 것이 저녁 제사 같이 되게 하소서. (시141:2)

⑮ 여호와께서는 모든 마음을 감찰(鑑察)하사 모든 의도를 아시나니 네가 만일 그를 찾으면 만날 것이요, 네가 만일 그를 버리면 그가 너를 영원히 버리시리라. (대상28:9b)

⑯ 내가 여호와께 청하였던 한 가지 일 곧 그것을 구하리니 곧 내가 내 평생에 여호와의 집에 살면서, 여호와의 아름다움을 바라보며, 그의 성전에서 사모하는 그것이라. (시27:4)

11. 기도의 예문

　　많은 분들이 기도를 드리는 것에 대하여 두려움을 느끼는 것이 사실입니다. 기도문을 써 달라고 하는 경우도 있고, 좋은 기도문이 있으면 알려 주기를 바라는 경우도 있습니다. 우리가 잠들거나 일어날 때, 혹은 대표 기도를 하는 경우를 대비하여 하나의 기도문을 만들어 본다면, 아마 기도에 대한 두려움을 극복할 수 있을 것입니다.

1) 아침기도

　　아버지 하나님! 지난 밤에 저희들을 평안히 잠들게 하시고, 다시 오늘을 저희들에게 허락해 주신 것을 감사드립니다. 오늘 하루도 주님을 위해서 보람 있게 보내게 하옵시고, 모든 일들이 주님의 영광을 위해서 이루어지게 하옵소서. 만나는 사람들마다 주님 안에서 평안으로 만나게 도우시고, 소망의 하루가 되게 하옵소서. 예수님의 이름으로 기도드립니다. 아멘

2) 저녁기도

　　거룩하신 아버지 하나님! 오늘 하루도 저희들을 평안히 인도하여 주심을 감사드립니다. 저의 부족함으로 말과 행실에 잘못이 있었던 것 용서하여 주옵소서. 저를 만난 모든 사람들에게 평안과 복을 내려 주시고, 이 밤에도 주님의 사랑의 날개 아래 편안한 밤이 되도록 도우소서. 예수 그리스도의 이름으로 기도드립니다. 아멘.

3) 식사기도

　　우리의 생명을 주관하시는 아버지 하나님! 이 시간 저희들에게

일용할 양식을 주심을 감사드립니다. 이 음식으로 우리의 몸이 더욱 건강하여지도록 허락하시고, 이 몸으로 주님을 위해서 일할 수 있도록 도우소서. 이 음식을 먹을 때 어려운 이웃들을 생각하게 하시고, 조금이라도 그 어려운 이웃들을 도울 수 있도록 저희들에게 힘과 용기를 주옵소서. 예수님의 이름으로 기도드립니다. 아멘.

4) 대표기도

우리의 생명을 주관하시는 아버지 하나님!

오늘 저희들과 함께 하시고, 저희들을 주님의 예배의 자리에 나아올 수 있도록 불러 주심을 감사드립니다. 주님께서 우리를 위하여 몸 버려 피 흘리시고, 대속하여 죽으심으로 저희들이 생명을 얻게 되었으며, 저희들이 주 예수님을 믿음으로 영생의 길을 갈 수 있게 허락하셨음을 감사드립니다.

사랑의 주님, 오늘 이 자리에 저희들과 함께 하시고, 저희들의 예배를 받으시며, 저희들의 일생을 인도하여 주옵소서. 저희들의 잘못을 용서하시고, 저희들보다 어려운 사람들을 생각하도록 도우시며, 저희들의 일생이 주님을 위하여 살 수 있도록 도와 주시기를 간절히 기도하옵나이다.

저희들의 예배를 주관하여 주시고, 이 예배 가운데 은혜로 역사하여 주옵소서. 예수님의 이름으로 기도드립니다. 아멘.

5) 대표기도

거룩하신 아버지 하나님! 우리를 이 자리에 인도하여 주심을 감사드립니다. 주님께서 십자가에 달려 돌아가심으로 저희들이 나음을 입었으며, 주님을 알고 믿게 됨으로 주님을 찬양할 수 있게 되었습니다. 또한, 아버지 하나님의 그 크신 사랑으로 저희들에게 독생자 예수 그리스도를 보내심으로 아버지 하나님께 나와 예배를 드릴 수 있게 되었음을 감사드립니다. 교회를 사랑하시고, 교회와 함께 하시는 사랑의 아버지 하나님, 이 자리에 함께 하시고, 저희들의 예배를 받으시며, 주님을 사모하는 저희들의 마음을 받아 주옵소서.

예배 중에 목사님과 함께 하시고, 마귀 틈타지 못하게 하시며, 저희들의 예배를 성령님께서 주관하심으로 우리들의 예배가 오직 아버지 하나님께만 드려지게 하옵소서. 예수님의 이름으로 기도드립니다. 아멘.

제 6 장
하나님께 드리는 곡조 있는 예배

+ + +

교회의 예전에는 찬송이 빠지지 않고, 늙은이나 어린아이나 젊은이나 할 것 없이 모두 함께 모여 하나님의 영광을 찬송하는 노래를 부릅니다. 찬송은 우리 마음을 기쁘게 하고, 우리에게 축복을 가져다줍니다. 이 장에서는 찬송이 무엇인지를 함께 배우고, 우리가 하나님께 드리는 찬송의 의미를 되새겨 봅니다.

+ + +

할렐루야
우리 하나님을 찬양하는 일이 선함이여!
찬송하는 일이 아름답고 마땅하도다. (시편147:1)

그러므로 우리는 예수로 말미암아 항상 찬송의 제사를 하나님께 드리자
이는 그 이름을 증언하는 입술의 열매니라. (히13:15)

1. 찬송이란 무엇일까요?

우리는 왜 찬송을 부를까요? 찬송이 주는 의미는 무엇일까요? 찬송이 곡조 있는 기도라는 사실을 살펴봅니다. 찬송의 궁극적 목적이 하나님께 영광을 돌리는 것인 만큼, 우리는 찬송을 부를 때에도 마음속 깊은 곳으로부터 정성을 다하여 하나님께 영광을 돌려야 한다는 사실을 알아봅니다.

1) 찬송은 성령님 안에서 드리는 참된 예배입니다. (히13:15)

(1) 하나님께서 우리에게 기쁨을 주실 때 내 마음 속에서 우러나오는 찬송의 예배를 드리게 됩니다. (요7:38)

(2) 우리가 하나님을 기쁘시게 해 드릴 때 찬송의 제사(예배)를 드리게 됩니다. (히13:15)

2) 찬송은 곡조 있는 기도입니다.

(1) 찬송은 하나님의 영광을 노래하는 곡조 있는 기도입니다.

① 하나님께 영광과 감사와 헌신을 드리는 곡조 있는 노래로 표현한 기도입니다. (시47:1-9)

② 하나님의 영광을 우리 마음속 깊은 곳으로부터 찬양하는 노래와 기도입니다. (시108:1-6)

③ 우리 주 하나님의 거룩하심과 하나님의 영광과 존귀, 권능을 받으시기에 합당하심을 찬양합니다. (계4:11, 7:12)

(2) 찬송을 통하여 우리의 신앙고백을 드리게 됩니다.

① 우리의 신앙고백을 노래로 간증하는 것입니다. (시23:1-6)

② 우리를 하나님 자녀로 삼으신 하나님의 권능과 능력, 광대하심을 찬양하는 노래입니다. (시150:1-6)

(3) 찬송을 통하여 어린 양이신 예수 그리스도의 구속하신 사랑을 노래합니다.

① 죽임을 당하신 어린 양, 예수 그리스도께서 지혜와 힘과 존귀와 찬송을 받으시기를 찬송합니다. (계5:12-13)

② 구원하심이 보좌에 앉으신 우리 하나님과 어린 양에게 있음을 찬송합니다. (계7:11)

3) 찬송의 목적은 하나님께 영광을 돌리는 것입니다.

(1) 찬송은 하나님의 영광을 찬송하는 것입니다.

① 하나님께 영광을 돌리기 위해서 찬송을 부릅니다. 이것이 찬송을 부르는 근본적인 이유입니다. (대상29:10-13, 시19:1-6, 계4:8, 5:13)

② 예배의 도움을 위하여 찬송을 부릅니다. (대하29:27-28, 시22:25, 35:18, 40:9, 47:1-9)

③ 복음 전파를 위해 찬송을 부릅니다. (대상16:23-24, 시9:1, 40:10, 96:2-3)

④ 영적 전쟁에서 하나님의 도우심을 구하며 찬양을 드립니다. (대하20:19-22)

(2) 찬송은 감사의 표현과 훈계 등의 목적도 있습니다.

① 마음의 감사를 위해 찬송을 부릅니다. (시145:10, 엡5:19-20)

② 자손의 훈계를 위해 찬송을 부릅니다. (신31:19-30)

4) 찬송은 어디서든지 부를 수 있습니다.

(1) 찬송의 주된 장소는 예배의 처소입니다.

① 성소(교회)에서 예배 중에 찬송을 드립니다.
(대상16:4, 대하29:27-28, 시48:1, 150:1)

② 하늘나라에서 영원히 찬송을 부르게 될 것입니다.
(계4:8, 14:2-3, 15:3)

(2) 우리가 처한 어떤 여건과 장소에서도 찬송으로 하나님께 영광을 돌려야 합니다.

① 하늘에서 하나님을 찬양하며, 높은 데서 하나님을 찬양합니다. (시148:1)

② 땅에서 하나님을 찬양합니다. (시148:7)

③ 바닷가에서 찬송을 부릅니다. (출15:1/ 비교, 출14:30-31)

④ 옥중에서 찬송을 부릅니다. (행16:25)

⑤ 산꼭대기에서 찬송을 부릅니다. (사42:11)

⑥ 항해하는 사람들과 섬에서 사는 사람들은 바다와 섬에서 찬양을 드립니다. (사42:10-12)

⑦ 전쟁터에서 승리한 후 찬송을 드립니다.
(삿4:24-5:2,31, 대하20:26-28)

2. 성경 속의 찬송 역사

구약성경과 신약성경에 나타난 찬송의 장면들은 찬송의 역사를 알게 합니다. 찬송을 부른 예언자들과 선지자들은 하나 같이 하나님 께서 주신 승리와 구원의 기쁨을 노래했습니다. 성경 속의 찬송 역사를 살펴봄으로써 찬송이 구원의 기쁨과 하나님의 영광을 찬미하는 노래였음을 살펴봅니다.

1) 구약성경은 "호흡이 있는 자마다 하나님을 찬양하라"며 찬송의 기쁨을 노래하고 있습니다. (시150:1)

 (1) 구약성경의 찬송 역사는 창세기로부터 시작됩니다.

  ① 홍수 이후에 노아가 찬송을 드렸습니다. (창9:26)

  ② 멜기세덱이 아브라함을 축복하며 하나님께 찬송을 드렸습니다. (창14:20)

 (2) 구약성경의 찬송은 승리 가운데 하나님의 영광을 노래합니다.

  ① 모세와 이스라엘 백성이 홍해를 건넌 후 기뻐서 찬송을 불렀습니다. (출15:1-20)

  ② 히스기야 왕과 온 회중이 경배하며 여호와의 시로 노래하고, 악기를 울리며 찬양을 드렸습니다. (대하29:25-30)

  ③ 다윗이 여호와 하나님 앞에서 힘을 다하여 춤을 추며 찬양하였습니다. (삼하6:14-16)

  ④ 다윗이 모든 대적의 손과 사울의 손에서 구원하신 날에 노래로 하나님의 구원하심을 찬양하였습니다. (삼하22:1-4)

 (3) 구약성경은 전쟁의 승리 후 하나님의 영광을 찬양합니다.

① 드보라와 바락이 전쟁터에서 승리한 후에 찬양하였습니다.
(삿4:23-5:3, 5:31)

② 여호사밧 왕이 전쟁에서 승리한 후 온 회중들과 찬송을 불렀습니다. (대하20:26-28)

(4) 구약성경의 찬송은 온 회중이 춤과 노래로 찬양하는 것이었습니다.

① 기악과 춤과 노래로 찬양하였습니다. (대상13:8, 16:4-6)

② 성전이 건축된 후에 찬양하였습니다. (대하5:12-14, 느7:1)

③ 온 회중 앞에서 찬송하였습니다. (대상29:10)

④ 여호사밧 군대가 노래를 불렀습니다. (대하20:20-23)

⑤ 모세가 운명하기 전에 찬송하였습니다. (신31:30-32:4)

(5) 구약성경의 욥기, 시편, 잠언, 전도서, 아가서, 예레미야 애가 등은 찬송시가로 이루어져 있습니다.

2) 신약성경에는 찬송의 장면들이 많이 기록되어 있습니다.

(1) 누가복음서에는 아름다운 찬양과 노래들이 기록되어 있습니다.

① 엘리사벳이 성령을 충만함을 입어 마리아와 하나님을 찬양하였습니다. (눅1:39-45)

② 마리아가 하나님의 영광을 찬양하는 노래를 불렀습니다.
(눅1:46-55)

③ 스가랴가 하나님 찬양과 아들에 대한 축복의 노래를 불렀습니다. (눅1:57-79)

④ 천사들이 하나님을 찬양하는 노래를 불렀습니다. (눅1:13-14)

⑤ 시므온이 하나님께 찬양의 노래를 불렀습니다. (눅2:25-35)

(2) 계시록에는 하나님을 찬양하는 노래와 그 모습들이 많이 기록되어 있습니다.

① 이십사 장로들이 어린 양에 대한 새로운 노래로 찬양합니다.
(계4:10-11, 5:8-10, 19:4-5)

② 모든 믿는 자가 그리스도를 영화롭게 하기 위하여 천국에서
노래를 부릅니다. (계5:9-10, 19:1-2,6-8)

③ 모든 우주 만물과 천사와 장로들이 찬양합니다. (계5:11-14)

④ 보좌 위의 천사들이 찬양합니다. (계4:7-9)

⑤ 대환란을 이긴 성도들이 하나님의 거문고를 가지고 하나님을
찬양하는 노래를 부릅니다. (계15:2-4)

(3) 그 외에도 신약성경에서 찬송의 모습을 찾아볼 수 있습니다.

① 바울이 택해 주신 하나님의 은혜를 찬송하였습니다. (엡1:3)

② 예수님께서 감람산으로 가시며 찬미하셨습니다. (막14:26)

③ 바울과 실라가 빌립보 옥중에서도 찬미하셨습니다. (행16:25)

④ 하나님께서 믿는 자들이 시와 찬미와 신령한 노래를 부르며 마
음에 감사함으로 하나님을 찬양하였습니다. (엡5:19, 골3:16)

⑤ 성전에서 구걸하던 앉은뱅이가 치료를 받은 후 걷기도 하며,
뛰기도 하며, 하나님을 찬미하였습니다. (행3:8-9)

3. 찬송을 부를 대상들

찬송은 어떤 사람들이 불러야 하는 것일까요? 성경을 통하여 찬송을 불러야 하는 대상들은 바로 우리 자신뿐만 아니라 온 우주 만물임을 알 수 있습니다. 시편과 계시록에 기록된 찬송의 장면은 수많은 사람들과 이 세상의 모든 것들, 그리고 온 우주만물이 다 하나님을 찬양하여야 한다는 사실을 발견하게 합니다.

1) 시편은 온 우주만물이 하나님을 찬양하는 모습을 기록하고 있습니다.

(1) 호흡이 있는 사람들은 누구나 다 찬송을 불러야 합니다.

① 하나님의 사자들이 하나님을 찬양합니다. (시148:2)

② 모든 군대가 하나님을 찬양합니다. (시148:2)

③ 모든 백성과 방백과 땅의 모든 재판관들이 하나님을 찬양합니다. (시148:11)

④ 청년 남녀와 노인들과 아이들이 하나님을 찬양합니다.
(시148:12)

⑤ 호흡이 있는 자 누구나 다 하나님을 찬양합니다. (시150:6)

⑥ 의인인 마음이 정직한 자들이 하나님을 찬양합니다. (시33:1)

(2) 모든 피조물들이 하나님을 찬양합니다. (시148)

① 지음을 받은 피조물들이 하나님을 찬양합니다.
(시148:5/ 비교; 창1:1-31)

② 해와 달과 광명한 별들이 하나님을 찬양합니다. (시148:3)

③ 하늘의 하늘들이 하나님을 찬양합니다. (시148:4)

④ 하늘 위에 있는 물들이 하나님을 찬양합니다. (시148:4)

⑤ 용들과 바다가 하나님을 찬양합니다. (시148:7)

⑥ 불과 우레와 눈과 안개, 그 말씀을 좇는 광풍이 하나님을 찬양합니다. (시148:8)

⑦ 산들과 모든 작은 산과 과목과 모든 백향목이 하나님을 찬양합니다. (시148:9)

⑧ 짐승과 모든 가축과 기는 것과 나는 새가 하나님을 찬양합니다. (시148:10)

2) 계시록에서 모든 만물이 하나님을 찬양하는 모습을 찾아볼 수 있습니다.

(1) 하나님의 보좌 앞에는 찬양하는 천사와 장로들이 있습니다.

① 그룹들이 하나님을 찬양합니다. (계4:8)

② 이십사 장로들이 하나님을 찬양합니다. (계4:10)

③ 수많은 천사들과 모든 천사들이 하나님을 찬양합니다. (계5:11, 7:11)

(2) 구속함을 입은 하나님의 백성들이 그분의 이름(성호, 聖號)을 찬양하는 모습이 기록되어 있습니다.

① 십사만 사천 명의 구속받은 사람들이 하나님을 찬양합니다. (계14:3)

② 많은 성도들, 허다한 무리들이 하나님을 찬양합니다. (계19:1,6)

③ 하나님의 종들, 곧 그분을 경외하는 사람들이 하나님을 찬양합니다. (계19:5)

④ 짐승과 짐승의 우상과 짐승의 이름의 수를 이기고 벗어난 사람들이 하나님을 찬양합니다. (계15:2)

(3) 모든 만물들이 하나님을 찬양하는 모습을 볼 수 있습니다.

    ① 모든 만물이 새 노래로 하나님을 찬양합니다. (계5:13)

    ② 하나님 보좌 앞의 네 생물들이 하나님을 찬양합니다. (계4:8)

    ③ 하늘 위에와 땅 위에와 땅 아래와 바다 위에와 그 가운데 있는 모든 만물들이 하나님을 찬양합니다. (계5:13)

4. 찬송의 이유와 내용

우리가 찬송을 통하여 하나님의 영광을 찬양하여야 한다면 그 이유는 무엇일까요? 구약의 선지자들은 하나님의 구속의 영광을 찬양하며 노래를 불렀는데, 우리는 어떤 이유 때문에 찬송을 불러야 하는 것일까요? 성경을 통해서 우리가 찬송을 불러야 하는 이유와 찬양의 내용, 그리고 아름다운 찬송의 말씀들을 찾아봅니다.

1) 우리가 하나님께 찬송을 드려야 하는 이유는 하나님께서는 만유의 주이시며, 우리를 구속하여 주신 단 한 분 하나님이시기 때문입니다.

(1) 구약성경에서 찬송의 주된 이유는 하나님은 만유의 주님이 되시기 때문입니다.

① 피조물들이 하나님의 명령으로 지음을 받았기 때문입니다. (시96:5, 148:5)

② 그분의 이름은 홀로 높으시며 천지에 뛰어나시기 때문입니다. (시148:13)

③ 하나님께서 그분의 모든 성도(聖徒), 즉 그분을 가까이하는 백성들을 높이셨기 때문입니다. (시148:14)

④ 하나님께서 만물을 지으셨기 때문입니다. (시100:3)

⑤ 하나님께서 만유(萬有)의 머리이시며 만유의 주재(主宰)가 되시기 때문입니다. (대상29:10-13)

(2) 신약성경에서 찬송의 이유는 예수님의 탄생과 구속의 은혜입니다.

① 구세주이신 예수님의 탄생을 찬양합니다. (눅19:38)

② 예수님께서 우리를 위하여 대속의 죽음을 죽으셨기 때문입니다. (계5:12)

③ 예수님께서 보좌에 계시기 때문입니다. (계5:13)

④ 하나님께서 만물을 지으셨기 때문입니다. 만물이 주님의 뜻대로 있었고 지음을 받았기 때문입니다. (계4:11)

2) 우리가 드릴 찬송의 주된 내용은 하나님의 영광과 예수 그리스도의 대속의 은혜입니다.

(1) 시편에서 찬송의 주된 내용은 하나님의 영광입니다.

① 하나님의 이름과 주님의 권능과 영광을 찬양합니다.
(시8:1-9, 19:1-2, 57:8-11, 86:10, 96:1-4, 103:1, 106:8, 108:5, 135:1,13, 145:2)

② 하나님의 아들, 예수 그리스도의 영광을 찬송합니다.
(시2:7-9,12)

③ 환난 때의 응답과 기도를 들으심을 찬송합니다.
(시4:1, 7:1-5, 18:6, 20:1, 55:16, 86:6, 102:1, 120:1)

④ 의의 제사를 드리며 하나님을 찬양합니다. (시4:5, 27:6)

⑤ 하나님의 공의로운 심판을 찬양합니다.
(시7:8, 9:8, 36:6, 45:4, 59:8, 72:3, 101:1, 103:6)

⑥ 하나님께 감사와 주님의 기사를 전합니다.
(시9:1,11, 40:9-10, 89:1)

⑦ 하나님의 인도와 보호하심을 찬양합니다.
(시16:1, 23:1-6, 25:5, 27:5, 31:1, 37:5, 42:1, 46:3, 51:17)

⑧ 하나님께서 우리의 기도를 들으심을 찬양합니다.
(시17:1, 28:6, 35:12-13, 54:2)

⑨ 주님을 사랑하는 마음의 고백과 주님의 구원의 손길을 찬양합

니다. (시18:1, 34:1-9, 35:9, 116:12-14, 118:14-21)

⑩ 환난에서 붙드시고 건져내시고 구원하여 내심을 찬양합니다.
(시22:1,19, 27:5, 32:7, 42:5, 46:1, 50:15, 91:14-16)

⑪ 주님께서 연단하시고 살펴 주심을 찬양합니다. (시26:2, 126:5)

⑫ 내 영혼의 구속의 은총을 노래합니다.
(시25:18, 49:15, 71:23-24, 103:4, 119:154)

⑬ 하나님의 교훈과 계명과 말씀의 기쁨을 찬양합니다.
(시1:2-3, 18:30, 19:8-11, 119:9-16,97-100,103,127,140)

(2) 계시록의 주된 찬양의 내용은 예수님의 대속의 죽으심입니다.

① 죽임 당하신 어린 양(예수님)의 능력, 부, 지혜, 힘, 존귀, 영광,
찬송을 받으심을 찬양합니다. (계5:12)

② 찬송, 영광, 지혜, 감사, 존귀, 능력, 힘을 세세토록 받으시기를
찬양합니다. (계4:11,17, 5:13, 7:12)

③ 주님을 경외하는 자들에게 상 주심을 찬양합니다. (계11:18)

④ 하나님의 구원의 능력과 나라와 그리스도의 권세가 이루어짐
을 찬양합니다. (계12:10)

⑤ 하시는 일이 크시고 기이하시며, 의롭고 참되시며 거룩하심을
찬양합니다. (계15:3-4)

⑥ 주 하나님, 전능하신 그분이 통치하심을 찬양합니다. (계19:6)

3) 성경에는 아름다운 찬송 말씀들이 있습니다.

(1) 거룩하다 거룩하다 거룩하다 주 하나님 곧 전능하신 이여, 전에
도 계셨고, 이제도 계시고 장차 오실 이시라. (계4:8b)

(2) 큰 회중 가운데서 나의 찬송은 주께로부터 온 것이니 주를 경외
하는 자 앞에서 나의 서원을 갚으리이다. (시22:25)

(3) 찬송하라 하나님을 찬송하라 찬송하라 우리 왕을 찬송하라 하

나님은 온 땅의 왕이심이라 (시47:6-7a)

(4) 그의 모든 천사여 찬양하며 모든 군대여 그를 찬양할지어다. 해와 달아 그를 찬양하며 밝은 별들아 다 그를 찬양할지어다. 하늘의 하늘도 그를 찬양하며 하늘 위에 있는 물들도 그를 찬양할지어다. 그것들이 여호와의 이름을 찬양함은 그가 명령하시므로 지음을 받았음이로다. (시148:2-5)

(5) 너의 하나님 여호와가 너의 가운데에 계시니 그는 구원을 베푸실 전능자이시라. 그가 너로 말미암아 기쁨을 이기지 못하시며, 너를 잠잠히 사랑하시며, 너로 말미암아 즐거이 부르며 기뻐하시리라 하리라. (습3:17)

(6) 비록 무화과나무 잎이 무성하지 못하며, 포도나무에 열매가 없으며, 감람나무에 소출이 없으며, 밭에 먹을 것이 없으며, 우리에 양이 없으며, 외양간에 소가 없을지라도 나는 여호와로 말미암아 즐거워하며, 나의 구원의 하나님으로 말미암아 기뻐하리로다. (합3:17-18)

5. 찬송을 부르는 방법

    찬송을 부르는 방법은 여러 가지가 있을 수 있습니다. 성경에 나타난 찬송을 부르던 방법들은 단순히 노래만 부르던 것은 아니었습니다. 시와 찬미와 신령한 노래 또는 악기와 춤과 노래로 모두가 함께 모여 찬양을 드렸습니다. 우리가 찬송을 부르는 모습이 성경적인 것임을 알게 될 것입니다.

1) 시와 찬미와 신령한 노래들로 찬양합니다.

  (1) 기쁨과 신령한 노래들로 감사하며 찬양합니다.

    ① 기뻐하며 소리를 높여 불러야 합니다. (눅19:37)

    ② 시와 찬미와 신령한 노래들로 감사함으로 찬양합니다.
    (엡5:19)

  (2) 보좌 앞의 어린 양께 경배와 찬송을 드립니다.

    ① 보좌에 앉으신 이 앞에 엎드려 경배하며 찬송을 드립니다.
    (계5:8-14)

    ② 새 노래로 큰 음성으로 노래하며, 하늘의 거문고를 타며 찬송하게 될 것입니다. (계5:9,11)

2) 악기와 춤과 노래로 찬양합니다.

  (1) 찬송은 주악에 맞추어 춤추며 즐거이 불렀습니다.

    ① 악기와 춤과 노래로 찬양합니다. (대상15:16, 시150:3)

    ② 주악에 맞추어 부릅니다. (대하23:13)

    ③ 손뼉을 치며 즐거운 소리로 외치며 하나님께 찬송을 드립니

다. (시47:1)

④ 때로는 춤을 추며 찬양합니다. (시149:3, 150:4)

(2) 감사하며 시로 노래하며 찬양하였습니다.

① 감사한 심령으로 불러야 합니다. (대하30:21, 시108:1-3)

② 하나님 앞에서 즐거워하며 찬양합니다. (시96:12)

③ 온 회중이 경배하며 하나님을 찬양하는 시로 노래하며 찬송하였습니다. (대하29:27-28)

④ 지혜의 시로 찬양합니다. (시46:7)

6. 찬송의 결과

　성경을 통해서 우리가 찬송을 드림으로 얻게 되는 축복은 무엇일까요? 찬송은 하나님을 기쁘시게 하는 것이며, 우리에게는 평안을 주는 것입니다. 이 장에서는 우리가 하나님께 찬송을 드릴 때 우리의 신앙이 성장할 수 있음과 기쁨과 평강이 충만하게 된다는 사실을 확증해 봅니다.

1) 찬송은 주님 안에서 평안과 기쁨을 가져다줍니다.

　(1) 찬송은 기쁨과 은혜, 능력을 체험케 합니다.

　　① 즐거울 때 찬송은 기쁨과 은혜를 체험케 합니다. (약5:13)

　　② 예수님의 제자들의 찬미는 능력을 얻게 했습니다. (마26:30)

　(2) 찬송은 신앙의 성장과 기쁨, 승리를 가져다줍니다.

　　① 히스기야의 찬송생활은 신앙을 성장케 하였습니다.
　　　(사38:9-20)

　　② 다윗의 회중 앞에서의 송축은 감사와 기쁨이 넘치게 되었습니다. (대상29:13)

　　③ 찬송은 영적 전쟁에서 승리의 기쁨을 가져다줍니다.
　　　(대하20:14-24)

2) 찬송은 하나님께로부터 축복을 가져옵니다.

　(1) 찬송은 하나님을 기쁘시게 합니다.

　　① 하나님께서 기뻐하시게 됩니다. (히13:15-16)

　　② 우리가 하나님을 만나는 길이 됩니다. (삼상10:5-7)

(2) 찬송의 가장 큰 기쁨은 하나님께서 주시는 축복입니다.

① 우리의 모든 대적을 물리쳐 주십니다. (사42:13)

② 지혜와 총명을 주십니다. (단2:20-23)

③ 놀라운 기적을 베풀어주십니다. (행16:25-34)

④ 우리에게 기쁨과 평강을 충만케 하여 주십니다. (롬15:11-13)

※ 교회 음악(하나님을 찬송하는 음악)과 세속 음악의 차이는 무엇일까요?

제 7 장
온 정성을 드리는 물질 있는 예배
헌금

+ + +

　주님을 사랑하는 마음이 있다면 주님께 드리는
헌금 또한 정성껏 준비하여 드리게 될 것입니다.
헌금이 하나님께 드려진 예물인 만큼 그 헌금을
사용함에 있어서도 마음과 정성을 다하게 될 것
입니다. 이 장에서는 헌금의 의미와 헌금을 드릴
때 받게 되는 축복, 그리고 헌금을 드릴 때의 주의
할 점 등을 살펴봅니다.

+ + +

각각 그 마음에 정한 대로 할 것이요
인색함으로나 억지로 하지 말지니
하나님은 즐겨 내는 자를 사랑하시느니라.
(고후9:7)

1. 헌금이란 무엇일까요?

처음 교회의 예배에 출석하면 헌금에 대한 부담을 느낄 수 있습니다. 이는 헌금이 무엇인지 알지 못하고, 헌금에 대한 가치관이 분명하게 정립되지 못하였기 때문입니다. 헌금은 무엇이며, 왜 헌금을 드려야 하는 것일까요? 헌금이 무엇인지, 하나님께서 받으시는 헌금은 어떠해야 하는지 이 장에서 배우게 됩니다.

1) 헌금은 하나님을 섬김의 표시입니다.

(1) 헌금은 하나님께 드리는 감사와 헌신의 표시입니다.

① 헌금은 믿음의 표시입니다. (고후9:13)

② 헌금은 감사의 표시입니다. (신16:15-17, 고후9:11-12)

③ 헌금은 헌신의 표시입니다. (고후8:3-5)

④ 헌금은 은혜의 선물입니다. (고후9:8,14-15)

(2) 헌금은 우리가 하나님을 소중하게 여김의 표시입니다.

① 우리가 드리는 것으로 하나님의 소중함을 알게 됩니다. (마6:1-4)

② 우리가 드리는 양으로 하나님의 소중함을 깨닫게 됩니다. (레27:30)

③ 우리가 드리는 자세로 하나님의 소중함을 깨닫게 됩니다. (고후9:7)

2) 헌금의 표준은 온전한 십일조와 정성입니다.

(1) 헌금은 온전한 십일조(十一條)를 드리는 것입니다.

(창14:20, 레27:30-33, 신14:22-23, 말3:8-10)

(2) 헌금은 모든 소산, 첫 새끼, 첫 열매, 즉 가장 값지고 귀중한 것을 드리는 것입니다.
(출23:19, 34:26,19, 레22:2,21, 27:26, 잠3:9-10, 말1:7-10)

(3) 헌금은 힘이 닿는 대로 정성껏 드리는 것입니다.
(신16:17, 고후9:5,7/ 비교, 마23:23, 막12:41-44, 눅21:1-4)

(4) 헌금은 자원하는 마음으로 반드시 하나님 앞에 가지고 나아가야 합니다. (출25:2, 신16:16, 시96:8, 고후9:7)

(5) 헌금은 하나님의 선물에 대한 관리자로 드려야 합니다.
(신8:17-18)

3) 헌금은 오로지 주님을 위하여 드리는 것입니다.

(1) 헌금은 하나님께 영광을 돌리는 것입니다. (고후9:13)

(2) 하나님을 기쁘시게 하는 향기로운 제물이 됩니다. (빌4:18)

(3) 헌금은 보물을 하늘에 쌓아 두는 것입니다. (마6:20)

(4) 헌금은 하나님의 것을 하나님께 드리는 것입니다. (마22:21)

(5) 헌금은 하나님께 받은 은혜에 대한 감사의 표시입니다.
(신16:16-17)

(6) 주님의 사업에 참여하는 것입니다. (고후8:4)

(7) 자기 자신을 주님께 드리는 것입니다. (고후8:3-5)

2. 헌금의 기원과 예증

헌금의 기원을 살펴보는 것은 교회의 본질적 의미를 깨닫는데 매우 중요합니다. 구약성경과 신약성경의 헌금을 드렸던 모습들을 살펴봄으로써 신앙생활과 우리의 헌금생활이 서로 밀접한 관련이 있음을 알게 될 것입니다. 초대 교회가 구제헌금을 드리던 모습에서 교회의 헌금의 올바른 사용처 또한 알게 될 것입니다.

1) 구약성경에서의 헌금은 하나님의 명령입니다.

(1) 아브라함이 대제사장 멜기세덱에게 십일조를 드렸습니다.
(창14:20)

(2) 땅의 십분의 일, 곡식이나 과실은 하나님의 성물로 하나님의 것으로 구별되어졌습니다. (레27:30, 신14:22-29)

(3) 땅의 첫 소산은 하나님의 것으로 드렸습니다. (레27:26)

(4) 즐거움을 가지고 드리는 예물이어야 합니다. (출25:1-3)

(5) 반드시 예물을 가지고 예배에 나아가야 합니다.
(시96:8-9)

(6) 느헤미야가 하나님의 전을 회복시킬 때 십일조를 드렸습니다.
(느13:10-12)

(7) 하나님께서는 하나님의 십일조를 도둑질하지 말라고 경고하시고 계십니다. 또한 십일조를 드리면 창고를 가득 채워 주신다고 약속하셨습니다. (말3:8-10)

2) 초대 교회가 헌금을 드리던 모습은 오늘날 교회의 예배에서 헌금을 드리는 이유가 됩니다.

(1) 바울 사도가 교회의 구제 헌금에 대하여 설명합니다.
(고전16:1-2)

(2) 초대 교회 공동체 생활에서 성도들이 자신들의 소유를 팔아서 사도들의 발 앞에 두었습니다. (행4:34-35)

(3) 마케도니아 교회는 선교와 구제를 위하여 극심한 시련과 환란 가운데서도 헌금을 드렸습니다. (고후8:2)

(4) 마케도니아와 아가야 사람들이 예루살렘 성도 중 가난한 성도들을 위하여 헌금하였습니다. (롬15:27)

3. 헌금의 종류와 방법

　성도들이 드리는 헌금에는 어떤 것이 있을까요? 그 가운데서 가장 중요한 헌금은 무엇일까요? 성도들은 절기를 따라 헌금을 드리는 경우가 있고, 개인적인 감사로 하나님께 감사의 예물을 드리기도 합니다. 헌금을 드리는 방법을 살펴봄으로써 성도들이 헌금을 정성껏 드릴 수 있도록 믿음의 생활을 안내할 것입니다.

1) 헌금은 십일조 외에도 다양하게 하나님께 드릴 수 있습니다.

(1) 십일조(十一條)는 소득의 10분의 1을 하나님께 드리는 헌금입니다. (레27:30)

(2) 주일 헌금은 얻은 소득의 일부분을 정성껏 모아 매주 첫날, 즉 주일에 드리는 헌금입니다. (고전16:2)

(3) 절기 헌금은 새해, 부활절, 맥추, 추수, 성탄절기 등에 드립니다. (출34:22)

(4) 건축 헌금은 하나님의 성전 건축을 위해 드리는 감사 헌금의 일종입니다. (대상29:6-10, 스1:4)

(5) 감사 헌금은 출생, 생일, 결혼, 해산, 백일, 돌, 입학, 취직, 졸업, 제대, 회갑, 추도, 학위, 승급, 주택구입, 심방, 건강회복 등을 감사하여 드립니다. (레7:15-18, 시136:1-26)

2) 헌금은 주일 예배 때에 정성껏 드려야 합니다.

(1) 헌금의 때와 장소, 시기 등은 헌금을 드렸던 초대 교회의 모습에서 찾아 볼 수 있습니다. (고전16:2, 고후9:1-15)

① 헌금의 시기는 '매주 첫날', 즉 주일 낮 예배 시간에 정성껏 드 렸습니다. (고전16:2)

② 헌금의 액수는 '이를 얻은 대로' 정성껏 드립니다. (고전16:2)

③ 헌금의 대상은 '너희 감사함', 즉 성도들 각자 모두가 자원하는 마음으로 드려야 합니다. (고전16:2)

④ 헌금의 장소는 교회입니다. (고전16:1)

(2) 헌금은 자신의 소득의 일부에서 정성껏 준비해서 드려야 합니 다. (고후9:5)

① 빈손을 하나님께 보이지 말아야 합니다. (출23:15, 34:20, 신16:16)

② 감사함으로 즐겨 드려야 합니다. (스1:4, 고후9:7)

③ 인색한 마음으로나 억지로 하지 말아야 합니다. (고전16:2, 고후9:7)

④ 희생적이면서도 기쁨으로 드려야 합니다. (고후11:7-9)

⑤ 많이 심는 자가 많이 거둘 수 있음을 알아야 합니다. (고후9:6)

4. 소득의 십일조

십일조는 원래의 하나님의 소유를 원래 그대로 하나님께 돌려드리는 것입니다. 따라서 십일조 생활은 성도가 지키게 되는 의무인 것입니다. 십일조는 오직 하나님께만 드려야만 하고, 성도들은 교회를 통하여 하나님께 십일조를 드리게 됩니다. 십일조가 무엇인지, 십일조가 중요한 이유는 무엇인지를 이장에서 배우게 됩니다.

1) 십일조는 아브라함으로부터 시작된 하나님의 명령입니다.

(1) 십일조는 모세 율법에서 반드시 하나님께 드릴 것을 명령하고 있습니다.

① 십일조는 하나님께 반드시 드려야만 하는 것입니다. (민18:28, 신12:6,11, 14:22)

② 십일조는 본래 하나님의 것이며, 그분의 소유를 그분께 돌려드리는 것입니다. (레27:30)

③ 이스라엘의 십일조는 제사장인 레위 자손에게 기업으로 주어서 회막에서 제사장으로서 하나님을 위한 봉사의 직무에 대하여 보상하여 주시는 것입니다. (민18:21-24, 히7:5)

④ 레위인들의 경우에도 십일조로 받은 기업에서 십일조를 구별하여 하나님께 드려야만 했습니다. (민18:26)

(2) 아브라함은 십일조를 최초로 드린 사람이었습니다.

① 아브라함이 십일조를 드리기 전에 먼저 전쟁에서 승리한 기록이 있습니다. (창14:14-16)

a. 아브라함의 조카 롯이 소돔 왕과 다른 왕들 사이에 전쟁이 벌어진 와중에 붙잡혀 끌려갑니다. (창14:12)

    b. 롯은 재산과 자유를 모두 잃게 됩니다. (창14:12)

    c. 이 소식이 아브라함에게 전해졌고, 아브라함은 조카를 구하러 가게 됩니다. (창14:14)

    d. 아브라함은 318명의 훈련된 사람들을 데리고 가서 큰 승리를 거두었습니다. (창14:15)

    e. 아브라함은 왕들을 제압하고 그들을 약탈하여 롯과 모든 것을 되찾아 오게 됩니다. (창14:16)

② 아브라함이 대제사장 멜기세덱에게 십일조를 바칩니다. (창14:17-24)

    a. 그 때 살렘 왕이며 지극히 높으신 하나님의 제사장 멜기세덱이 떡과 포도주를 가지고 나와 아브라함을 축복합니다. (창14:17-19)

    b. 아브라함은 너무나 감사해서 멜기세덱에게 '그 모든 것의 십분의 일'을 드렸습니다. (창14:20, 히7:2)

    c. 율법은 아브라함이 십일조를 드린 때부터 430년 후에 왔습니다. (갈3:17)

(3) 야곱이 벧엘에서 십일조를 드릴 것을 서원합니다. (창28:10-22)

① 하나님께서 야곱에게 나타나셔서 그와 함께 하실 것을 말씀하십니다. (창28:10-15)

    a. 야곱이 벧엘에서 돌베개를 하고 잠들었을 때에 하나님께서 야곱에게 나타나셨습니다. (창28:10-13)

    b. 하나님께서 야곱의 자손이 티끌 같이 많으리라고 축복하시면서 야곱에게 어디로 가던지 떠나지 함께 하시리라고 약속하십니다. (창28:13-16)

② 야곱이 십일조를 드릴 것을 하나님 앞에서 서원합니다. (창28:20-22)

    a. 하나님께서 야곱에게 약속하신 응답으로 하나님께서 야곱을 지키시면 여호와께서 야곱의 하나님이 되실 것임을 야

곱이 서원합니다. (창28:21)

b. 또한 야곱은 하나님께서 주신 모든 것에서 십분의 일을 드릴 것을 서원합니다. (창28:22)

(4) 예수님과 제자들의 십일조에 대한 견해는 십일조를 인정하는 것이었습니다.

① 예수님의 십일조에 대한 말씀이나 교훈이 별도로 기록된 바는 없지만, 그분의 헌금에 대한 말씀과 교훈으로 보아 십일조를 분명히 인정한 것임을 알 수 있습니다. (마23:23)

a. 예수님께서 바리새인들이 정의와 긍휼과 믿음은 다 버렸다고 책망하셨습니다. (마23:23)

b. 예수님께서 십일조를 행함과 동시에 정의와 긍휼과 믿음을 버리지 말아야 한다고 강조하셨습니다. (마23:23)

c. 그들이 십일조를 근실히 드리는 행위에 대해서는 인정해 주셨습니다. 이것은 예수님께서 분명히 십일조를 인정하신 것임을 알 수 있습니다. (마23:23)

② 바울은 각 사람의 수입에 따라 모아 두라고 권면하고 있는 것으로 보아 십일조를 인정하고 있음을 알 수 있습니다. (고전16:2)

a. '각 사람의 수입에 따라'라는 말은 아브라함이 실행한 것과 같이 율법이 말한 방법대로 십일조를 드릴 것을 명령한 것으로 볼 수 있습니다. (고전16:2)

b. 신약성경에는 십일조를 폐지하자는 다른 주장이 기록된 곳이 없습니다.

2) 십일조를 드리는 자들에게는 하나님께서 주시는 복이 함께 합니다.

(1) 십일조를 드림으로 복을 얻게 된다고 하나님의 말씀을 전한 선지자는 말라기 선지자였습니다. (말3:10)

(2) 성경에서 많이 심는 자는 많이 거두게 된다고 설명하고 있습니다. (고후9:6,11)

(3) 아브라함이 승리한 후에 감사하여 십일조를 드렸으며, 십일조를 드린 이후에 바로 복을 받은 것은 아니지만, 일생 동안 하나님께서 주시는 복을 누렸음을 알 수 있습니다. (창14:9-20)

(4) 야곱은 하나님을 섬김과 동시에 십일조를 드릴 것을 서원하므로 그의 일생이 하나님께서 함께 하시는 복된 삶을 살았습니다. (창28:20-22)

3) 십일조는 하나님께만 드려져야 하고, 오직 교회에서 복음 사역과 관련된 곳에 사용되어야만 합니다.

(1) 십일조가 교회에서 하나님께 드려져야 하는 이유는 십일조는 하나님의 것이고 하나님의 복음 사역에 사용될 예물이기 때문입니다.

① 십일조는 하나님의 것이기 때문입니다. (레27:30)

② 아브라함은 십일조를 지극히 높으신 하나님의 제사장에게 드렸습니다. (창14:18-20)

③ 율법은 십일조를 법으로 의무화하면서 그것을 레위 지파의 제사장들에게 드리게 했습니다. (민18:21)

④ 선지자 말라기는 하나님께 헌금과 예배를 드리는 일을 '창고'라는 표현을 썼습니다. (말3:10)

(2) 십일조는 목회자의 생활과 같은 오직 복음 사역과 관련된 곳에만 사용하는 것이 마땅합니다.

① 주님께서 복음을 전하는 이들은 '복음으로 말미암아' 살도록 명령하셨기 때문입니다. (고전9:14)

② 일꾼이 그의 삯을 받는 것은 마땅한 일이기 때문입니다. (딤전5:18)

③ 그러므로 십일조는 교회의 복음 사역과 관련된 곳에 사용되는
것이 올바른 것입니다.

4) 십일조를 드리는 과정에서 자주 제기되는 질문이 있을 수 있습니다.

(1) 십일조는 반드시 내어야 하는가?

[답변] 십일조는 하나님께서 명령하신 것이므로 반드시 내는 것이
마땅합니다. 십일조를 드리면 창고에 쌓을 곳이 없도록 복을 주신
다고 약속하셨으므로 십일조를 드리는 것이 복의 근원이 될 것입
니다. 또한 경험상으로도 제대로 십일조를 드리지 않을 때, 전혀
예기치 않는 지출을 수반하는 경우를 볼 수 있습니다. 십일조를
드리고 나면 하나님께 나아가는 마음이 편안해 집니다. 네 보물이
있는 곳에 네 마음도 있다는 말씀처럼, 십일조를 드리게 되면 하
나님을 사랑하는 마음을 가지고 있다는 사실을 느낄 수 있게 되
고, 스스로 교회를 소중히 여긴다는 사실을 깨닫게 될 것입니다.

(2) 수입이 턱없이 적은데도 십일조를 내야 하는가?

[답변] 빠듯한 살림에도 십일조를 내는 사람들에게 하나님께서는
부유한 사람들보다 더 큰 축복을 내리실 것입니다. 하나님께서는
십일조를 드리는 이에게 복을 주신다고 약속하셨기 때문입니다.
과부의 헌금을 보시고, 그 마음과 정성을 아시는 주님께서 우리의
정성된 헌금을 보시고 기뻐 받으실 것이기 때문입니다. 또한 십일
조를 드림으로 생활에서 절약의 정신을 배움으로 그 생활을 유지
할 수 있게 될 것입니다.

(3) 부채가 많아서 생활을 유지하기 어려운데도 십일조를 내야 하
는가?

[답변] '그렇다'입니다. 십일조를 내는 것은 정성이기 때문입니다.
의무감보다 하나님을 섬기는 마음으로 그 정성을 다하여 하나님

께 헌물을 드릴 때 우리의 예배를 받으시는 것처럼 그 정성을 받으실 것입니다.

(4) 십일조는 언제 드리는 것이 좋을까?

답변 십일조는 지금부터 즉시 드리는 것이 좋습니다. 십일조가 하나님의 것이라고 생각한다면, 지금 즉시 실행하는 것이 좋습니다. 십일조가 하나님의 것이라는 사실을 안다면 수입이 발생할 때 가장 먼저 떼어 놓는 것이 좋습니다. 이것이 십일조를 드리지 않으려는 유혹에서 해방되는 가장 좋은 방법입니다. 모든 것을 지출하고 나중에 헌금을 드리려고 하면, 그때는 십일조로 드려야 될 돈을 이미 다른 곳에 지출하고 말았다는 사실을 알게 되고, 십일조를 드리지 않으려는 유혹에서 쉽게 벗어나지 못하게 되기 때문입니다.

(5) 십일조를 드릴 때 가장 큰 축복은 무엇인가?

답변 십일조를 드릴 때 가장 큰 축복은 내가 하나님을 사랑하는 마음을 가지고 있다는 사실의 확증일 것입니다. 주님을 사랑하는 만큼 주님께 헌금을 드렸다는 마음의 기쁨과 즐거움을 간직하게 될 것입니다. 십일조를 의무감으로 하게 되면 이런 믿음의 즐거움이 사라지게 될 것입니다.

(6) 십일조는 수입의 십분의 일을 드리는 것이 맞는가? 아니면, 순수한 소득에서 십분의 일을 드리는 것이 맞는가?

답변 이것은 순수한 자신의 신앙 상태와 연관되어 있다고 볼 수 있습니다. 근로자라면 자신의 수입의 십분의 일을, 사업가라면 자신의 사업의 이익금에서 십분의 일을 드리는 것이 올바르다고 말합니다. 그러나 중요한 건 자신이 드리는 십일조가 하나님 앞에서 양심에 비추어 거리낌이 없어야 한다는 것이고, 정성이 깃들어야 한다는 점입니다. 저자 자신도 십일조를 드리기가 무척 어렵습니다. 주로 아내의 도움을 받습니다. 사실 노동의 대가인 수입에서 소득의 십일조를 드리는 것이 그리 쉬운 일만은 아닙니다. 그만큼 노력과 정성이 필요한 것임을 알 수 있습니다. 그러나 믿음의 깊이가 자라가면 자랄수록 차츰 십일조를 드리는 일이 자연스러워지고 기쁨이 됩니다. 우리가 경외하는 그 크고 위대하신 하나님의 전 앞에서 우리가 드리는 소득의 십일조로 믿음의 거리낌이 일어나지 않도록 하는 것이 더욱 중요하다는 점을 인식하여야 할 것입니다.

(7) 교회에서 헌금을 제대로 사용하지 않아서 마음이 상하는데 그래도 십일조를 교회에 내야 합니까?

> **답변** '그렇다'입니다. 성도들은 교회의 헌금의 사용처 문제로 갈등이 일어날 수 있습니다. 성도들의 피 흘린 노동의 댓가로 드리는 십일조야 말로 헌금의 가장 중요한 핵심이라고 말할 수 있습니다. 그렇기 때문에 하나님께서도 기뻐 받으시는 것입니다. 또한 교회의 목회자와 재정부에서는 헌금을 아주 정성들여 사용하여야 하는 이유가 되기도 하는 것입니다. 어디까지나 십일조는 하나님의 전에 드려지는 것이고, 성도가 헌금을 드릴 때는 하나님께 드리는 마음을 가지고 온 맘을 다하여 정성껏 드려야 하는 것입니다. 이것은 헌금의 기본 정신입니다. 교회에서 헌금의 사용처 문제 뿐만 아니라 해결되지 않는 제 문제로 꺼리낌이 있다면, 이 때는 신앙생활의 유지를 위하여 신앙의 처소를 옮기는 문제까지도 신중히 고려해 보아야 할 것입니다.

5. 헌금의 이유와 올바른 사용

헌금을 드려야 하는 이유는 하나님의 명령이기 때문입니다. 이 장은 성도가 헌금을 드려야 하는 이유와 헌금이 사용되는 사용처를 살펴봅니다. 헌금이 성도의 신앙생활을 위한 것이라는 것과 오로지 복음의 확장하는데 사용되어야 한다는 사실은 명백합니다. 성도는 헌금을 드려야 하는 분명한 이유를 지니고 있어야 합니다.

1) 헌금을 드려야 하는 이유는 하나님의 명령이기 때문입니다.

(1) 성부 하나님의 명령이기 때문입니다. (레27:30, 사66:20)

(2) 예수님의 명령이기 때문입니다. (마23:23)

(3) 성령님께서 감동하셨기 때문입니다.
(행2:43-46, 4:31-36/ 비교, 행5:1-6)

(4) 교회가 요구하기 때문입니다. (고후8:7, 9:5)

(5) 그리스도인의 본분이기 때문입니다. (눅8:3, 갈6:8)

2) 헌금은 성도를 위한 것이기 때문입니다.

(1) 헌금을 드리는 것은 성도를 섬기는 일입니다. (고후9:1)

(2) 초대 교회는 예루살렘의 가난으로 고난 받는 성도들을 위하여 특별헌금을 드리기도 하였습니다.
(행24:17, 롬15:26, 고전16:1)

3) 헌금은 하나님 나라를 확장하는 데 쓰여져야 합니다.

(1) 복음을 전파하는데 사용합니다. (빌4:15-19)

(2) 우리 신앙 성장 교육비로 사용합니다. (갈6:6)

(3) 빈민을 구제하는데 사용합니다.
　　(신14:28, 잠11:25, 마25:40)

(4) 교역자 생활비로 사용합니다.
　　(민18:21-24, 신14:27, 고전9:7-14)

(5) 가난한 성도들을 구제하는데 사용합니다.
　　(행20:35, 고후9:12)

6. 헌금의 드릴 때의 바른 마음가짐

헌금은 그 드리는 액수가 문제가 아니라, 헌금을 드릴 때 하나님의 명령을 준행하는 올바른 마음가짐을 가지고 있느냐 하는 것입니다. 헌금은 예배의 행위로서 하나님께 헌금을 드리는 것이므로 무엇보다 거룩한 하나님께 예배를 드리는 마음으로 정성껏 헌금을 드려야 한다는 사실을 성도들은 절대로 잊어서는 안 될 것입니다.

1) 헌금을 드릴 때는 바른 마음가짐으로 드려야 합니다.

(1) 예수님께서 가르치신 헌금에 대한 태도는 율법의 근본 정신을 잃지 않는 것입니다. (마23:23)

① 헌금을 드릴 때는 율법의 근본 정신인 정의가 살아 있어야 합니다. (마23:23)

② 헌금을 드릴 때에는 율법의 근본 정신인 긍휼히 여기는 마음이 있어야 합니다. (마23:23)

③ 헌금을 드릴 때에는 율법의 근본 정신인 하나님을 믿는 믿음이 근본적으로 함께 하고 있어야 합니다. (마23:23)

(2) 교회의 헌금에 대한 전통은 자원하는 마음입니다. (고후9:7)

① 각각 그 마음에 정한 대로 하여야 합니다. (고후9:7)

② 인색함으로나 억지로 하지 말아야 합니다. (고후9:7)

③ 하나님은 즐겨 내는 자를 사랑하심을 알아야 합니다. (고후9:7)

(3) 빈손으로 하나님께 나아가서는 안 됩니다. (신17:16)

2) 예수님께서 말씀하신 재물과 헌금에 대한 교훈은 하나님의 것을 따로 구별하여 드리는 것입니다.

(1) 하나님과 세상을 겸하여 섬길 수 없습니다. 하나님의 것을 구별하여 드릴 줄 알아야 합니다.

① 재물이 있는 곳에 마음도 있다고 하셨습니다.
(마6:21, 눅12:34)

② 하나님과 재물을 함께 섬길 수 없다고 하셨습니다.
(마6:24, 눅16:13)

③ 재물은 하늘에 쌓아 두어야 함을 가르치셨습니다.
(마6:19-20, 눅12:33-34)

(2) 예수님의 가르치심으로 우리가 드리는 헌금이 하늘에 쌓는 보화임을 알 수 있습니다.

① 예수님께서는 우리의 소유를 팔아 구제를 실천함으로써 하늘에 보물을 쌓으라고 말씀하셨습니다. (눅12:33)

② 목숨을 위하여 무엇을 먹을까 무엇을 입을까 구하지 말고 그분의 나라와 그분의 의를 구하면, 이 모든 것을 더하여 주신다고 말씀하셨습니다. (마6:31-33, 눅12:31)

③ 예수님께서 자기를 위하여 재물을 쌓아 두고, 하나님에 대하여 부요치 못한 어리석은 자의 비유를 들어 탐심을 물리칠 것을 말씀하셨습니다. (눅12:13-21)

(3) 예수님의 사역에서 헌금과 세금, 재물 문제는 현실적인 문제였으며, 비유의 소재이기도 하였습니다.

① 예수님께서 가버나움에서 유대인들로부터 오해 당하지 않게 하시기 위하여 베드로에게 성전세를 내게 하셨습니다.
(마17:24-27)

② 황제에게 바치는 세금 논쟁에 대하여, 황제의 것은 황제에게, 하나님의 것은 하나님께 돌려드리라고 가르치셨습니다.

(마22:15-22, 막12:13-17, 눅20:20-26)

③ 한 부자 청년의 교훈에서 '부자가 하나님의 나라에 들어가는 것보다 낙타가 바늘귀로 지나가는 것이 더 쉽다'고 교훈하셨 습니다. (막10:25)

④ 예수님께서 신실한 종과 신실하지 않은 종의 비유에서, 그리 고 달란트의 비유에서 재물로 비유의 소재를 삼으셨습니다.
(마24:45-51, 25:14-30, 눅12:41-48, 19:11-27)

(4) 예수님께서 제자들에게 정성껏 헌금을 드리는 사람들의 마음을 이미 아시고 제자들에게도 말씀해 주셨음을 상기해야 합니다.

① 가난한 과부는 두 렙돈을 드렸지만, 이 과부가 생활비 전부를 드린 것을 주님께서 아시고 이를 제자들에게 말씀하셨습니다.
(막12:41-44, 눅21:1-4)

② 값비싼 옥합을 깨뜨려 예수님의 발을 씻긴 여인을 예수님께서 제자들의 힐난에 대하여 변호하셨습니다.
(마26:6-13, 막14:3-9, 요12:1-8)

3) 예수님께서 재물에 대하여 세밀히 말씀하신 교훈을 살펴봅니다. (마6:19-34)

(1) 예수님께서 가르치신 교훈은 우리가 드리는 헌금이 하늘에 쌓 는 보화임을 알려줍니다. (마6:19-34)

① 보물을 땅에 쌓아 두어서는 안 됩니다. 좀과 동록이 해하며 도 둑이 구멍을 뚫고 도둑질하기 때문입니다. (마6:19)

② 오직 보물을 하늘에 쌓아 두어야 합니다. 거기는 좀이나 동록 이 해하지 못하며 도둑이 구멍을 뚫지도 못하고 도둑질도 못 하기 때문입니다. (마6:20)

(2) 예수님께서 가르치신 교훈은 우리가 드리는 헌금이 있는 곳에 우리의 마음과 정신이 집중된다는 사실입니다.

① 우리의 보물이 있는 그 곳에는 우리의 마음도 가 있습니다.
　(마6:21)

② 눈은 몸의 등불이므로 눈이 성하면 온 몸이 밝아질 것입니다.
눈이 나쁘면 온 몸이 어두울 것이므로 우리에게 있는 빛이 어
두우면 그 어둠이 더하여질 것입니다. (마6:23)

③ 우리가 하나님과 재물을 겸하여 섬길 수 없습니다.
한 사람이 두 주인을 섬기지 못하기 때문입니다. 혹 하나를 미
워하고 하나를 더 사랑하거나 혹 이를 중히 여기고 저를 가볍
게 여기게 되기 때문입니다. (마6:24)

(3) 예수님께서 가르치신 교훈은 우리가 세상의 것들에 집착하며
마음을 쓰지 말아야 한다는 것입니다.

① 우리는 재물보다 목숨을 더 중하게 여길줄 알아야 합니다.
그러므로 우리는 목숨을 위하여 무엇을 먹을까 무엇을 마실까
몸을 위하여 무엇을 입을까 염려하지 말아야 합니다. 목숨이
음식보다 중하며, 몸이 의복보다 더 중하기 때문입니다.
(마6:25)

② 우리는 귀한 존재이므로, 먹고 입는 문제에 집착하며 걱정하
지 말아야 합니다.
　　a. 공중의 새를 보면 심지도 않고 거두지도 않고 창고에 모아
들이지도 아니하지만, 성부 하나님께서 기르심을 알 수 있
기 때문입니다. (마6:26)
　　b. 우리가 걱정함으로 그 키를 한 자라도 더할 수 없으며, 의
복을 위하여 염려할 일도 아닙니다. 들의 백합화는 수고도
아니하고 길쌈도 하지 않고 자라나는 것을 볼 수 있습니다.
그럼에도 솔로몬의 모든 영광조차도 입은 것이 꽃 하나만
같지 못하였기 때문입니다. (마6:27-30)
　　c. 오늘 있다가 내일 아궁이에 던져지는 들풀을 하나님께서
입히시듯이, 이 들풀보다 더욱 귀한 존재인 우리들에게 이

모든 것이 우리에게 있어야 할 줄을 아시고 우리를 하나님
께서 보살펴 주실 것이기 때문입니다. (마6:31-32)

③ 그러므로 내일 일을 위하여 염려하지 말아야합니다.
내일 일은 내일 염려하여야 할 것입니다. 한 날의 괴로움은 그
날로 족하기 때문입니다. (마6:34)

(4) 우리는 먼저 그분의 나라와 의를 구하여야 합니다.

① 우리는 먼저 그분의 나라와 그분의 의를 구하여야 합니다.
(마6:33)

② 그리하면 이 모든 것을 우리에게 더하여 주실 것입니다. (마6:33)

③ 먹고 입는 문제에 집착하는 것은 믿음이 없는 이방인들이나
구하는 것입니다. (마6:32)

4) 재물을 섬김으로써 실패한 사람들의 일화는 우리 성도들의 헌금생활에 교훈이 됩니다.

(1) 가룟 유다는 돈을 사랑하여서 예수님을 은 삼십에 팔았습니다.
가룟 유다는 예수님과 제자들의 헌금을 관리하는 직무를 맡아
서 거기 넣는 것을 훔쳐 갔습니다. 교회의 헌금을 관리하는 사람
들은 돈에 대한 유혹으로 쉽게 마귀의 유혹에 빠질 수 있음을 스
스로 조심하며 경계해야 합니다. (마26:15, 27:3-10, 요12:4-6)

(2) 아나니아와 삽비라가 소유를 판 후 땅 값에서 얼마를 감추어 사
도들의 발 앞에 놓아 성령님을 속이고 시험함으로써 죽임을 당
하였습니다. (행5:1-11)

(3) 한 부자 청년은 돈을 사랑하였기 때문에 모든 것을 팔아 가난한
자들을 주고 주님을 좇으라는 명령을 지키지 못하였습니다.
(마19:16-30, 막10:21-23, 눅18:18-30)

※ 오늘날 많은 교회가 헌금 때문에 성도들이 고통을 받게 되거나, 교회가 시험
에 들어 분쟁에 휩싸이는 것을 많이 보게 됩니다. 왜 그럴까요? 함께 생각해
봅시다.

7. 헌금을 드릴 때 얻게 되는 복

헌금을 드리는 사람들에게는 어떤 복이 있을까요? 우리는 어떤 복을 기대하며 헌금을 드리는 것일까요? 성도들은 헌금을 드릴 때 궁금한 점이 한두 가지가 아닐 것입니다. 이 장은 헌금을 드림으로 얻어지는 축복과 헌금을 드릴 때 유의할 점을 살펴봄으로써 성도들의 올바른 헌금생활을 돕게 될 것입니다.

1) 헌금의 축복에 대한 권면의 말씀이 있습니다.

(1) 적게 심는 자는 적게 거두고, 많이 심는 자는 많이 거두게 됩니다. (고후9:6, 갈6:7,9)

(2) 가난한 자들을 도움으로써 그 의가 영원히 있게 되고, 복을 받게 됩니다. (시112:9, 잠22:9, 고후9:9)

2) 헌금의 축복은 하나님께서 후히 주시는 복입니다.

(1) 십일조를 드리면 하나님께서 하늘 문을 여시고 창고를 넘치게 채워 주십니다. (말3:10)

(2) 재물과 소산물의 처음 익은 열매로 하나님을 공경하면 창고가 가득히 차고 즙틀에 새 포도즙이 넘치게 될 것입니다. (잠3:9-10)

(3) 하나님께 바치는 자는 범사에 복을 받게 됩니다. (신14:28)

(4) 가난한 자를 도와 주는 것은 하나님께 꾸이는 것으로 하나님께서 다 갚아 주실 것입니다. (잠19:17)

(5) 하나님께 즐겨 드리는 자를 하나님께서 사랑하십니다. (고후9:7)

(6) 후히 되어 누르고 흔들어 넘치도록 안겨 주십니다. (눅6:38)

(7) 항상 모든 것이 넉넉하여 선한 일을 계속할 수 있게 해 주십니다. (고후9:8)

(8) 도움을 받은 성도들로부터 하나님께 드리는 감사의 기도로 보답을 받게 될 것입니다. (고후9:14)

3) 헌금의 결과는 하나님께 영광을 돌리며, 성도들에게 넘치는 감사가 있게 됩니다.

(1) 헌금을 드리면 하늘에 상급을 쌓아 두게 됩니다.

① 자선을 베푸는 것은 하늘에 보물을 쌓아 두는 것입니다. (눅12:33-34)

② 모든 은혜를 넘치게 하심으로 착한 모든 일에 항상 넉넉하게 되며, 착한 일을 많이 하게 됩니다. (고후9:8)

③ 우리의 생활을 풍족하게 하십니다. (고후9:10)

④ 의의 열매를 더하게 하십니다. (고후9:10)

(2) 봉사와 구제의 헌금으로 구제를 받은 성도들이 하나님께 감사와 영광을 돌리게 합니다.

① 구제 헌금을 받은 사람들이 감사를 드리게 됩니다. (고후9:11)

② 성도들의 부족한 것을 보충해 주게 됩니다. (고후9:12)

③ 하나님께 드리는 많은 사람들의 감사가 넘치게 됩니다. (고후9:12)

④ 그리스도의 복음을 진실히 믿고 복종하는 것과 모든 사람을 섬기는 후한 연보로 하나님께 영광을 돌리게 됩니다. (고후9:13)

제 **8** 장

하나님의 음성을 듣는 말씀

성경

✛ ✛ ✛

성경은 하나님께 나아가는 구체적이고도 실천적인 방법들을 제시합니다. 하나님을 찬송하고 그분께 나아가 경배를 드리는 삶이야말로 가장 축복된 삶임을 성경은 알려줍니다. 성경의 역사와 성경이 무엇인지 살펴봄으로써 성경의 유익성을 깨닫게 될 것이며, 성경의 각 권의 주제 또한 이 장에서 배우게 될 것입니다.

✛ ✛ ✛

모든 성경은 하나님의 감동으로 된 것으로
교훈과 책망과 바르게 함과 의로 교육하기에 유익하니
이는 하나님의 사람으로 온전하게 하며
모든 선한 일을 행할 능력을 갖추게 하려 함이라.

(딤후3:16-17)

1. 성경이란 무엇일까요?

　교회에 가면 항상 목사님이 성경말씀을 읽고 난 뒤 설교를 합니다. 이 성경은 어떤 책일까요? 성도들에게 어떤 의미가 있을까요? 성경은 어떻게 기록되었으며, 성경은 몇 권으로 이루어진 것일까요? 성경의 저자와 성경의 기록 연대 등을 알아보고, 신약성경과 구약성경에는 각각 어떤 성경들이 있는지 이 장에서 살펴봅니다.

1) 성경은 다양한 경력을 가진 저자가 성령님의 감동으로 기록한 하나님의 말씀입니다.

(1) 성경은 하나님의 기록된 말씀입니다.

　① 성경은 하나님의 말씀으로 진리입니다.
　　(시119:142, 요10:35, 17:17)

　② 성경은 예수님을 증거하고 영생을 알리는 책입니다. (요5:39)

　③ 성경은 하나님의 감동으로 기록된 하나님의 말씀으로서 구원의 책입니다. (딤후3:16, 벧후1:21)

(2) 성경은 다양한 직업의 사람들이 성령의 감동으로 오랜 세월에 걸쳐 기록하였습니다.

　① 기록 연대는 구약성경은 1,500년, 신약성경은 100년으로 약 1,600년간 기록되어진 것으로 보여집니다.

　② 기록한 사람은 농부, 목자, 음악가, 세리, 어부, 의사, 왕, 사도, 선지자 등 다양한 분야의 사람들이었습니다.

　③ 기록 인원은 약 36명으로, 구약 약 28명, 신약 약 8명입니다.
　　※ 저자가 명확하지 않은 것이 많아 정확하지는 않습니다.

④ 성경을 기록한 언어는 구약성경은 히브리어와 일부의 아람어, 신약성경은 당시의 일상 생활 용어였던 헬라어로 기록되었습니다.

(3) 성경의 권수가 확정되고 장과 절이 구분된 것은 오랜 시간을 두고 이루어졌습니다.

① 성경을 장별로 나누는 것은 1,250년경 추기경 위고가 라틴어 성경에 장을 붙인 것이 기원으로 현재까지 그대로 전해져 유지되고 있습니다.

② 현재 교회가 받아들이는 구약성경은 39권 929장 23,145절입니다.

③ 현재 교회가 받아들이는 신약성경은 27권 260장 7,957절입니다.

④ 신·구약성경 합계는 66권 1,189장 31,102절입니다.

2) 성경의 구분

(1) 구약성경 : 39권

① 율법서 : 창세기(창), 출애굽기(출), 레위기(레), 민수기(민) 신명기(신) / (총5권)

※ '모세5경'이라고도 함

② 역사서 : 여호수아(수), 사사기(삿), 룻기(룻), 사무엘상(삼상), 사무엘하(삼하), 열왕기상(왕상), 열왕기하(왕하), 역대상(대상), 역대하(대하), 에스라(스), 느헤미야(느), 에스더(에) / (총12권)

③ 시가서 : 욥기(욥), 시편(시), 잠언(잠), 전도서(전), 아가(아) 예레미야 애가(애) / (총6권)

④ 예언서

　　a. 대선지서 : 이사야(사), 예레미야(렘), 에스겔(겔), 다니엘(단) / (총4권)

　　　　b. 소선지서 : 호세아(호), 요엘(엘), 아모스(암), 오바댜(옵)
　　　　　　　　　　요나(욘), 미가(미), 나훔(나) 하박국(합),
　　　　　　　　　　스바냐(습), 학개(학), 스가랴(슥), 말라기(말)
　　　　　　　　　　(총12권)

　(2) 신약성경 : 27권

　　　① 복음서 : 마태복음(마), 마가복음(막), 누가복음(눅), 요한복음
　　　　　　　　(요) / (총4권)

　　　② 역사서 : 사도행전(행) / (총1권)

　　　③ 서신서 : 로마서(롬), 고린도전서(고전), 고린도후서(고후),
　　　　　　　　갈라디아서(갈), 에베소서(엡), 빌립보서(빌),
　　　　　　　　골로새서(골), 데살로니가전서(살전), 데살로니가
　　　　　　　　후서(살후), 디모데전저(딤전), 디모데후서(딤후)
　　　　　　　　디도서(딛), 빌레몬서(몬), 히브리서(히), 야고보서
　　　　　　　　(약), 베드로전서(벧전), 베드로후서(벧후), 요한1서
　　　　　　　　(요일), 요한2서(요이), 요한3서(요삼), 유다서(유) /
　　　　　　　　(총21권)

　　　④ 예언서 : 요한계시록(계) / (총1권)

2. 성서적 정경(Canon)의 의미

많은 사람들은 성경이 어떻게 선택되어졌을까 궁금해 합니다. 정경의 의미와 성경 외의 문서들은 무엇이 있는지 간략하게 살펴봅니다. 카톨릭에서 받아들이는 성경과 개신교회에서 받아들이지 않는 내용은 어떤 것인지, 성경이 아닌 문서들은 무엇인지 그 개괄적 의미를 살펴봄으로써 성경에 대한 이해를 돕습니다

1) 성경은 정경(Canon)이 되는 것을 의미합니다.

(1) 정경이란 옳고 그른 것의 규범, 표준이 됨을 말합니다.

① 다른 것을 판단하는 기준이 된다는 말입니다.

② 믿음의 표준이 되는 문헌을 의미합니다.

③ 권위 있는 문헌을 의미합니다.

(2) 성경이 정경이라는 말은 성경이 표준임을 의미합니다.

① 하나님의 종들이 성령의 감동을 받아 기록한 책입니다.

② 성경은 하나님의 말씀이라는 사실을 의미합니다.

③ 성경은 하나님의 영감을 가진 권위의 거룩한 책입니다.

※ 성경을 호칭할 때 성서와 성경에 대하여

간혹 신구약 '성경(聖經)'을 '성서(聖書)'로 말하는 사람들이 있습니다. '성서'는 신학계에서 사용하는 일반적인 용어입니다. 그러나 성도(聖徒)들이 성경책을 말할 때는 '성경(聖經)'이라고 표현하는 것이 옳을 것입니다.

한자어에서 경학과 역사는 '경경위사(經經緯史)'로 이해되었는데, 경전의 진리는 아무리 세상이 변하고 세월이 흘러도 영원히 변하지 않기 때문에 날줄인 경(經)으로 이해되고, 역사는 시간에 따라 변화하는 현상이기 때문에 씨줄인 위(緯)로 이해하였습니다.

성경이 정경(正經, Canon)이라는 원어의 의미나, 서(書)와 경(經)의 의미 구분(사례, 4書3經)이 베틀의 씨줄과 날줄의 '경(經)'이라는 용어에서 전래된 것이라면, 날줄인 '경(經)'은 '변하지 않는 확고한 표준이 되는 것'을 의미하는 것이기 때문에, 우리가 믿음의 가장 권위 있는 책으로 받아들이는 성경(聖經) 역시, '성서(聖書)'라는 표현보다는 '성경(聖經)'이라고 표현하는 것이 옳다고 할 것입니다. (사례, 벧후1:20)

2) 외경(Apocrypha)이란 신·구약 성경 외의 경전을 말합니다.

(1) 외경이란 정경 밖에 있는 비정경적인 책들을 말합니다.

① 외경이란 말의 의미는 감추인 것들, 숨겨진 것들이란 의미입니다.

② 외경은 정경이 아닌 것, 기원이 분명치 못한 것, 비정경적인 문헌들을 말합니다.

③ 외경은 유대 민족의 역사와 지혜, 그리고 민족 문학을 담고 있는 문헌입니다.

(2) 외경에 대한 개신 교회와 천주 교회의 시각은 서로 다른 견해를 보입니다.

① 개신 교회는 외경을 받아들이지 않고 비판적입니다.

② 카톨릭 교회는 외경을 정경으로 받아들입니다. 카톨릭 교회에서 사용하는 성경은 외경을 포함하고 있습니다.

(3) 외경은 '연옥'과 '선행의 공로'를 인정하여 성경과는 현저한 차이를 보입니다.

① 카톨릭 교회가 연옥(마카베오2서 12:43)과 죽은 자의 미사의 효과에 대한 교회의 증거로 인용합니다.
마틴 루터는 여기에 대하여 반론하였습니다.

② 선행을 통하여 칭의를 얻는다는 점과 성자의 공로를 믿습니다. (토빗12:9, 집회서3:30, 에스라2서8:33, 13:46)

(4) 현재 카톨릭 교회가 정경으로 받아들이는 외경은 다음과 같은 내용들이 있습니다.

① 역사서로 마카베오 상권과 하권이 있습니다.
마카베오서는 유대의 독립투쟁사를 기록하고 있습니다.

② 교훈의 책으로 집회서와 지혜서가 있습니다.

③ 소설의 내용으로 토비트서와 유딧서가 있습니다.

④ 예언의 책으로 바룩서가 있습니다.

3) 위경이란 구약의 정경과 외경에 들지 않는 유대 문헌을 말합니다.

(1) 위경은 구약의 정경과 외경에 들지 않는 B.C200년부터 A.D200년 사이의 유대 문헌을 말합니다.

① 위경의 본래적 어원은 기록된 문헌이 거짓된 저자의 이름을 붙여서 써 놓았다는 의미에서 유래하였으며, 이는 거짓 문헌을 의미하는 말이기도 합니다.

② 위경의 문헌은 위기에 처한 유대 민족에 소망을 주고 위기를 이겨 나갈 수 있도록 격려하기 위해서 기록되었습니다.

③ 위경의 문학적 형식은 묵시문학으로 주로 환상과 상징, 그리고 미래에 대한 계시로 기록되었으나, 그 수와 표준은 정확하지 않습니다.

(2) 개신교에서 위경으로 받아들이는 문헌들을 카톨릭에서는 외경으로 받아들입니다.

① 구약성경의 위경은 대부분 계시와 전설, 교훈의 내용을 담고 있습니다.

a. 계시적인 책으로는 에녹의 책, 에녹의 비밀, 바룩의 계시, 모세의 승천, 선지자의 전기 등 여러 책이 있습니다.

b. 전설의 책으로는 아담의 유언, 아담과 이브의 전기, 솔로몬

의 유언, 노아의 책 등 여러 책들이 있습니다.

  c. 교훈의 책으로는 솔로몬의 시편, 마카베오4서 등이 있습니
    다.

② 신약성경의 위경으로는 로마의 클레멘트가 기록한 클레멘트
서, 12사도의 교훈으로 알려진 디다케, 그리고 바나바의 서신
서, 바울행전, 헤르메스의 목양서, 베드로의 묵시 등 여러 책들
이 있습니다.

3. 성경을 주신 목적과 성경의 역할

하나님께서 우리에게 성경을 주신 이유는 무엇일까요? 성경은 여러 가지로 우리에게 성경을 주신 이유를 설명합니다. 하나님의 말씀인 성경을 통하여 우리는 예수 그리스도를 알고, 그분을 믿음으로 하나님께 더 가까이 나아갈 수 있게 되며, 하나님을 위한 바른 삶을 살 수 있게 될 것입니다.

1) 성경의 기록 목적은 우리가 하나님을 알고 예수 그리스도를 믿게 하기 위해서입니다.

(1) 구약성경의 기록 목적은 하나님께서 말씀하신 뜻을 알리기 위해서입니다.

① 하나님께서 그분의 말씀을 알리고 그분을 거역할 때 증거를 삼게 하시기 위하여 선지자로 하여 기록하게 하셨습니다. (신31:19-24,28)

② 하나님은 공평하시고, 진실하시며, 공의로우시고, 정직하신 하나님이심을 깨닫게 하기 위하여 기록하였습니다. (신32:4)

③ 주님의 말씀을 지키는 자가 길이 형통케 되며 평탄케 됨을 알리기 위하여 기록되었습니다. (수1:8)

(2) 신약성경의 기록 목적은 우리들이 예수 그리스도를 믿어 영생에 이를 수 있도록 안내하기 위해서입니다.

① 모든 성경이 예수님에 대하여 증거가 되도록 기록하였습니다. (눅24:27)

② 영생이 있음을 알게 하기 위해 기록하였습니다. (요일5:13)

③ 성경을 읽는 사람들이 하나님의 아들 예수 그리스도를 알고

그분을 믿게 하기 위하여 기록하였습니다. (요20:31)

④ 예수 그리스도를 믿음으로 생명과 영생을 얻게 하기 위하여
기록하였습니다. (요20:31)

⑤ 예수님의 십자가 사건을 전하기 위해 기록하였습니다. (눅1:3)

2) 바른 교훈으로 성도의 믿음을 돕기 위하여 기록하였습니다.

(1) 때가 가까웠으므로 말씀을 지키게 하기 위하여 기록하였습니
다. (계1:2-3)

(2) 교훈을 위한 것으로 인내와 성경의 위로의 말씀으로 소망을 갖
도록 하기 위하여 기록하였습니다. (롬15:4)

(3) 이미 배운 사실을 확실하게 하려고 기록하였습니다. (눅1:4)

(4) 지혜와 훈계를 알게 하기 위하여 기록하였습니다. (잠1:2)

3) 올바른 진리를 깨달아 그분이 가르치신 진리를 지키도록 하기 위해서입니다.

(1) 올바른 진리를 깨달아 알게 합니다.

① 모든 사람으로 죄를 깨달아 예수 그리스도를 믿게 합니다.
(갈3:22)

② 진리의 확실한 마음을 깨달아 하나님을 알게 합니다.
(잠22:19-21)

③ 하나님을 알고 그분을 섬기게 합니다. (마4:10)

(2) 하나님을 알고 그분의 가르치신 진리를 지키도록 안내합니다.

① 하나님의 규례와 명령을 지켜 복을 얻게 합니다. (신6:1-3)

② 하나님의 입으로부터 나오는 모든 말씀으로 살게 합니다.
(마4:4)

(3) 우리를 항상 바르게 살도록 안내합니다.

① 성경은 우리를 항상 바르게 살도록 안내합니다. (딤후3:7)

② 하나님의 말씀으로 마귀를 물리칠 수 있게 합니다. (마4:7)

(4) 자녀와 이웃에게 가르쳐 지키도록 안내합니다.

① 교훈과 책망과 바르게 함과 의로 교육하기에 유익하도록 우리에게 성경이 주어졌습니다. (딤후3:16)

② 말씀을 자녀에게 부지런히 가르쳐야 합니다. (신6:7)

③ 집에 앉았을 때에든지 길을 갈 때에든지 누워 있을 때에든지 일어날 때에든지 말씀을 마음에 새기며 강론하며 지켜야 합니다. 당시 집 문설주와 바깥문에 기록된 말씀은 이웃들이 볼 수 있었을 것입니다. (신6:6-9)

4) 성경은 우리를 바른 신앙생활로 인도하여 줍니다.

(1) 성경은 우리에게 기쁨과 소망을 줍니다.

① 우리에게 기쁨을 줍니다. (시119:162)

② 우리에게 소망을 줍니다. (시119:74,81)

③ 우리의 마음을 위로하여 줍니다. (시119:50,54)

(2) 성경은 우리를 옳은 길로 인도합니다.

① 우리를 옳은 길로 인도하여 줍니다. (시119:115, 딤후3:17)

② 우리의 발걸음을 지도하여 줍니다. (시119:133)

③ 우리에게 빛이 됩니다. (시119:105,130)

④ 우리를 명철하게 합니다. (시119:169)

⑤ 우리의 잘못을 교정하게 합니다. (딤후3:16-17)

⑥ 우리에게 옳은 것을 확인하게 합니다. (요8:31-32)

(3) 성경은 우리에게 믿음과 용기를 줍니다.

① 우리에게 힘과 용기를 줍니다. (시119:28, 요일2:14)

② 우리의 믿음을 튼튼하게 합니다. (행20:32)

③ 우리의 마음을 깨끗하게 합니다. (요15:3)

④ 우리에게 하나님의 뜻을 보여 줍니다. (사55:11)

(4) 성경은 우리에게 회개의 열매를 맺게 합니다.

① 우리에게 열매를 맺게 합니다. (요15:7)

② 우리에게 죄를 깨닫게 합니다. (히4:12)

③ 우리의 영혼을 회심시킵니다. (약1:18, 벧전1:23)

④ 우리의 삶을 거룩하게 변화시킵니다. (요17:17)

4. 성경을 대할 때의 태도

우리 성도들은 하나님의 말씀인 성경을 어떻게 받아들여야 하는
걸까요? 성경에 대하여 우리가 가져야 할 분명한 태도는 무엇일까요?
우리는 성경이 절대적인 권위를 가진 하나님의 말씀임을 인정해야
합니다. 성경을 읽으면서 우리는 옳은 길로 행하며, 하나님을 가까
이하는 생활을 하게 될 것입니다.

1) 예수님과 제자들은 구약을 성경으로 받아들였습니다.

(1) 예수님께서 구약성경이 성경임을 말씀하셨습니다.

① 구약성경의 하나님은 예수님께는 '아버지(성부)'였습니다.
(요5:16-18)

② 예수님께서 말씀 중에 구약성경을 성경이라고 분명하게 지칭
하셨습니다. (요7:38)

③ 예수님께서 구약성경을 기록된 '하나님의 말씀'으로 절대적인
권위를 인정하였습니다. (마4:4, 요6:45)

④ 예수님께서 모세오경이 모세가 저술한 경전임을 인정하셨습
니다. (요5:46)

⑤ 예수님께서 구약성경에 기록된 아브라함과 아벨, 엘리야, 요
나 등의 인물의 역사적 사실을 인정하셨습니다.
(마12:40, 눅11:51, 요8:58)

(2) 제자들 역시 예수님과 동일하게 구약성경을 성경으로 인정하였
습니다.

① 바울은 예수님과 같이 구약성경을 성경이라고 지칭하였습니
다. (딤후3:16)

② 베드로는 성경을 기록한 저자들과 성경의 내용에 대하여 설명하였습니다. (벧후1:20-21)

③ 구약성경은 초대 교회가 가지고 있던 유일한 성경이었습니다. 제자들이 시편과 요엘을 인용한 장면들이 있습니다. (행2:16,25-28)

2) 성도는 성경의 완전성을 인정하여야 합니다.

(1) 예수님께서 성경을 하나님의 말씀으로 존중하셨던 것처럼 우리역시 말씀을 순종하는 생활을 하여야 합니다.

① 예수님께서 그분 자신에 대하여 기록된 율법과 선지자의 글과 시편의 모든 것이 이루어져야한다고 말씀하셨습니다. (눅24:44)

② 예수님께서 율법의 일점일획이라도 없어지지 않고 다 이루어지게 될 것이라고 말씀하셨습니다. (마5:18)

③ 사도 바울은 자신이 쓴 편지가 주님의 명령임을 알렸습니다. (고전14:37)

(2) 예수 그리스도를 믿는 성도는 성경의 완전성을 인정하여야 합니다.

① 예수님께서 말씀을 하시고 '성령을 받으라'고 하셨습니다. (요20:22)

② 모든 성경은 하나님의 감동으로 된 것으로 교훈과 책망과 바르게 함과 의로 교육하기에 유익한 경전입니다. (딤후3:16)

③ 성경은 성령님의 감동하심을 받은 사람들이 하나님께로부터 받아 기록한 책입니다. (벧후1:21)

④ 성경은 그리스도 예수님 안에 있는 믿음으로 구원에 이르는 지혜가 있게 합니다. (딤후3:15)

3) 하나님의 자녀(성도)는 성경말씀을 지키며 살아야 할 의무가 있습니다.

(1) 성경말씀을 읽고 묵상하며 지켜 행하여야 합니다.

① 성경을 읽어야 합니다. 예수님께서도 성경을 읽으셨습니다.
(신31:11, 사34:16, 눅4:16, 엡3:4, 골3:16, 4:15-16, 살전5:27, 딤후4:13, 계1:3)

② 성경을 마음에 두어 지켜야 합니다.
(신28:1-6, 수1:8, 시119:9-11,55, 딤전4:16)

③ 성경말씀을 우리의 자녀들에게 가르쳐 지키게 해야 합니다.
(신6:4-9)

④ 성경말씀을 주야로 묵상하며, 그 기록대로 지켜 행하여야 합니다. (수1:8)

⑤ 성경말씀을 사모하여야 합니다. (벧전2:2)

(2) 성경말씀을 이웃에게 전하며 그 말씀대로 살아야 합니다.

① 성경의 말씀을 이웃에게 전하여 지키게 해야 합니다.
(마28:19-20, 딤후4:2)

② 우리는 진리의 말씀인 성경을 옳게 분별할 능력을 갖추어야 합니다. (딤후2:15)

③ 사람은 떡으로만 사는 것이 아니라, 하나님의 말씀인 성경으로 살아가는 것입니다. (마4:4)

④ 성경을 위하여 고난을 받고 필요하다면 그것을 위하여 죽어야 합니다. (계1:9, 6:9, 20:4)

⑤ 성경을 읽는 것과 권하는 것과 가르치는 것에 전념하여야 합니다. (딤전4:13)

5. 성경을 공부하는 방법

성경공부에는 여러 가지 방법이 있을 수 있습니다. 성경을 일독하거나, 주제별로 성경을 공부할 수도 있습니다. 이 장에서는 성경이 제시한 성경을 공부하는 방법들을 살펴보고, 우리가 성경을 어떻게 가까이하고, 어떻게 성경말씀을 공부하며 묵상하는 것이 우리의 신앙생활에 도움이 되는지 살펴봅니다.

1) 성경을 공부할 때는 성경말씀을 생활화하여야 합니다.

(1) 항상 성경말씀을 마음에 새겨야 합니다. (신6:4-9, 11:19)

① 집에 앉았을 때든지

② 길을 갈 때에든지

③ 누워 있을 때에든지

④ 일어날 때에든지

언제든지 항상 말씀을 강론하여야 합니다.

(2) 성경말씀을 생활화하여야 합니다.

① 말씀을 읽고, 듣고, 지켜야 합니다. (계1:3)

② 입에서 떠나지 말고, 주야로 묵상하며 기록한대로 지켜 행하여야 합니다. (수1:8)

③ 모든 규례와 명령을 듣고 지켜 행하여야 합니다. (신6:2-3)

④ 마음을 다하고, 성품을 다하고, 힘을 다 하여서 하나님을 사랑하며, 하나님의 말씀을 마음에 새기고, 부지런히 가르치며, 말씀을 강론하여야 합니다. (신6:4-9)

(3) 말씀을 전해야 합니다.

① 때를 얻든지, 못 얻든지, 항상 힘써야 합니다. (딤후4:2)

② 범사에 오래 참음과 가르침으로 경책하며, 경계하며, 권해야
합니다. (딤후4:2)

2) 성경은 성경을 공부하는 방법을 안내하여 줍니다.

(1) 성경말씀을 자주 읽어야 합니다.
(신11:19, 31:11, 사34:16, 눅4:16, 엡3:4, 골3:16, 4:15-16, 살전
5:27, 딤후4:13, 계1:3)

(2) 성경말씀을 자주 들어야 합니다. (눅11:28, 롬10:17)

(3) 성경말씀을 자주 배워야 합니다. (행17:11, 딤후3:14)

(4) 성경말씀을 자주 상고해야 합니다. (행17:11, 딤후3:15)

(5) 성경말씀을 암기해야 합니다. (신11:18, 잠7:3, 골3:16)

(6) 성경말씀을 자주 묵상해야 합니다. (시1:2, 119:15)

(7) 성경말씀을 겸손히 받아들여야 합니다. (약1:21)

3) 성경공부에는 주의할 점이 있습니다.

(1) 성경말씀의 해석은 조심스럽고도 신중해야 합니다.
(사28:10,13)

① 경계에 경계를 더하며, 경계에 경계를 더하며

② 교훈에 교훈을 더하며, 교훈에 교훈을 더하며

③ 여기서도 조금, 저기서도 조금

※ 모든 말씀을 골고루 살펴보아야 합니다.

(2) 성경을 해석하여야 하는 근본적인 이유가 있습니다.

① 예수님께서는 모세와 모든 선지자의 글로 시작하여, 모든 성
경에 쓴 바를 그분 자신에 관한 것임을 설명하셨기 때문입니
다. (눅24:27)

② 선지자(예언자)들이 구원에 대하여 연구하고 부지런히 살펴서
받을 은혜에 대하여 예언하였으며, 또한 누구에게, 어느 때에
이런 일이 일어날 것인지를 복음을 전하는 사람들이 성령님을
통하여 전할 수 있도록 연구한 전통이 있었기 때문입니다.
(벧전1:9-12/ 비교, 단9:2-4)

③ 방언 통역의 은사를 허락하셨기 때문입니다. (고전12:10)

④ 예수님께서 비유로 말씀하셨으며, 성경의 여러 부분이 비유로
기록되거나, 구약의 선지자와 제자들이 본 환상을 기록한 부
분이 많기 때문입니다.
(마13:10-11,34-35/ 사례, 겔43:1-3, 47:1-12, 계12:1-16)

(3) 성경말씀의 해석은 시대와 역사적 상황, 석의(Exegesis) 등을
통하여 해석에 주의를 기울여야 합니다.

① 성경말씀은 동 시대에 적용하기 어려운 구절들이 있습니다.
여자의 머리에 쓰는 것에 대하여 카톨릭 교회(천주교)는 지키
고 있지만, 오늘의 교회가 반드시 지키지는 않습니다.
(고전11:5-6, 11:15)

② 율법에 대한 모세의 견해와 사도 바울의 견해가 다르게 나타
나는 경우가 있습니다. (사례, 신27:26, 갈5:18)

③ 동일한 사건에 대하여 성경의 두 부분의 해석이 서로 다르게
기록된 경우가 있습니다. (사례, 삼하24:1, 대상21:1)

④ 동일한 사건이 성경의 두 부분에서 순서가 서로 다르게 기록
된 경우가 있습니다.
(사례, 마4:1-11, 눅4:1-13, 예수님께서 받으신 시험의 순서)

⑤ 동일한 인물에 대한 평가가 성경에 서로 다르게 기록된 사례
가 있기 때문입니다.
(사례, 왕하21:1-18, 대하33;1-20 므낫세의 악행과 회심)

(4) 성경은 성경 해석에 있어서 올바른 방법으로 신중하게 해석하

도록 경계하고 있습니다.

① 모든 성경은 하나님의 감동으로 된 것입니다.
   교훈과 책망과 바르게 함과 의로 교육하기에 유익하게 되어
   있습니다. (딤후3:16)

② 성경의 모든 예언은 사사로이 풀어서는 안 됩니다.
   예언은 언제든지 사람의 뜻으로 낸 것이 아니며, 오직 성령님
   의 감동하심을 입은 사람들이 하나님께 받아 말한 것입니다.
   (벧후1:20-21)

③ 성경을 마음대로 해석해서는 안 됩니다.
   성경 가운데 알기 어려운 부분이 더러 있는데, 무식한 자들과
   굳세지 못한 자들이 다른 성경과 같이 사사로이 풀다가 멸망
   에 이르게 되는 경우가 있습니다. (벧후3:15-16)

④ 성경의 예언들은 조심스럽게 해석(석의)해야만 합니다.
   만약 성경의 예언의 말씀에 더하면 성경책에 기록된 재앙들을
   그에게 더할 것이며, 만약 성경의 예언의 말씀에서 제하여 버
   리면 하나님께서 책에 기록된 생명나무와 거룩한 성에 참여함
   을 제하여 버린다고 하셨습니다. (계22:18-19)

6. 성경의 능력과 유익성

　　성경을 가까이하면 우리에게 어떤 유익이 있을까요? 여러분은 궁금하지 않은가요? 성경이 우리에게 능력을 가져다준다고 하는데 성경이 우리에게 어떤 축복을 가져다줄까요? 우리가 궁금했던 것들을 성경 속에서 찾아보는 것은 매우 흥미 있는 일입니다. 성경을 가까이함으로 얻게 되는 능력을 알아봅니다.

1) 성경은 생명을 얻게 하는 능력이 있습니다.

　(1) 죄의 길에서 벗어나게 합니다.

　　　① 죄를 소멸하는 불같은 능력이 있습니다. (렘5:14)

　　　② 부스러뜨리는 방망이 같은 능력이 있습니다. (렘23:29)

　　　③ 사탄을 방어하는 능력이 있습니다. (엡6:16-17)

　　　④ 마음의 생각과 뜻을 감찰하는 능력이 있습니다. (히4:12)

　(2) 생명과 구원을 얻게 하는 능력이 있습니다.

　　　① 생명을 살리는 능력이 있습니다. (겔37:7, 행19:20)

　　　② 믿는 자에게 구원을 주시는 능력이 있습니다. (롬1:16)

　　　③ 인생에게 영생이 있음을 알게 하는 능력이 있습니다.
　　　　(요일5:13)

　　　④ 영혼을 소생시키는 능력이 있습니다. (시19:7)

2) 성경은 우리에게 무한한 유익을 가져다줍니다.

　(1) 성경으로 새 사람이 됩니다. (벧전1:23)

　(2) 성경으로 강건하여집니다. (엡6:10-17)

(3) 성경으로 시험을 이깁니다. (마4:1-11)

(4) 성경은 좋은 인도자가 됩니다. (딤후2:15, 3:15-17)

(5) 성경으로 기도의 능력을 얻게 됩니다. (요15:7)

(6) 성경이 우리를 보호해 주며 완전케 합니다.
    (행20:29-32, 딤전4:6)

(7) 성경에서 굳센 믿음을 얻게 됩니다. (롬10:10-17)

(8) 성경을 알면 죄를 피할 수 있게 됩니다. (시119:9-16, 벧후1:4)

(9) 성경은 영생이 있음을 알게 합니다. (요5:39, 요일5:13)

(10) 성경은 구원에 이르는 지혜를 갖게 합니다. (딤후3:15)

(11) 성경은 마음을 기쁘게 하고 눈을 밝게 합니다. (시19:7)

3) 성경대로 사는 자는 축복을 받게 됩니다.

(1) 성경대로 살면 하나님께서 함께 하셔서 축복을 받게 되고 평안을 누리게 됩니다.

① 어디를 가든지 형통하게 되고 길이 평탄하게 됩니다. (수1:8)

② 큰 평안을 얻게 되고 장애물이 없게 됩니다. (시119:165)

③ 시냇가에 심은 나무처럼 열매를 맺게 됩니다. (시1:2-3)

④ 반석 위에 세운 집처럼 인생을 실패하지 않게 됩니다. (마7:24)

⑤ 그 행사가 다 형통하게 됩니다. (시1:2-3)

⑥ 모든 일에 복을 받게 되며, 모든 일에 뛰어나게 됩니다.
   (신28:1-6)

(2) 성경대로 살면 구원을 얻게 되고, 상급을 받게 됩니다.

① 많은 상급과 축복을 받게 됩니다.
   (신28:1-6, 시19:9-11, 눅11:28, 계1:3)

② 새 하늘과 새 땅에 들어갈 축복을 받게 됩니다.

(계21:6-7, 22:7)

③ 주님께서 세상 끝날까지 항상 함께 하시게 됩니다.
(마28:19-20)

④ 예수님 안에 있는 믿음으로 구원에 이르게 합니다. (딤후3:15)

4) 성경말씀을 지키지 않을 때는 고통이 따릅니다.

(1) 지키지 않은 자와 자손의 재앙을 극렬하게 합니다. (신28:59)

(2) 재앙이 크고 오래가며 그 질병이 중하게 됩니다. (신28:58-59)

(3) 하나님의 말씀을 지키지 않는 자에게는 모든 질병과 재앙을 멸
망할 때까지 쏟아 붓습니다. (신28:60-61)

(4) 말씀을 실행치 않는 자는 저주를 받게 됩니다. (신27:26)

7. 성경의 주제와 내용

성경의 내용은 무엇일까요? 각 성경이 가진 특별한 형식과 특색을 따라 율법서, 역사서, 시가서, 예언서, 복음서, 목회 서신 등과 같은 장르별로 구분하여 봅니다. 성경 한 권 한 권마다 담겨진 이야기들을 살펴보면, 성경을 이해하는데 매우 많은 도움이 될 것입니다. 각 성경의 내용을 간략하게 살펴봅니다.

1) 구약의 율법서

구약의 율법서는 '토라'라고 하는데 교훈이라는 뜻입니다.
모세가 기록하였다고 하여 '모세오경'이라고도 합니다.

(1) 창세기는 우주 만물의 시작과 기원을 담고 있습니다.
    또한 이스라엘 민족의 선민의 기원, 인간과 세상과 죄와 구속의 기원을 다루고 있습니다. 아담과 이브, 노아의 방주, 아브라함과 이삭, 야곱, 요셉 등의 유명한 이야기들이 담겨 있습니다.

(2) 출애굽기는 이스라엘 민족의 구원의 이야기입니다.
    출애굽이라는 말은 이집트의 탈출이라는 말로, 하나님의 백성들이 애굽의 종살이에서 해방되어 구출되는 이야기를 기록하고 있습니다. 모세의 성장과 하나님과의 만남, 그리고 이스라엘 민족이 홍해를 건너는 이야기를 담고 있습니다.

(3) 레위기는 제사 의식법이 담겨져 있습니다.
    레위인들의 제사 직무와 예배 의식 등 모세 율법의 상세한 내용들이 기록되어 있습니다.

(4) 민수기는 광야의 시련을 담고 있습니다.
    이스라엘 민족이 이집트에서 해방되어 약속의 땅으로 가는 과정에서 당한 시련이 주제입니다. 이스라엘의 두 번의 인구조사를 언급하고 있어 민수기라고 명명합니다.

(5) 신명기는 율법서입니다.

모세가 광야 40년의 유랑 끝에 모압 평지에서 죽음을 앞에 두고 하나님의 율법을 재 강론한 내용을 담고 있습니다.

2) 구약의 역사서

구약의 역사서는 이스라엘의 역사적 사실을 수록하고 있습니다.

(1) 여호수아서는 가나안 정복의 이야기를 담고 있습니다. 모세의 후계자 여호수아가 가나안 땅을 정복하고, 이스라엘 지도자가 되는 과정을 기록하고 있습니다.

(2) 사사기는 사사시대의 사사들의 이야기를 담고 있습니다.

여호수아 이후 왕정까지 300여년간의 기록입니다. 유명한 삼손의 이야기와 기드온의 이야기가 포함되어 있습니다.

(3) 룻기는 메시야의 가계의 계보로 성경에 포함된 효성이 강한 룻이라는 여인의 이야기입니다.

사사시대에 살던 심성이 아름다운 모압 여인 룻의 신앙과 효성에 관한 이야기를 담고 있습니다. 중요한 점은 룻이 다윗 왕의 증조모가 되었고, 예수님의 직계 조상이 되었다는 점입니다.

(4) 사무엘상은 왕국의 건설의 이야기입니다.

이스라엘의 마지막 사사였던 사무엘은 제사장이며, 예언자이며, 교육자, 정치가로서 이스라엘 왕국을 창설하였으며, 사울을 이스라엘 왕으로 세웁니다. 어머니 한나의 서원 기도로 탄생한 사무엘은 일생을 하나님과 함께 하며 기도를 쉬지 않았습니다.

(5) 사무엘하는 다윗 왕의 치적을 기록하고 있습니다.

이스라엘 초대 왕 사울의 몰락과 다윗 왕이 통치하던 이야기를 기록하고 있습니다.

(6) 열왕기상은 왕국의 분열 이야기를 담고 있습니다.

지혜로운 왕 솔로몬 왕의 치적과 솔로몬 왕의 사후에 분열된 왕국과 그 열왕들의 치세 및 흥망에 관하여 기록하고 있습니다.

(7) 열왕기하는 분열 왕국의 역사를 기록하고 있습니다.

남 유다와 북 이스라엘의 대립, 그리고 그 열왕들의 치적과 흥망을 다루고 있습니다.

(8) 역대상은 다윗 왕의 치적을 자세히 기록하고 있습니다.

인류의 족보와 선민의 계보, 그리고 다윗 왕의 치적을 기록하고 있습니다.

(9) 역대하는 남왕조의 역사를 담고 있습니다.

다윗의 아들 솔로몬 왕을 비롯하여 남조 유다의 역대 왕들의 치세와 흥망에 관하여 기록하고 있습니다.

(10) 에스라서는 포로로부터의 귀환을 기록하고 있습니다.

바벨론에 포로되어 있던 이스라엘이 70년간의 포로생활기간 동안(B.C.536-606) 고국에 돌아와 성전을 재건한 일에 대하여 기록하고 있습니다.

(11) 느헤미야서는 예루살렘 성전의 재건을 기록합니다.

포로에서 귀환한 이스라엘이 성전을 재건한 후, 예루살렘 성을 재건하는 과정을 보여 주고 있습니다.

(12) 에스더서는 이스라엘 민족의 위기를 모면한 이야기를 담고 있습니다.

제2차 포로 귀환 전 왕후 에스더가 금식하고 왕에게 애원하여 극적인 구원을 받은 부림절의 이야기를 기록하고 있습니다.

3) 구약의 시가서

구약의 시가서는 성문학(聖文學)으로 신앙적 감동을 주는 시문학으로 구성되어 있습니다.

(1) 욥기는 의인의 고난을 담고 있습니다.

의인이 왜 고난을 받게 되는가에 대하여 토론식으로 기록되어 있습니다.

(2) 시편은 이스라엘 민족의 찬송가입니다.

전 5권으로 구성되어 있으며, 다윗이 쓴 것이 대부분입니다. 하나님에 대한 경외와 감사, 찬송, 참회, 기도 등의 내용으로 되어 있습니다.

(3) 잠언은 인생의 격언과 금언입니다.

솔로몬이 기록한 잠언은 젊은이들에게 신앙적 경건과 의롭고 성실한 인생의 길을 설명하고 있습니다.

(4) 전도서는 인생의 철학서입니다.

솔로몬 자신이 체험한 인생관을 가지고 인생의 목적과 의미를 설명하고 있습니다.

(5) 아가서는 신랑과 신부의 열정과 애정의 노래입니다.

신학자들은 그리스도와 교회와의 관계를 노래한 것이라고도 이야기합니다. 선민에 대한 사랑의 묘사입니다.

(6) 예레미야 애가(BC586)는 예루살렘의 참상을 노래한 것입니다.

눈물의 선지자 예레미야는 예루살렘의 멸망과 이스라엘 민족의 참상에 대한 환상을 보고 다섯 편의 시가로서 노래하였습니다.

4) 구약의 대예언서

구약의 예언서는 하나님께서 예언자들에게 장래에 일어날 일들을 환상으로 보여 주신 것을 예언자들이 받아 기록한 것입니다.

(1) 이사야서(BC720-700)는 오실 메시야의 예언을 기록합니다.

대예언서의 첫 번째 책으로 예수 그리스도께서 오시기 700년 전에 동정녀의 몸에서 탄생하실 것과 인류의 죄를 위하여 십자가에 못 박혀 죽으시고 부활하실 것을 예언하였습니다.

(2) 예레미야서(BC600년경)는 이스라엘의 멸망을 경고합니다.

이스라엘 백성이 바벨론에 포로로 잡혀갈 것과 70년 후에 고국
에 돌아올 것을 예언하였습니다.

(3) 에스겔서(BC580)는 하나님의 심판과 회복에 대한 예언입니다.

예루살렘 멸망 이전의 심판 예고와 이스라엘 회복에 대한 내용
들을 예언하고 있습니다. 하나님에 대한 환상이 기록되어 있습
니다.

(4) 다니엘서(BC580~포로 기간 끝 무렵)는 종말에 대한 예언을 기
록하고 있습니다.

다니엘과 세 친구들의 고난과 믿음의 이야기와 다니엘이 보았
던 인류 종말의 환상과 계시의 내용을 담고 있습니다.

5) 구약의 소예언서

(1) 호세아서(BC750)는 이스라엘의 배교와 회복을 설명합니다.

부정한 아내와 너그러운 남편의 관계로 하나님의 용서해 주시
는 무한하신 사랑을 설명하고 있습니다.

(2) 요엘서(BC830~750 또는 510년에 끝난 바벨론 포로기 이후)는
말세의 성령이 충만한 모습을 이야기합니다.

말세에 하나님의 영으로 충만한 성령의 시대와 부흥의 시대가
도래할 것임을 예언하고 있습니다.

(3) 아모스서(BC750)는 정의의 예언자로서의 모습을 보여 줍니다.

당시 사회의 부패와 죄악상을 지적하고 하나님의 심판이 임박
하였음을 예언합니다. 이스라엘의 회복과 다윗 왕권의 승리를
예언합니다.

(4) 오바댜서(BC586)는 니느웨의 구원을 담고 있습니다.

이스라엘 민족의 적 에돔에 임할 하나님의 심판과 파멸에 대하
여 예언하고 있습니다.

(5) 요나서(BC715)는 니느웨의 구원의 모습을 담고 있습니다.
니느웨에 대한 하나님의 심판 예고와 니느웨 백성들이 회개하여
구원 받은 사실을 기록하고 있습니다. 요나가 하나님의 명령을
어기고 물고기 뱃속에 들어간 이야기는 유명한 이야기입니다.

(6) 미가서(BC750)는 베들레헴의 메시야 탄생을 예언합니다.
하나님의 심판과 장래의 회복, 메시야의 베들레헴 탄생을 예언
합니다.

(7) 나훔서(BC630)는 니느웨의 파멸을 예언한 내용입니다.
요나서의 속편으로 요나 선지자가 다녀간 후 다시 나훔 선지자
가 타락한 니느웨 성에 임할 심판을 예언하고 있습니다.

(8) 하박국서(BC607)의 주제는 믿음으로 살게 된다는 것입니다.
하나님의 백성은 오직 믿음으로 구원을 얻게 된다고 하는 내용
을 담고 있습니다.

(9) 스바냐서(BC600)는 열국의 심판을 예언하고 있습니다.
이스라엘 백성이 회개하지 않으면, 심판을 받아 유다 성이 멸망
할 것과 이방 나라들에 대한 하나님의 심판이 있을 것을 예언합
니다.

(10) 학개서(BC516)는 성전 재건과 부흥을 담고 예언합니다.
이스라엘 백성이 바벨론 포로로부터 귀환하여 성전을 재건할
때, 그들을 독려하고 지도하였습니다.

(11) 스가랴서(BC520~518)는 성전 재건과 부흥을 예언합니다.
장차 올 이스라엘의 부흥과 그리스도의 오심을 예언하였습니다.

(12) 말라기서(BC400)는 불순종에 대하여 책망하고 있습니다.
특히 십일조에 대한 교훈이 포함되어 있습니다.

6) 신약의 4복음서

신약의 처음 세권(마태, 마가, 누가)은 공관복음(共觀福音)서라고

불려지며, 예수님의 생애와 교훈에 대하여 기록하고 있습니다. 요한복음은 성령님에 대하여 자세히 설명하고 있는 것이 특징입니다.

(1) 마태복음(AD60년경)은 왕이신 메시야를 소개합니다.
예수님을 왕, 또는 메시야로서 소개하며, 예수 그리스도께서 구약의 예언을 성취하였다는 내용이 주제입니다. 특히 구약의 예언을 많이 인용하며, 삼분법이 많이 사용되어지는 특징이 있습니다.

(2) 마가복음(AD60년경)은 종 되신 예수님의 모습을 소개합니다.
예수님을 하나님의 종으로 묘사하며, 낭독하기 좋게 구성되어 있어 예배 중에 설교형식으로 낭독되었을 것으로 추측되며, 공관복음 중 가장 먼저 기록되었을 것으로 생각합니다.

(3) 누가복음(AD60년대 초)은 인자이신 예수님의 모습을 기록합니다.
누가는 성경 저자 중 유일한 이방인입니다. 특히 빈자와 죄인들과 여인들에 대한 관심이 특징입니다.

(4) 요한복음(AD90~100년경)은 독생자이신 예수님의 모습을 강조하고 있습니다.
요한복음은 예수님의 영적인 면과 오실 성령님에 대하여 상세히 설명합니다.

7) 신약의 역사서신

(1) 사도행전(AD60년대 중반)은 신약성경의 유일한 역사서로 누가의 기록입니다.
예수님의 승천 이후, 복음 전파와 교회의 형성 과정에서 성령님의 사역과 활동에 대하여 기록하고 있습니다.

8) 신약의 교리서신

(1) 로마서(AD57년경)는 구원 문제를 다루고 있습니다.

믿음으로 구원을 얻게 되는 교리를 조직적으로 논리적으로 설명하고 있습니다.

(2) 고린도전서(AD52-55년경)는 교회의 질서 문제를 다루고 있습니다.

사랑과 은사, 방언 등 교회 내의 문제들을 해결하기 위해 쓰여진 서신서입니다.

(3) 고린도후서(AD56~57년 사이)는 바울의 사도적 문제를 변호합니다.

바울이 전한 복음의 진리성과 헌금 문제 등을 다루고 있습니다.

(4) 갈라디아서(AD98)는 은총의 복음을 설명합니다.

율법이 아닌 믿음으로 구원을 받으며, 오직 십자가의 대속을 믿는 믿음으로 말미암아 구원을 받는다는 사실을 변호합니다.

(5) 히브리서(AD60년대, 70년대 이전)는 새 언약의 중보자 예수님을 설명합니다.

구약시대의 제사보다 예수 그리스도의 십자가에서의 구속의 제사의 우월성을 변증하며, 성도들이 믿음을 굳게 지킬 것을 강권하고 있습니다.

9) 신약의 옥중서신

사도 바울이 그리스도의 복음을 전했다는 이유로 옥에 갇혔는데 그가 옥중에 있는 동안에 쓴 편지를 옥중서신이라고 합니다.

(1) 에베소서(AD60년대 초)는 교회의 생활 규범을 설명합니다.

성도의 그리스도의 몸된 교회의 지체로서의 생활 규범에 대하여 설명하고 있습니다.

(2) 빌립보서(AD60년대 초)는 신앙생활의 기쁨을 설명하고 있습니다.

주님 안에서의 감사와 기쁨을 강조하며, 진리를 실천함으로써 은혜가 충만한 생활을 하도록 안내하고 있습니다.

(3) 골로새서(AD60년대 초)는 교회의 머리가 되신 그리스도를 설명합니다.

그리스도만이 유일하신 구세주이시며, 하나님과 사람 사이의 중보자이심을 강조하고 있습니다.

(4) 빌레몬서(AD60년대 초)는 도망한 노예의 회심을 설명하고 있습니다.

주인 빌레몬의 재물을 훔쳐 도망한 노예 오네시모가 로마로 가서 바울을 만나 회개하고 신자가 되었는데, 빌레몬에게 오네시모를 돌려보내면서 용서와 사죄를 간청하는 내용입니다.

10) 신약의 전도서신

(1) 데살로니가전서(AD51)는 주님의 재림을 기록합니다.

박해 중에 있는 데살로니가 교회의 성도들이 예수 그리스도의 재림에 대한 희망을 가지고 신앙생활을 하도록 권면하고 있습니다.

(2) 데살로니가후서(AD51 또는 52)는 주님의 재림과 이단에 대하여 교훈합니다.

그리스도의 재림 직전에 일어날 일들과 교회를 어지럽히는 이단들의 심판에 대하여 교훈합니다.

11) 신약의 목회서신

(1) 디모데전서(AD60년대 초)는 교회의 지도 방법을 교훈하고 있습니다.

바울이 젊은 청년 목회자 디모데에게 교회를 지도하는 방법을 가르치고 있습니다.

(2) 디모데후서(AD60년대 중반)는 바울의 최후의 권면을 담고 있습니다.

바울이 순교하기 전 마지막으로 쓴 것으로 보이며, 목회자 디모데에게 끝까지 충성할 것과 목회자로서의 지킬 도리와 주의할 점을 권면하고 있습니다.

(3) 디도서(AD57년)는 교회의 치리 문제를 담고 있습니다.

교회의 제도에 대하여 교훈하고, 장로를 세우고 감독하는 일과 교회 일반적인 일들을 처리하는 방안에 대하여 교훈하고 있습니다.

12) 신약의 공동서신

공동서신은 발신자의 이름만을 밝혔을 뿐, 서신을 받을 사람이나 교회 명을 밝히지 않았기 때문에 이는 전체 교회를 위한 내용을 담은 서신으로 보아 공동서신이라고 합니다.

(1) 야고보서(AD40년대 초기 또는 중기)는 믿음과 행위에 대한 교훈을 기록하고 있습니다.

야고보서를 기록한 야고보는 예수님의 친동생으로 예루살렘 교회의 감독이었습니다. 그리스도에 대한 믿음은 선한 행위가 그 열매(증거)라고 가르치고 있습니다.

(2) 베드로전서(AD60년대의 한 때)는 박해 중에 있는 교회를 위하여 기록하였습니다.

이방인과 유대인으로부터 고난을 당하고 있는 교회와 신자들에 대하여 하나님의 은혜와 예수 그리스도의 재림의 희망을 보여 줌으로써 그들을 격려하였습니다.

(3) 베드로후서(AD60년대 말)는 배교에 대하여 예언하고 있습니다.

말세에 그리스도의 재림을 부정하는 현상과 거짓 교사들이 일어날 것에 대하여 경고하고 있습니다.

(4) 요한일서(AD90년대 초)는 율법의 성취로서의 사랑에 대하여 설명합니다.

영원한 생명이신 그리스도를 사랑하는 것이 율법의 성취임을
가르치고 있습니다.

(5) 요한이서(AD90년대 초)는 거짓 교사에 대하여 경계하고 있습
니다.
성도가 서로 사랑할 것과 진리 가운데 행할 것을 강조하며, 거
짓 교사와 이단을 경계하고 있습니다.

(6) 요한삼서(AD90년대 초)는 선행을 칭찬하고 악행을 경계하고
있습니다.
신자의 선행을 칭찬하고 악행을 경계함으로써 진리를 수호하고
선행을 힘쓸 것을 권고하고 있습니다.

(7) 유다서(AD60년대 말)는 임박한 배교와 하나님의 심판을 다루
고 있습니다.
거짓 교사가 교회 내부에서 그릇된 교훈을 퍼뜨리는 것을 경고
하며 심판주로 오시는 예수님의 재림에 대하여 가르칩니다.

13) 신약의 예언서

(1) 요한계시록(AD95 또는 96)은 그리스도의 재림과 천국에 대하
여 기록합니다.
신약의 예언서로서 장래에 되어질 일을 계시하여 주고 있기 때
문에 '묵시록(黙示錄, Apocalypse)'이라도 합니다. 그리스도의
재림과 더불어 마귀는 멸망하고, 세상은 심판을 받으며, 신자들
은 영원한 하나님의 나라와 축복의 생활에 들어가는 것을 기록
하여 성도들에게 소망을 갖게 합니다.

8. 성경의 장과 절의 주제들

　성경은 일반 책과는 다른 독특한 주제와 내용을 담고 있습니다. 이 장에서는 성경이 어떤 주제를 중심으로 쓰여 있는지 살펴봅니다. 성경 가운데서도 성도들게 꼭 필요한 특별한 주제와 이야기를 담고 있는 성경과 성경 내에서도 교훈적인 내용이 담긴 하나의 장, 절을 찾아봅니다.

1) 우리들에게 힘과 용기를 주고 바른 길로 안내하기 위하여 특별히 기록된 성경들이 있습니다.

　(1) 미래의 소망과 용기와 희망을 주는 복음의 말씀이 있습니다.

　　① 요한복음은 성령님의 오심에 대하여 설명합니다.
　　　예수님의 성령님에 대한 소개는 우리의 삶을 성령님께서 끊임없이 도우시고 계심을 보여 줍니다.

　　② 사도행전은 초기 사도들이 걸어간 발자취를 보여 줍니다.
　　　복음을 전하고 싶을 때 사도들이 걸어간 길과 성령님의 도우심을 구하여야 하겠다는 생각을 얻게 됩니다.

　　③ 요한계시록은 미래에 일어날 일들을 설명하고 있습니다.
　　　우리가 어렵고 힘들 때 소망을 안고 살아가게 합니다.

　(2) 바른 생활과 신앙을 유지하게 하는 말씀들이 있습니다.

　　① 잠언은 우리 성도들을 바른 길로 인도합니다.
　　　특히 청소년과 공부하는 학생들에게 힘과 용기가 됩니다.

　　② 하나님을 찬송하는 시편들은 힘과 용기를 줍니다.
　　　시편은 고난 중에 하나님의 도우심과 구속의 은총을 노래하고 있어, 일이 힘들고 어려울 때 용기를 줍니다.

③ 아모스 선지는 정의를 외치던 선지자였습니다.
정의의 편에 서고 싶을 때 힘과 용기를 얻습니다.

④ 요나는 하나님의 명령에 불순종하였을 때의 모습을 보여 줍니다.
소명을 받은 사람들은 주님의 명령을 따라 살아야 함을 알 수
있습니다.

2) 특정 주제를 중심으로 쓰여진 성경의 장들이 있습니다.

(1) 예수님의 교훈에 대하여 특별히 기록한 성경의 장들을 찾아볼
수 있습니다.

① 보혜사 성령님의 오심을 설명합니다. (요14-16)

② 예수님의 산상보훈(설교)의 가르침을 담고 있습니다. (마5-7)

③ 열두 제자의 선택의 과정을 설명하고 있습니다. (마10)

④ 예수님께서 우리에게 기도문을 가르쳐 주셨습니다.
(마6, 눅11)

⑤ 예수님께서 인류의 종말과 심판에 대하여 말씀하셨습니다.
(마24-25)

⑥ 예수님께서 올바른 기도에 대하여 가르쳐 주셨습니다. (눅18)

(2) 신약성경에서 특정한 주제들을 다룬 성경의 장들을 찾아볼 수
있습니다.

① 성령님의 신령한 은사에 대하여 설명합니다.
은사는 교회의 덕을 세우기 위하여 각 성도들에게 하나님께서
선물로 주신 것입니다. (고전12, 롬12)

② 헌금에 대하여 권면하며, 정성으로 준비하여 드릴 것을 권면
하고 있습니다. (고후8-9)

③ 성도들에게 새 하늘과 새 땅에 대하여 소망을 갖게 합니다.
(계21)

④ 천년왕국이 도래할 것임을 설명하고 있습니다. (계20)

⑤ 사랑에 대하여 자세히 설명합니다. (고전13)

⑥ 그리스도인의 부활에 대하여 자세히 설명하고 있습니다. (고전15)

⑦ 믿음의 영웅들에 대하여 자세히 설명합니다. (히11)

⑧ 아시아의 일곱 교회에 대한 격려와 책망의 예언의 말씀들이 있습니다. (계2-3)

⑨ 우상의 제물에 대한 적절한 대응을 권고합니다. (고전8)

(3) 구약성경에서 특정한 주제들을 다룬 성경의 장들을 찾아볼 수 있습니다.

① 천지의 기원과 인간의 창조에 대하여 알 수 있습니다. (창1-2)

② 모세가 이집트에서 이스라엘 민족을 이끌고 홍해를 건너던 이야기가 기록되어 있습니다. (출7-14)

③ 이스라엘의 3대 절기에 대하여 알 수 있습니다. (출23)

④ 삼손과 데릴라의 이야기를 기록하고 있습니다. (삿13-16)

⑤ 기드온의 300명의 용사 이야기가 기록되어 있습니다. (삿7)

⑥ 사무엘이 선지자로서 활동했던 이야기들이 기록되어 있습니다. (삼상1-7)

⑦ 아름다운 아내의 모습에 대하여 상세히 설명하고 있습니다. (잠31)

⑧ 다윗이 골리앗과 싸워 승리한 이야기를 담고 있습니다. (삼상17)

⑨ 지혜로운 왕 솔로몬 왕의 이야기를 기록하고 있습니다. (왕상3-11)

⑩ 엘리야 선지자의 활동했던 이야기를 설명합니다. (왕상17-19)

⑪ 부림절의 기원이 되었던 이스라엘 민족을 구원한 왕비가 된 에스더의 이야기를 담고 있습니다. (에1-2)

⑫ 행악자에 대한 하나님의 보응과 징계를 설명합니다.

이 장은 우리 그리스도인들의 삶을 보상하는 귀중한 하나님의 약속의 말씀이 됩니다. (시37)

⑬ 예수 그리스도의 고난에 대하여 자세히 예언한 이사야 선지자의 예언이 실려 있습니다. (사53)

⑭ 구약성경에서도 새 하늘과 새 땅에 대하여 설명하고 있습니다. (사65, 겔47)

⑮ 하나님 안에서 용맹스런 다니엘과 세 친구들의 우정을 그리고 있습니다. (단1)

⑯ 물고기 뱃속의 요나는 하나님의 길에서 멀어진 우리의 신앙생활의 이정표를 보여 줍니다. (욘2)

⑰ 올바른 예배를 드리기를 바라는 선지자의 회개에 대한 촉구의 내용을 담고 있습니다. (미6)

⑱ 참된 금식에 대하여 설명합니다. (슥7)

⑲ 온전한 십일조를 드릴 것을 명령합니다. (말3)

⑳ 선지자의 사명에 대한 하나님의 명령을 담고 있습니다. (겔3)

㉑ 구약시대의 5대 절기의 기원과 의식을 설명하고 있습니다. (레23)

(4) 성경에서 가장 긴 장과 가장 짧은 장의 시편은 특별한 주제를 담고 있습니다.

① 가장 긴 시편이 있습니다. 하나님의 말씀을 노래합니다. (시119)

② 가장 짧은 시편이 있습니다. 하나님의 인자하심과 진실하심을 노래합니다. (시117)

9. 성경 읽기

　　지금까지 성경에 대한 여러 내용을 배워 왔습니다. 성경에는 특별히 도움이 되는 성경말씀들이 있습니다. 이 장에서는 성경을 읽음으로써 얻게 되는 유익과 위로와 도움이 되는 성경말씀들을 찾아봅니다. 어려움과 환란이 닥칠 때는 위로가 되는 성경 구절을 찾아 묵상하고 기도함으로써 힘과 용기를 얻게 될 것입니다.

1) 성경은 우리들이 하나님의 사랑 안에 있게 해 줍니다.

(1) 하나님의 사랑 안에 있게 되므로 성경을 읽어야 합니다.
　　(요일2:3-6)

(2) 마음이 평안케 되므로 성경을 읽어야 합니다. (시85:5-8)

(3) 행실이 깨끗하게 되므로 성경을 읽어야 합니다. (시119:9)

(4) 죄를 짓지 않게 되므로 성경을 읽어야 합니다. (시119:11)

(5) 기쁨이 충만케 되므로 성경을 읽어야 합니다. (렘15:16)

(6) 기도의 능력을 얻을 수 있게 되므로 성경을 읽어야 합니다.
　　(요15:7)

(7) 남보다 지혜롭게 되므로 성경을 읽어야 합니다.
　　(시119:98,100,130)

(8) 거짓 교훈에 속지 않게 되므로 성경을 읽어야 합니다.
　　(딤후3:13-15)

(9) 모든 선행이 완전케 되므로 성경을 읽어야 합니다.
　　(딤후3:16-17)

(10) 악을 이기게 되므로 성경을 읽어야 합니다. (요일2:14)

(11) 근면하게 되므로 성경을 읽어야 합니다. (행17:11)

2) 성경은 항상 곁에 두고 가까이하여야 합니다.

(1) 질병과 고통을 당할 때, 힘을 얻습니다. (시91:1-16)

(2) 범사에 희망이 없어질 때, 용기를 얻습니다. (롬5:1-6)

(3) 악의 유혹을 받았을 때, 유혹을 이기게 됩니다. (시139:1-24)

(4) 고독과 두려움이 생길 때, 두려움을 이길 수 있습니다.
   (사41:8-13)

(5) 친구들이 배신할 때, 성경을 읽으면 위로와 힘이 됩니다.
   (고전13:1-13)

(6) 상사를 당하였을 때, 위로와 부활의 소망을 갖게 됩니다.
   (고전15:1-58, 계21:1-27)

(7) 모든 일이 잘못되어 갈 때, 성경을 읽고 올바른 길로 가게 됩니
   다. (롬8:27-28, 딤후3:1-17)

(8) 사업에 실패하였을 때, 용기를 얻을 수 있습니다. (시37:1-40)

(9) 위기에 직면할 때, 담대하게 됩니다. (시46:1-9)

(10) 재물을 취급할 때, 올바르게 사용하게 됩니다. (눅19:1-26)

(11) 고난과 괴로움을 당할 때, 극복할 수 있게 됩니다.
   (욥38:1-22, 시103:1-22)

(12) 가정을 떠나 멀리 여행할 때, 주님께서 함께 하시고 계심을 알
   수 있습니다. (시107:1-43)

(13) 낙망이 될 때, 용기를 얻습니다. (시23:1-6)

(14) 사랑하는 자들에 대하여 염려가 생길 때, 도우심의 손길을 느낄
   수 있습니다. (시107:1-43)

(15) 안전한 투쟁방법을 알고자 할 때, 주님의 가르침을 깨닫게 하여
   줍니다. (마6:1-34)

⒃ 마음이 식어갈 때, 열정을 얻게 합니다. (계3:1-22)

⒄ 남에게 공격을 받을 때, 주님께서 함께 하시고 계심을 알 수 있습니다. (요15:1-27)

⒅ 신용을 잃어갈 때, 신용을 회복할 능력을 얻게 합니다. (고후13:1-13)

⒆ 큰 고난을 당할 때, 고난을 이기게 합니다. (마11:28-30)

⒇ 무거운 책임을 지고 있을 때, 책임을 감당할 능력을 얻게 합니다. (수1:1-18)

(21) 마음에 평화를 얻으려 할 때, 성경을 읽으므로 평화를 얻을 수 있습니다. (요14:1-31)

(22) 부요한 재산에 만족을 느낄 때, 성경을 읽으므로, 주님을 발견할 수 있습니다. (눅15:1-32)

(23) 믿음에 대한 확실한 증거를 얻고자 할 때, 성경을 읽어야 합니다. (히11:1-40)

(24) 말할 수 없는 손실을 당하였을 때, 주님께서 말씀하시고자 하시는 뜻을 발견할 수 있습니다. (욥1:21, 롬8:31-39)

(25) 일하다가 낙심이 될 때, 힘을 얻습니다. (시126:1-6, 갈6:1-18)

(26) 주님의 큰 일꾼이 되고자 할 때, 사명을 감당할 힘을 얻게 됩니다. (수1:7-8)

(27) 지혜 있는 사람이 되고자 할 때, 지혜를 얻게 합니다. (시119:130, 잠1:7)

3) 위로와 도움이 되는 성경말씀들이 있습니다.

(1) 두려울 때, 위로가 됩니다. (시34:4, 사41:8, 마10:28, 딤후1:7, 히13:5-6)

(2) 걱정과 근심이 될 때, 안위를 줍니다.

(시46:1-11, 마6:19-34, 빌4:6, 벧전5:6-7)

(3) 죄를 지은 후, 우리가 회개할 때 구원의 하나님께서 우리 죄를 용서하시고 사하심을 알게 됩니다. (시51:1-19, 요일1:4-9)

(4) 죽었을 때, 위로를 받게 됩니다. (마5:4, 고후1:3-4)

(5) 혹평을 받았을 때, 사랑으로 위안을 받게 합니다. (고전13:1-13)

(6) 실패했을 때, 주님의 구원과 도우심의 손길을 분명하게 느낄 수 있습니다. (시37:1-40, 롬8:31-39)

(7) 억압 당할 때, 주님의 도우심을 믿고 이해할 수 있습니다. (시34:1-22)

(8) 불행이 닥쳐올 때, 고난을 극복할 수 있게 됩니다. (시91:1-16, 118:5-6, 눅8:22-25)

(9) 낙심했을 때, 소망을 갖게 됩니다. (시23:1-6, 42:6-11, 55:22, 마5:11-12, 고후4:8-18, 빌4:4-7)

(10) 의심이 들 때, 확신을 갖게 됩니다. (마8:26, 히11)

(11) 위기에 직면했을 때, 위기를 극복할 힘과 용기를 얻게 됩니다. (시121:1-8, 46:1-11, 마6:25-34, 히4:16)

(12) 믿음이 약해질 때, 믿음을 세워갈 수 있습니다. (시42:5, 히11:1-40)

(13) 친구가 실망케 할 때, 하나님께서 함께 하심으로 위로를 받게 됩니다. (시41:9-13, 눅17:3-4, 롬12:13-21, 고전13:1-3, 딤후4:16-18)

(14) 집을 떠나게 될 때, 주님의 도우심을 경험하게 됩니다. (시107:1-43, 121:1-8, 마10:16-20)

(15) 외로울 때, 주님께서 나와 함께 하시는 분임을 깨닫게 됩니다. (시23:1-6, 히13:5-6)

(16) 하나님의 보호가 필요할 때, 하나님께서 채워주시고 계심을 깨

닫게 됩니다. (시27:1-6, 91:1-16, 빌4:19)

⑴ 누군가에게 지도를 받고 싶어질 때, 주님께서 인도하시고 계심을 깨닫게 됩니다. (시32:8)

⑱ 평안이 요구될 때, 주님의 위로의 말씀을 들을 수 있습니다.
(요14:1-4, 16:33, 롬5:1-5, 빌4:6-7)

⑲ 생활의 원리를 알고 싶을 때, 우리에게 그리스도인의 사는 법을 깨닫게 해 줍니다. (롬12:5-21)

⑳ 어려움을 극복해야 할 때, 기도하며 하나님의 도우심을 구할 수 있게 됩니다. (시6:1-10, 롬8:31-39, 요일1:4-9)

㉑ 기도하고 싶을 때, 주님께서 가르쳐 주신 기도를 배울 수 있습니다. (시4:1-8, 42:1-11, 눅11:1-13, 요17:1-26)

㉒ 보호가 필요할 때, 주님의 도우심의 손길을 느낄 수 있게 됩니다. (시18:1-3, 34:7)

㉓ 아프거나 고통이 올 때, 우리를 치료하시는 하나님의 손길을 느낄 수 있습니다.
(시38:1-22, 91:1-16, 마26:39, 롬5:3-5, 고후12:9-10, 벧전4:12, 13,19)

㉔ 슬픔을 당했을 때, 위로와 소망이 됩니다.
(시51:1-19, 마5:4, 요14:1-31, 고후1:3-4, 살전4:11-18)

㉕ 유혹을 당할 때, 시험을 이기게 해 줍니다.
(시1:1-6, 139:23-24, 마26:41, 고전10:12-14, 빌4:8, 약4:7, 벧후2:9, 3:17)

㉖ 감사할 때, 찬양을 드릴 수 있습니다.
(시100:1-5, 살전5:18, 히13:15)

㉗ 여행할 때, 함께 하시는 주님을 깨달을 수 있습니다.
(시121:1-8, 107:1-43)

⑻ 어려운 일을 당할 때, 예수님을 의지하게 해 줍니다.
(시16:1-11, 31:1-24, 103:1-22, 욥38:1-41, 요14:1-4, 히7:25)

⑼ 피곤할 때, 힘을 얻게 됩니다.
(시90:1-17, 마11:28-30, 고전15:58, 갈6:9-10)

⑽ 염려하게 될 때, 하나님께서 보호하시고 계심을 알 수 있습니다. (마6:19-34, 벧전5:6-7, 시107:1-43)

제 **9** 장

축복된 삶으로의 인도

✝✝✝

전도는 주님께서 승천하시면서 제자들에게 당부하신 지상명령이었습니다. 복음은 교회와 성도들의 전도에 의하여 전파되어지며, 전도는 복음을 전함으로써 한 영혼을 구원하는 방법이 됩니다. 복음은 들음에 의하여 전파되어지기 때문입니다. 전도에 대한 공부는 예수 그리스도의 복음 전파의 중요성을 깨닫게 할 것입니다.

✝✝✝

너희는 가서 모든 민족을 제자로 삼아
아버지와 아들과 성령의 이름으로 세례를 베풀고
내가 너희에게 분부한 모든 것을 가르쳐 지키게 하라
볼지어다
내가 세상 끝날까지 너희와 항상 함께 있으리라 하시니라.
(마28:19-20)

1. 전도란 무엇일까요?

전도란 무엇일까요? 우리는 또 다른 그리스도인들이 전하는 복음에 관한 기쁜 소식을 들음으로 구원의 방주인 교회에 나오게 되었습니다. 이 기쁜 소식을 들은 사람들은 또 다른 믿지 않는 사람들에게 복음을 전파하여 더 많은 사람들이 구원을 얻도록 노력하여야 할 것입니다. 전도는 복음을 전하는 것입니다.

1) 전도는 복음을 전하는 것입니다.

(1) 복음의 기쁜 소식을 전하는 것입니다. (막1:14-15)

(2) 복음을 가르친다는 것을 의미합니다. (마4:23)

(3) 회당에서의 가르침을 말합니다. (마9:35, 막1:39)

(4) 예수 그리스도의 증인이 된다는 것을 말합니다. (행1:8)

(5) 복음을 받아들이고 배움을 의미합니다. (마28:19)

(6) 예수님에 대하여 증거하는 것입니다. (요15:26-27)

(7) 미혹한 길에서 돌아서게 하는 것입니다. (약5:20)

2) 전도의 대상은 세계 만민(萬民)입니다.

(1) 만민에게 복음을 전파하여야 합니다. (막16:15-16)

(2) 질병으로 고통하는 자와 귀신 들린 자들에게 전파하여야 합니다. (마4:23, 9:35, 막16:17-18)

(3) 가난한 자와 눈먼 자, 포로된 자들, 즉 외롭고 소외된 사람들에게 복음을 전해야 합니다. (눅4:18-19, 고후8:9)

(4) 죄인들과 하나님을 찾지 않는 사람들, 즉 영적으로 죽은 자들에

게 복음을 전하여야 합니다. (롬3:10-12)

3) 전도는 예수님의 지상 명령이므로 전하여야 합니다.

(1) 예수님의 지상 명령이기 때문에 전도하여야 합니다.
(마28:19-20, 막16:15)

(2) 예수님께서도 복음을 전파하시며 전도의 본을 보이셨기 때문입니다. (마4:23-25)

(3) 예수님께서 모든 성과 촌에 두루 다니시며 천국 복음을 전파하시며, 모든 병과 모든 약한 것을 고치셨기 때문입니다. 이것이 예수님의 선교 사역의 핵심입니다. (마9:35)

(4) 제자들을 사람을 낚는 어부가 되게 하시려고 부르셨기 때문입니다. (마4:19)

4) 복음을 전하여야 하는 이유는 무엇일까요?

(1) 하나님을 기쁘시게 하기 위해서입니다.
(살전2:4/ 비교, 마20:1-7, 롬8:8, 14:18, 빌2:13, 4:18, 살전4:1)

(2) 하나님을 영화롭게 하기 위해서입니다. (요15:8)

(3) 예수님의 지상 명령을 순종하기 위해서입니다.
(마28:19, 막16:15)

(4) 죄인을 구원하기 위해서입니다. (눅19:10)

(5) 사랑을 실천하기 위해서입니다. (고후5:14)

(6) 영적인 추수를 위해서입니다. (마9:37-38, 요4:35, 고후4:14)

(7) 성도의 의무와 책임을 다하기 위해서입니다. (롬1:14)

(8) 하나님 나라의 성취를 위해서입니다. (마24:14)

(9) 전도는 교회의 사명이기 때문입니다. (행1:8)

(10) 복음을 전하지 않으면 화가 미치게 됩니다. (겔33:8, 고전9:16)

(11) 모든 믿는 사람들은 다 전도자이기 때문입니다. (행8:4)

(12) 영적 성장을 하기 위해서입니다. (눅10:17-20)

(13) 축복과 상급을 받기 위해서입니다. (마25:23, 고전9:25)

(14) 복음을 전하지 않으면 믿지 않는 사람들이 들을 수 없기 때문입니다. (롬10:14,17)

5) 전도자는 뜨거운 기도와 열정이 있는 사람입니다.

(1) 중생의 체험과 구원의 확신이 있는 사람입니다.
(요3:3,5, 살전2:4)

(2) 다른 사람의 영혼을 사랑하는 사람입니다.
(눅15:3-7, 요15:11-32, 롬9:3, 딤전2:4)

(3) 전도의 열정이 있는 사람은 전도하지 않고는 견딜 수 없습니다.
(렘20:9, 행5:42, 딤후4:2)

(4) 뜨거운 기도와 열심히 있는 사람입니다.
(삼상12:23, 시126:5-6, 행4:31, 골4:3-4)

(5) 복음을 부끄러워하지 않는 자입니다. (마10:33, 막8:38, 롬1:16)

(6) 인내와 희생을 아끼지 않는 사람입니다.
(렘5:3-4, 막10:29-30, 눅21:17-19, 갈6:9, 히12:1-2)

(7) 긍정적인 마음과 긍정적인 말을 하는 사람입니다. (막9:23)

(8) 항상 감사하는 사람입니다. (살전5:18)

(9) 말씀과 성령이 충만한 사람입니다.
(행1:8, 4:31, 8:26, 엡6:17, 히4:12-13, 벧전1:23)

(10) 빌립처럼 말씀을 해석할 능력을 갖춘 사람입니다. (행8:29-31)

6) 결론적으로 전도는 '하나님의 나라'를 증언하고, '예수'님을 믿도록 권면하는 것입니다. (행28:23)

2. 전도의 내용
(※ 예수님이 사랑이셨다는 사실을 전해야 합니다.)

우리가 복음을 전할 때 반드시 전하여야 하는 내용이 있습니다. 그것은 복음의 핵심인 예수 그리스도께서 우리 죄를 위하여 친히 십자가에 달려 돌아가시고 다시 사흘 만에 부활하셨다는 사실, 즉 구속하신 하나님의 사랑을 전하는 것입니다. 전도는 이 복음을 이웃에게 전하는 것입니다.

1) 복음(福音, Gospel)은 하나님의 아들 예수 그리스도를 전하는 것입니다. (막1:1)

(1) '예수님은 그리스도시다'라는 사실을 전하여야 합니다.
   (행2:36/ 비교, 마16:16, 막8:29, 눅2:11. 요11:27, 롬1:4)

(2) 하나님은 사랑이시며 우리를 사랑하신다는 사실을 전해야 합니다. (요3:16, 요일4:7,16-21, 요삼1:2)

(3) 모든 사람은 죄인이며, 회개하여야 한다는 사실을 전해야 합니다. (창3:1-13, 3:22-23, 요16:9, 행2:38, 3:19, 롬3:23, 6:23)

(4) 예수 그리스도께서 십자가 위에서 우리를 위한 대속의 죽음을 죽으셨다는 사실을 전해야 합니다.
   (요1:29, 롬5:8, 고전15:3, 히2:9, 벧전2:24, 3:18)

(5) 예수님께서 부활하심으로 다시 살아나셨다는 사실을 전해야 합니다. (막16:6)

(6) 오직 예수 그리스도를 영접함으로 구원을 얻게 된다는 사실을 전해야 합니다.
   (요1:12, 행2:36, 4:12, 16:31, 롬10:9,13, 골1:14, 요일4:15)

(7) 믿음으로 구원을 얻는다는 사실과 믿는 자는 이미 구원을 얻었다는 사실을 전해야 합니다. (요3:16, 행16:31, 엡2:8)

2) 구원의 결과에 따른 축복의 생활을 전해야 합니다.

(1) 성령님을 통하여 예수님께서 우리 안에 거하시게 됩니다. (롬8:9)

(2) 예수님 안에서 죄 사함을 입게 됩니다. (골1:14)

(3) 예수님의 이름을 믿는 자는 하나님의 자녀가 됩니다. (요1:12)

(4) 예수님 안에서 새로운 축복의 생활이 시작됩니다. (요10:10, 고후5:17)

(5) 사망에서 생명으로 옮기게 되어 영생을 얻게 됩니다. (요5:24, 6:47-48)

3) 믿음의 성장을 권면하여야 합니다.

(1) 영혼의 양식인 성경을 매일 읽도록 권면하여야 합니다. (시119:15-16,97)

(2) 영혼의 호흡을 위하여 쉬지 말고 기도하도록 하여야 합니다. (살전5:17, 막1:35, 요16:24)

(3) 영혼의 운동을 위하여 말과 행동으로 전도하도록 권면하여야 합니다. (딤후4:2)

3. 성경에서의 전도의 방법

가장 효과적인 전도의 방법은 성경에 나타난 전도의 방법을 따라 가는 것입니다. 또한 예수님께서 행하신 전도의 방법이 무엇이었는 지를 살펴보는 것입니다. 이 장에서는 예수님의 전도 방법뿐만 아니 라, 제자들이 전도하였던 방법과 전도를 위하여 성령님의 도우심을 구하여야 하는 이유 등을 살펴봅니다.

1) 전도는 성령님의 도우심을 따라 예수님을 증거하는 것입니다. (요15:26-27)

(1) 성부 하나님께로부터 오시는 진리의 성령님께서 오셔서 예수님 에 대하여 증거하여 주십니다. (요15:26)

(2) 예수님의 제자들(사도들)은 예수님과 함께 한다는 사실로 예수 님에 대하여 증거하였습니다. (요15:27)

(3) 우리도 바울처럼 우리가 만난 예수님을 체험으로 전하게 됩니 다. (행9:19-20/ 비교, 행9:1-18)

2) 제자들은 가족이나 이웃 또는 성령님의 도우심으로 전도하였 습니다.

(1) 안드레는 가족인 형 베드로에게 예수님을 전하였습니다. (요1:40-42)

(2) 베드로는 의구심을 가지고 찾아온 주변의 사람들에게 전도하였 습니다. (행2:4-36, 4:5-22)

(3) 스테반은 민간인들과 핍박하는 사람들에게 전도하였습니다. (행6:8-15, 7:54-60)

(4) 아나니아는 하나님의 지시로 바울에게 전도하였습니다.
    바울은 제자들과 며칠 있은 후, 즉시 예수님이 하나님의 아들이
    심을 전파하였습니다. (행9:10-23)

(5) 빌립은 성령님의 도우심을 입어 이디오피아 내시에게 성경을
    풀어 설명하였습니다. (행8:26-40)

(6) 바울은 어려운 환경인 감옥에서도 전도하였습니다.
    (행26:1-29)

4. 예수님의 전도 모습

　　예수님을 알고자 하는 것은 우리가 그분을 알고 또한 그분을 닮아 가기 위해서입니다. 예수님은 그분의 공생애 동안 주변 사람들에게 복음을 전하는 생활을 하였습니다. 특히 그분에게 넘치셨던 영혼의 구원에 대한 열정과 사랑, 그리고 사람들과의 대화 방법은 우리가 배우고 본받아야 할 전도의 교훈들이기도 합니다.

1) 예수님께서는 한 사람 한 사람을 찾아가셨습니다.

(1) 어부, 세리와 같이 직업에 충실한 사람들을 제자로 부르셨습니다. (마4:18-22, 9:9, 눅5:1-11)

(2) 엠마오 마을로 가던 두 제자처럼 예수님을 마음에 간직한 사람들을 찾으셨습니다. (눅24:13-25)

(3) 유대인의 관원 니고데모와 우물가의 사마리아 여인처럼 자신의 생활 주변에서 전도하셨습니다. (요3:1,10, 4:6-7,28-30)

(4) 마을과 여러 회장에서 전도하시며, 귀신을 쫓아 내셨습니다. (막1:38-39)

2) 예수님의 전도에 대한 태도는 열정이었습니다.

(1) 예수님은 부르심에 대한 확신을 가지고 계셨습니다.
(요5:36,38, 6:29, 7:29, 8:42, 10:36, 11:42, 17:3-25, 20:21)

(2) 사람들을 진정으로 사랑하셨습니다.
(막10:21, 눅19:41-44, 23:27-31,34, 요11:35, 13:1)

(3) 정죄하기를 더디하셨습니다.
(마7:1, 눅7:36-39, 7:40-50, 요2:25, 8:1-11, 18:9-14)

(4) 사람들의 가능성을 보셨습니다.

(마14:29-31, 16:18, 눅5:27-32, 9:54, 요1:42, 2:25, 13:23)

(5) 쉽게 포기하지 않으셨습니다.

(눅22:31, 6:35, 요4:7-15, 4:18-26)

(6) 사람을 전인(全人)으로 보셨습니다.

(마10:28, 막6:31-44,45-52, 9:2-8, 눅8:55)

(7) 다른 사람들을 위하여 자신을 희생하셨습니다.

(마4:1-10, 8:20, 막3:7-11, 4:1,35-41, 6:30-34,35-44, 8:12)

3) 예수님의 사람에 대한 접근 방법을 살펴볼 수 있습니다.

(1) 사람들이 필요성을 느끼는 문제들을 직면하셨습니다.

(막7:34, 8:12, 10:13-16,17-22,46-52, 눅19:1-10, 요4:31-34, 11:33,38)

(2) 사람들의 관심이 있는 곳에서 출발하셨습니다.

(막1:16, 눅13:1-3, 요4:7-15)

(3) 사람들의 말에 관심을 기울이셨습니다.

(눅9:10-12,18-20, 24:13-17, 요3:1-15)

(4) 문제의 뿌리를 찾으셨습니다.

(마9:2-7, 막10:17-22, 요5:2-9)

(5) 사람들의 질문을 진지하게 받아들이셨습니다.

(막12:13-34, 눅10:25-37, 요4:16-26)

(6) 때때로 부탁을 하셨습니다.

(눅19:1-10, 요4:7-9)

(7) 억지로 강요하시지 않으셨습니다.

(마4:1-10, 눅9:5,23,51-56,57-62, 10:10)

4) 예수님의 전도하신 방법을 성경에서 찾아볼 수 있습니다.

(1) 사람들을 찾아다니셨습니다.

(마15:24, 눅14:23, 15:4, 4:42-44, 9:37-43, 19:1-10, 요10:11)

(2) 때때로 두 사람씩 함께 대화하시거나 파송하셨습니다.

(마9:27-31, 막1:16-20, 눅24:13-35, 요1:35-39)

(3) 함께 식사를 나누셨습니다.

(마26:26-29, 눅5:29-32, 6:32-33, 7:34, 7:36-50, 8:1-10, 15:2, 19:1-10, 24:28-31, 요2:1-11, 21:1-13, 고전11:23-26)

(4) 가정을 사용하셨습니다.

(막2:1-4, 요1:37-39/ 비교, 롬12:13, 딤전3:2, 딛1:8, 히13:2, 벧전4:9)

(5) 다른 사람들을 훈련하는데 많은 시간을 할애하셨습니다.

(마9:9, 막3:13-19, 9:28, 10:35-40, 14:33, 눅6:12, 8:51, 9:1-6, 28, 10:1-20, 22:31-34, 요1:35-51, 6:8-10, 12:20-22, 14:8,22, 엡4:11)

(6) 성경말씀으로 가르치셨습니다.

(마5:17, 21:42, 눅4:16-21, 24:27-32,44-47, 요5:39)

(7) 양자택일을 요구하셨습니다.

(마7:13,16-20,24-27, 12:30, 13:24-30,47-50, 막9:40, 눅18:9-14)

(8) 제자들이 명확한 믿음을 갖게 하셨습니다.

(마9:2-6, 11:25-27, 16:13-18, 눅4:40, 7:48-50, 요1:43-51, 4:26, 6:29, 9:34-38, 11:25-27, 20:27-29)

(9) 각자에게 할 일을 부여하셨습니다.

(마9:6, 5:8, 막1:44, 11:1-7, 14:3-16, 눅9:51-53, 17:14, 요11:38-40)

(10) 성부 하나님께로부터 전하실 말씀과 능력을 받으셨습니다.

(마13:53-55, 눅4:14, 요7:14-18, 12:49, 14:10)

5) 예수님의 대화법을 살펴볼 수 있습니다.

(1) 예수님의 가르침은 단순하면서도 심오하였습니다.

예수님께서는 평범한 비유와 쉬운 용어로 하나님과 사람에 관한 위대한 비밀을 가르치셨습니다. (사례, 마5:1-7:29, 13:1-53)

(2) 예수님의 가르침은 사람들에게 친숙한 경험적인 삶의 문제로부터 시작하였습니다.

예수님의 가르침은 사람들에게 친숙한 삶, 목자, 농부, 어부, 가정주부, 또는 어린이들의 삶과 연관되어 있습니다.

(사례, 잃었던 은전과 아들의 비유/ 마13:1-9, 18:12-14, 막4:1-9, 눅8:4-7, 15:1-32)

(3) 예수님의 가르침은 주의를 끌기에 충분하였습니다.

예수님의 말씀은 그 말씀을 듣는 이들에게 도전의식을 갖게 하였으며, 언제나 깊은 생각을 갖도록 하였습니다.

(사례, 한 청년의 이야기/ 마19:16-22, 막10:17-22, 눅18:18-23)

(4) 예수님의 가르침은 강조적이었습니다.

예수님께서는 '진실로 진실로' 혹은 '다시 너희에게 이르노니'라는 표현과 동일한 내용을 설명하는 비유를 반복하는 방법 등으로 가르치는 내용을 강조하셨습니다.

(사례, 마18:19, 요1:51, 3:3-11, 5:19-26, 6:32-53, 8:34-58, 10:1-7, 12:24, 10:1-7, 12:24, 13:38, 16:20-23, 21:18)

(5) 예수님의 가르침은 질문법을 사용하는 방법이었습니다.

예수님께서는 말씀을 듣는 사람들이 질문을 얼마나 진지하게 받아들이는지 살펴보셨습니다. 그리고 그분이 가르치는 사람들에게 종종 질문을 하셨으며, 그분의 가르치는 말씀에 참여시키시기도 하셨습니다.

(사례, 마21:23-27, 21:28-32, 막8:27-30, 눅12:41-46, 20:20-26, 요4:1-39, 8:1-11)

5. 전도의 결과

우리가 알고 있는 전도의 목적은 한 영혼의 구원을 위한 복음의 전파입니다. 전도의 결과 예수님의 복음을 들은 한 사람이 예수 그리스도에 대하여 알게 되고, 지금까지 방황하던 죄의 길에서 돌아와 주님께 예배를 드리게 될 것입니다. 또한 전도에는 핍박과 어려움이 따를 수 있다는 사실을 알게 됩니다.

1) 전도는 한 영혼을 구원합니다.

(1) 전도는 영혼을 예수님께로 인도하여 구원을 얻게 합니다.

① 구덩이에 빠진 어린 양을 구해 냄과 같이 어려움에 처한 사람을 구해 내게 됩니다. (마12:11)

② 상한 갈대를 꺾지 않고, 꺼져 가는 심지를 끄지 아니하는 것 같이 약한 영혼을 살리게 됩니다. (마12:20)

③ 주님을 기다리던 사람들을 예수님께로 인도하게 됩니다. (마9:38, 요4:35)

④ 감옥에 갇힌 자를 이끌어 내며, 포로된 자에게 자유를 얻게 합니다. (사42:7, 61:1)

⑤ 예수님의 말씀으로 상한 영혼을 치료하게 되고 병든 자를 치료하여 주게 됩니다. (사42:7, 61:1)

⑥ 진리를 떠난 사람을 죄의 길에서 돌아서게 하면, 그 영혼을 사망에서 구원하고, 허다한 죄를 덮게 됩니다. (약5:19-20)

(2) 전도를 받은 사람들이 믿고 기쁨과 소망의 찬송을 부르게 됩니다.

① 수고와 무거운 짐을 벗으며, 온유와 겸손의 멍에를 메고 예수님을 따르게 됩니다. (마11:28-30)

② 슬퍼하던 사람들이 소망의 찬송을 부르게 됩니다. (사61:2-3)

③ 하나님께서 영생을 주시기로 한 사람들이 듣고 기뻐하며, 찬송하게 될 뿐만 아니라, 영생을 주시기로 작정된 자는 다 믿게 됩니다. (행13:48)

(3) 전도를 받은 사람들이 전도자가 하나님의 사람임을 알게 됩니다.

① 전도자의 표적을 보고 전도자가 하나님의 사자(使者)임을 알게 됩니다. (행14:8-18)

② 스테반이 전도할 때에 사람들이 보니 스테반의 모습은 천사의 얼굴과 같았습니다. (행6:15)

③ 빌립에게 전도를 받은 이디오피아 내시가 선뜻 빌립에게 세례를 받았습니다. (행8:36)

2) 전도자는 전도 후에 환란과 핍박이 따를 수 있음을 유의하여야 합니다.

(1) 초대 교회 사도들과 제자들이 복음을 전하므로 환란과 핍박을 받았습니다.

① 스테반 집사님은 돌에 맞아 죽임을 당하였습니다. (행7:57-60)

② 야고보는 칼로 죽임을 당하였고, 베드로는 옥에 갇히게 되었습니다. (행12:2-5)

③ 전도를 하던 바울과 바나바가 핍박과 환난을 당했습니다. (행13:50-14:6, 14:19)

④ 바울이 하나님 나라를 강론하며 권면할 때, 이 도를 비방하던 사람들이 있었습니다. (행19:8-9, 고전11:23-27)

⑤ 환난을 받을 때 교회는 장로들을 택하여 금식하며, 기도하였습니다. (행12:5, 14:22-23)

(2) 예수님의 제자들이 복음을 전하다가 순교하였습니다.

① 베드로는 로마에서 머리를 아래로 거꾸로 달리는 십자가(十字架) 처형을 당하였다고 알려집니다.

② 야고보는 제일 먼저 예루살렘에서 칼로 목이 잘리는 죽음을 당하였습니다. (행12:2-5)

③ 요한은 도미디안 황제의 박해 때에 끓는 기름 가마에 들어갔다가 이적으로 구조되어 후에 밧모섬으로 향하여, 그 곳에서 지하에서 유황을 캐는 노예생활에 시달리다가 주일에 계시의 환상을 보았습니다. 그는 후에 에베소에 돌아와 장로 사도로 장수하다가 자연사하였습니다.

④ 안드레는 희랍의 파트라에서 X형의 집자가에서 처형이 되어 지금도 X형의 십자가는 안드레의 십자가로 불립니다.

⑤ 빌립은 소아시아에서 교수와 십자가와 돌로 치는 여러 처형의 방법 중 하나로 순교를 당했습니다.

⑥ 바돌로매는 아르메니아에서 몽둥이로 처형을 당했습니다.

⑦ 마태는 이디오피아 선교사로 가서 순교하였다고 전해집니다.

⑧ 도마는 인도에서 창이 몸을 관통하여 산 채로 죽임을 당하였습니다.

⑨ 작은 야고보는 예루살렘의 높은 탑에서 내어 던져 돌에 맞았으나 그래도 목숨이 남아 있어 톱으로 토막을 내는 처형을 당하였습니다.

⑩ 다대오의 유다(레베오)는 메소포타미아에서 화살로 사살이 되었다고 알려집니다.

⑪ 젤롯당인 시몬은 페르시아 가까운 곳에서 불한당의 습격을 받아 목숨을 잃었습니다.

  ※ 유다는 자살하여 다른 곳으로 갔습니다. (마27:5, 행1:18-19)

(3) 예수님께서는 주님의 이름 때문에 핍박을 받는 사람들에게 보상을 약속하셨습니다.

① 주님을 위하여 핍박을 당하는 사람들은 상급이 크다고 하셨습니다. (마5:10-12)

② 하나님의 보좌 앞에서 밤낮 하나님을 섬기게 될 것입니다. (계7:15-16)

③ 주님께서 목자가 되셔서 그 눈에서 눈물을 씻겨 주실 것입니다. (계7:17)

3) 복음을 전하는 자는 복음을 전한 후에 '믿는 자'와 '믿지 않는 자'가 동시에 있을 수 있다는 사실을 깨닫고 실망하지 말고 전도에 힘써야 할 것입니다. (행28:24-31/ 비교, 행28:28)

6. 전도자의 유의할 점과 올바른 전도

전도를 할 때 유의하여야 할 점은 무엇일까요? 그리고 성경에서 전도자의 표본을 찾는다면 어떤 선지자를 찾아 볼 수 있을까요? 전도를 할 경우에는 전도에 앞서 기도로 성령님의 도우심을 구해야 하고, 전도자가 의와 진실로 깨끗함이 있는 생활을 하여야만 전도에 방해가 되지 않는다는 사실을 알아봅니다.

1) 전도에는 항상 준비가 필요합니다.

(1) 전도는 항상 기도로서 준비를 하여야 합니다.

① 기도와 금식으로 준비하여야 합니다. (사58:6, 막9:29, 행4:31)

② 믿음의 능력을 갖추어야 합니다. (막16:17)

③ 성령님의 도우심을 구하여야 합니다.
하나님께서 보낸 사람은 하나님의 말씀을 하게 됩니다.
그 이유는 성령님을 한량 없이 보내 주시기 때문입니다.
(요3:34, 마10:19-20)

(2) 전도에는 유의하여야 할 점이 있습니다.

① 영혼을 사랑하는 마음을 가져야 합니다.
(렘20:9, 눅15:3-7, 요15:11-32, 행4:20,31, 롬9:3, 딤전2:4)

② 먼저 만나는 사람에게 평안을 기원하여야 합니다. (눅10:5)

③ 복음을 분명하게 제시하여야 합니다. (롬10:14-15)

④ 믿음의 신앙고백을 가져야 합니다. (요1:1)

⑤ 입으로 시인하여 구원에 이르도록 하여야 합니다. (롬10:9-10)

⑥ 계속해서 낙심하지 말고 결실에 이를 때까지 전도하여야 합니

다. (갈6:9)

⑦ 주님의 도우심을 간절히 사모하여야 합니다. 처음부터 끝까지 믿고 하나님께 맡겨야 합니다. (고전3:6-7)

⑧ 빌립처럼 항상 성령님의 인도하심을 구하여야 합니다. (행8:26-40)

⑨ 지혜를 가져야 합니다. (잠11:30, 마10:16, 약1:5)

(3) 전도자는 청결한 생활로 이웃의 본이 되어야 합니다.

① 말에 있어서 본이 되어야 합니다. (잠10:19-21, 골4:6)

② 행실에 있어서 본이 되어야 합니다. (마5:13-16)

③ 사랑의 본이 되어야 합니다. (요13:34-35, 요일4:7-10)

④ 믿음의 본이 되어야 합니다. (고후5:7, 히11:6)

⑤ 정절의 본이 되어야 합니다. (고전6:18, 갈5:19-21, 엡5:3)

(4) 다른 사람들에게 전도한 후에는 나 자신이 내 몸을 쳐 주님께 복종시킴으로써 오히려 나 자신이 버림이 되지 않도록 주의하여야 합니다. (고전9:27)

2) 사도 바울은 전도자의 표본으로서 올바른 전도자의 모습을 찾아볼 수 있게 합니다.

사도 바울은 선교사역의 생활을 고린도 교인들에게 고백합니다. 사도의 고백은 우리들에게 전도자의 삶의 표본이 어떤 것인가를 잘 보여 줍니다. (고후6:1-10, 11:23-27, 12:11-13, 새번역성경 참조)

(1) 전도자의 삶의 표본은 고난과 인내입니다.

① 바울은 끝까지 인내하며 참아 내었습니다. (고후6:4-8)

② 환난과 궁핍과 곤경과 매 맞음과 옥에 갇힘과 난동과 수고와 잠을 자지 못함과 굶주림을 겪었습니다. (고후6:4-8, 11:23-27)

(2) 전도자는 아무에게도 거리낌이 없는 생활을 하여야 합니다.

① 아무도 전도하는 일에 흠을 잡지 못하게 하려고, 무슨 일에서나 누구에게도 꺼리끼지 않게 행동하였습니다. (고후6:3)

② 무슨 일에나 하나님의 일꾼답게 처신하였습니다. (고후6:4)

(3) 전도자의 생활은 의와 사랑의 생활입니다.

① 바울은 깨끗함과 지식과 오래 참음과 자비함과 성령님의 감화와 거짓이 없는 사랑과 진리의 말씀과 하나님의 능력으로 전도하였습니다. (고후6:6-8)

② 오른손과 왼손에 의의 무기를 들고 영광을 받거나, 수치를 당하거나 비난을 받거나 의롭게 행하였습니다. (고후6:7-8)

③ 속이는 사람과 같으나 진실하고, 이름 없는 사람과 같으나 유명하고, 죽은 사람과 같으나 살아 있는 사람으로 살았습니다. (고후6:8-9)

④ 징벌을 받는 사람과 같으나 죽임을 당하는 데는 이르지 않고, 근심하는 사람 같으나 항상 기뻐하고, 가난한 것 같으나 많은 사람을 부요하게 하고, 아무 것도 가지지 않은 사람 같으나, 모든 것을 가진 사람이었습니다. (고후6:9-10)

제**3**부

기독교의 근본 교리

이 장에서는 하나님과 인간, 예수 그리스도, 우리를 도우시는 분 성령님과 교회와 구원에 대한 교리를 이해하게 됩니다. 이는 신학이론에서 조직신학 또는 교회교의학에 해당되는 내용으로 보다 심도 있는 하나님에 대한 지식을 다루게 됩니다. 성경 말씀 안에서 하나님의 구원 계획을 하나씩 살펴보게 됩니다.

하나님께서 행하시는 모든 것은 영원히 있을 것이라 그 위에 더 할 수도 없고 그것에서 덜 할 수도 없나니 하나님이 이같이 행하심은 사람들이 그의 앞에서 경외하게 하려 하심인 줄을 내가 알았도다. (전3:14)

또한 모든 것을 해로 여김은 내 주 그리스도 예수를 아는 지식이 가장 고상하기 때문이라 내가 그를 위하여 모든 것을 잃어버리고 배설물로 여김은 그리스도를 얻고 그 안에서 발견되려 함이니 내가 가진 의는 율법에서 난 것이 아니요 오직 그리스도를 믿음으로 말미암은 것이니 곧 믿음으로 하나님께로부터 난 의라 (빌3:8)

제 **10** 장

하나님을 아는 지식

성부와 삼위일체 하나님

✟ ✟ ✟

하나님을 안다는 것은 아마 모든 것을 안다는 것과 같은 말일 것입니다. 성부 하나님은 너무나 크고 위대하신 분이셔서 우리가 알기 어렵고 우리가 이해하지 못하는 불가해하신 분이시지만, 하나님의 구원 계획을 조금이라도 이해하게 되면, 그분의 그 크시고 위대하신 뜻을 이해할 수 있게 될 것입니다.

✟ ✟ ✟

너희는 옛적 일을 기억하라 나는 하나님이라
나 외에 다른 이가 없느니라
나는 하나님이라 나 같은 이가 없느니라. (사46:9)

몸이 하나요 성령도 한 분이시니 이와 같이 너희가
부르심의 한 소망 안에서 부르심을 받았느니라.
주도 한 분이시요 믿음도 하나요 세례도 하나요
하나님도 한분이시니 곧 만유의 아버지시라
만유 위에 계시고 만유를 통일하시고
만유 가운데 계시도다. (엡4:4-6)

1. 하나님은 어떤 분일까요?

우리가 아무리 하나님에 대하여 안다고 해도 그분의 오묘하심과 위대하시다는 사실 외에는 아무 것도 알 수 없습니다. 성경의 여러 곳에 나타난 그분의 이름을 통해서 그분이 어떤 존재인지를 아주 조금이나마, 그리고 그림자처럼 아주 희미하게나마 조금은 알 수 있게 될 것입니다. 성부 하나님에 대하여 알아봅니다.

1) 성경의 기록으로 하나님의 존재를 알 수 있습니다.

(1) 우주 만물이 증거하고 있습니다.

우주 만물의 움직임과 생명체의 조직이 아주 세밀한 질서 속에 움직이는 것을 볼 때 창조하신 하나님이 계심을 알 수 있습니다. (시19:1, 롬1:20)

(2) 양심이 증거합니다.

선과 악을 분별해 주는 양심의 소리를 들을 때 하나님의 존재를 알 수 있습니다. (롬1:19, 벧전3:21)

(3) 사실이 증거합니다.

많은 선지자들이 하나님의 음성을 듣거나 환상의 계시로 하나님의 살아 계심을 체험하였습니다.

(창22:12,30, 출24:16, 삿13:8-14, 욥42:5, 사6:1, 겔1:1-28)

(4) 성경이 증거합니다.

성경의 여러 곳에서 하나님의 존재에 대하여 설명합니다.

(창1:1, 출3:14, 사40:26, 막13:19)

(5) 예수님께서 증거하십니다.

예수님께서 아버지 하나님에 대하여 제자들에게 설명하였습니

다. (요12:44, 14:6-11)

(6) 성령님께서 증거하십니다.

성령님께서 친히 우리 영으로 더불어 우리가 하나님의 자녀인 것을 증거합니다. 우리가 양자의 영을 받았으므로, '아빠 아버지'라 부르짖게 됩니다. (롬8:14-16, 고전2:10, 행7:55)

(7) 많은 사도들이 증거하고 있습니다.

사도들이 자신이 환상과 계시로 체험한 하나님에 대하여 증거하고 있습니다. (고후12:1, 요일1:1, 계1:1)

2) 하나님의 이름으로 그분의 모습을 알 수 있습니다.

(1) 구약성경에는 하나님의 다양한 이름이 나타납니다.

① 엘로힘(Elohim), 창조와 능력의 하나님 (창1:1,26, 시19:1)

② 아도나이(Adonai), 모든 것의 주인이신 하나님, 전능의 하나님 (출6:2, 시83:18)

③ 엘(El), 다음의 4가지의 복합으로 쓰입니다. (창31:31, 35:2, 신5:9)

　　a. 엘 엘리온(El Elyon), 지극히 높으신 분 (창14:17-20/ 비교, 민24:16, 시7:17, 단7:22)

　　b. 엘 로이(El Roi), 살피시는 분 (창16:13)

　　c. 엘 샤다이(El Shaddai), 영원 불변 신실하신 하나님 (창17:1, 시91:1)

　　d. 엘 올람(El Olam), 영원하신 하나님 (사40:28-31)

④ 여호와(Jehovah), 스스로 계시는 분, 말씀하시는 하나님 (문자적으로) 존재하시는 자, 존재하시도록 이끄시는 자 (창2:4, 출3:14-15, 6:3, 34:5-6, 사42:8)

※ 히브리어의 하나님은 너무나 거룩한 이름으로 여겨 신성사문자(神性四文字)인 'YHWH'로 표기했습니다. 이 단어에 모음이 결합되면 '여호와'

로 소리 나는 것으로 가정되었으나, 최근의 학문적 연구에 의해 '야훼'(Yahweh)로 밝혀졌는데, '야훼'가 엄밀하게 유일한 하나님의 이름으로 이해할 수 있습니다.

   a. 여호와 이레(Jireh), 하나님께서 준비하심 (창22:13-14)

   b. 여호와 니시(Nissi), 하나님은 나의 깃발 (출17:15)

   c. 여호와 살롬(Shalom), 하나님은 평강 (삿6:24)

   d. 여호와 사바옷(Sabaoth), 만군의 주 (사6:1-3)

   e. 여호와 마케데쉬컴(Maccaddeschcem), 거룩하게 하시는 여호와 (출31:13)

   f. 여호와 로이(라아, Rohi, Raah), 여호와는 나의 목자 (시23:1)

   g. 여호와 치드케누(Tsidkenu), 여호와는 우리의 의 (렘23:6)

   h. 여호와 삼마(Shammah), 여호와께서 거기 계심 (겔48:35)

   i. 여호와 라파(Rapha), 치료하시는 하나님 (출15:26)

   j. 여호와 체바옷(Shebot), 만군의 여호와 (삼상1:3, 17:45)

(2) 신약성경에 하나님의 이름이 나타납니다.

   ① 데오스(Theos), 전지 전능하신 하나님 (막5:7)

   ② 큐리오스(Kurios), 생명의 주인이신 하나님 (계1:8)

   ③ 아버지(Father), 영혼의 아버지이신 하나님 (마11:25, 요5:26, 엡3:15)

   ④ 주(Lord), 만물의 주인이신 하나님 (요20:28)

(3) 성경은 그 외에도 하나님의 이름을 다양하게 묘사합니다.

   ① 창조자이십니다. (전12:1)

   ② 구속자(주)이십니다. (시91:14)

   ③ 영이십니다. (요4:24)

   ④ 구주이십니다. (사45:15)

⑤ 거룩하신 분이십니다. (신10:17)

⑥ 만왕의 왕이십니다. (딤전6:15)

⑦ 심판장이십니다. (시50:6)

(4) 하나님의 백성은 하나님의 이름을 높여야 합니다.

① 하나님의 이름은 거룩하시다는 사실을 성경 여러 곳에서 언급 합니다. (시111:9, 사42:8, 57:5/ 비교, 대하6:7-8, 7:14)

② 제3계명은 주님의 이름이 남용되는 것을 경고하고 있습니다. (출20:7)

③ 주기도문에서 하나님의 이름이 '거룩히 여김을 받으시오며'라 고 하여 기도하는 사람들은 하나님의 이름이 영화롭게 되어지 기를 간구하여야 합니다. (마6:9)

④ 하나님의 영광은 그분의 이름의 영예와 관련되어 있습니다. (민14:13-16, 수7:9, 삼하12:14, 시29:2, 145:21, 사42:8, 겔36: 22)

⑤ 하나님(예수 그리스도)의 이름을 위하여 집이나, 형제나, 자매 나, 부모나, 자식이나 전토를 버린 자마다 몇 배를 보상 받고, 또 영생을 상속 받게 될 것입니다. (마19:29)

2. 성경에 나타난 하나님의 성품과 속성

우리는 성경을 통하여 하나님의 존재를 알고 그분의 성품을 알게 됩니다. 하나님은 어떤 경우에는 단호하게 심판하시지만, 그분의 성품은 거룩하시며 인격적이실 뿐만 아니라, 다정다감하시며, 우리를 눈동자처럼 지켜보시며 도우시고 보호하시는 거룩하신 하나님이라는 사실을 이 장에서 배우게 됩니다.

1) 하나님은 영원하시며 무한하신 분이십니다.

(1) 영원히 자존하시는 유일하신 하나님이십니다.

(창21:33, 출3:14, 신6:4, 왕상8:60, 사44:6-8, 45:5-6, 46:9, 요17:3, 고전8:6, 엡4:4-6, 딤전2:5)

① 시작이 없으십니다. (창1:1, 시90:2, 히1:10)

② 끝이 없으십니다. (신32:40, 시90:2)

③ 스스로 존재하시는 분이십니다. (출3:14)

④ 처음이요 마지막이시며 유일하신 분이십니다. (사44:6)

(2) 영원히 불변하시는 하나님이십니다.

(단6:26, 말3:6, 히1:10, 6:17, 13:8, 약1:17)

① 계획과 뜻이 영원하십니다. (시33:11)

② 변함이 없으십니다. (약1:17)

(3) 영원하고도 무한하신, 즉 한계가 없으신 하나님이십니다.

(신33:27, 욥11:7-8, 37:23, 시90:2, 102:12)

① 그분의 영광은 하늘도 초월하십니다. (시8:1)

② 천지에 충만하십니다. (렘23:24)

(4) 무소부재(無所不在)하시며 편만하신 하나님이십니다.
    (시139:7-10)

    ① 하나님은 아무도 본 자가 없습니다.
        (요1:18/ 비교, 마5:8, 출24:9-12)

    ② 하나님은 보이지 않으시는 분이십니다. (출33:20, 골1:15)

    ③ 그분의 영광은 온 땅에 충만하십니다. (민14:21, 사6:3)

(5) 전지전능하신 하나님이십니다.
    (창17:1, 18:14, 대상28:9, 시147:5, 사9:6)

    ① 그분에게는 어려움이 없습니다. (렘32:27)

    ② 그분이 함께 하시면 불가능한 일이 없습니다. (눅1:37)

    ③ 지금 일어나고 있는 일들을 모두 다 아시고 계십니다.
        (잠15:3)

    ④ 장차 일어날 일들을 모두 다 아시고 계십니다.
        (사44:7, 46:10)

    ⑤ 그분이 기뻐하시는 일들을 이루십니다. (사46:10)

(6) 그분은 불가해(不可解)하신 분으로 우리가 완전히 알거나, 이
    해할 수 없으신 분이십니다. (사40:12-14, 롬11:33)

    ① 그분께서 일을 행(行)하시는 과정을 우리는 알 수 없습니다.
        (욥5:9, 롬11:33)

    ② 그분은 우리가 완전히 이해하지 못하도록 숨어 계십니다.
        (사45:15, 미4:12)

2) 하나님은 거룩하시며 인격적인 분이십니다.

    (1) 하나님은 지혜의 속성을 가지고 계십니다.

        ① 하나님은 영이십니다. (요4:24)

        ② 하나님은 지혜의 하나님이십니다. (욥12:13, 단2:20)

③ 하나님은 판단하시는 하나님이십니다.
  (출34:14, 대상16:14, 롬2:2)

(2) 하나님은 사랑의 속성을 가지고 계십니다.

　① 하나님은 사랑이십니다. (렘31:3, 요3:16, 롬5:8, 요일4:16)

　② 하나님은 선하신 하나님이십니다. (시119:68, 나1:7)

　③ 하나님은 자비의 하나님이십니다.
　　(출34:6-7, 시103:8, 145:9, 렘3:12, 애3:22)

(3) 하나님은 의지의 속성을 가지고 계십니다.

　① 하나님은 거룩하신 하나님이십니다.
　　(출3:5, 레11:44, 겔39:7, 요17:11, 벧전1:16)

　② 하나님은 공의의 하나님이십니다. (롬1:18, 사11:5, 30:18)

　③ 하나님은 진실하시고, 신실하신 하나님이십니다.
　　(신32:4, 애3:23, 롬15:8, 고후1:12)

3) 하나님의 인격적인 활동의 모습을 성경의 여러 곳에 찾아볼 수 있습니다.

(1) 하나님께서 태초에 천지의 창조 활동을 하셨습니다.
  (창1:1-31, 2:7, 사45:7-8,12)

(2) 하나님은 멸망시키기도 하십니다. (창18:20, 19:24-25)

(3) 하나님은 공급하시는 분이십니다. (시104:27-30)

(4) 하나님은 높이시는 분이십니다. (시75:6-7)

(5) 하나님은 돌보시는 분이십니다. (벧전5:6-7)

(6) 하나님은 들으시는 분이십니다. (시94:9-10)

(7) 하나님은 미워하시기도 하십니다. (잠6:16)

(8) 하나님은 슬퍼하시기도 하십니다. (창6:6)

(9) 하나님은 사랑하시는 분이십니다. (요3:16)

(10) 하나님은 질투하시는 분이십니다.
    (창34:14, 출20:5, 34:14, 사42:8, 슥1:14, 약4:5)

(11) 하나님은 노하기를 더디하시는 분이십니다. (창34:6)

(12) 하나님께서는 한탄하시고, 근심하시기도 하셨습니다. (창6:6)

3. 계시(Revelation)의 하나님으로서의 사역

하나님의 존재를 알고 찾게 되는 것은 성경을 통해서입니다. 그러나 성경은 하나님의 말씀인 성경 외에도 일반적인 창조물을 통해서도 하나님의 존재를 알 수 있다고 설명합니다. 하나님께서 우리에게 그분의 존재를 나타내는 방법은 무엇일까요? 매우 흥미로운 주제가 아닐 수 없습니다.

1) 우리에게 말씀과 여러 모양으로 그분 자신을 알게 하셨습니다.

(1) 하나님께서는 우리에게 말씀으로 하나님 자신을 나타내셨습니다. (창12:1-3, 레6:1, 사1:18-21, 렘7:1, 겔2:2)

(2) 하나님께서는 그분 자신에 관한 사실을 여러 면으로 우리에게 알려 주십니다.
(창15:1, 46:2, 출3:4, 대하7:12, 욥42:5, 사42:1, 렘1:4,9, 겔1:3, 3:3, 단7:9, 요1:1-5, 계1:3, 계1:10-16)

2) 비구속적인 계시(Nonredemptive revelation)는 자연적으로 우리가 하나님을 알게 되는 것을 일컫습니다.

(1) 인간은 누구나 하나님에 대한 어떤 이해, 즉, 하나님에 대한 지식이나 인식을 가지고 있습니다. 이를 일반계시(General revelation)라고 말합니다. (행17:24-29, 롬1:18-25)

① 우리 마음속으로부터 하나님께서 계시다는 것을 압니다. (롬1:19)

② 창조 때부터 그 영원하신 능력과 신성이 그 만드신 만물에 분명히 보여, 창조자 하나님께서 계시다는 사실을 알게 됩니다. (롬1:20)

③ 불의로 진리를 막는 사람들의 경건치 않음과, 불의에 대하여 하나님께서 진노하심을 보고 하나님께서 거룩하시다는 사실을 알게 됩니다. (롬1:18)

④ 하나님을 알게 되는 이유는 우리의 양심과 이성, 그리고 우리 안에 존재하시는 하나님의 형상이 하나님께서 존재하시고 계심을 우리가 인지(認知)할 수 있도록 하시기 때문입니다. (창1:27, 행17:27, 롬2:15)

(2) 인간은 누구나 자연을 통해 하나님이 계시다는 사실을 인식할 수 있습니다. 이를 자연계시(Natural revelation)라고 말합니다.

① 자연계시는 일반계시와는 다르게 눈에 보이는 자연을 통해 누구나 하나님께서 계시다는 사실을 인정하도록 만듭니다. (행17:23,26-29, 롬1:20)

② 자연을 보고(일반계시) 믿음의 사람들이 하나님의 영광을 노래한 시편들을 찾아 볼 수 있습니다. (시8:1-9, 19:1-14, 29:1-11)

3) 구속적인 계시(Redemptive revelation)란 구원 받은 사람들이 하나님을 알게 되는 특별한 사실을 말합니다.

(1) 구원 받은 사람들에게만 주어진 하나님을 알게 되는 인식과정을 특별계시(Special revelation)라고 합니다.

① 하나님의 특별계시의 내용은 예수 그리스도님의 사역과 하나님의 성품, 인간의 죄, 장래의 심판 등에 관한 것들입니다.

② 특별계시에는 두 가지 도구가 있는데, 이 두 가지는 모든 사람에게 전파되어야할 복음과 복음을 믿음의 사람들에게 적용시키시는 성령님입니다. 이 두 가지는 분리할 수 없습니다. (막16:15, 행17:30-31, 롬2:4, 엡2:8-9)

(2) 자연을 초월한 계시를 초자연적인 계시라고 합니다.

① 초자연적인 계시에는 신·구약 성경과 성령, 그리고 예수 그리스도가 있습니다.

② 모든 사람에게 주어지는 자연계시와 초자연적 계시의 차이점은 성령님께서 사역하시는 방법에 따라 구분됩니다.

4. 삼위일체(Trinity) 하나님으로서의 사역

삼위일체 하나님이란 말은 성경에는 없는 말로 성부와 성자, 성령 하나님을 각각 사역은 다르시지만 한 분 하나님으로 이해하는 말입니다. 이는 매우 어려운 고도의 신학이론이기도 합니다. 교회는 삼위(三位) 되시는 하나님이 또한 한 분이심을 설명합니다. 성경에서 삼위일체 되시는 하나님의 사역을 알아봅니다.

1) 삼위일체란 세 위격으로 존재하시는 한 분이신 하나님을 나타내는 말입니다. (요10:30)

(1) 삼위일체 하나님은 3위(位)로 실존하시는 한 분이신 하나님이십니다.

① 성부·성자·성령은 각각 하나의 하나님이십니다.
(엡4:4-5, 벧전1:2)

② 한 본체에 3위로 실존하시는 하나님이십니다.
(마3:16, 요1:1-4)

③ 하나에 셋, 셋이 하나. 즉 셋인 한 분이십니다. (마28:19)

④ 하나님을 지칭하는 최초의 이름(Elohim)은 복수형임에도 단수동사와 연결되어 한 분임을 나타내고 있습니다. (창1:1)

(2) 삼위일체의 예(例)는 빛의 세 모양을 들 수 있습니다.

① 화학적 빛은 존재하지만 느껴지거나 볼 수 없습니다.

② 광선은 눈에 보이지만 그 자체는 느껴지지 않습니다.

③ 열은 느낄 수 있으나 그 자체는 보이지 않습니다.

2) 삼위일체 하나님은 동일하신 하나님을 나타냅니다.

(1) 본질에서 동일합니다.

세 분(位) 모두 한 분이신 하나님이십니다. (빌2:6)

① 성부, 하나님이 계십니다.
(요6:44-46, 롬1:7, 고전8:6, 엡4:6, 벧전1:2)

② 성자, 하나님이 계십니다.
(사9:6, 요1:1,18, 롬9:5 요일5:20, 딛2:13, 히1:8)

③ 성령, 하나님이 계십니다.
(요15:26, 행5:3-4, 고전2:11, 히9:14)

(2) 능력에서 동일합니다. (요일5:20)

① 천지만물을 창조하신 성부 하나님이십니다. (창1:1, 히2:10)

② 창조 때 함께 계신 성자 하나님이십니다. (창1:26, 요1:3)

③ 창조 때 운행하신 성령 하나님이십니다. (창1:2, 롬8:16)

④ 성자는 우리를 성부께 나아갈 수 있게 합니다. (요14:6)

(3) 함께 계신 시간에서 동일합니다. (히13:8)

① 태초부터 계신 영원하신 하나님이십니다. (창1:1, 신33:27)

② 태초부터 계신 영원하신 예수님이십니다. (요1:1, 히7:24)

③ 태초부터 계신 영원하신 성령님이십니다. (창1:2, 히9:14)

3) 세 위격(位格)은 서로 협력하시는 관계입니다.

> * 성부께서는 죄인의 구원을 계획하시고 (엡1:9)
> * 성자께서는 죄인의 구원을 실행하시고 (요19:30)
> * 성령께서는 죄인의 구원을 적용하십니다. (요16:7-14)

(1) 세 위격은 서로를 찬양합니다.

① 하나님은 성자를 영화롭게 하십니다.

(마3:17, 17:5, 요5:20-23)

② 예수님은 성부를 영예롭게 하십니다. (요5:19,30-31, 12:18)

③ 성령님은 성자를 영예롭게 하십니다. (요15:26, 16:8-10,14)

(2) 성부와 성자와 성령은 서로 협력 관계에 있습니다.

　① 하나님과 함께 있다고 표현하여 삼위일체(三位一體)의 관계를
　　설명하고 있습니다. (요1:1)

　② 성부께서 성자를 보내셨습니다. (요6:44)
　　성부께서 성자를 사랑하시고, (요5:20)
　　성부께서 성자에게 심판을 맡기셨습니다. (요5:22)

　③ 성부 외에는 성자를 아는 자가 없으며, 성자 외에는 성부를 아
　　는 사람이 없습니다. (마11:27)

　④ 성부께서 성령님을 성자의 이름으로 보내셔서 사역하십니다.
　　(요14:26)

　⑤ 성부에게서 나오시는 진리의 성령님께서 성자를 증거하십니
　　다. (요15:26)

(3) 성부와 성자와 성령님의 활동 분야는 서로 다릅니다.

　① 성부께 속한 사역은 구원의 비밀입니다.

　　a. 구원 받을 자를 선택하는 일에 함께 하십니다.
　　　(요6:37, 엡1:4)

　　b. 구속 받을 시기를 결정하십니다. (막13:32, 갈4:4, 엡1:9)

　　c. 예수님의 활동과 사역에서 행하신 모든 것은 성부 하나님
　　　께서 알려 주신 것입니다. (요5:16-17,19,30)

　② 성자께 속한 사역은 구원의 비밀을 밝히는 일입니다.
　　성자를 통해 보이지 않는 성부 하나님을 알 수 있게 되었습니
　　다. (요1:18)

　　a. 그분은 분명히 눈으로 보고, 듣고, 만져서 알 수 있었습니
　　　다. (요1:14, 20:27, 요일1:1-2)

　　b. 성자의 활동과 사역을 통하여 성부의 뜻을 이해할 수 있었
　　　습니다. (요14:20)

　　c. 성자의 모습을 통하여 성부의 얼굴을 알 수 있었습니다.
　　　(요14:9)

　　d. 성자의 가르침을 통하여 성부의 계획을 이해할 수 있었습
　　　니다. (요19:30)

③ 성령님께 속한 사역은 성자의 구세주로서의 사역을 설명하는
　　일입니다. (요14:26, 15:26)

　　a. 성자의 의도를 설명하는 일을 합니다. (행2:1-47, 8:26-40)

　　b. 성자에 대해서 가르치는 일을 합니다. (요14:26, 고전2:10)

　　c. 구원의 확신을 주시는 일을 합니다. (롬5:5)

　　d. 성부와 자녀로 친밀하도록 우리를 이끄십니다. (롬8:15-16)

(4) 세 위격은 서로 경쟁하지 않으십니다.

① 우리의 간구는 성자와 성령님에 의하여 드려집니다.

　　a. 성령님에 의해 드려지게 됩니다. (롬8:26-27)

　　b. 성자에 의해 드려지게 됩니다. (롬8:34, 히7:25)

② 3위 중 어느 위격에도 기도를 드립니다.

　　a. 예수님께서 성부께 기도드렸습니다.
　　　(마26:36-46, 막14:32-42, 눅22:39-46)

　　b. 예수님께서 성부께 기도드릴 것을 가르치셨습니다. (마6:9)

　　c. 예수님께도 기도를 드리게 됩니다. (눅23:42, 행7:59-60)

　　d. 성령님께서 장래 일을 우리에게 알려주시며, 지시하신 사
　　　례가 있습니다.
　　　(요16:13, 행8:29, 계2:7,11,17,28, 3:6,13,22, 14:13, 22:17)

③ 3위 중 어느 위격에도 찬양을 드리게 됩니다. (계4:9, 5:13)

4) 삼위일체 하나님의 활동(사역)은 성경의 여러 곳에 기록되어 있습니다.

(1) 삼위일체 하나님께서는 태초부터 활동하셨습니다.

① 인간을 만드실 때부터 활동하셨습니다. (창1:26)

② 태초부터 함께 활동하셨습니다. (요1:1)

③ 에덴에서의 축출 때에 함께 활동하셨습니다. (창3:22)

④ 바빌론에서의 혼란 때에 함께 활동하셨습니다. (창11:7)

⑤ 아굴의 교훈에서 함께 활동하셨습니다. (잠언30:4)

⑥ 이사야에서 나오는 3위의 대화에서 함께 활동하시고 계심을 보여 줍니다. (사6:8, 48:16, 63:9-10)

⑦ 시편에서의 성부와 성자의 대화에서 함께 활동하시고 계심을 보여 줍니다. (시21:7, 45:6-8, 110:1-5)

(2) 세례 요한이 삼위의 하나님을 선포하였습니다. (마3:2-12)

① 하나님을 향한 회개를 촉구하였습니다. (마3:2,7-8)

② 오실 메시야를 믿었습니다. (마3:11)

③ 성령님의 세례를 예언하였습니다. (마3:11)

(3) 예수님의 세례 때에 성부, 성령님께서 함께 사역하셨습니다. (마3:16-17)

① 예수님께서 친히 세례를 받으셨습니다. (마3:16)

② 하늘에서 들려온 성부 하나님의 음성이 예수님이 하나님의 아드님이심을 증거하였습니다. (마3:17)

③ 비둘기 같은 성령이 임하였습니다. (마3:16)

(4) 예수님의 탄생에 대한 예고 시 함께 활동하셨습니다. (눅1:26-38)

① 성육신을 위한 성령님의 활동이 있었습니다. (눅1:35)

② 예수님은 '하나님의 아들'이라 일컬음을 받게 될 것임을 예고

하셨습니다. (눅1:35)

③ 주 하나님께서 그 조상 다윗의 위를 그분(예수님)에게 주셨습니다. (눅1:32)

(5) 세례와 사도들의 축도에서 함께 사역하십니다.
(마28:19, 고후13:13)

① 세례 때 성부, 성자, 성령의 '이름으로' 세례를 줍니다. (마28:19)

※ '이름으로' 세례를 줌은 히브리어 표현의 형태이나, '성부', '성자', '성령'이 하나의 이름으로 나타나는 데서 유대교와 기독교와의 완전한 단절이 이루어지는 것으로 신학자들은 이해합니다.

② 사도적 축도의 기원이 됩니다. 사도의 축도는 3위의 이름으로 행하여졌습니다. (고후13:13, 계1:4-5)

(6) 제자(성도)들을 위하여 사역하셨습니다. (요14:16)

① 예수님께서 제자들에 대한 교훈 과정에서 오실 성령님은 성부 하나님께로부터 성자의 이름으로 오실 것이라고 설명하셨습니다. (요14:16)

② 성부는 성자의 이름으로 성령님을 보내셨습니다. (요14:16)

③ 성자는 아버지(성부)께 성령님 보내시기를 구하셨습니다. (요14:16)

④ 성령님은 성자의 이름으로 오셔서 도우시는 분(보혜사)으로 활동하십니다. (요14:16,26)

⑤ 성부, 성자, 성령은 같은 능력으로 사역하십니다. (요4:16)

5. 창조(Creation)의 하나님으로서의 사역

하나님의 창조사역을 이해하는 것은 매우 중요합니다. 바로 이 세상이 시작된 기원과도 관련이 있기 때문입니다. 온 우주 만물을 창조하신 하나님께서 특별히 우리 인간을 지으셨습니다. 인간의 창조와 타락은 별장으로 공부하게 됩니다. 이 장에서는 천지 창조의 과정과 천사와 사탄의 창조를 살펴봅니다.

1) 하나님께서 천지를 창조하셨습니다. (사45:18)

(1) 창조란 새로운 것을 만드는 것을 의미합니다.

① 창조는 없는 데서 형상을 이루게 하는 것을 말합니다. (창1:1)

② 창조는 있는 것으로 새로운 것을 만드는 것을 말합니다. (창1:27)

③ 창조는 기존 물질로 번성해 나가는 것을 의미합니다. (창1:28)

(2) 하나님께서 태초에 천지를 창조하셨으며, 지금도 창조 활동을 계속하시고 계십니다.

① 태초에 창조하셨습니다. (창1:1, 사45:12)

② 계속해서 창조하시고 계십니다. (암4:13)

③ 후일에는 새 하늘과 새 땅을 창조하실 것입니다. (사65:17, 계21:1-2)

(3) 하나님께서 말씀으로 천지를 창조하셨습니다.

① 하나님의 말씀으로 창조하셨습니다. (창1:3, 시33:6, 사45:18, 히11:3)

② 흙으로 창조하셨습니다. (창2:7)

③ 계속적인 하나님의 명령으로 창조하셨습니다. (시148:5)

2) 만물을 일자 별로 창조하셨습니다.

(1) 6일 동안 날자(요일) 별로 창조하셨습니다.

　① 첫째 날에는 빛을 만드셨습니다. (창1:1-5)

　② 둘째 날에는 궁창 위의 물과 아랫물로 나누셨습니다. (창1:6-8)

　③ 셋째 날에는 육지와 바다와 식물(초목), 그리고 과목을 만드셨습니다. (창1:9-13)

　④ 넷째 날에는 해와 달과 별, 징조와 계절과 날, 해 등을 만드셨습니다. (창1:14-19)

　⑤ 다섯째 날에는 새와 물고기를 만드셨습니다. (창1:20-23)

　⑥ 여섯째 날에는 육축, 곤충, 들짐승과 그리고 마지막으로 사람을 만드셨습니다. (창1:24-31)

　⑦ 모든 만물을 만드신 다음 날인 일곱째 날 안식하셨습니다. (창2:1-3)

(2) 하나님께서는 그 외의 것들을 지으셨습니다.

　① 빛과 어두움 외에도 평안과 환난을 창조하셨습니다. (사45:7)

　② 하늘과 땅에서 의와 구원을 내게 하셨습니다. (사45:8)

(3) 피조물을 보시고 하나님께서 기뻐하셨습니다.

　① 창조하신 결과 하나님께서 보시기에 좋았습니다. (창1:4,10,13,18,21,25)

　② 하나님께서 궁창을 만드신 둘째 날은 '보시기에 좋았다'라는 기록이 없습니다. (창1:6-9)

　③ 인간을 만드신 여섯째 날에 매우 기뻐하셨습니다. (창1:31)

　④ 사람이 거하게 하기 위하여 하늘과 땅을 창조하셨습니다. (사45:18)

3) 천사는 하나님에 의해서 창조된 피조물입니다.

(1) 천사는 사람처럼 나타나 보이지만 영체입니다.
(마28:3, 막16:5-6, 눅24:4, 계10:1, 15:6, 18:1)

① 천사들은 피조물입니다. (겔28:15)

② 천사는 뼈와 살이 없는 영체입니다. (눅24:39)

③ 천사들은 능력과 권세가 있습니다. (벧후2:11)

④ 천사들은 하나님과 예수님께 경배를 드립니다. (히1:6)

⑤ 천사들은 결혼하지 않고 죽지 않습니다. (마22:30)

⑥ 천사들은 지성과 도덕성이 있습니다. (마24:36)

⑦ 천사들은 사람과 대화를 합니다. (눅1:13)

⑧ 어떤 천사는 범죄 하였습니다. (겔28:16, 벧후2:4)

⑨ 천사들은 때로 사람처럼 나타나 보입니다. (눅2:9)

⑩ 천사들은 하늘에서 거처합니다. (마22:30)

⑪ 천사의 수는 무수히 많습니다. (히12:22)

(2) 천사들은 이름과 하는 일이 구분되어 있습니다.

① 그룹(Cherubim)은 낙원 입구의 수위 천사를 말합니다.
성전에 거하기도 합니다.
(창3:24, 출25:18-20, 사37:16, 겔28:14/ 비교, 겔1:4-28)

② 스랍(Seraphim)의 이름의 의미는 '타오르는 자'라는 뜻으로 하
나님 보좌에서 시종으로서의 역할 또는 찬송을 드리는 일을
합니다. (사6:1-7)

③ 가브리엘(Gabriel)의 이름의 뜻은 '하나님의 강한 자'라는 의
미로 인간 세계 활동 이외의 사역을 담당합니다.
(단8:16, 9:21, 눅1:19, 1:26/ 비교, 마1:20, 2:13, 2:19)

④ 미가엘(Michael)의 이름의 뜻은 '하나님을 닮은 자'라는 의미
로 천군 천사를 거느린 군대장을 말합니다.

(계12:7, 단10:13,21, 12:1, 유1:9)

⑤ 사탄(Satan)은 타락한 천사, 곧 마귀를 일컫습니다.
(겔28:12-15, 벧후2:4, 요일3:8, 계12:9)

4) 천사의 타락으로 사탄이 되었습니다.

(1) 사탄은 천사와 같은 피조물입니다.

① '네가 지음을 받던 날부터'라고 하여 피조물임을 알 수 있습니다. (겔28:15)

② '그룹임이여'라고 하여 낙원 수위 천사임을 알 수 있습니다.
(겔28:14)

③ '지혜가 충족하며 완전히 아름다웠도다.'라고 하여 지적이고 아름다웠음을 알 수 있습니다. (겔28:12)

④ '그런데 하늘에서 떨어졌으며'라고 하여, 타락한 천사임을 알 수 있습니다. (사14:12, 겔28:16, 눅10:18)

⑤ '내가 하늘에 올라 하나님의 뭇별 위에 나의 보좌를 높이리라.', '내가 가장 높은 구름에 올라 지극히 높은 자와 비기리라.'고 하여, 타락한 천사의 배신과 욕망을 알 수 있습니다.
(사14:13-14)

⑥ '아침의 아들 계명성(새벽별, 루시퍼)'으로 알려졌습니다.
(사14:12)

⑦ 사탄은 하늘에서 추방되어 음부에 던져졌습니다.
(사14:15, 벧후2:4)

(2) 사탄의 주소(거처)는 공중입니다.

① 사탄은 하늘(공중, 마6:26)에 거합니다. (엡2:2, 6:11-12)

② 사탄은 지상 위를 여기 저기 다니기도 합니다. (벧전5:8)

③ 사탄은 사람의 심령 속에 들어가기도 합니다. (요13:2)

④ 사탄은 사람 마음에 악한 생각을 넣기도 합니다. (요13:2)

(3) 사탄의 이름은 여러 가지로 불려집니다.

① '공중의 권세 잡은 자'라고 기록되어 있습니다. (엡2:2)

② '옛 뱀, 큰 용, 마귀'라고 표현하고 있습니다.
(창3:1, 고후11:3, 계12:9)

③ '귀신의 왕, 바알세불'이라고 사람들은 이해하였습니다.
(마12:24)

④ '무저갱의 사자'라고 기록하고 있습니다. (계9:11)

⑤ '시험하는 자'임을 알 수 있습니다.
(욥1:6-12, 마4:1-3, 살전3:5)

⑥ '대적하고 격동하는 자'임을 알 수가 있습니다. (대상21:1)

⑦ '세상의 임금', '세상의 신'입니다. (요12:31, 14:30, 고후4:4)

⑧ '형제들을 참소하던 자'입니다. (계12:10)

⑨ '거짓말장이'와 '거짓의 아비'입니다. (요8:44)

(4) 사탄은 인간을 범죄토록 유혹하여 훼방합니다.

① 인간을 유혹하여 범죄케 합니다. (창3:1, 마4:1)

② 하나님의 백성을 훼방합니다. (대상21:1, 살전2:18)

③ 하나님의 사업을 거스릴 뿐만 아니라 인간으로 하나님을 거스리게 합니다. (마13:19, 계12:3-4)

④ 만국 백성을 미혹케 합니다. (계20:3)

⑤ 광명의 천사로 가장하기도 합니다. (고후11:14)

⑥ 참소하며 시험에 빠지게 합니다. (욥1:6, 마4:5-6)

⑦ 시기와 다툼과 소란과 모든 악한 일을 일으킵니다. (약3:15-16)

(5) 귀신은 사탄의 사자들로 사람을 해칩니다.

① 귀신은 사탄의 사자들입니다. (마25:41)

② 귀신의 성질은 심히 사납고 사람을 해칩니다. (마8:16, 8:28,32)

③ 귀신은 사람을 벙어리, 간질, 마비 등의 병이 들게 합니다.
(마9:33, 17:14-18, 눅13:11)

(6) 사탄의 종말은 멸망입니다.

① 사탄은 세상 종말에 멸망할 자들을 찾아다닙니다.
주 예수님께서 불법한 자들을 그 입의 기운으로 죽이시고 폐
할 것입니다. (살후2:8-10)

② 세상 종말 때에 영원한 불에 들어가게 됩니다. (마25:41)

③ 세상 종말 때에 불과 유황에 던져지게 됩니다. (계20:10)

6. 구원과 예정(Predestination)의 하나님으로서의 사역

우리는 가끔 하나님께서 모든 것을 예정해 놓으셨다는 사실을 두고 논쟁하는 경우가 있습니다. 하나님께서 모든 것을 예정하셨다는 것은 무엇을 의미할까요? 하나님이 모든 피조물에 대하여 그분의 기쁘신 뜻대로 어떻게 이루시고 섭리하시고 성취하실 것인가를 미리 계획하시고 정하여 놓으셨다는 사실을 확인해 봅니다.

1) 하나님은 인류의 모든 것을 예정하셨습니다.

(1) 하나님의 예정이란 무엇일까요?

(욥37:5, 사45:7, 46:10, 렘18:6, 롬9:19-24)

① 하나님의 기쁘신 뜻대로 우리가 예수 그리스도를 통하여 구원을 얻도록 미리 정하신 것을 말합니다. (엡1:5)

② 하나님의 경륜을 위하여 미리 정하신 것을 말합니다. (엡1:9)

③ 인류 구원을 위해 예수님을 보내실 계획을 미리 정하신 것을 말합니다. (행3:20)

(2) 하나님의 예정의 대상은 모든 인류와 피조물입니다.

① 모든 사람, 즉 선인과 악인, 남녀 노소, 유대인과 이방인 등이 예정되었습니다.

(행4:27-28, 롬8:29, 9:19-24, 엡1:4-5, 벧전1:20)

② 모든 천사, 즉 선한 천사, 악한 천사가 예정되었습니다.

(막8:38, 눅9:26, 딤전5:21, 벧후2:4, 유1:6)

③ 모든 사건들, 즉 환란과 구원을 계획하셨습니다.

(사45:7-8, 47:10)

2) 하나님의 예정은 그분의 선택과 유기(버려둠)로 나누어 설명 할 수 있습니다.

(1) 하나님께서 구원 받을 사람과 민족 모두를 선택하셨습니다. (행4:28, 13:48, 롬8:29-30, 9:18, 엡1:5,11)

① 한 개인을 선택하셨습니다.

하나님께서 자기의 기뻐하시는 뜻대로 각 개인을 택하시고, 하나님의 자녀로 삼으시고 영광의 후사가 되게 하시려는 하나 님의 각 개인에 대한 선택입니다. (창12:1)

② 한 민족을 선택하셨습니다.

이는 세계의 민족들 가운데서 특별히 한 민족을 선택하여 하 나님의 뜻을 따라 그분의 친 백성으로서 선민(選民)의 특권을 누리게 하시려는 선택을 말합니다.

(신4:37, 7:6-8, 사43:1, 호13:4)

③ 맡은 직무를 다하도록 선택하셨습니다.

이는 하나님의 뜻을 따라 어떤 직무와 특별한 봉사를 하도록 결정된 개인의 선택을 말합니다.

(신18:5, 삼상10:24, 시78:70, 렘1:5, 요6:70, 행9:15, 딤전1:12/ 비교, 고전12:28)

④ 영광의 후사로 선택하셨습니다. (롬8:17, 엡1:4)

(2) 하나님께서 구원하시기로 작정하신 그 나머지 사람들은 죄악 상태로 버려두게 되는 것을 유기(버려둠)라고 합니다.

① 개인의 유기가 있습니다. (롬9:13, 히6:4-6, 10:29)

② 민족의 유기가 있습니다. (창19:24, 민32:15, 사43:3)

③ 직무의 유기가 있습니다. (삼상15:23, 16:1, 행1:25)

④ 죄의 형벌에 유기(버려두심)하십니다. (계21:9)

3) 인류에 대한 예정과 선택의 목적은 성도를 구원하시기 위해서

입니다.

(1) 인류에 대한 예정은 성도들이 구원을 얻을 수 있도록 하나님께서 미리 정하여 놓으신 사실을 말합니다.

① 영생을 주시기 위하여 미리 정하셨습니다. (행13:48)

② 거룩하고 흠이 없게 하시려고 미리 정하셨습니다.
(엡1:4-5/ 비교, 빌2:15, 살전5:23, 골1:22)

③ 성령님의 거룩하게 하심과 진리를 믿음으로 구원을 얻게 하시려고 미리 정하셨습니다. (살후2:13-14)

(2) 그분의 선택은 우리로 하나님의 자녀가 되어 그분의 은혜와 영광을 찬미토록 하는 것입니다.

① 그분의 은혜의 영광을 찬미하게 하시려고 선택하셨습니다.
(엡1:6/ 비교, 고전10:31)

② 그리스도 예수 안에서 선한 일을 하도록 하기 위하여 선택하셨습니다. (엡2:10, 딤후2:21)

③ 우리를 하나님의 자녀로 삼으시고 후사가 되게 하시려고 선택하셨습니다. (엡1:4-5, 롬8:17)

4) 하나님의 인류 구원에 대한 사역은 예수 그리스도를 통하여 예정(계획)하시고 계셨습니다.

(1) 성경은 우리에게 하나님께서 인류 구원의 방식을 미리 예정하시고 계심을 보여 주고 있습니다.

① 하나님께서는 창세 전부터 우리 모든 것을 다 예지하시고 예정하셨습니다.
(창2:16-17, 행2:23, 4:27-28, 롬8:29, 9:11, 엡1:4/ 비교, 창25:21-26)

② 우리의 구원은 주 예수 그리스도 안에서 예정되었습니다.
(엡1:4, 벧전1:19-20)

③ 구원의 선택과 예정은 오로지 하나님께서 우리를 사랑하시는 데서 기인합니다. (신7:6-8, 호14:4, 엡1:4)

④ 우리가 선택을 받아 구원을 얻게 된 원인은 하나님의 기쁘신 뜻 때문입니다. (요3:16, 눅2:14, 엡1:5, 요일4:19)

(2) 하나님께서 타락한 인간을 구원하시기 위하여 그리스도를 세상에 보내시고, 인간을 구속하시기로 계획(예정)하셨습니다. (벧전1:20, 2:4)

① 예수 그리스도를 보내실 것과 그 시기를 정하셨습니다. (창3:14-16, 사7:14, 마1:21-23, 25:34, 엡1:4, 행3:20-21, 벧전1:20)

② 예수님께서 십자가를 지시고 대속의 죽음을 죽으심으로 구원을 얻도록 예정하셨습니다. (눅22:42-44, 행2:23, 고전1:18)

③ 구원 받을 자를 미리 선택하시고 예정하셨습니다. (출33:19, 행13:48, 롬8:29, 9:15-16, 엡1:5)

(3) 하나님의 예정에 대한 성도의 신앙의 자세는 하나님의 은혜에 대한 깨달음과 감사입니다.

① 인간이 선택되어 구원을 받게 되는 근거는 하나님의 은혜입니다. (롬9:16)

② 우리의 구원은 하나님의 예정과 선택으로 이루어졌으므로, 우리가 환란과 핍박 가운데서도 담대히 주님의 사랑을 전할 수 있게 됩니다. (사46:10, 눅22:22, 요6:37, 행2:23, 롬8:35)

③ 우리는 구원 받을 조건이나 어떤 공로가 전혀 없으나, 하나님의 은혜로 죄 사함과 구원을 얻게 되었음을 깨닫고 감사를 드려야 합니다. (롬4:25, 엡1:7, 2:8)

④ 구원 받은 성도들은 은혜의 구원이 오로지 주님께로부터 주어진 것임을 깨달아 늘 충성할 수 있는 마음을 가져야 합니다. (롬12:1-2)

7. 섭리(Providence)의 하나님으로 사역

하나님의 섭리란 절대적 주권으로 모든 만물을 다스리고 계시는 하나님께서 자신의 계획과 의중대로 실현하시기 위하여 인간과 우주 만물을 관할하시고, 간섭하시며 다스리는 역사를 말합니다. 하나님께서 인간을 주관하시며 나타내시는 하나님의 오묘하신 사랑을 한 가지씩 깨달아 봅니다.

1) 하나님의 섭리란 무슨 뜻일까요?

(1) 창조물을 보전하시는 것을 말합니다. (느9:6)

(2) 인간의 쓸 것을 채우시는 것을 말합니다. (빌4:19)

(3) 인생에게 구원을 베푸시는 것을 말합니다. (시74:12)

2) 하나님의 섭리는 일반 섭리와 특별 섭리로 구분하여 설명합니다.

(1) 일반(보통) 섭리는 자연 법칙으로 다스리는 것을 말합니다.

① 만유를 자연 법칙을 통해 통치하십니다. (시103:19)

② 만유를 자연 법칙을 통해 보호하십니다. (시34:20)

③ 만유를 자연 법칙을 통해 채워주십니다. (빌4:19)

(2) 일반(보통) 섭리는 기본적 섭리와 개별적 섭리를 나누어 설명합니다.

① 기본적 섭리는 햇빛과 비를 공평히 내려주시는 것과 같은 자연적 섭리입니다. (마5:45)

② 개별적 섭리는 구하는 각자에게 주시는 것입니다. (마7:7)

(3) 특별 섭리란 인간 구원을 위하여 하나님께서 특별히 간섭하시고 능력을 나타내시는 것을 말합니다.

① 자연법칙을 초월해서 일어나는 일을 예로 들 수 있습니다. (민11:31-32, 수10:13, 눅5:5-6, 요2:9)

② 인력으로 불가능한 이적 기사를 말합니다. (막2:1-12)

③ 인간의 구원을 위해 특별한 능력을 행사하는 것을 말합니다. (출14:21)

(4) 특별 섭리는 다음과 같은 예를 들어 설명할 수 있습니다.

① 자연 법칙을 지배하는 기적을 행하시는 것을 말합니다. (마8:26)

② 모든 병자를 말씀으로 고치시는 것을 말합니다. (마4:24)

③ 죽은 자를 능력으로 일으키시는 것을 말합니다. (마9:25, 눅7:15, 요11:44)

3) 하나님의 섭리는 온 우주 만물에 미치며 인류를 구원하시기 위하여 이루어집니다.

(1) 하나님의 섭리의 범위는 온 우주 만물과 인간의 생사화복 등 모든 것입니다.

① 우주 전체를 섭리하십니다. (시103:19, 단4:35, 엡1:11)

② 세상을 섭리하십니다. (욥37:5,10, 시104:14, 135:6-7, 마5:45)

③ 동물의 세계를 섭리하십니다. (시104:21,27-28, 마6:26, 10:29)

④ 열방과 만국의 흥망성쇠를 섭리하십니다. (욥12:23, 시22:28, 66:7, 행17:26)

⑤ 사람의 출생과 운명을 섭리하십니다. (삼상16:1, 시139:16, 사45:5)

⑥ 인생의 외면적 성공과 실패를 섭리하십니다.

(시75:6-7, 눅1:52)

⑦ 의외적이며, 무의미한 듯한 사물들을 섭리하십니다.
(잠16:33, 마10:30)

⑧ 의인의 보호와 복을 받도록 섭리하십니다.
(창39:2-5, 시4:8, 5:12, 63:8, 121:3, 롬8:28)

⑨ 사람의 마음을 섭리하십니다.
(시76:10, 119:36, 잠16:9, 21:1, 요16:8-11)

⑩ 자기 백성에 대하여 섭리하시고 계십니다.
(창22:8,14, 신8:3, 빌4:19)

⑪ 기도가 응답되고 성취되도록 섭리하십니다.
(삼상1:19-20, 대하33:13, 시20:5-6, 65:2, 마7:7, 21:22, 눅18:7)

⑫ 죄를 지은 자에 대하여 형벌을 받게 되도록 섭리하시고 계십니다. (시7:12, 11:6)

(2) 하나님의 궁극적인 섭리의 목적은 온 인류의 구원입니다.

① 모든 섭리는 선의 성취에 목적이 있습니다. (마12:35-41)

② 모든 섭리는 마귀를 대적하여 인류를 구원하는데 목적이 있습니다. (벧후3:9)

③ 모든 섭리는 인생에게 부활과 영생을 주시기 위하여 이루어지는 것입니다. (고전15:54)

8. 언약(Covenant)의 하나님으로서의 사역

하나님께서는 인간에게 말씀으로 약속하시며 그 말씀에 대한 약속을 실행해 나가십니다. 하나님의 언약이 무엇이며, 하나님의 언약이 구체적으로 어떤 방법으로 나타나는지 이 장에서 배우게 될 것입니다. 예수 그리스도를 보내신 하나님의 그 크신 사랑이 하나님의 언약을 통하여 성취되었음을 깨닫게 될 것입니다.

1) '언약'이란 하나님께서 인간과 맺은 말의 약속입니다.

(1) 언약은 하나님과 인간사이의 말의 약속입니다.

① 하나님의 언약이란 하나님과 인간 사이의 말의 맹세로서 구속되는 약속을 말합니다. (창3:14-19,22, 6:5-8,18, 9:8-17)

② 하나님의 약속, 혹은 계약이라고도 말합니다. (렘34:18)

③ 따라서, 성경을 구약(예수님 오시기 전의 약속), 신약(예수님 오신 이후의 새로운 약속)이라고 표현합니다. (렘31:31)

(2) 언약은 하나님께서 인간과 관계를 맺으시는 방법입니다.

① 언약은 하나님께서 우리 인간과 관계를 맺으시는 방식이며, 말씀입니다. (창15:9-14,18, 렘34:18)

② 이 언약은 우리에게 말씀으로 계시됩니다.
하나님께서는 우리에게 '언약'으로 자신을 나타내십니다. 만약 하나님께서 말씀하시지 않으신다면 우리는 하나님의 뜻을 알 수 없게 될 것입니다.
(창12:1-3, 13:1-4, 17:1-14,15-22, 18:16-21, 시25:14)
(사례, 렘30:18-24, 31:7-9,15-20,31-34,35-37,38-40)

③ 언약은 복음의 핵심입니다. (렘31:31)

(3) 하나님께서는 하나님의 언약을 우리 인간에게 계속 상기시키시고 계심을 보여주십니다.

① 구약시대의 제사 중 유일하게 피 없는 제사인 소제에는 하나님의 언약의 소금을 반드시 넣었으며, 누룩은 넣지 못하였습니다. (레2:11,13)

② 모세의 하나님께로부터 받은 십계명은 하나님의 언약의 기록이었습니다. 모세는 번제와 화목제를 드리고 하나님의 언약을 읽으며, 피를 백성에게 뿌리며 하나님께서 모든 말씀에 대하여 백성과 세우신 언약의 피임을 상기시켰습니다.
(출20:1-17 십계명, 24:3-8)

③ 하나님의 종인 선지자들이 말씀을 대언하여 하나님의 언약을 상기시켰습니다.
(사59:15-21, 렘30:1-24, 31:1-40, 겔36:22,25-28,37-38, 45:9, 호5:1-2, 6:1-3, 욜2:12)

2) 하나님의 언약의 방법은 여러 가지입니다.

(1) 노아와 맺은 하나님의 언약의 표징은 '무지개'였습니다.

① 하나님께서 홍수로 사람들을 멸하시기 전에 노아와 언약하셨습니다. (창6:18)

② 홍수 후에 하나님께서 땅에 있는 모든 생물들과의 언약의 증거로 무지개를 구름 속에 두시므로 세상을 홍수로 멸하시지 않으시겠다고 약속하셨습니다. (창9:12-17)

(2) 아브라함과 맺은 언약의 표징은 '그의 아들'이었습니다.

① 하나님께서 아브람에게 본토 친척 아버지 집을 떠나 하나님께서 지시할 땅으로 '가라'고 말씀하셨습니다. 아브람이 처음으로 하나님의 이름을 불렀습니다. (창12:1,4,9)

② 아브라함이 큰 민족을 이루고 번성하여 자손들이 뭇별과 같이 많을 것이라고 '약속'하셨습니다. (창12:2-9, 15:4-5, 17:1-8)

③ 아브람이 '믿음'으로 하나님께 응답했을 때, 하나님께서 아브람을 의롭게 여기셨습니다. (창15:6)

④ 하나님께서 아브라함의 '언약의 제사'를 받으셨으며, 언약의 표시는 '할례'였습니다. 하나님께서는 아브라함과 그 자손들이 대대로 하나님과의 언약을 지킬 것을 명령하셨습니다.
(창15:7-10, 17:9-14,23-24)

⑤ 하나님께서 아브라함과의 언약 성취를 위하여 '아브람'이라는 이름을 '아브라함'으로 바꾸었습니다. (창17:3-5)

⑥ 하나님께서 아브라함에게 말씀으로 '그의 아들' 이삭과 언약을 세울 것을 약속하셨습니다. (창17:19, 18:19,21)

⑦ 아브라함은 하나님께로부터 약속과 함께 '언약 의식'을 행하였으며, 믿음에 대한 시험을 받았습니다.
(창12:1-3, 15:1-21, 22:1-19)

⑧ 아브라함의 '시험' 후에 하나님께서 아브라함이 하나님을 경외한다는 사실을 인정하셨습니다. (창22:12)

(3) 모세의 언약의 표징은 '십계명'이었습니다.

① 모세의 언약은 아브라함의 언약이 체결된지 430년이 지나서 맺어졌습니다. (출34:28, 갈3:17,19)

② 이 언약은 거룩한 백성으로서의 삶을 살기를 원하시는 하나님의 율법으로 이루어졌습니다.
(출20:20, 20:1-24:18, 신4:13, 11:26-28)

③ 율법에서는 순종은 축복, 불순종은 징계(저주)로 오게 됩니다.
(신11:26-28, 27:26, 28:1-6, 갈3:10)

(4) 다윗과 맺은 언약은 예수 그리스도를 통해 성취되었습니다.

① 메시야가 다윗의 자손에서 나오리라는 언약이 있었습니다.
(시89:3-4)

② 멜기세덱의 맹세에서 그리스도의 제사장직을 설명하고 있습

니다. (창14:17-20, 시110:4, 히7:1-14,20-22)

3) 하나님의 언약은 생명과 평안으로 궁극적인 언약의 성취는 예수 그리스도이십니다.

(1) 하나님께서 인간과 맺은 언약은 생명과 평안이었습니다.

① 하나님께서 제사장(레위 지파)과 맺은 언약은 '생명'과 '평강'의 언약이었으며, 하나님을 경외하도록 하기 위한 것이었습니다. (말2:5-6)

② 하나님과 언약을 맺은 사람들이 진리의 법 가운데서 불의를 버리고 바른 길로 행할 때에 하나님께서 그 인자하심을 나타내셨습니다.
(시103:17-18, 렘31:7-9, 암5:14-15, 슥8:14-18, 말2:6)

③ 하나님의 언약은 화평과 정직으로 하나님과 동행하는 것입니다. (렘29:11-13, 31:10-14, 33:2-3, 암5:4,6, 말2:6, 3:7)

④ 그러나 인간이 하나님과 언약을 지키지 않을 경우 하나님의 징계와 심판이 있음을 하나님께서 말씀으로 강조하셨습니다.
(출20:1-17, 습2:1-4, 렘34:12-22)

(2) 궁극적인 언약의 성취는 예수 그리스도입니다.

① 하나님께서 날이 이르면 이스라엘과 유다에 '새 언약'을 세우리라고 말씀하셨습니다. (렘31:31)

② 예수님께서 죄를 사하시려고 많은 사람을 대속하시기 위하여 흘리신 피, 언약의 피로써 하나님의 언약이 성취되었습니다. (마26:28)

③ 예수님께서는 유월절 만찬에서 "이 잔은 내 피로 세우는 새 언약"이라고 하셨습니다. (마26:28, 막14:24, 눅22:20)

④ 예수님을 믿는 사람들은 하나님께서 창세 전부터 예수님께 부여하신 영광을 보게 될 것입니다. (요17:20-21)

제 **11** 장

인간에 대한 발견

인간

+ + +

인간은 어떤 존재일까요? 인간은 무엇 때문에 창조되었으며, 어떻게 이 세상에 살고 있는 것일까요? 또한 인간이 죽은 이후에는 어떻게 되는 것일까요? 이 장에서는 인간의 탄생과 죽음, 그리고 인간의 사후의 이야기를 성경을 통하여 찾아봄으로써 인간의 존재 가치를 분명하게 이해하게 될 것입니다.

+ + +

우리는 그가 만드신 바라
그리스도 예수 안에서 선한 일을 위하여 지으심을 받은 자니
이 일은 하나님이 전에 예비하사
우리로 그 가운데서 행하게 하려 하심이니라. (엡2:10)

여호와 하나님이 땅의 흙으로 사람을 지으시고
생기를 그 코에 불어넣으시니 사람이 생령이 되니라. (창2:7)

1. 인간이란 무엇일까요?

　　인간은 누구일까요? 인간은 무엇이며, 인간은 어떤 모습으로 창조되었을까요? 우리 눈에만 보이는 사람의 모습이 인간의 모습 전부일까요? 성경에 비춰고 있는 인간의 모습은 어떤 것인지, 인간이 가진 것은 무엇인지, 인간은 누구를 닮은 것인지, 이런 물음들에 대하여 성경말씀을 통하여 해답을 찾아봅니다.

1) 인간은 하나님의 형상을 닮았습니다. (창1:26, 5:1-2)

(1) 영적인 존재입니다. (창1:26-27, 2:7)

(2) 자유 의지를 가진 존재입니다. (창2:16-17)

(3) 영생의 존재, 즉 사후 세계가 있습니다. (창2:17, 요3:16)

(4) 인간은 지성을 가진 존재입니다. (창1:28, 2:19-20)

(5) 인간은 일하는 능력을 가진 존재입니다. (창2:15)

(6) 인간은 남녀의 역할이 구분되어 있습니다. (창2:23-24, 3:16-17)

2) 인간은 성별, 민족별로 구분이 됩니다.

(1) 남자와 여자로 구분됩니다. (창2:22-25)

(2) 죽은 자와 산 자로 구분됩니다. (행10:42, 딤후4:1)

(3) 각 종족과 각 족속으로 구분됩니다. (창10:15-32, 민17:2)

(4) 하나님께 속한 자, 마귀에게 속한 자로 구분됩니다.
　　(요12:12-13, 행13:10, 롬1:28-32, 약3:15-18)

3) 인간은 육체와 영으로 구성되어 있습니다. (창2:7)

(1) 삼분설은 인간이 몸·혼·영의 세 부분으로 구성되어 있다는 주장입니다. (고후1:23, 살전5:23, 히4:12, 요삼1:2)

(2) 이분설은 인간이 육신과 영혼의 두 부분으로 구성되어 있다는 주장입니다. (창2:7, 전12:7, 눅12:19-20, 요12:25, 고후7:1)

> ※ 인간의 구성 요소에 대하여 학자들은 이분설과 삼분설로 의견이 엇갈립니다. 성경에서도 고린도후서에는 사도 바울이 영혼이라고 기록하기도 하고, 또 다른 곳에서는 영과 혼과 몸으로도 기록하고 있어, 어느 주장이 맞다고 정확하게 이야기 할 수는 없습니다.

4) 인간은 하나님에 의하여 창조되었습니다.

(1) 성 삼위일체의 하나님께서 의논하여 창조하였습니다. (창1:26)

(2) 하나님 형상(지,정,의, 생령)대로 지음을 받았습니다. (창1:27)

(3) 하나님께서 흙으로 빚어 생기를 불어넣어 생령이 되게 하셨습니다. (창2:7)

(4) 하나님께서 복을 주시기 위하여 인간을 창조하셨습니다.

① 생육하고 번성하게 하기 위하여 창조하셨습니다. (창1:28)

② 땅에 충만하여 땅을 정복하도록 창조하셨습니다. (창1:28)

③ 하나님이 지으신 것을 다스리도록 창조하셨습니다.
　(창1:28, 시8:6)

5) 인간은 선택 의지를 가지고 있습니다.

(1) 모든 생물에 이름을 주고 다스리는 지식과 능력이 있게 창조되었습니다. (창2:19)

(2) 인간은 선택의 자유 의지를 가진 존재로 창조되었습니다.
　(창3:1-6)

(3) 최초의 아담의 잘못은 모든 사람에게 영향을 미치게 되었습니다. (롬5:12)

6) 인생의 본분은 하나님께 예배드리는 것입니다.

(1) 하나님을 경외하고, 그 명령대로 사는 것입니다. (전12:13)

(2) 하나님을 영화롭게 하는 것입니다. 하나님께서는 인간을 여섯
째 날 만드시고 심히 기뻐하셨습니다. (창1:31)

2. 본래 인간의 모습

　　하나님으로부터 창조되었던 인간의 본래의 모습은 어떠하였을까요? 참으로 궁금하지 않을 수 없습니다. 하나님의 형상을 닮은 본래 인간이 하나님께로부터 부여받은 하나님과의 약속은 또한 무엇이었을까요? 이 장에서는 본래 상태의 인간의 모습과 함께 하나님께서 인간과 언약을 체결하였음을 살펴봅니다.

1) 인간의 본래 상태는 하나님의 형상을 닮았습니다.
(창1:26-27, 9:6, 약3:9)

(1) 원래의 인간의 상태는 최초의 인간, 아담과 하와의 범죄 이전의 상태를 말합니다.

　① 인간의 영의 상태는 살아 있었으며, 성결한 상태였습니다.
　　(창1:27,31, 2:17, 엡2:1, 4:24)

　② 인간의 몸은 영생하도록 창조되어 있었습니다.
　　(창2:17, 3:19-22, 롬5:12, 고전15:45)

　③ 원래의 인간(아담)은 에덴 낙원에서 항상 희락의 상태에 있었습니다. (창2:17-19, 살전5:23)

(2) 본래 사람 안에는 하나님의 형상이 존재하고 있습니다.

　① 하나님의 형상은 참된 지식과 의와 선과 거룩함의 모습입니다. 본래 인간의 모습은 이러한 하나님의 형상을 가지고 있었습니다. (창1:31, 전7:29, 엡4:24, 골3:10)

　② 하나님의 형상에는 영성이 있습니다. 사람의 모습은 영이신 하나님의 형상을 닮은 영의 모습이 있습니다. (창2:7)

　③ 하나님의 형상에는 불멸성이 있습니다. (딤전6:16)

a. 본래의 인간에게는 불멸성이 있습니다.
(창2:17, 3:22, 요11:25-26)

b. 인간이 범죄함으로 그 죄에 대한 형벌로 죽음이 찾아오게
되었습니다. (창2:17, 롬5:12, 6:23, 고전15:21-22)

④ 하나님께서 인간에게 하나님의 형상을 따라 모든 피조물에 대
하여 통치할 수 있는 권위를 부여하셨습니다.
(창1:26, 시8:5-6)

(3) 그러나 인간은 범죄함으로 하나님의 형상을 잃어버렸으나, 구
속의 은혜로 그 형상의 회복이 가능합니다.

① 하나님의 형상으로 지음을 받은 사람은 하나님과의 언약을 어
기고 선악과를 따먹고 타락하게 되어 하나님의 형상을 상실하
고 말았습니다. (롬3:23, 엡2:1)

② 사람은 그리스도의 구속의 은혜로 말미암아 영적 새 창조에
의한 본래의 형상의 회복이 가능하여집니다.
(롬3:23, 고후4:4, 5:17, 갈4:19, 엡2:1, 4:23-24)

2) 하나님께서 언약으로 계약을 체결하셨습니다.

하나님께서 본래 인간인 사람에 대하여 언약으로 계약을 체결하심
으로 원래의 인간은 하나님과의 행위계약 안에 있게 되었습니다.

(1) 하나님은 최초의 사람(아담)과 언약으로 계약을 체결하셨습니
다. 이 언약을 원시계약 또는 행위계약이라고 말합니다.
(창2:16-17)

① 원시계약은 최초의 인간인 아담에게 말씀하신 언약입니다.
아담에게 영원한 생명과 행복을 주시고자 에덴의 낙원에 생명
나무와 선악과를 두시고 '선악을 알게 하는 나무의 실과는 먹
지 말라. 먹는 날에는 네가 정녕 죽으리라.'는 언약을 세우신
것을 말합니다. (창2:16-17)

② 율법은 다시 구원의 길을 열어주신 언약합니다.

인류의 죄로 아담의 계약이 파기(선악과를 따먹은 행위)로 자기 자신과 그 후손인 인류까지 모두 다 죽음의 길에서 허덕이자 하나님께서 불쌍히 여기시고 구원을 주시려고 선민 이스라엘과 다시 언약을 맺으심으로 구원을 길을 열어 주셨습니다. (출20:3, 신30:15-20, 렘7:23)

(2) 인간이 행위계약 안에 있음을 성경이 증거하고 있습니다.

① 구약성경은 하나님과 아담 사이에 계약이 체결되었다는 사실을 기록하고 있습니다. (창2:16-17, 호6:7)

a. 언약의 두 당사자는 하나님과 사람입니다. (창2:16)

b. 언약의 조건은 '선악을 알게 하는 나무의 실과는 먹지 말라'는 것이었습니다. (창2:17)

c. 언약의 위반에 따른 벌칙은 '먹는 날에는 정녕 죽으리라'는 것이었습니다. (창2:17)

② 신약성경은 아담을 오실 그리스도의 모형으로 대조하여 아담의 범죄가 우리를 죄인 되게 함 같이 그리스도의 의가 우리를 의인이 되게 하심을 설명합니다. (롬5:12-21)

③ 계약의 목적은 사람으로 하여금 죽음을 택하지 않고 생명을 택하게 하려는데 그 목적이 있었습니다. (롬7:10, 10:5, 갈3:13)

3) 행위계약은 은혜계약의 근본이 됩니다.

(1) 행위계약은 율법의 의를 행하기만 하면 구원을 얻도록 주어진 언약을 말합니다.

① 행위계약은 어디까지나 행위를 조건으로 하여 생명이 약속된 언약입니다. (창2:16-17, 레18:5, 갈3:12)

② 하나님께서는 절대 순종을 조건으로 영생을 약속하셨고, 불순종할 경우에는 영원한 죽음으로써 형벌하실 것임을 경고하셨습니다. (창2:16-17)

③ 이스라엘 백성은 하나님의 율법인 구약성경을 지키지도 못하고 위약하고 말았습니다. (단9:11, 롬3:20)

④ 결국 인간은 여전히 죄와 죽음의 자리에서 헤어나지 못하게 되었습니다. (롬4:15, 5:13)

(2) 행위계약은 은혜계약의 근본이 됩니다.

① 은혜계약은 행위의 공로 없이 오직 믿음만을 조건으로 생명이 약속된 새 언약합니다. (합2:4, 요3:16, 롬3:21, 엡2:1)

② 인류의 시조 아담을 상대로 체결한 원시계약(행위계약)이 나중 아담 되시는 그리스도에 의해 이행되어진 것을 누구든지 믿기만 하면 구원을 얻게 된다는 언약이 바로 은혜계약입니다. (행16:30-31, 요3:16, 롬4:25, 5:14-15, 10:13)

③ 행위계약은 은혜계약의 근본이 됩니다. (롬5:14-15)

3. 인간의 타락과 범죄

인간의 타락은 전적인 하나님의 명령을 어김으로 시작되었습니다. 신앙생활의 기초에서 배웠던 내용을 좀 더 심화적으로 학습하게 됩니다. 인간의 타락을 이해하지 못한다면 인간의 구원도 이해할 수 없기 때문입니다. 이 장에서는 성경이 우리에게 일깨워주고 있는 인간의 타락의 역사를 살펴봅니다.

1) 마귀의 유혹에 빠져 하나님의 명령을 어겼습니다.

(1) 하나님께서는 그분의 명령을 준수하라고 말씀하셨습니다.

① 동산 각종 실과나무는 임의로 먹어도 된다고 말씀하셨습니다. (창2:16)

② 선악을 알게 하는 나무의 열매는 먹지 말라고 하셨습니다. (창2:17)

③ 먹는 날에는 '정녕 죽으리라'고 하셨습니다. (창2:17)

(2) 뱀이 인간을 유혹하였습니다.

① 하나님의 지으신 들짐승 중에 뱀이 가장 간교하여 여자를 유혹하였습니다. (창3:1)

② 뱀은 여자에게 선악과를 먹어도 결코 죽지 않는다고 하였습니다. (창3:4)

③ 선악과를 먹으면 하나님과 같이 되어 선악을 알게 된다고 하였습니다. (창3:5)

(3) 인간이 하나님의 명령을 어김으로 범죄하였습니다.

① 여자가 선악과 나무를 본즉 먹음직하고, 보암직도 하고, 지혜

롭게도 할 만큼 탐스러웠습니다. (창3:6)

② 여자는 뱀의 유혹의 말에 "너희는 먹지도 말고, 만지지도 말라. 너희가 죽을까 하노라."하고, 오히려 하나님의 명령에 대하여 가감시켜 말했습니다. (창3:3)

③ 여자는 아담에게도 주었고, 아담도 그 실과를 먹었습니다. (창3:6)

(4) 하나님께서 범죄한 인간을 에덴 동산에서 추방하였습니다.

① 서늘할 때에 동산에서 거니시는 하나님의 음성을 듣고, 아담과 하와는 두려워하여 숨었습니다. (창3:10)

② 남자는 여자에게, 여자는 뱀에게 서로 책임을 미루었습니다. (창3:12-13)

③ 하나님께서는 각자에게 벌을 내리셨고, 사람을 에덴 동산에서 내어 보내시며 근본된 토지를 갈게 하셨습니다. (창3:14-19)

④ 생명나무는 그룹들과 화염검으로 지키게 하셨습니다. (창3:24)

2) 인간의 타락은 죄로 유전이 됩니다.

(1) 타락의 원인은 인간이 유혹에 빠졌기 때문입니다.

① 하나님께 대한 중상에 귀를 기울였기 때문입니다. (창3:1)

② 하나님 말씀과 사랑을 의심하였기 때문입니다. (창3:2)

③ 하나님의 말씀을 변질시켰기 때문입니다. (창3:3)

④ 하나님의 심판과 형벌을 부정하게 되었기 때문입니다. (창3:4)

⑤ 하나님과 동등하려고 하는 이성의 교만에 빠졌기 때문입니다. (창3:5)

(2) 죄의 흐름은 인간에게 구원을 필요로 합니다.

① 아담 한사람으로 죄가 세상에 들어왔습니다. (롬5:12)

② 우리는 모두 죄악 중에 출생했습니다. (시51:5)

③ 의인은 없으며 하나도 없습니다. 모든 사람이 죄인입니다.
   (롬3:10)

④ 그러나 하나님께서는 인간에게 가죽옷을 지어 입히심으로써
   구원의 모습을 보이셨습니다. (창3:21)

⑤ 가죽옷은 그리스도의 대속 제물로서의 희생과 피 흘리심을 상
   징합니다. (창3:21)

3) 인간은 죄인입니다.

(1) 죄의 기원은 마귀입니다.

  ① 마귀에게서 유래되었습니다. (창3:1, 요일3:8)

  ② 하나님 말씀을 순종하지 않는 데서 시작되었습니다.
     (창3:17, 롬5:19)

  ③ 욕심이 잉태하여 죄가 왔습니다. (약1:15)

  ④ 사람의 마음 속에서 작용합니다. (마12:34, 15:19)

(2) 죄란 하나님의 뜻에서 벗어나는 것을 말합니다.

  ① 죄는 하나님의 뜻에 어긋나는 인간 정욕을 말합니다. (롬1:21)

  ② 죄는 불법을 행하는 것을 말합니다. (요일3:4)

  ③ 죄는 모든 불의한 것을 일컫습니다. (요일5:17)

  ④ 죄는 선을 알고도 행치 않는 것입니다. (약4:17)

  ⑤ 죄는 믿음을 따라 행동하지 아니하는 것입니다. (롬14:23)

(3) 죄는 원죄와 자범죄로 구분할 수 있습니다.

  ① 원죄란 아담의 죄 때문에 인간에게 흐르는 유전적인 죄를 의
     미합니다. (롬5:18)

  ② 본죄란 아담의 죄 때문에 인간에게 흐르는 죄성으로 사람 각
     자가 가지게 된 자유 의지적 죄성을 말합니다. (롬5:19)

  ③ 자범죄란 알고도 모르고도 지은 심적, 행동적 나쁜 결과를 말

합니다. (시51:3, 롬4:25, 약4:17)

(4) 죄의 형편에 있는 사람은 죄를 기뻐하게 됩니다.

① 죄를 범하는 자마다 죄의 종이 됩니다. (요8:34)

② 자기 자신도 죄를 지으면서 남이 죄를 짓는 것을 기뻐하게 됩니다. (롬1:32)

③ 죄가 기회를 타게 되어 자기 자신을 스스로 속이게 되어 멸망케 됩니다. (롬7:11)

(5) 죄는 우리를 사망에 이르게 합니다.

① 하나님의 진노를 받게 됩니다. (요3:36)

② 자기 몸을 자기가 상하게 합니다. (막5:5)

③ 하나님의 영광에 이르지 못하게 됩니다. (롬3:23)

④ 반드시 심판과 영원한 형벌을 받게 됩니다. (롬2:6-13)

⑤ 심은 대로 썩어진 것을 거두게 됩니다. (욥4:8-9, 갈6:7)

⑥ 사망에 이르게 됩니다. (겔18:12-13, 롬6:23, 약1:15)

⑦ 천국에 들어가지 못하게 됩니다. (고전6:9-10, 계21:27)

(6) 죄가 가진 특성은 유전과 멸망입니다.

① 죄는 고착성(固着性)이 있습니다. (창4:7, 요5:29)

② 죄는 발육성(發育性)이 있습니다. (사1:5, 약1:15)

③ 죄는 방해성(妨害性)이 있습니다. (사59:2, 렘5:25)

④ 죄는 오염성(汚染性)이 있습니다. (렘17:9, 롬5:12)

⑤ 죄는 파멸성(破滅性)이 있습니다.
   죄는 죽음을 가졌습니다. (창2:17, 겔18:20, 고전15:56)

4) 하나님께서 우리에게 속죄의 길을 허락하셨습니다.

(1) 인간은 죄를 극복할 능력이 없습니다.

① 인간은 누구나 죄를 사할 수 있는 권능이 없습니다. (막2:7)

② 율법을 지킨다거나(다 지킬수 없음), 인간의 도덕, 재물, 교양, 지식, 수양과 같은 행위로는 결코 죄 사함을 받을 수 없습니다. (갈2:16)

(2) 하나님께서는 우리에게 구속의 은총을 허락하셨습니다.

① 죄는 오직 하나님께서만 죄를 사해 주실 수 있으십니다.
(출34:7, 막2:7)

② 오직 내 죄 대신 십자가 위에서 흘리신 하나님의 외아들 독생자(獨生子) 예수 그리스도의 피를 믿고 의지하여야만 구속의 은총을 누릴 수 있습니다. (엡1:7)

③ 하나님 앞에 과거의 우리 죄를 온전히 자백하여, 회개하고, 예수 그리스도의 이름으로 세례를 받는 사람만이 죄 사함을 얻게 됩니다. (행2:38, 요일1:9)

4. 인간의 죽음과 사후

　인간의 타락의 결과는 당연히 죽음이었습니다. 하나님의 명령을 위반하였고, 하나님께서 선악과를 죽게 될 것이라고 사전에 말씀하셨기 때문입니다. 그러나 인간의 죽음은 단순한 죽음에 끝나지 않습니다. 다시 영혼이 육체의 몸을 입고 부활할 것이기 때문입니다. 이 장에서는 인간의 죽음과 사후에 대하여 알아봅니다.

1) 인간은 죄 때문에 죽음에 이르게 되었습니다.

　(1) 인간의 사망은 흙으로 돌아가는 것입니다.

　　① 몸이 흙으로 돌아가게 됩니다. (창3:19)

　　② 몸과 영혼이 분리되는 것입니다. (마10:28)

　　③ 몸은 흙, 영혼은 하나님께 돌아가는 것입니다. (전12:7)

　　④ 영혼이 떠나버린 몸을 말합니다. (약2:26)

　(2) 사망의 이유는 죄 때문입니다.

　　① 원죄(아담의 불순종) 때문에 인간은 흙으로 돌아가게 됩니다. 이것이 죽음입니다. (창3:19)

　　② 아담의 불순종으로 죄가 세상에 들어오고 이 원죄 때문에 사망이 오게 되었습니다. (롬5:12)

　　③ 원죄(아담의 불순종)의 유전으로 인해 모든 사람이 죄를 짓게 되었으므로 모든 사람이 사망이 이르게 되었습니다. (롬3:20, 5:12)

　　④ 율법의 행위로 인하여 죄인이 되어, 사망에 이릅니다. (롬3:20, 6:23)

(3) 사망은 영적인 죽음과 육적인 죽음으로 구별됩니다.

① 영적인 죽음이 있습니다.

죄와 허물로 죽었던 우리가 예수 그리스도를 알지 못하던 때의 죽음 아래 있던 모습을 말합니다. (엡2:1)

② 육(肉)적인 죽음이 있습니다.

죄 지은 육체가 흙으로 돌아가는 것을 말합니다. (창3:19)

③ 영원한 사망이 있습니다.

이는 둘째 사망, 즉 지옥을 말합니다. (계21:8)

2) 사망 후 부활 때까지 음부와 낙원에 있게 됩니다.

(1) 죽은 후에는 의식이 있는 상태로 존재하게 됩니다.

① 십자가의 한 강도에게 말씀하신 것처럼 사망 직후 예수님을 믿은 사람들도 낙원에 있게 될 것입니다. (눅23:43)

② 부자와 거지 나사로의 이야기에서처럼 예수님을 믿지 않은 사람들은 고통을 느끼는 음부에 가게 될 것입니다. (눅16:23)

③ 이 땅에 가난하게 살던 거지 나사로는 아브라함의 품에 있게 되었습니다. (눅16:22)

④ 바울은 죽은 자들을 '자는 자'라고 표현하고 있습니다.

죽은 직후에는 모두 다 '잠자는 상태'로 볼 수 있을 것입니다. (살전4:13)

(2) 구속받은 자는 천국에서 예배하며 기다립니다.

① 그들은 예배하고 있습니다. (계7:9-10)

② 더 많은 사람들이 오게 되기를 기다립니다. (계6:9-11)

③ 그들은 안식하게 되어, 더 이상의 눈물을 흘리지 않게 됩니다. (계7:17)

(3) 환난을 당하고 죽은 성도들은 천국에서 쉼을 얻게 될 것입니다.

① 성도들은 천국에서 쉬게 될 것입니다.

하나님의 말씀과 증거를 인하여 죽임을 당한 영혼들이 제단 아래에서 신원할 때, 흰 두루마기를 주시며, 잠시 동안 쉬게 하십니다. (계6:9-11)

② 성도들은 밤낮 하나님을 섬기게 될 것입니다.

큰 환란을 당한 흰 옷을 입은 사람들이 손에 종려가지를 들고 보좌 앞과 어린 양에게 큰 소리로 구원을 외칠 때, 하나님께서 생명수 샘물로 인도하여 눈물을 씻어 주시며, 어린 양이 저희 목자가 되어, 밤낮 하나님을 섬기게 될 것입니다. (계7:9-17)

(4) 믿음의 사람들은 즐거움이 지속될 것입니다.

① 주님을 섬기는 즐거움이 계속될 것입니다. (롬8:33-39)

② 부활과 재림을 기다리는 즐거움이 계속될 것입니다. (롬8:18-25)

③ 의의 면류관(상급)을 기다리는 즐거움이 계속될 것입니다. (딤후4:8)

(5) 불신자들은 고민과 고통이 계속될 것입니다.

① 괴로움과 고민이 계속될 것입니다. (눅16:24)

② 천국을 보면서도 가지 못하는 고민이 계속될 것입니다. (눅16:25-26)

③ 음부에서 불꽃 가운데서 고통이 계속될 것입니다. (눅16:28)

3) 사망 후에는 심판과 부활이 있습니다.

(1) 죽은 후에는 심판이 존재합니다.

① 죽음은 정해진 것으로 그 후에는 심판이 있습니다. (히9:27)

② 무덤에 있던 자는 생명과 심판의 부활로 나옵니다. (요5:29)

③ 순교자들의 신원이 주님께 심판을 요청하고 있습니다.

(계6:9-10)

(2) 죽은 후에는 다시 부활하게 됩니다.

    ① 음부에 있던 자는 심판의 부활로 일어나게 됩니다. (요5:29)

    ② 낙원에 있던 자는 생명의 부활로 일어나게 됩니다. (요5:29)

    ③ 심판의 부활로 일어나는 자는 지옥으로 가게 됩니다.
      (마19:28)

    ④ 생명의 부활로 일어나는 자는 영생으로 가게 됩니다.
      (요6:39-40)

제 **12** 장

우리의 영원하신 구세주

예수 그리스도

✝ ✝ ✝

　인류의 영원한 소망 예수 그리스도, 우리는 그분에 대하여 얼마나 많은 수식어를 붙여야 할까요? 그분이 이 세상에 오신 일대기를 들어봅니다. 예수님의 탄생과 죽음, 그리고 부활과 승천의 사역까지, 그분의 걸어가신 길을 함께 걸어가 봄으로써 우리가 가진 구원의 소중함을 더욱 확증하게 될 것입니다.

✝ ✝ ✝

주는 그리스도요 살아 계신 하나님의 아들이시니이다.

(마16:16)

1. 예수님은 어떤 분일까요?

예수님은 누구일까요? 참으로 의문을 갖지 않을 수 없습니다. 처음 예수님의 이야기를 들을 때보다, 시간이 지날수록 예수님이 어떤 분이신지 더욱 의문을 갖게 됩니다. 예수님의 이름을 아는 것은 그분이 어떤 분이신지, 어떤 성품을 가지신 분이신지를 알게 해줍니다. 예수님의 이름과 그분의 성품을 함께 공부해 봅니다.

1) 성경에는 예수님의 이름이 다양하게 나타납니다.

(1) 성경에서 중요하게 여겨지는 예수님의 이름이 있습니다.

① 주님(Lord), 생명의 소유권을 가진 주인 (마21:3)

② 예수(Jesus), 하나님의 구원 (마1:21,25)

③ 그리스도(Christ), 기름 부음 받은 자 (마1:16, 22:42)

④ 메시야(Messiah), 인류의 구세주 (요4:25)

⑤ 임마누엘(Immanuel, God with us), 하나님이 우리와 함께 계심 (사7:14, 마1:23)

⑥ 하나님의 아들(Son of God), 하나님의 독생자 (마16:16, 요1:49, 11:27)

⑦ 인자(Son of Man), 사람 몸을 입고 오신 분 (마24:30)

(2) 구약성경에는 예수님의 이름이 예언되어 있습니다.

① 임마누엘, 하나님이 우리와 함께 계심 (사7:14, 마1:23)

② 기묘자, 신기하고 묘하신 분 (사9:6)

③ 모사, 모든 지혜를 가지신 분 (사9:6)

④ 전능하신 하나님 (사9:6)

⑤ 영존하시는 아버지 (사9:6)

⑥ 평강의 왕 (사9:6)

(3) 예수님께서 그분 자신을 표현한 특유의 형태의 말씀이 요한복음서에는 기록되어 있습니다. (나는...... 이다, I am......)

① 나는 생명의 떡이다. (요6:35)

② 나는 세상의 빛이다. (요9:5)

③ 나는 양의 문이다. (요10:7)

④ 나는 선한 목자다. (요10:11)

⑤ 나는 부활이요 생명이다. (요11:25)

⑥ 나는 길이요 진리요 생명이다. (요14:6)

⑦ 나는 참 포도나무다. (요15:1)

(4) 예수님을 나타내는 여러 호칭들이 4복음서에 많이 나타납니다.

① 아기 (마2:8-9, 2:13-20, 눅2:12)

② 하나님의 떡 (요6:33)

③ 신랑 (마9:15, 요3:29)

④ 이스라엘의 위로 (눅2:25)

⑤ 모퉁이의 머릿돌 (마21:42)

⑥ 목수의 아들 (마13:55)

⑦ 문 (요10:7-9)

⑧ 세리와 죄인의 친구 (마11:19)

⑨ 사람 (요1:30, 9:11)

⑩ 선생 (마10:24, 23:8)

⑪ 나사렛 사람 (마2:23)

⑫ 나사렛 예수 (요1:45)

⑬ 의사 (마9:12, 눅4:23)

⑭ 아브라함과 다윗의 자손 (마1:1)

⑮ 요셉의 아들 (눅4:22, 요1:45)

(5) 히브리서는 예수님을 나타낸 호칭(이름)이 많이 나옵니다.

① 아들 (히1:2)

② 만유의 상속자 (히1:2)

③ 맏아들 (히1:6)

④ 영광의 광채 (히1:3)

⑤ 본체의 형상 (히1:3)

⑥ 하나님 (히1:8)

⑦ 주(Lord) (히2:3)

⑧ 주(Captain) (히2:10)

⑨ 주(Auther) (히12:2)

⑩ 대제사장 (히2:17, 3:1, 6:20)

⑪ 사도 (히3:1)

⑫ 그리스도 (히3:6)

⑬ 앞서 가신 자 (히6:20)

⑭ 언약의 중보자 (히8:6)

⑮ 온전케 하시는 이 (히12:2)

⑯ 믿음의 주 (히12:2)

⑰ 양의 큰 목자 (히13:20)

⑱ 우리 주 예수 (히13:20)

(6) 신약성경의 여러 곳에서 예수님의 다른 호칭들을 보여 줍니다.

① 구주(구속주, 구세주, Savior) (눅2:11, 행5:31)

② 말씀 (요1:1,14, 계14:13)

③ 하나님의 어린 양 (요1:29,36, 계5:6)

④ 영광의 주 (고전2:8, 약2:1)

⑤ 만왕의 왕, 만주의 주 (계19:16/ 비교, 딤전6:15)

⑥ 선지자 (마13:57, 21:11, 요4:44)

⑦ 대제사장 (히4:14, 5:10)

⑧ 유대인과 이스라엘의 왕 (마2:2, 21:5, 27:11,29,42, 요1:49)

2) 예수님께서는 창세 이전부터 계셨습니다.

(1) 성경은 그분의 신성한 존재의 사실을 증거합니다.

① 세례 요한은 '나보다 먼저 계시는 분이 이 분'이라고 증거하였습니다. (요1:15, 1:27)

② 사도 요한이 태초부터 말씀이 계심을 증거하였습니다.
(요1:1, 요일1:1-2)

③ 사도 바울이 '그분은 만물 위에 계셔서 세세에 찬양을 받으실 하나님'이시며, '그분은 근본 하나님의 본체'이심을 증거하였습니다. (빌2:6-8)

④ 사도 베드로가 '그는 창세 전부터 미리 알리신 바 되신 분'이시라고 증거하였습니다. (벧전1:20)

⑤ 예수님 자신이 하늘로부터 내려왔으며, 아브라함이 태어나기 전, 창세 전부터 하나님과 함께 계셨음을 증거하셨습니다.
(요6:38-39, 6:51,61-62, 17:5)

(2) 거룩하신 예수님의 활동이 하나님과 함께 하였습니다.

① 그분은 만물보다 먼저 계셨으며, 만물이 그분 안에 함께 계셨습니다. (요1:3, 골1:15-17, 히1:2, 1:10)

② 창조된 우주의 주인이 되십니다.
땅에 보이는 것들이나 보이지 않는 모든 것들, 즉 보좌들이나, 주관자들이나 만물이 다 그분으로 말미암고, 그분을 위하여 창조되었습니다. (히1:2, 골1:17)

③ 성부와 교제하시는 분이십니다. (요17:23,24)

(3) 구약성경에서 성부 하나님께서 이미 예수 그리스도의 구원의 사역에 관여하셨을 알 수 있습니다.

① 야곱이 죽기 직전 두 손자들의 축복 장면에서 예수님께서 이미 사역하시고 계셨음을 볼 수 있습니다. (창48:16)

② 삼손의 아버지 마노아가 주님의 사자의 이름을 물을 때 기묘라 대답하셨습니다. (삿13:18, 사9:6의 기묘와 동일)

3) 많은 사람들이 예수 그리스도를 믿음으로 예수님을 주님(Lord)으로 고백하였습니다. (마16:13-17)

※ 주님은 그리스도시요 살아계신 하나님의 아들입니다. (마16:16, 요11:27)

(1) 사람들은 예수님을 세상의 한 사람으로 생각했습니다.

① 윤리, 도덕, 정의의 실현자인 세례 요한처럼 생각했습니다.
(마16:14/ 비교, 마14:4)

② 이적을 행하는 신비의 엘리야처럼 생각했습니다.
(마16:14/ 비교, 약5:17)

③ 눈물의 애국자 예레미야처럼 생각했습니다.
(마16:14/ 비교, 마23:37-38)

④ 많은 선지자, 성인 가운데 한 사람으로 생각했습니다.
(사53:7-12, 마16:14)

※ 유대 사람들은 그리스도를 구약성경에서 예언되어진 인류의 구속주로서의 메시야로 기대한 것이 아니라, 이스라엘이 처해진 시대적 상황의 문제를 해결하여줄 정치적인 메시야로 기대하였던 것으로 보입니다.

(2) 제자들은 예수님을 따르는 3년 동안 보고 들은 과정에서 예수님이 메시야임을 알았습니다.

① 주님은 예수 그리스도, 인류의 구세주이신 메시야이십니다.
(마1:21)

② 예수님은 하나님의 아들로서 말씀으로 육신이 되신 분이십니다. (마16:16, 요11:27)

③ 예수님은 하나님의 본체, 하늘에서 오신 하나님 자신이십니다. (요20:28, 롬9:5, 빌2:5, 요일5:20)

④ 예수님은 독생하신 하나님, 이 세상에 오신 하나님이십니다. (요1:18)

⑤ 예수님은 영생의 말씀, 사람에게 영생을 주시는 분이십니다. (요6:68)

⑥ 예수님은 거룩하신 하나님이십니다. (요6:69)

⑦ 예수님은 만유의 주, 영광의 주님이십니다. (행10:36, 고전2:8)

(3) 예수님께서는 예수님 자신이 어떤 분이신지 밝히셨습니다. 이는 예수님의 이름과 관련이 됩니다.

① '영생과 심판의 주관자'임을 밝히셨습니다. (요5:22,24)

② '하나님 인 치신 자'라고 하셨습니다. (요6:27)

③ '하나님이 보내신 자'라고 하셨습니다. (요6:29)

④ '생명의 떡'이라고 하셨습니다. (요6:35)

⑤ '하늘에서 내려온 자'라고 하셨습니다. (요6:38)

⑥ '사람을 다시 살리시는 자'라고 하셨습니다. (요6:40)

⑦ '세상의 빛'이라고 하셨습니다. (요9:5)

⑧ '양의 문'이라고 하셨습니다. (요10:7)

⑨ '선한 목자'라고 하셨습니다. (요10:11)

⑩ '부활과 생명'이라고 하셨습니다. (요11:25)

⑪ '길과 진리와 생명'이라고 하셨습니다. (요14:6)

⑫ '참 포도나무'라고 하셨습니다. (요15:1)

⑬ '알파와 오메가', '처음과 마지막', '시작과 마침'이라고 하셨습니다. (계1:17, 22:13)

⑭ '만왕의 왕, 만주의 주'라고 하셨습니다.

(계19:16/ 비교, 마28:18)

(4) 천사들은 예수님이 어떤 분이신지 알았습니다.

① '자기 백성을 죄에서 구원할 자'라고 하였습니다. (마1:21)

② '모든 인류를 위한 구세주'라고 하였습니다. (눅2:11)

③ '그리스도 주님'이라고 하였습니다. (눅2:11)

(5) 하나님께서는 예수님에 대하여 증거하셨습니다.

① '내 사랑하는 아들'이라고 증거하셨습니다. (마3:17)

② '내 기뻐하는 자'라고 증거하셨습니다. (마3:17)

4) 예수님의 성품은 신실한 사랑의 모습입니다.

(1) 예수님은 사랑이셨습니다. (요15:13)

① 아버지를 사랑하였습니다. (요14:31, 15:10)

② 제자들을 사랑하였습니다. (요13:34, 17:2-12, 19:25-27)

③ 세상에 있는 예수님의 사람들을 사랑하시되 끝까지 사랑하셨습니다. (요13:1)

④ 어린아이들을 사랑하였습니다. (막10:13-16)

⑤ 친구들을 사랑하였습니다. (요11:1-13, 13:23)

⑥ 예루살렘 성을 사랑하였습니다. (마23:37, 눅19:41)

(2) 예수님은 선하시고 진실하신 분이십니다. (요1:14, 10:14)

① 예수님은 선한 목자이십니다. 양을 위하여 목숨을 버리셨습니다. (요10:14)

② 착한 일을 많이 행하셨습니다. 마귀에게 눌린 자를 고치셨습니다. (행10:38)

③ 은혜와 진리가 충만하신 분이셨습니다. (요1:14)

④ 보내신 이(하나님)의 영광을 구함으로, 하나님의 뜻을 행하셨습니다. (요7:17-18)

(3) 예수님은 사랑의 성품을 가지신 분이셨습니다.

① 예수님은 선하신 분이십니다. (요10:14, 행10:38)

② 예수님은 사랑이 많으신 분이십니다. (요13:1, 15:13)

③ 예수님은 용서하시는 분이십니다. (마18:22, 요8:11)

④ 예수님은 무죄하신 분이십니다. (히4:15, 벧전1:18-19)

⑤ 예수님은 공의로우신 분이십니다. (요5:30)

⑥ 예수님은 진실하시고 의로우신 분이십니다. (요1:14, 7:18)

⑦ 예수님은 열정을 가지셨습니다. (막3:21, 눅2:49, 요2:15-17)

⑧ 예수님은 연민을 느끼셨습니다.
(마9:36, 14:14, 15:32, 막5:19, 9:22-23, 눅7:13, 히5:2)

⑨ 예수님은 겸손하시고 온유하셨습니다.
(마11:29, 20:28, 요13:4-5, 고후10:1, 빌2:6, 벧전2:21-22)

⑩ 예수님은 용기를 가지신 분이셨습니다. (막10:32-34)

2. 오실 메시야에 대한 예언의 성취

 구약성경은 메시야가 오실 것임을 구약성경의 여러 부분에서 예언하고 있습니다. 예수님의 탄생의 예언이 무엇이었는지, 그리고 탄생의 예언들이 어떻게 성취되었는지를 구약성경을 통해서 찾아봅니다. 예수님의 이 땅에 오신 성육신의 사건이 어떻게 인간의 구원과 자유함을 위한 언약의 성취로 이루어졌는지를 살펴봅니다.

1) 예수님의 탄생(성육신) 예언들이 성취되었습니다.

(1) 메시야는 사람의 아들로 태어나셨습니다.
(창3:15, 사7:14, 9:6, 53:2, 마1:18-25)

(2) 그리스도는 사람으로 태어나셨습니다.
(삼하7:14, 시2:7, 사7:14, 9:6, 히1:5)

(3) 그리스도께서 처녀의 몸에서 나셨습니다.
(사7:14, 마1:18, 갈4:4)

(4) 하나님의 아들이 되셨습니다. (사9:6)

(5) 유대 땅 베들레헴에서 탄생하셨습니다.
(미5:2, 마2:5-6, 눅2:4-6)

(6) 공평과 정의로운 왕이 되셨습니다.
(삼하7:13, 사9:7, 눅1:32-33)

(7) 예수그리스도는 이스라엘의 백성, 유다지파, 다윗의 자손으로 이 세상에 오셨습니다.
(창49:10, 대상2:15, 사9:6, 마1:3,6, 눅2:4, 요1:11, 롬1:16, 9:3-5, 히7:14/ 비교, 삼하7:16)

2) 예수님의 생애의 예언들이 이루어졌습니다.

(1) 그는 나사렛 사람이라 불리셨습니다. (사11:1, 마2:23)

(2) 그는 많은 사람을 치유하셨습니다. (사53:4, 마8:16-17)

(3) 예루살렘 성을 나귀를 타고 왕으로 입성(入城)하셨습니다.
(슥9:9, 마21:1-11)

(4) 은 30에 팔렸습니다. (슥11:12, 마26:15)

(5) 침 뱉음을 받고 채찍에 맞았습니다. (사50:6, 막14:65)

(6) 멸시를 받으시면서도 양처럼 잠잠하셨습니다.
(사53:7, 마26:62)

(7) 죄인처럼 십자가를 지셨습니다. (사53:7, 요19:17-21)

(8) 그분의 옷을 나누고 제비를 뽑았습니다.
(시22:18, 눅23:34, 요19:23)

(9) 그분의 영혼을 아버지(성부 하나님)께 의탁하셨습니다.
(시31:5, 눅23:46)

(10) 돌아가신 후 부자의 무덤에 장사되셨습니다. (사53:9, 요19:38)

(11) 죽은 자 가운데서 다시 살아나셨습니다. (시16:10, 마28:7)

(12) 부활하신 후 승천(昇天)하셨습니다. (시63:8, 행1:9)

(13) 예수님 오시기 전에 엘리야와 같이 세례 요한이 먼저 왔습니다.
(말4:5, 마11:14)

(14) 그분은 버림 받은 모퉁이의 돌이 되셨습니다.
(시118:22-23, 마21:42)

3) 이 땅에 오신(성육신) 이유는 인간의 구원과 자유를 위함이었습니다.

(1) 그분의 백성, 즉 택한 사람들을 죄에서 구원하기 위하여 오셨습니다. (마1:21)

(2) 우리 죄를 속량하시기 위하여 오셨습니다. (막10:45, 히2:17)

(3) 자기 양들에게 생명(영생)을 주시기 위하여 오셨습니다.
(요10:10)

(4) 보이지 아니하시는 하나님의 계시를 위하여 오셨습니다.
(요1:18, 14:9)

(5) 인간과 화목시키시기 위하여 오셨습니다.
(고후5:19, 딤전2:5-6, 히2:17)

(6) 믿는 자들에게 본을 보이시기 위하여 오셨습니다.
(벧전2:21, 요일2:6)

(7) 믿는 자들에게 대제사장이 되시기 위하여 오셨습니다.
(히2:17, 3:1)

(8) 역사적인 아담의 자손에 대한 저주를 제거하시기 위하여 오셨습니다. (롬5:12)

(9) 마음이 상한 자들을 치료하시기 위하여 오셨습니다. (눅4:18)

(10) 상처받은 자에게 자유를 주시기 위하여 오셨습니다. (눅4:18)

(11) 주님의 은혜의 해(年)를 나타내시기 위하여 오셨습니다.
(눅4:19/ 비교, 레25:10)

(12) 풍성한 생명을 주시기 위하여 오셨습니다. (요3:36, 10:10)

(13) 성부 하나님을 영화롭게 하시기 위하여 오셨습니다.
(요17:4)

3. 그리스도의 탄생과 어린 시절

우리가 예수님의 생애를 알면 알수록 그분의 탄생과 그분의 어린 시절이 궁금해집니다. 또한 선지자들은 예수님을 어떤 모습으로 바라보았는지 알고 싶어집니다. 예수님의 탄생 시 그분이 구세주라는 사실을 알았던 예언자들의 찬송 내용과 어린 예수님의 성장 과정을 성경이 어떻게 기록하고 있는지 살펴봅니다.

1) 성경은 두 종류의 서언과 계보를 보여 줍니다.

(1) 성경은 두 종류의 서언을 보여 줍니다.

① 누가복음에서의 서언은 그리스도에 사역에 대한 목적의 사실을 증언하고 있습니다. (눅1:1-4)

② 요한복음에서의 서언은 말씀이신 하나님으로서의 예수님을 증언하고 있습니다. (요1:1-5)

(2) 성경은 두 종류의 계보를 기록합니다.

① 마태의 계보는 아브라함으로부터 요셉까지 차례로 기록하고 있습니다. (마1:1-17)

② 누가의 계보는 요셉으로부터 이삭까지 거슬러 올라가며 기록하고 있습니다. (눅3:23-38)

2) 예수님의 탄생은 선지자들로부터 예언된 사실이었습니다.

(1) 예수님의 탄생은 오래 전 선지자들로부터 미리 예언된 사실이었습니다.

① 여인의 후손을 통해 오셨습니다. (창3:15, 갈4:4)

② 처녀의 몸을 빌려 성령으로 잉태되셨습니다.
　　(사7:14, 마1:18-25)

③ 유대 땅 베들레헴에 오셨습니다. (미5:2, 마2:6)

(2) 예수님 출생 직전에 세 번의 고지가 있었습니다.

① 요한의 출생을 스가랴에게 알렸습니다. (눅1:5-25)

② 예수님의 탄생을 마리아에게 알렸습니다. (눅1:26-38)

③ 마리아의 순결을 요셉에게 알렸습니다. (마1:18-25)

3) 다섯 사람이 하나님을 찬양하였습니다.

(1) 엘리사벳이 마리아를 향한 하나님의 말씀의 성취를 찬양하였습니다. (눅1:39-45)

(2) 마리아가 하나님을 찬양하였습니다. (눅1:46-56)

(3) 스가랴가 하나님을 찬양하였습니다. (눅1:57-79)

(4) 천사들이 하나님을 찬양하였습니다. (눅2:8-14)

(5) 시므온이 하나님께 찬양하였습니다. (눅2:25-35)

4) 성경은 예수님의 30세까지의 성장 과정을 보여 줍니다.

(1) 탄　　생 : 베들레헴에서 (눅2:1-21)

(2) 헌　　신 : 베들레헴에서 예루살렘으로 (눅2:22-38)

(3) 박사방문 : 예루살렘에서 다시 베들레헴으로 (마2:1-12)

(4) 피신여행 : 베들레헴에서 애굽으로 (마2:13-18)

(5) 소년시절 : 애굽에서 나사렛으로 (마2:19-23, 눅2:39)

(6) 성전대화 : 나사렛에서 예루살렘으로 (눅2:41-50)

(7) 준비기간 : 예루살렘에서 다시 나사렛으로 (눅2:51-52)

4. 예수님의 지상 생활과 사역

예수님의 지상 생활의 사역은 회당에서의 가르침과 복음 전파, 그리고 백성 중의 모든 병과 모든 약한 것을 고치시는 것, 그분의 고난과 죽으심 등으로 요약할 수 있습니다. 그분의 가장 큰 사역의 중심은 십자가 위에서 고난과 부활이었습니다. 예수님의 지상 사역과 중요한 교훈들을 성경을 통해서 살펴봅니다.

1) 예수님의 생애는 그분의 어린 시절과 공 생애, 그리고 십자가의 고난과 부활, 승천 등으로 설명할 수 있습니다.

(1) 공 생애 이전의 어린 시절은 성전 가까이에서 생활하였음을 볼 수 있습니다.

① 나신 후 8일만에 결례를 따라 성전에 가셨습니다. (눅2:21)

② 12살 때 부모님과 같이 유월절 성전에 가셨습니다. (눅2:42)

③ 지혜와 키가 자랐습니다. 30세까지 목수일을 하셨습니다.
(눅2:52/ 비교, 마13:55, 막6:3)

④ 나머지 이야기는 성경에서는 침묵하고 있습니다.

(2) 공 생애 기간 동안의 주된 사역은 천국 복음의 전파와 치유였습니다. (마4:23)

① 산과 회당에서 가르치며 사셨습니다.
(마4:23, 5:1-7:29, 눅4:14-44 / 비교, 마8:1-34)

② 천국 복음을 전파하셨습니다. (마4:23, 눅4:44)

③ 백성 중의 모든 약한 것과 병을 고치셨습니다. (마4:23)

※ 예수님께서 실천하셨던 전도와 교육 및 봉사의 사역은 오늘날에도 『교회의 선교』로 그대로 이어지고 있습니다.

(3) 예수님의 사역의 중심은 십자가에서의 고난과 부활입니다.

   ① 예수님께서 십자가를 지심으로 제사장직을 감당하셨습니다.
     (히9:28, 10:10)

   ② 십자가에 돌아가신지 3일 만에 부활하셨습니다. 앞으로 일어
     날 우리 그리스도인들의 심판과 부활을 예견하셨습니다.
     (눅24:21-23, 요5:28-29, 고전15:4)

   ③ 부활 후 40일만에 승천하셔서, 하나님 우편에 앉으셨습니다.
     (막16:19, 눅24:51, 행1:3,9, 롬8:34, 히10:12)

   ④ 부활 승천하신 후에 제자들에게 보이셨습니다. (행7:55-56)

   ⑤ 만왕의 왕으로의 재림을 약속하셨습니다.
     (행1:11, 딤전6:15, 살전4:14, 계1:7, 19:16)

2) 주님께서 열두 제자를 부르시고 사역을 맡기셨습니다.

(1) 시몬 베드로는 어부였으며, 안드레의 형제였습니다.

   ① 제자들 중에서 예수님께서 가장 사랑하는 세 제자 중 하나로
     가장 먼저 이름이 기록됩니다. (눅8:51, 22:8)

   ② 예수님이 요한에게 세례를 받던 때에 처음으로 언급되었습니
     다. 베드로는 벳새다 사람이었으며, 그의 집은 가버나움에 있
     었습니다. (눅5:3-11, 요1:40-44)

   ③ 베드로에게는 아내가 있었으며, 그의 아내는 사도로 활동하는
     베드로와 행동을 같이하였습니다.
     (마8:14-15, 막1:29-30, 눅4:38, 고전9:5)

   ④ 그는 야고보와 요한의 동료 어부였습니다. (요1:40)

   ⑤ 시몬은 그의 본래 이름이었으며, 예수님께서 바꿔 주신 그의
     새 이름은 '베드로(헬라어)', '게바(아람어)'로 둘 다 '반석'이란
     뜻이었습니다. (요1:42)

   ⑥ 그리스도에 대하여 두 번의 신앙고백을 하였으며, 후에 예수

님께서 사도로서의 소명을 부여하셨습니다.
(마16:16, 요6:68-69, 13:36, 21:15-19)

⑦ 활발하고 열정적인 사람이었던 반면에 충동적이고 성급한 천성을 가진 지도자였습니다.
(마14:28-31, 16:21-23, 17:1-4, 18:21-22, 19:27-30, 26:36-40, 눅22:54-62, 24:12,34, 요13:6,24, 36, 18:15-18,25-27, 20:2-10, 21:1-14)

⑧ 유대에 교회를 설립하였으며, 그 교회를 계속해서 이끌었습니다. (행12:5)

(2) 안드레는 원래 세례 요한의 제자였습니다. (요1:40)

① 벳새다 사람인 그는 요한과 더불어서 예수님의 첫 번째 회심자였습니다. (요1:40-44)

② 주님을 영접하고 형제인 베드로를 주님께로 인도하였습니다. (요1:41)

③ 전승에 의하면 후일 안드레는 소아시아, 헬라, 스카타이(현재, 우크라이나, 러시아, 카자흐스탄 지역)에서 전도했다고 알려져 있습니다.

(3) 요한은 야고보의 형제이며, 세례 요한의 제자였습니다.
(마4:21, 막10:35)

① 십자가 앞에 남은 유일한 사도로서, 예수님의 어머니 마리아를 돌보라는 책임을 맡았습니다. (요19:25-27)

② 요한은 수제자 세 명 중 한 사람이었으며, 예수님에게 가장 가까운 제자로 인정되었습니다. (마17:1-4)

③ 다섯 번이나 예수님의 사랑하는 제자라고 기록되었습니다.
(요13:23, 19:26, 20:2, 21:7,20)

④ 에베소에 오래 살면서 요한복음과 세 편의 편지(요한1·2·3서)를 썼고, 요한계시록을 기록하였습니다.

(요21:24, 요일1:4, 요이1:1, 요삼1:1, 계1:1-2)

(4) 야고보는 요한의 형제였으며, 어업에 종사하였습니다. (마4:21)

　① 우뢰의 아들이라는 별명을 얻었습니다. (막3:17)

　② 최초로 순교한 사도였습니다. (행12:1-2)

(5) 빌립은 세례 요한의 제자였습니다.

　① 벳새다 사람으로 베드로와 안드레의 동향인이었습니다. (요1:43-46)

　② 그는 나다나엘을 그리스도께로 인도하였으며, 아버지(성부 하나님)을 보여 달라고 예수님께 요구하였을 정도로 실제적인 성격이었습니다. (요1:43-46, 6:5-7, 12:20-22, 14:8-9)

　③ 전승에 의하면 그는 후일 브루기아 지역에서 전도했다고 알려져 있습니다.

(6) 나다나엘은 바돌로매라고 합니다.

　① 무화과나무 아래에서 빌립의 전도를 받았습니다. (요1:45-46)

　② 처음으로 그리스도를 하나님의 아들이며, 이스라엘의 왕이라고 불렀습니다. (요1:49-51)

　③ 전승에 의하면 그는 파르티아(고대 이란의 왕국)에서 전도한 것으로 알려져 있습니다.

(7) 마태는 레위라고도 하며, 세리였습니다.

　① 레위라고도 불렸던 마태에 대하여는 거의 알려진 바가 없습니다. (막2:14)

　② '나를 따르라'는 간단한 부르심을 받고 예수님을 따라 나섰으며, 마태복음을 기록하였습니다. (마9:9-13, 막2:14-17)

　③ 누가복음에서 마태는 예수님을 위하여 큰 잔치를 베풀고, 예수님을 따르기 위하여 모든 것을 포기했다고 기록되어 있습니다. (눅5:27-32)

④ 전승에 의하면 마태는 팔레스타인에서 몇 년 동안 전도하다가
외국을 여행하고, 그의 복음을 처음엔 히브리어로 썼다가 몇
년 후에 헬라어로 완성했다고 알려집니다.

(8) 다대오는 야고보의 아들 유다라고도 합니다.

① 작은 야고보의 형제였으며, 그리스도께서 어떻게 자신을 계시
하시는지 물었습니다. (막15:40, 요14:22)

② 전승에 의하면 그는 에데사(Edessa)의 왕 아브가루스(Abgarus)
에게 파송되었으며, 수리아, 아라비아, 메소포타미아로 보내
어진 것으로 알려집니다.

(9) 야고보는 '작은 자'라고 불렸습니다.

① 작은 야고보라는 이름은 아마 그의 체구가 작았기 때문에 붙
여진 이름으로 여겨집니다. (막15:40)

② 전승에 의하면 그는 팔레스타인과 애굽에서 전도한 것으로 알
려집니다.

(10) 시몬은 열심당(Zealots)이라고 하는 정당의 회원이었습니다.

① 시몬은 열심당원이라는 것 외에는 알려진 것이 거의 없으며,
열심당원들은 열정적인 민족주의적 분파로서 세리들을 직접
반대했습니다. (마10:4, 막3:18)

② 예수님은 서로 심각하게 경쟁적인 관계에 있던 열심당원 한
명과 세리 한 명(마태)을 제자로 선택하셨습니다.

(11) 도마는 쌍둥이였습니다.

① 쌍둥이인 그는 신중하고 사려 깊었지만 회의적이며 우울한 성
격을 가졌으며, 직접 그리스도를 보고 만지기까지는 부활을
믿을 수 없다고 하였습니다. (요11:16, 14:5, 20:24-28, 21:2)

② 전승에 의하면 그는 수리아(시리아), 파르티아, 바사(페르시
아), 인도에서 전도한 것으로 알려져 있습니다.

⑿ 가룟 유다는 예수님을 배반하였습니다. (마10:4)

　① 그는 배반자였으며, 마귀였습니다. (요6:70-71, 13:26-27)

　② 유대의 성읍 그리욧(Keriot) 사람으로 유일한 유대 출신의 제자로 갈릴리 사람이 아니었습니다. (눅22:3)

　③ 회계를 맡았으며, 무자비한 도둑으로 탐욕스러웠으며, 부정직하였습니다. (요12:4-6)

　④ 은 삼십에 예수님을 팔고 난 후, 스스로 목을 매달아 자살하고 말았습니다. (마26:15-16, 26:49, 27:3-5, 요18:2-4)

3) 그리스도의 지상 사역의 중요한 내용들을 요약하여 정리해 볼 수 있습니다.

(1) 탄생하셨습니다. (눅2:7)

(2) 할례를 받으셨습니다. (눅2:21)

(3) 애굽으로 피신하셨습니다. (마2:14)

(4) 나사렛에서 어린 시절을 보내셨습니다. (눅2:39)

(5) 12세때에 성전을 방문하셨습니다. (눅2:42)

(6) 세례를 받으셨습니다. (마3:16)

(7) 마귀에게 시험을 받으셨습니다. (마4:1)

(8) 가나에서 첫 번째 표적을 나타내셨습니다. (요2:7-9)

(9) 최초로 성전을 정화시키셨습니다. (요2:15)

(10) 니고데모와 대화를 하셨습니다. (요3:1-21)

(11) 사마리아 여인과의 대화를 하셨습니다. (요4:1-42)

(12) 나사렛에서 이사야 61장을 설교하셨습니다. (눅4:16-30)

(13) 열두 제자를 선택하셨습니다. (마10:2-4)

(14) 산상에서 설교를 하셨습니다. (마5:1-7:29)

(15) 씨 뿌리는 자의 비유를 말씀하셨습니다. (마13:1-58)

(16) 5,000명을 먹이셨습니다. (요6:1-15)

(17) 물 위를 걸으셨습니다. (요6:19)

(18) 간음한 여인을 용서하셨습니다. (요8:1-11)

(19) 날 때부터 소경 된 자를 치유하셨습니다. (요9:1-38)

(20) 선한 목자에 대하여 교훈하셨습니다. (요10:1-18)

(21) 베드로의 고백을 들으셨습니다. (마16:16)

(22) 산 위에서의 변화된 모습을 보이셨습니다. (마17:1-23)

(23) 선한 사마리아인의 비유를 말씀하셨습니다. (눅10:25-37)

(24) 어리석은 부자의 비유를 말씀하셨습니다. (눅12:16-21)

(25) 탕자의 비유를 말씀하셨습니다. (눅15:1-22)

(26) 죽은 나사로를 살리셨습니다. (요11:1-44)

(27) 젊은 부자 관원에게 말씀하셨습니다. (마19:16-26)

(28) 삭개오를 회심시키셨습니다. (눅19:1-10)

(29) 베다니의 마리아가 향유를 부어 예수님의 발을 씻겨 드렸습니다.
   (요12:1-8)

(30) 예루살렘에 승리의 입성을 하셨습니다. (마21:9-11)

(31) 무화과나무를 저주하셨습니다. (마21:19)

(32) 이스라엘 지도자들에 대하여 책망하셨습니다. (마23:1-39)

(33) 예루살렘을 보시고 우셨습니다. (마23:37-39, 눅19:41)

(34) 감람산에서 강론하셨습니다. (마24:1-25:46)

(35) 최후의 만찬을 나누셨습니다. (요13:1-14:31)

(36) 겟세마네 동산에서 기도하셨습니다. (요18:1-11)

(37) 빌라도에게 재판과 판결을 받으셨습니다. (요19:1-16)

(38) 십자가에서 처형 당하셨습니다. (요19:17-37)

(39) 십자가의 죽어가던 강도가 회심하였습니다. (눅23:39-43)

(40) 부활하셨습니다. (마28:1-20, 막16:1-20, 눅24:1-53, 요20:1-31)

(41) 막달라 마리아에게 나타나셨습니다. (요20:1-18)

(42) 엠마오로 가는 길에 나타나셨습니다. (눅24:13-32)

(43) 제자들에게 나타나셨습니다. (눅24:33-49)

(44) 베드로를 회복시키시고 소명을 주셨습니다. (요21:1-25)

(45) 승천하셨습니다. (눅24:51)

5. 예수그리스도의 이적과 표적

예수 그리스도께서 이 세상에 계시면서 나타내셨던 이적과 표적이 무엇인지 궁금하지 않나요? 네 복음서에 나타난 예수 그리스도께서 행하신 이적과 표적을 살펴보면 그분이 참으로 하나님이셨다는 사실을 깨닫게 됩니다. 그분이 행하신 이적과 표적이 바로 그분의 신성을 나타내고 있기 때문입니다.

1) 예수 그리스도의 이적과 표적의 특징은 그분의 신성과 하나님의 영광을 나타내었다는 점입니다.

(1) 선지자 이사야로 하신 말씀을 이루셨습니다. (마8:17)

(2) 예수님의 이적을 보고 베드로가 죄를 고백하고 예수님의 발 앞에 엎드리어 예수님의 부르심을 받아들였습니다. (막5:1-11)

(3) 사람들이 바람과 바다가 순종하는 것을 보고 기이히 여겼습니다. (마8:27, 막4:41)

(4) 예수님께서 중풍병자의 믿음을 보시고 죄를 사하셨습니다. (마9:2, 눅5:25-26)

(5) 무리가 보고 두려워하며, 하나님께 영광을 돌렸습니다. (마9:8)

(6) 열두 제자에게도 더러운 귀신을 쫓아내며, 모든 병과 모든 약한 것을 고치는 권능을 부여하셨습니다. (막6:7)

(7) 예수님의 하신 일들이 온 성내에 퍼졌습니다. (눅8:39)

(8) 허다한 무리가 예수님을 좇았습니다.
예수님께서 천국 복음을 전파하실 때, 여러 지역에서 많은 사람들이 예수님을 좇았습니다. (마4:23-25)

2) 예수그리스도께서 나타내신 이적과 표적들을 네 복음서를 통하여 살펴볼 수 있습니다.

(1) 물로 포도주를 만드셨습니다. (요2:1-11)

(2) 가나에서 신하의 아들을 고치셨습니다. (요4:46-54)

(3) 베데스다 못에서 38년 된 병자를 고치셨습니다. (요5:1-9)

(4) 첫 번째 고기 잡는 이적을 보이셨습니다. (눅5:1-11)

(5) 회당에서 귀신을 쫓아내셨습니다. (막1:23-28, 눅4:31-36)

(6) 베드로의 장모를 고쳤습니다.
   (마8:14-15, 막1:29-31, 눅4:38-39)

(7) 문둥병자를 깨끗케 하셨습니다.
   (마8:2-4, 막1:40-45, 눅5:12-16)

(8) 중풍병자를 고치셨습니다. (마9:2-8, 막2:3-12, 눅5:18-26)

(9) 손 마른 자를 고치셨습니다. (마12:9-13, 막3:1-5, 눅6:6-10)

(10) 백부장의 종을 고치셨습니다. (마8:5-13, 눅7:1-10)

(11) 나인성 과부의 아들을 다시 살리셨습니다. (눅7:11-15)

(12) 눈 멀고 벙어리 된 귀신 들린 자를 고치셨습니다.
   (마12:22, 눅11:14)

(13) 바다를 잔잔케 하셨습니다.
   (마8:18,23-27, 막4:35-41, 눅8:22-25)

(14) 거라사인 지방의 귀신 들린 자를 고치셨습니다.
   (마8:28-34, 막5:1-20, 눅8:26-39)

(15) 혈루증 여인을 고치셨습니다.
   (마9:20-22, 막5:25-34, 눅8:43-48)

(16) 야이로의 딸을 살리셨습니다.
   (마9:18-19,23-26, 막5:22-24,35-43, 눅8:41-42,49-56)

(17) 두 소경을 고치셨습니다. (마9:27-31)

(18) 벙어리 귀신을 쫓아내셨습니다. (마9:32-33)

(19) 오병이어의 기적으로 오천 명을 먹이셨습니다.
     (마14:14-21, 막6:34-44, 눅9:12-17, 요6:5-13)

(20) 물 위를 걸어가셨습니다. (마14:24-33, 막6:45-52, 요6:16-21)

(21) 수로보니게 여인의 딸을 고치셨습니다.
     (마15:21-28, 막7:24-30)

(22) 귀 먹고 어눌한 자를 고치셨습니다. (막7:31-37)

(23) 칠병이어의 이적으로 사천 명을 먹이셨습니다.
     (마15:32-39, 막8:1-9)

(24) 베데스다 소경을 고치셨습니다. (막8:22-26)

(25) 사악한 귀신 들린 아이를 고치셨습니다.
     (마17:14-18, 막9:14-29, 눅9:38-42)

(26) 물고기 입에서 동전을 취하셨습니다. (마17:24-27)

(27) 나면서 소경된 자를 고치셨습니다. (요9:1-7)

(28) 안식일에 귀신 들린 여인을 고치셨습니다. (눅13:10-17)

(29) 수종에 걸린 사람을 고치셨습니다. (눅14:1-6)

(30) 죽은 나사로를 살리셨습니다. (요11:17-44)

(31) 열 문둥이를 고치셨습니다. (눅17:11-19)

(32) 소경 바디메오를 고치셨습니다.
     (마20:29-34, 막10:46-52, 눅18:35-43)

(33) 무화과나무를 저주하셨습니다. (마21:18-19, 막11:12-14)

(34) 말고의 귀를 회복시키셨습니다. (눅22:49-51, 요18:10)

(35) 두 번째 고기 잡는 이적을 보이셨습니다. (요21:1-11)

6. 예수 그리스도의 신성과 인성

예수님은 바로 하나님이시면서도 인간의 몸을 입고 우리를 구원하시기 위하여 이 땅에 오셨습니다. 예수님의 신성을 증거하고 있는 성경의 여러 곳을 찾아봄으로써 예수님이 참으로 하나님이셨다는 사실을 알게 되고, 또한 그분이 사람의 성품과 인간의 몸을 입고 오셨다는 사실을 확증할 수 있게 될 것입니다.

1) 예수님께서는 신성, 즉 참 하나님의 성품을 가지신 분이셨습니다.

(1) 구약의 증언에서 예수님의 신성(神性)을 알 수 있습니다.

    ① 다윗의 증언에서 알 수 있습니다. (시45:6-7, 110:1)

    ② 이사야의 증언에서 알 수 있습니다. (사9:6)

    ③ 다니엘의 증언에서 알 수 있습니다. (단7:13-14)

(2) 복음서의 증언에서 예수님의 신성을 알 수 있습니다.

    ① 그분은 태초부터 존재하셨습니다. (요1:1)

    ② 그분은 창조자이십니다. (요1:3, 골1:16)

    ③ 그분은 완전하신 하나님이십니다. (요1:1, 골2:9)

    ④ 그분은 경배를 받으실 분이셨습니다. (마2:2, 요20:28)

    ⑤ 그분은 죄를 용서하시는 분이십니다. (마9:2, 막2:5,10-11)

    ⑥ 그분은 전능하신 분이십니다.
       하나님께로부터 하늘과 땅의 모든 권세를 받으셨습니다.
       (마28:18)

    ⑦ 그분은 전지하신 분이십니다. (요2:24, 16:30)

    ⑧ 그분은 예배를 받으실 분이십니다. (마2:2,11)

⑨ 그분은 심판하실 분이십니다. (요5:22)

⑩ 그분은 우리를 구원하실 분이십니다.
(마10:28, 막16:16, 눅19:10)

2) 예수님의 신성은 성경이 증거합니다.

(1) 성부 하나님께서 예수님의 신성을 증거 하셨습니다.

① 세례를 받으실 때에 성부께서 말씀하셨습니다. (마3:16-17)

② 변화를 받으실 때에 성부께서 말씀하셨습니다. (마17:5)

③ 고난을 받으시기 전에 성부께서 말씀하셨습니다.
(요12:27-28)

(2) 예수님 자신의 사역이 신성을 나타냅니다.

① 그분의 능력 있는 설교를 통하여 신성을 나타내셨습니다.
(눅4:32, 요7:46)

② 그분의 정확한 부활의 예언으로 신성을 나타내셨습니다.
(마26:32)

③ 자신이 죽으셨다가 3일 만에 다시 사심으로 그분의 신성을 나타내셨습니다. (눅24:5-10)

(3) 예수님의 지각 능력이 신성을 나타냅니다.

① 사마리아 여인의 모든 행한 일을 다 아셨습니다. (요4:29)

② 사람의 마음을 다 아셨습니다. (요2:25, 6:64)

③ 물고기가 있는 바다 속을 다 아셨습니다. (눅5:4)

(4) 천사가 예수님의 신성을 알렸습니다.

① 마리아에게 가브리엘이 알렸습니다. (눅1:26-33)

② 요셉에게 가브리엘이 알렸습니다. (마1:20-23)

③ 목동들에게 천사가 알렸습니다. (눅2:8-11)

④ 여자들에게 천사가 알렸습니다. (마28:5-6)

(5) 예수님의 위대한 이적들이 그분의 신성을 나타내었습니다.

①첫 번째 이적으로 물로 포도주를 만드셨습니다. (요2:1-12)

② 떡 다섯 개와 물고기 두 마리를 가지고 5천 명을 먹이셨습니다. 이를 오병이어의 기적이라고 합니다. (요6:1-15)

③ 바다와 바람을 잠잠케 하셨습니다. (눅8:24)

④ 중풍병자를 말씀으로 명하셔서 고치셨습니다. (막2:1-12)

⑤ 죽은 자를 세 번 살리셨습니다.
(막5:41-42, 눅7:14-15, 요11:43-44)

⑥ 성경에 기록되지 않은 수많은 이적과 표적을 나타내셨습니다.
(요20:30-31, 21:25)

(6) 그를 경배하던 사람들이 예수님의 신성을 알았습니다.

① 목자들이 아기 예수께 경배했습니다. (눅2:15-19)

② 동방박사들이 경배하였습니다. (마2:9-11)

③ 문둥병자가 예수님께 경배하였습니다. (마8:2)

④ 한 관원이 예수님께 경배하였습니다. (마9:18)

⑤ 한 이방인 여자가 예수님께 경배하였습니다. (마15:25)

⑥ 한 히브리인 여인(세베대의 아들들의 어머니)이 예수님께 경배하였습니다. (마20:20)

⑦ 한 소경이 예수님께 경배하였습니다. (요9:38)

⑧ 예수님의 제자 도마가 예수님께 고백하였습니다. (요20:28)

⑨ 모든 사도들과 제자들이 예수님께 경배하였습니다.
(마14:33, 28:9)

⑩ 귀신 들린 자가 예수님께 경배하였습니다. (막5:6)

(7) 예수님의 신성은 사탄과 마귀가 알았습니다.

① 마귀가 예수님을 시험할 때, 마귀(사탄)가 예수님이 하나님의 아들이심을 알았습니다. (마4:3-6)

② 가다라 지방에서 귀신 들린 자 둘을 고쳤을 때, 귀신들이 먼저 하나님의 아들이신 예수님을 알았습니다. (마8:28-29)

③ 가버나움의 회당에서 더러운 귀신 들린 사람을 고치셨을 때, 귀신이 먼저 하나님의 거룩하신 분이신 예수님을 알았습니다. (눅4:33-34)

④ 가버나움에서 여러 사람을 고치셨을 때, 귀신들이 하나님의 아들이신 예수님을 알았습니다. (막3:11, 눅4:41)

(8) 예수님의 신성은 그분이 남기신 말씀으로 알 수 있습니다.

① 예수님께서 그분 자신이 하나님의 아드님이신 것을 말씀해 주셨습니다. (요9:35-39, 10:36-38, 11:4)

② 그분은 죄를 사해 주시는 권능이 있음을 말씀해 주셨습니다. (막2:5,10)

③ 그분은 사람을 심판하시는 분이심을 말씀하여 주셨습니다. (요5:22-27)

④ 그분은 생명의 주님이셨습니다. (요5:24, 5:28-29)

⑤ 그분은 아버지처럼 영광을 받으실 분이심을 말씀해 주셨습니다. (요5:23)

⑥ 그분만이 우리를 구원하여 주실 수 있음을 말씀하여 주셨습니다. (눅19:10, 요10:28, 14:6)

3) 예수님은 인성, 즉 참 사람의 성품을 가지신 분이셨습니다.

(1) 사람의 몸을 입고 오셨습니다. (마1:21, 눅2:11)

(2) 아이처럼 자라나셨습니다. (눅2:40)

(3) 길을 가시다가 우물 곁에서 피곤해 하셨습니다. (요4:6)

(4) 배를 타고 가시면서 주무시기도 하셨습니다. (마8:24)

(5) 배고픔을 느끼시기도 하셨습니다. (마21:18)

(6) 시험을 당하시기도 하셨습니다. (마4:1, 히4:15)

(7) 목말라 하시기도 하셨습니다. (요19:28)

(8) 눈물을 흘리시기도 하셨습니다. (눅19:41, 요11:35, 히5:7)

(9) 땀을 흘리시기도 하셨습니다. (눅22:44)

(10) 육신이 죽음을 당하셨습니다. (눅23:46)

(11) 크게 소리를 지르셨습니다. (마27:50, 눅23:46)

(12) 화를 내시며 근심하기도 하셨습니다. (막3:5)

(13) 동정심을 가지셨습니다.
   (마9:36, 14:14, 15:32, 막1:41, 5:19, 9:22-23, 눅7:13)

(14) 고민하며 괴로워하셨습니다.
   (막14:34, 요11:33, 12:27, 13:21)

(15) 심히 놀라시며 슬퍼하셨습니다. (막14:33)

(16) 물과 피를 흘리셨습니다. (요19:34)

(17) 땅에 묻히셨습니다. (마27:59-60)

(18) 살과 피를 가지셨습니다. (요6:51,55)

(19) 기도를 하셨습니다. (눅11:1)

(20) 기뻐하시기도 하셨습니다. (눅10:21)

(21) 우시기도 하셨습니다. (눅19:41)

(22) 노래하셨습니다. (마26:30)

(23) 의지를 가지고 계셨습니다. (마8:7)

(24) 가르치셨습니다. (마7:28-29, 18:1-35, 22:16)

(25) 말씀을 하셨습니다. (마9:18)

4) 예수그리스도, 그분은 죄 없으신 분이셨습니다.

(1) 그분은 죄가 없으신 분이셨습니다.

① 죄를 알지 못하시는 분이셨습니다. (고후5:21)

② 죄를 범하지 않으신 분이십니다. (히4:15, 벧전2:22)

③ 죄가 없으신 분이십니다. (요일3:5)

(2) 복음서에 나오는 여러 사람들도 예수님으로부터 죄를 찾지 못하였습니다.

① 빌라도가 그의 재판에서 죄를 찾지 못하였습니다. (요19:4)

② 빌라도의 아내가 꿈에 애를 많이 썼습니다. (마27:19)

③ 후일, 유다는 무죄한 피를 팔았다고 회개하였습니다. (마27:4)

④ 십자가 위에서 죽어 가던 강도가 옳지 않은 행동이 없었다고 증언하였습니다. (눅23:41)

⑤ 로마 백부장이 정녕 '의인이었도다'고 고백하며 하나님께 영광을 돌렸습니다. (눅23:47)

7. 예수님의 낮아지심과 고난

예수님께서는 스스로 낮아지심으로 인간의 몸을 입으시고 이 세상에 오셨습니다. 우리는 성경을 통하여 예수님께서 예언과 함께 인간의 몸으로 탄생하셨다는 사실을 확증할 수 있습니다. 그분이 이 세상에 오셔서 스스로 낮아지시고, 수치와 고통의 십자가 위에서 고난을 당하셨다는 사실을 우리는 잊어서는 안 될 것입니다.

1) 예수님께서 스스로 낮아지셨습니다.

(1) 하늘의 영광의 자리를 떠나 이 세상에 오셨습니다.
   (요17:5, 고후8:9)

(2) 그분은 인간의 몸을 입고 이 세상에 오셨습니다.
   (요1:14, 롬1:3, 갈4:4, 히2:14,17)

(3) 자신을 비우시고 죽기까지 낮아지셨습니다.
   (마26:39-42, 벧전2:21-24)

(4) 죽기까지 복종하셨습니다. (마26:39, 요10:18, 히5:8,12:2)

(5) 십자가에서 돌아가셨습니다. (시22:1-21, 갈3:13, 벧전2:24)

2) 예수님께서는 이 세상에서 고난을 받으셨습니다.

(1) 사람들에게 거절당하셨습니다.

   ① 그의 백성들이 거절하였습니다. (요1:11)

   ② 그분의 고향 사람들이 쫓아내었습니다. (눅4:28-29)

   ③ 그분의 친구들이 거절하였습니다. (막3:21)

   ④ 그분의 가족들이 거절하였습니다. (요7:5)

⑤ 유대인들이 그분을 죽이려 하였습니다. (요7:1, 9:22)

(2) 40일 금식 후 마귀에게 시험을 받으셨습니다.
(마4:1-13, 막1:12-13, 눅4:1-13, 22:28)

① 돌들에게 명하여 떡 덩어리가 되라고 하였습니다. (마4:3)

② 성전에서 뛰어 내리라고 하였습니다. (마4:6)

③ 천하 민족을 보여주며 마귀에게 절하라고 하였습니다.
(마4:8-9)

(3) 사람들에게 조롱을 당하셨습니다.

① 그분의 볼품없는 모습 때문에 조롱을 당하셨습니다.

a. 그분의 고향 때문에 조롱을 당하셨습니다. (요1:46, 7:52)

b. 그분의 배경 때문에 조롱을 당하셨습니다.
(요8:41-42, 9:24-29)

② 조롱한 사람들은 여러 부류의 사람들이었습니다.

a. 로마 병정들이 조롱하였습니다. (막15:16-20, 눅23:36-37)

b. 구경꾼들이 조롱하였습니다. (눅23:35)

c. 대제사장들이 조롱하였습니다. (막15:31)

d. 십자가에 달린 강도가 조롱하였습니다. (마27:44, 막15:32)

(4) 계속적인 위협을 받으셨습니다.

① 헤롯에게서 위협을 받으셨습니다. (마2:16)

② 그분의 고향 사람들에게서 위협을 받으셨습니다. (눅4:29)

③ 유대인들에게서 위협을 받으셨습니다.

a. 예수님께서 안식일에 병자를 고치셨기 때문입니다.
(눅6:10-11, 요5:16)

b. 그분의 주장 때문에 위협을 받으셨습니다.
(요8:58-59, 10:30-33)

c. 그분의 설교 때문에 위협을 받으셨습니다.

(마26:1-4, 막12:12, 눅11:53-54, 요8:40)

  d. 그분의 경력 때문에 위협을 받으셨습니다.
   (요11:53, 12:10)

 ④ 십자가의 죽음을 앞에 두시고 고민하셨습니다.
   (마26:37, 막14:33-34, 눅22:44)

(5) 그분에 대한 배반과 부인, 그리고 오해가 있었습니다.

 ① 추종자가 그를 배반하였습니다. (요13:21)

 ② 친구가 그를 부인하였습니다.
   (마26:58,69-75, 막14:54,66-72, 눅22:54-62, 요18:15-18,25-27)

 ③ 모든 사람이 그를 버렸습니다. (마26:56)

 ④ 제자들이 그를 오해하였습니다.
   (마15:16, 16:6-11, 막6:52, 요10:6, 12:16)

 ⑤ 대제사장이 예수님을 오해하여 두 사람의 그릇된 증언을 악용
   하였습니다. (마26:61)

 ⑥ 거짓 증인으로 고소하였습니다. (눅23:1-2)

(6) 성경은 그분을 고문한 기록들과 불공정한 재판을 보여 줍니다.

 ① 뺨을 때렸습니다. (요18:22)

 ② 눈을 가렸습니다. (눅22:64)

 ③ 침을 뱉았습니다. (마26:67, 27:30)

 ④ 주먹으로 쳤습니다. (마26:67)

 ⑤ 채찍으로 때렸습니다. (마27:26)

 ⑥ 머리를 때렸습니다. (마27:30)

 ⑦ 가시 면류관을 씌움으로 가시에 찔리게 하였습니다. (마27:29)

 ⑧ 희롱하고 손바닥으로 때렸습니다. (마26:67, 눅22:63)

 ⑨ 불공평한 재판을 받으셨습니다.
   (마26:57-68, 27:1-31, 막14:53-65, 15:1-26, 눅23:1-25, 요18:12

-14, 28-39)

3) 주님의 가장 큰 고난의 사역은 수치와 고통의 십자가 위에서의 죽음이었습니다.

(1) 장소는 골고다(해골의 곳)에서 십자가 형을 받으셨습니다.
(마27:33, 막15:14-25, 요19:17-20)

(2) 때는 유월절 절기 중의 금요일이었습니다. (요19:14)

(3) '유대인의 왕'이라는 죄패가 십자가에 부착되었습니다.
(마27:37, 막15:26, 눅23:38)

(4) 십자가 위에서 돌아가셨습니다.

① 강도와 함께 십자가 위에서 죽으셨습니다.
(마27:38, 막15:25-27, 눅23:33, 요19:18)

② 가시관을 쓰셨습니다. (마27:29, 요19:2)

③ 예수님께서 큰 소리를 지르시고 운명하셨습니다.
(막15:37, 눅23:46)

④ 창에 옆구리를 찔리실 때 피와 물이 흘렀습니다. (요19:34)

(5) 무덤에 묻히셨습니다.
아리마대 사람 요셉이 니고데모와 함께 유대인의 장례법대로 무덤에 장사지냈습니다. (요19:38-42)

8. 그리스도 사역의 마지막 날들

　　예수님께서 이 세상에 계시면서 고난의 십자가를 지시던 마지막 날들이 어떠했는지 아시나요? 그분은 스스로 죽음을 예비하시며 하루 하루 사역을 감당하셨습니다. 그분의 마지막 여정을 따라 그분의 고난의 길에 함께 동참하여 봅니다. 성경이 증언하는 일주일간의 여정을 살펴봅니다. (마26:6-13, 막14:3-9, 눅22:1, 요11:55-12:11)

1) 마가복음은 예수님의 마지막 한 주간을 요일 별로 상세히 기록하고 있습니다.

　(1) 다른 복음서들은 사건의 시점을 언급하지 않고 있으나, 마가복음만 한 주간을 요일 별로 기록합니다.

　　① 일요일 : '그들이 예루살렘에 가까이 와서 감람산 벳바게와 베다니에 이르렀을 때에' (막11:1)

　　② 월요일 : '이튿날 그들이 베다니에서 나왔을 때에' (막11:12)

　　③ 화요일 : '아침에 지나갈 때에' (막11:20)

　　④ 수요일 : '이틀이 지나면 유월절과 무교절이라' (막14:1)

　　⑤ 목요일 : '무교절 첫날 곧 유월절 양 잡는 날에' (막14:12)

　　⑥ 금요일 : '새벽에' (막15:1)

　　⑦ 토요일 : '안식일이 지나매' (막16:1)

　　⑧ 일요일 : '안식 후 첫날 매우 일찍이 해 돋을 때에' (막16:2)

　(2) 마가복음은 금요일 하루의 사건을 로마 군대의 경계 근무 시간처럼 세 시간 간격으로 기록합니다.

　　① 오전 6시 : '새벽에 대제사장들이' (막15:1)

② 오전 9시 : '때가 제 삼시가 되어' - 아침 아홉시 (막15:25)

③ 정오 12시 : '제 육시가 되매' - 낮 열두 시 (막15:33)

④ 오후 3시 : '제 구시' - 세 시에 (막15:33-34)

⑤ 오후 6시 : '이날은 준비일 곧 안식일 전날이므로 저물었을 때에' (막15:42)

(3) 네 복음서 중 마가복음만이 일요일, 월요일, 목요일에 일어난 사건들을 '아침'에 일어난 사건과 '저녁'에 일어난 사건으로 세분합니다.

① 일요일 - 아침 (막11:1), 저녁 (막11:11)

② 월요일 - 아침 (막11:12), 저녁 (막11:19)

③ 목요일 - 아침 (막14:12), 저녁 (막14:17)

2) 예수님의 마지막 일주일 간의 여정을 마가복음을 따라 요일별로 살펴봅니다.

(1) 일요일, 종려주일로 개선의 날입니다.

토요일인 전날 베다니에 도착하신 예수님께서 일요일 예루살렘에 승리의 입성을 하셨습니다. (막11:1-11)

① 예수님께서 제자 두 명을 보내시어 나귀 새끼를 데려오도록 한 후, 나귀를 타시고 예루살렘에 들어가셨을 때, 종려나무 가지를 베어 든 군중들의 열렬한 환호를 받았습니다.
(마21:6-11, 막11:2-10, 눅19:29-44, 요12:12-19)

② 비난하는 바리새인들에게 무리들이 잠잠하면 돌들이 소리 지를 것이라고 말씀하시면서, 환호를 받아들이셨습니다.
(눅19:39-40)

③ 예수님께서 예루살렘을 보시고 눈물을 흘리셨습니다.
(눅19:41-42)

(2) 월요일, 권위의 날입니다.

　　무화과나무를 책망하시고, 두 번째 성전을 깨끗하게 하신 날입니다. (막11:12-19)

　　① 예수님께서 잎이 무성한 무화과나무에서 열매를 얻지 못하시자 그 나무를 마르게 하셨습니다.

　　　(마21:19,42-45, 막11:14)

　　② 예수님께서 두 번째로 성전을 깨끗하게 하셨습니다.

　　　(마21:12-22, 막11:15-17, 눅19:45-46)

　　③ 여러 소경들과 저는 자들을 고치시고 찬미를 받으셨습니다.

　　　(마21:14-16)

(3) 화요일, 변론의 날입니다.

　　예수님께서 성전에서 보내신 마지막 날로 종교 문제 뿐만 아니라 정치 문제에 대한 질문까지도 권위를 가지고 대답하시며 논쟁하신 날입니다. (막11:20-13:37)

　　① 바리새인들과의 대면하여 말씀하셨습니다.

　　　a. 그분의 권위에 대하여 말씀하셨습니다.

　　　　(마21:23-27, 막11:27-33, 눅20:1-8)

　　　b. 세금을 내는 문제에 대하여 말씀하셨습니다.

　　　c. 자유주의적인 사두개인들에게 부활에 대하여 말씀하셨습니다. (마22:23-33, 막12:18-27, 눅20:27-40)

　　　d. 가장 큰 계명을 가르쳤습니다. (마22:34-40, 막12:28-34)

　　　e. 바리새인들에게 약속된 메시야에 대하여 질문하셨습니다.

　　　　(마22:41-46, 막12:34-37, 눅20:41-44)

　　② 유대 관원들을 비판하셨습니다.

　　　(마23:1-36, 막12:38-40, 눅20:45-47)

　　③ 예루살렘을 보시고 다시 우셨습니다.(마23:37-39, 눅13:34-35)

　　④ 헬라인들이 예수님을 뵙기를 청하였습니다. (요12:20-50)

⑤ 감람산에서 임박한 환란과 심판에 대하여 가르치셨습니다.
(마24:1-42, 25:1-46, 막13:1-37, 눅21:5-36)

(4) 수요일, 침묵과 휴식의 날입니다.

예수님께서 조용하게 하루를 보내셨습니다. 성경은 예수님의
사역을 크게 기록하고 있지 않습니다. (막14:1-2,10-11)

① 대제사장들과 서기관들이 예수님을 흉계로 잡아 죽일 방도를
찾던 날이었습니다. (마26:1-5, 막14:1, 눅22:1-2, 요11:45-53)

　a. 그들은 만란이 날까 우려하여 명절을 피하여 예수님을 잡
　으려고 모의하였습니다. (막14:2)

　b. 가룻 유다가 예수님을 넘겨 주려고 대제사장들과 모의한
　때였습니다. (마26:14-16, 막14:10-11, 눅22:3-6)

② 마리아가 예수님께 기름을 부어드렸습니다.
(막14:3-9, 요12:1-11)

　a. 예수님께 마리아가 기름을 부어 드렸습니다.
　나사로와 그의 두 누이들과 베다니에 사는 문둥이 시몬의
　식사 초청을 받은 자리에서 귀한 향유, 순전한 나드 한 옥합
　을 가지고 예수님께 부어 드렸습니다.
　(마26:6-13, 막14:3-9, 요12:1-11)

　b. 복음이 전파되는 곳에는 어디서나 그 여인의 헌신적인 행
　동이 기억될 것이라고 하셨습니다.
　(마26:10-13, 막14:6-9, 요12:7-8)

(5) 목요일, 준비의 날로 세족의 날입니다.

예수님께서 제자들과 함께 유월절을 지키며 최후의 만찬의 시
간을 통해 제자들의 발을 씻기시며 마지막 교훈을 주신 날이며,
겟세마네 동산에서 고뇌의 기도를 드리신 날입니다.
(막14:12-72)

① 예수님께서 베드로와 요한을 보내시며 유월절을 예비시키셨

습니다. (마26:17-19, 막14:12-16, 눅22:7-13)

② 제자들의 발을 씻기시며, 다락방에서 마지막 만찬을 제자들과 함께 나누셨습니다.

(마26:20-35, 막14:17-25, 눅22:14-34, 요13:1-20, 고전11:23-25)

  a. 가롯 유다가 배반할 것임을 말씀하셨습니다.

    (마26:21-25, 막14:18-21, 눅22:21-23, 요13:18-33)

  b. 성만찬을 기념할 것을 말씀하셨습니다.

    (마26:26-29, 막14:22-25, 눅22:19-20)

  c. 베드로가 예수님을 부인할 것을 말씀하셨습니다.

    (마26:31-35, 막14:27-31, 눅22:31-34, 요13:36-38)

  d. 성령님께서 예수님의 이름으로 오셔서 도와 주실 것과 천국에 대하여 말씀하셨습니다. (요14:1-31)

③ 예수님은 저녁 8시에서 9시 사이에 16킬로미터 떨어진 겟세마네 동산으로 이동하셔서 세 번 기도하셨습니다.

(마26:36-56, 막14:32-42, 눅22:39-46)

  a. 그분은 고민하며 슬퍼하셨습니다.

    (마26:37-38, 막14:33, 눅22:40)

  b. 무릎을 꿇고 핏방울 같은 땀방울을 흘리며 기도하셨습니다. (마26:42, 막14:39, 눅22:44)

  c. 제자들은 잠들어 있었습니다.

    (마26:45-46, 막14:41, 눅22:45-46)

④ 그분은 배반자의 입맞춤으로 배반을 당하시고, 군인들에게 잡히셨습니다. (마26:47-56, 막14:43-52, 눅22:47-53, 요18:2-12)

  a. 예수님께서 베드로가 대제사장의 종을 쳐 떨어뜨린 과격한 행위를 책망하셨습니다.

    (마26:52-54, 요18:11/ 비교, 막14:46-48)

  b. 대제사장의 종의 귀를 회복시킨 마지막 이적을 나타내셨습니다. (마26:51, 눅22:50-51, 요18:10)

c. 예수님께서 그분을 잡으러 온 사람들의 포악한 행위를 책
망하셨습니다. (마26:55, 막14:48-49, 눅22:52-53)

d. 모든 사람들이 그분을 버렸습니다. (마26:56, 막14:50-52)

(6) 금요일, 수난의 날로 십자가 위에서 고난을 당하신 날입니다. 인
간을 구원하시기 위하여 예수 그리스도께서 십자가 위에서 돌아
가심으로 인간을 위한 놀라운 사랑을 보여주신 날입니다. 인간을
위한 사역을 모두 성취하셨기 때문에 선한 금요일(Good Friday),
성 금요일로 지킵니다. (막15:1-47)

① 예수님은 자정부터 새벽까지 대제사장의 집에 붙잡혀 계시면
서 심한 조롱과 침뱉음을 당했습니다.
(마26:47-56, 막14:43-52, 눅22:47-53, 요18:2-12)

② 예수님께서 날이 밝자 공회 앞에 서심으로 공식적이긴 하지만
불공정한 재판을 받으셨습니다.
(마26:57-68, 막14:53-65, 눅22:54-55,63-71, 요18:13-14,19-24)

a. 유대인의 첫 번째 재판은 대제사장의 장인 안나스 앞에서
이루어졌습니다. (요18:12-14,19-24)

b. 유대인의 두 번째 재판은 대제사장 가야바와 산헤드린 공
회 앞에서 이루어졌습니다. (마26:57-68, 막14:53-65)
※ 이 때 베드로가 예수님을 모른다고 세 번이나 부인하였습니다.
(마26:69-74, 막14:66-72, 눅22:54-62, 요18:15-18)

c. 유대인의 세 번째 재판은 산헤드린 공회 앞에서 이루어졌
습니다. (마27:1-2, 막15:1, 눅22:66-23:1)
※ 가롯 유다의 후회와 자살이 있었습니다. (마27:3-10, 행1:18-19)

d. 로마인의 첫 번째 재판은 빌라도 앞에서 이루어졌습니다.
(마27:2,11-14, 막15:1-5, 눅23:1-6, 요18:28-38)

e. 로마인의 두 번째 재판은 헤롯 안티파스 앞에서 이루어졌
습니다. (눅23:7-12)

f. 로마인의 세 번째 재판은 빌라도 앞에서 이루어졌습니다.

(마27:15-26, 막15:6-15, 눅23:13-25, 요18:39-19:16)

③ 로마 병정들이 조롱과 멸시로 가시관을 씌웠습니다.
　(마27:27-31, 막15:16-20)

　　a. 그분의 옷을 벗기고 홍포를 입혔습니다. (마27:28)

　　b. 가시관을 엮어 그 머리에 씌우고 갈대를 그 오른손에 들리며 그분 앞에서 무릎을 꿇고 희롱하였습니다. (마27:29)

　　c. 침 뱉고 갈대로 그분의 머리를 쳤습니다. (마27:30)

　　d. 희롱을 다한 후 홍포를 벗기고 도로 그분의 옷을 입혀 십자가에 못 박으려고 끌고 나갔습니다. (마27:31)

④ 십자가에 못 박혀 돌아가셨습니다.
　(마27:34-35, 막15:24, 눅23:33, 요19:18)

　　a. 장소는 골고다(해골의 곳)이었습니다.
　　　(마27:33, 막15:14-25, 요19:17-20)

　　b. 때는 유월절 절기 중의 금요일이었습니다. (요19:14)

　　c. 죄목은 유대인의 왕이었습니다.
　　　'유대인의 왕'이라는 죄패를 십자가에 부착하였습니다.
　　　(마27:37, 막15:26, 눅23:38)

　　d. 그분은 두 강도 사이의 십자가에 달리셨습니다.
　　　(마27:38, 막15:27, 눅23:32-33)

　　e. 가시관을 쓰셨습니다. (마27:29, 요19:2)

　　f. 신 포도주를 거절하셨습니다. (마27:34, 막15:23)

　　g. 그분은 여러 종류의 사람들로부터 잔인하게 조롱을 받으셨습니다. (마27:39-44, 막15:29-32, 눅23:35-39)

　　h. 십자가에서 일곱 마디 말씀을 남기셨습니다.
　　　(마27:46, 막15:34, 눅23:34,42-43,46, 요19:26,28,30)

　　i. 승리를 외치시고 운명하셨을 때, 성소의 휘장이 찢어지며, 땅이 흔들리면서 죽은 성도들이 일어났습니다.
　　　(마27:51-56, 막15:37-41, 눅23:45-49)

  j. 군인들이 예수님께서 이미 숨이 끊어진 것을 확인하고는 창
    으로 옆구리를 찔렀습니다. (요19:34)

⑤ 그분은 요셉의 무덤에 묻히셨습니다.

  a. 아리마대 요셉이 예수님을 장사지내기 위하여 빌라도에게
    예수님의 시신을 요구했습니다.
    (마27:57, 막15:43, 눅23:50-52, 요19:38)

  b. 요셉은 생명이 끊어진 예수님의 몸을 니고데모와 함께 받
    아 유대인의 관습에 따라 정결한 세마포로 쌌습니다.
    (마27:58-59, 막15:45-46, 요19:38-40)

  c. 그분의 몸은 바위를 깎아서 만든 무덤 속에 눕혀졌습니다.
    (마27:60-61, 막15:46-47, 눅23:53-56, 요19:41-42)

(7) 토요일, 안식의 날입니다. 그분은 무덤 속에 계셨습니다. 고난 후
  에 받으실 영광을 위한 조용한 안식의 시간이었습니다. (막16:1)

  ① 바리새인들이 빌라도를 만났습니다. (마27:62-65)

  ② 바리새인들이 무덤에 인을 치고, 파수꾼을 세웠습니다.
    (마27:66)

(8) 일요일, 부활의 날입니다. 예수님께서 부활하셨습니다.
  (마28:5-6, 막16:2-11, 16:14-16, 눅24:1-12, 요20:1-10)

9. 예수님의 십자가의 죽음

영어의 몸이 되시던 시점부터 십자가 형을 받고 십자가 위에서 죽음의 순간까지 그분이 걸으셨던 길을 함께 걸어 보는 것은 우리에게 매우 의미 있는 일입니다. 그분의 십자가에서의 고난이 바로 우리를 위한 대속의 죽음의 길이었기 때문입니다. 그분이 걸어가셨던 길을 함께 걸어가 봅니다.

1) 예수님께서는 무력하게 체포 되어 정죄를 당하셨습니다.

(1) 죄인처럼 체포 되어 정죄를 당하셨습니다.
(마26:57-68, 막14:43-72)

① 예수님께서 아버지의 뜻을 이루려 자기 자신을 복종시키셨습니다. (눅22:42)

② 성경을 이루려 하심이었습니다. (막14:49)

③ 사형에 해당할 자로 정죄되었습니다. (마27:37)

(2) 무가치한 사람으로 버림 받으셨습니다. (막15:1-20)

① 빌라도에 의하여 무가치한 사람으로 취급되었습니다. (막15:2-15)

② 헤롯과 그의 군대들에게 업신여김을 당하였습니다. (눅23:11)

③ 백성들에 의하여 무가치한 사람으로 버림 받았습니다. (마27:25, 27:39-44, 눅23:35)

④ 바라바에 의하여 무가치한 사람으로 취급되었습니다. (마27:21,26)

⑤ 군병들에 의하여 무가치한 사람으로 조롱을 당하였습니다. (마27:28-31,35, 막15:16-20, 눅23:36-37)

⑥ 십자가에 달린 강도에 의하여 무가치한 사람으로 취급되었습니다. (마27:44)

(3) 죽음을 통하여 무력함을 경험하셨습니다. (막15:21-47)

① 그분의 고난은 그분의 무력함을 보여 줍니다. (막15:25)

② 대제사장들과 서기관과 바리새인들이 예수님의 무력함을 조롱하였습니다. (마27:42, 막15:31-32)

③ 무력하게 버리심을 당하셨습니다. (마27:46, 막15:34)

④ 무력하게 죽음을 경험하셨습니다. (마27:50, 막15:37)

⑤ 무력하게 장사되셨습니다. (막15:46)

2) 예수님은 십자가 형으로 처형 당하셨습니다.

(1) 예수님의 돌아가신 과정을 성경의 기록을 통하여 재구성하여 볼 수 있습니다.

① 새벽에 산헤드린 의원의 유죄 판결로 사형이 결정되었습니다. (마27:1-2, 막15:1, 눅22:66-23:1)

② 예수님을 총독 빌라도에게 끌고 가서 고소하였습니다. (마27:2, 막15:1, 눅23:1)

③ 빌라도가 갈보리 분봉 왕 헤롯 안티파스에게 넘겨 주었습니다. (눅23:7)

④ 헤롯이 군병들과 빛난 옷을 입혀 빌라도에게 들여 보내었습니다. (눅23:11)

⑤ 빌라도의 혹독한 매질이 있었습니다. (마27:26, 눅23:16, 요19:1)

⑥ 군병들이 가시로 면류관을 엮어 머리에 씌우고 자색 옷을 입히고 조롱하였습니다. (요19:2)

⑦ 8백 미터 떨어진 형장으로 십자가를 운반하였습니다. (요19:17)

⑧ 성문 계곡 가까이 왔을 때, 구레네 시몬이 운반하였습니다.
(마27:32, 막15:21, 눅23:26)

⑨ 십자가의 죽음의 장소인 골고다(해골의 곳)에 이르렀습니다.
(막15:22)

⑩ 양팔의 손목에 다섯 치 못, 두발을 포개 놓고 다섯 치 못을 박
았습니다. (막15:25, 요19:18)

⑪ 복음서는 주님의 십자가 상의 일곱 마디 말씀을 보존합니다.
(십자가상의 칠언)

⑫ 6시부터 9시까지 해가 빛을 잃고 온 땅에 어둠이 임하였습니
다. (막15:33, 눅23:44)

⑬ 성문의 휘장의 한가운데가 찢어졌습니다.
(마27:51, 막15:38, 눅23:45)

⑭ 예수님께서 큰 소리로 영혼을 성부 하나님께 의탁하시면서 운
명하셨습니다. (제9시, 막15:37, 눅23:46)

⑮ 사망을 확인하는 형리가 창으로 가슴을 찔렀을 때 물과 피가
흘렀습니다. (요19:34)

(2) 십자가형에 대한 사실의 기록이 있습니다.
(마27:32, 막15:21, 눅23:26, 요19:17)

① 빌라도의 채찍 명령이 있었습니다. (마27:26)

② 구레네 시몬에게 예수님의 십자가를 지도록 강요하였습니다.
(마27:32)

③ 백성들과 가슴을 치며 슬피 우는 여자의 무리가 따라갔습니
다. (눅23:27)

④ 예수님 자신이 십자가에서 돌아가실 줄 아셨습니다.
(마20:19, 26:2)

⑤ 십자가 달린 장소는 예루살렘 외부 어느 장소, 골고다(해골의
곳)라는 곳이었습니다. (마27:33, 막15:22, 히13:12)

⑥ 예수님께서 고통을 이기기 위한 신 포도주 마시기를 거부하셨습니다. (마27:34, 막15:23)

⑦ 다른 두 강도와 함께 십자가에서 돌아가셨습니다.
(막15:27, 요19:18)

⑧ 조롱하는 자들과 십자가의 한 강도는 예수님을 멸시하였습니다. (마27:44, 눅23:39)

⑨ 한 강도가 예수님께 호소하였을 때, 주님께서 낙원을 약속하셨습니다. (눅23:42-43)

⑩ 예수님을 십자가에 못 박았습니다. (막15:25, 눅23:33)

⑪ 정죄된 죄인의 표, '유대인의 왕'이라는 죄대를 십자가에 부착하였습니다. (막15:26, 눅23:38)

⑫ 크게 소리를 지르시고, 영혼이 떠나 가셨습니다. (마27:50)

⑬ 요셉에게 시체를 내어주어 장사를 지냈습니다.
(막15:45-46, 요19:38-42)

(3) 복음서는 예수님의 십자가에서의 일곱 마디 말씀을 소중하게 간직하여 보여 줍니다.

① 용서의 말씀입니다.
아버지여 저희 죄를 사하여 주옵소서, 자기의 하는 것을 알지 못함이니이다. (눅23:34)

② 구원의 말씀입니다.
내가 진실로 네게 이르노니 오늘 네가 나와 함께 낙원에 있으리라. (눅23:42-43)

③ 애정의 말씀입니다.
여자여 보소서 아들이니이다, 보라 네 어머니라. (요19:26)

④ 고뇌의 말씀입니다.
엘리 엘리 라마 사박다니 (나의 하나님, 나의 하나님, 어찌하여 나를 버리셨나이까?) (마27:46, 막15:34)

⑤ 고통의 말씀입니다.

　내가 목마르다. (요19:28)

⑥ 승리의 말씀입니다.

　다 이루었다 (요19:30)

　이 말씀을 하실 때 잠자던 성도들이 무덤에서 일어나고, 성전 휘장이 위로부터 아래로 찢어졌습니다.

　(마27:51, 막15:38, 눅23:45)

⑦ 만족의 말씀입니다.

　아버지여 내 영혼을 아버지 손에 부탁하나이다. (눅23:46)

3) 십자가는 수치와 고통의 혹독한 판결입니다.

(1) 십자가에서 조롱과 수치를 당하셨습니다.

① 사람들에게 모독을 당하셨습니다. (마27:39-40)

② 대제사장, 서기관, 장로들에 조롱을 당하셨습니다. (마27:42)

③ 발가벗겨졌습니다. (요19:23)

④ 그분의 어머니, 이모, 글로바의 아내 마리아, 막달라 마리아가 보는 데서 십자가 사건이 일어났습니다. (요19:25)

⑤ 십자가에 못 박힌 강도들이 욕하였습니다. (마27:44)

(2) 십자가형은 최악의 고통스럽고 혹독한 판결이었습니다.

① 예수님께서도 두려워하셨던 것으로 보입니다. (눅22:42-44)

② 겟세마네의 기도에서 땀방울이 핏방울 같이 되었습니다. (눅22:44)

③ 자신을 위해 울던 이스라엘 백성을 위로하셨습니다. (눅23:28)

④ '나의 하나님 나의 하나님 어찌하여 나를 버리셨나이까?'하고 호소하셨습니다. (마27:46)

10. 예수님의 죽으심의 의미

우리는 예수님의 십자가의 고난의 길을 한 걸음씩 따라가 보았습니다. 그분이 십자가 위에서 돌아가셨던 의미는 무엇이었을까요? 우리를 위하여 흠 없고 점 없는 어린 양이 되시므로 친히 영원한 속죄를 이루신 그분의 죽으심의 의미를 되새기고, 우리의 생활은 이제 십자가를 짊어지고 걷는 길이 되어야 하지는 않을까요?

1) 예수님의 죽음의 순간에 하나님께서 역사하셨습니다.

(1) 예수님께서 돌아가실 때의 나타난 현상들이 예수님의 하나님 되심을 증거합니다. (마27:50)

① 제6시부터 제9시까지 온 땅에 어둠이 임하였습니다. (막15:33)

② 땅이 진동하며, 바위가 터지며 지진이 일어났습니다. (마27:50-54)

③ 성전 휘장이 위로부터 아래로 찢어졌습니다. (마27:51, 막15:38, 눅23:45)

④ 많은 성도의 몸이 죽음에서 일어났습니다. (마27:52-53)

⑤ 로마 백부장이 '진실로 하나님의 아들이었도다.'하고 고백하며 예수님의 신성을 증언하였습니다. (마27:54)

(2) 이 땅에서의 예수님의 사역이 완성되었습니다.

① '다 이루었다'고 하셨습니다. 이 말은 헬라어 '테텔스타이'의 '다 치루었다'는 의미입니다. (요19:30)

② 그때는 유월절의 절기로서 '예수님, 어린 양'의 죽음으로 유월절이 성취되었습니다. (출12:13,21-28)

2) 예수님의 죽으심의 의미는 우리를 위한 구속이었습니다.

(눅23:32-56)

(1) 우리를 위하여 십자가를 지셨습니다.

① 그리스도께서 우리의 죄를 위하여 십자가를 지셨습니다.
(벧전2:24, 사53:6)

② 무지를 구속하기 위한 희생이셨습니다. (눅23:34,42)

③ 죽음에 직면한 생명을 구하기 위하여 희생하셨습니다.
(요19:30)

④ 우리 죄를 대속하여 십자가를 지셨습니다. (고후5:21)

⑤ 그리스도께서 자신의 희생을 통하여 아버지께 영광을 돌리셨
습니다. (눅23:46)

⑥ 그분의 희생이 받아들여지는 동안 사흘 동안 무덤 속에 계셨
습니다. (마27:63)

⑦ 그분은 우리가 받을 진노의 형벌을 대신 받으셨습니다.
(사53:5)

⑧ 구약시대의 드리던 어린 양의 속죄제의 제물이 되심으로 유월
절을 성취하셨습니다.
(출12:13,21-22, 히9:12, 10:12, 벧전1:18-19, 2:23-24)

(2) 우리를 위하여 십자가에서 피를 흘리셨습니다.

① 흠 없고 점 없는 보배로운 피로 망령된 행실에서 우리를 구속
하셨습니다. (벧전1:18)

② 영원한 속죄를 이루시고 성전에 들어가셨습니다. (히9:12)

③ 하나님의 은혜로 말미암아 모든 사람을 구원하시기 위하여 죽
음을 맛보셨습니다. (히2:9)

④ 속죄는 그리스도께서 참 하늘에 들어가실 때 이루어졌습니다.
(히9:24)

⑤ 예수님께서는 그분을 힘입고 나아가는 자들을 위해 간구하십

니다. (히7:25)

3) 예수님께서 우리를 위하여 희생 제물이 되셨습니다.

(눅23:32-56)

(1) 우리를 위하여 한 번에 드리셨습니다.

① 우리를 위하여 단번에 제사를 드리셨습니다.
(히9:25-26, 10:10)

② 그분은 자신의 죄에 대해 희생제물이 필요 없으신 분이셨습니다. (히4:15)

③ 자기 피로 영원한 속죄를 이루시어 단번에 성소에 들어가셨습니다. (히9:12)

(2) 세상을 위하여 십자가에서 돌아가셨습니다.

① 영생을 주려 하셨습니다. (요3:16)

② 세상 죄를 지셨습니다. (요1:29)

③ 온 세상을 위한 화목제의 제물이 되셨습니다. (요일2:2)

④ 그분은 모든 사람을 대신하여 죽으셨습니다.
(고후5:14-15, 딤전2:6, 히2:9)

⑤ 모든 사람에게 하나님의 은혜가 나타났습니다. (딛2:11)

⑥ 모든 사람을 위하여 속전으로 주셨습니다. (딤전2:6)

(3) 택함 받은 사람들을 위하여 돌아가셨습니다.

① 우리에게 영생을 주시기 위하여 십자가에서 돌아가셨습니다.
(요10:26-28)

② 자기 백성을 구원하실 분으로 언약을 입고 오신 분이십니다.
(마1:21)

③ 창세(創世) 전에 우리를 거룩하고도 흠이 없게 하시려고 오시기로 예정되신 분이셨습니다. (엡1:4)

④ 그리스도께서 교회를 사랑하시고 그분의 몸된 교회를 위하여
그분 자신을 내어 주셨습니다. (엡5:25)

⑤ 어린 양의 생명책에 녹명된 사람들을 위하여 죽으셨습니다.
(계13:8)

4) 예수님의 사역의 중심은 십자가에서의 고난과 부활입니다.

(1) 예수님께서 십자가를 지심으로 제사장직을 감당하셨습니다.
(히9:28, 10:10)

① 십자가는 공의의 심판의 표시입니다.
예수님께서 십자가에서 돌아가실 때 우리의 옛 사람이 예수님
과 함께 십자가에 못 박히심으로 죄의 몸이 멸하여져 우리가
다시는 죄에게 종노릇하지 않게 되었습니다. (롬6:6-7)

② 십자가는 거룩한 사죄의 사랑의 표시입니다.
예수님께서 많은 사람의 죄를 담당하시려고, 단번에 드리신
바 되셨습니다. (히9:12/ 비교, 히9:22,26-27, 10:14)

③ 십자가는 멸망할 자와 구원 받을 사람과의 구별의 표시가 됩
니다. (고전1:18)

(2) 결론적으로 예수님의 대속의 죽음의 성취는 생명의 구속주(구
세주)로서의 부활로 이루어졌습니다. (눅24:1-53)

① 죽음의 결박에서 해방되셨습니다. (눅24:6-12)

② 이스라엘의 구속자로서 죽음에서 부활하셨습니다. (눅24:21)

③ 부활하신 주님께서 평강을 주셨습니다. (눅24:36)

④ 생명을 확증하셨습니다. (히10:14)

⑤ 하늘에서 생명을 회복하셨습니다. (히9:24)

11. 예수 그리스도의 부활

　　예수님의 죽으심의 사건이 있은 후 삼 일째 되던 날, 인류 최대의 역사적 사건이 있었습니다. 그것은 바로 예수님의 부활이었습니다. 예수님의 부활은 영과 육의 부활이었으며, 제자들이 그분의 부활을 증언하였습니다. 예수님의 부활의 사실과 그분의 부활이 우리에게 주는 의미를 이 장에서 확증해 볼 수 있습니다.

1) 예수님께서 십자가에 돌아가신지 사흘 만에 부활하셨습니다.

제자들의 증언과 예수님의 부활 후의 현현이 예수님께서 돌아가신 지 사흘 만의 부활의 사실을 증거합니다. (눅24:21-23, 고전15:4)

(1) 예수님의 부활은 빈 무덤을 확인한 제자들과 부활하신 예수님을 만난 제자들의 증언을 통하여 알 수 있습니다.

　① 예수님께서 변화산에서 부활하실 것임을 미리 말씀하신 적이 있습니다. (마16:21, 막8:31, 눅9:22)

　② 안식 후 첫날 새벽 여자들이 빈 무덤을 확인하였습니다. (눅24:1-3)

　③ 다른 제자들이 빈 무덤을 확인하였습니다. (눅24:22-23)

　④ 시몬 베드로와 제자가 무덤에서 세마포와 수건이 놓여진 것을 확인하셨습니다. (눅24:12, 요19:40)

　⑤ 천사가 예수님의 부활을 증거하였습니다. (마28:1-6, 막16:5-6)

　⑥ 빈 무덤을 목격한 사람들이 두려워하였습니다. (마28:8, 막16:8)

　⑦ 여인들이 예수님의 시신에 향유를 바르려고 무덤에 들어갔으

나 비어 있었습니다. (막16:1-6, 눅24:1-3)

⑧ 예수님께서 손과 발을 보고 확인하게 하셨습니다. (눅24:39)

⑨ 예수님께서 도마에게 손과 옆구리를 만져 보게 하셨습니다. (요20:27)

(2) 예수님께서 부활하신 후 열 번 제자들에게 보이셨습니다.

예수님께서 해 받으신 후에 사흘 만에 성도들과 제자들에게 확실한 많은 증거로 친히 사심을 나타내셔서 40일 동안 성도들에게 보이시며, 하늘 나라의 일을 말씀하셨습니다. (행1:3)

① 동산에서 막달라 마리아에게 보이셨습니다. (막16:9, 요20:11-18)

② 무덤에서 돌아오는 여인들에게 현현하셨습니다. (마28:9-10)

③ 엠마오 마을로 가던 두 제자들에게 나타나셨습니다. (막16:12-13, 눅24:13-32)

④ 예루살렘에서 베드로에게 나타나셨습니다. (눅24:34, 고전15:5)

⑤ 다락방에서 열 제자들에게 나타나셨습니다. (눅24:36-43, 요20:19-23)

⑥ 다락방의 열한 제자들에게 나타나셨습니다. (요20:24-29)

⑦ 갈릴리 바다에서 일곱 제자들에게 나타나셨습니다. (요21:1-24)

⑧ 다볼산에서 열한 제자들과 500명의 믿는 성도들에게 나타나셨습니다. (마28:16-20, 행1:6-11, 고전15:6)

⑨ 예루살렘에서 열한 명과 예수의 형제인 야고보에게 나타나셨습니다. (막16:14-18, 눅24:44-49, 고전15:7)

⑩ 감람산에서 열한 제자들에게 나타나셨습니다. (눅24:50-53)

2) 예수님께서는 영과 육이 함께 부활하였습니다.

  (1) 예수님은 육체가 함께 부활하였습니다.

    ① 무덤에서 예수님의 시신을 발견하지 못하였습니다.
      (눅24:23, 요20:15)

    ② 예수님께서는 육체로 부활하셨습니다. (눅24:39, 행10:41)

    ③ 예수님께서 음식을 잡수셨습니다. (눅24:42-43, 행10:41)

    ④ 예수님께서 부활하신 후 제자들이 그 발을 붙잡고 경배하였습
      니다. (마28:9)

    ⑤ 육체의 부활은 도마와 다른 제자들의 관심이었습니다.
      (요20:25, 행2:36)

  (2) 예수님은 부활 후에 신령한 몸이 되셨습니다.

    ① 바울은 편지에서 예수님께서 부활하신 후 제자들에게 나타나
      보이신 사실을 강조하고 있습니다. (고전15:4-8)

    ② 모든 사람에게 믿을 만한 증거를 주셨습니다. (행17:31)

    ③ 예수님은 살려 주는 영이 되셨습니다. (고전15:45)

    ④ 예수님의 육체는 변화된 몸이었습니다.
      (눅24:31, 요20:19, 고전15:44-49)

    ⑤ 예수님은 문이 잠겨진 상태에서 방안에 계셨습니다. (요20:19)

    ⑥ 엠마오 마을로 가던 두 제자와 함께 떡을 떼신 후 보이지 않으
      셨습니다. (눅24:31)

  (3) 재림의 소망을 우리에게 주셨습니다.

    ① 예수님의 부활은 죽은 자들의 첫 열매입니다.
      (고전15:20, 히1:14, 계1:18)

    ② 몸을 가지고 사는 삶은 천국에서도 계속될 것입니다.
      (고전15:35-44)

    ③ 예수님께서 재림하실 때 잠든 영혼들은 부활한 몸과 다시 연

합할 것입니다. (살전4:14-17)

④ 사람들이 부활하신 예수님을 알아볼 수 있었습니다.
(마28:9, 요20:19)

⑤ 우리는 변화하지만 동일한 모습을 지니게 될 것입니다.
(요일3:2)

3) 성령님의 도우심으로 부활을 확증하게 됩니다.

(1) 성령님께서 사역(활동)하심으로 예수님의 부활이 믿어지게 됩니다.

① 의심하는 사람들과 의문을 가진 제자들이 예수님께 소명을 받게 되었습니다. (마28:17, 행1:6)

② 성령님이 임하시면 예수님의 증인이 될 것임을 예수님께서 말씀하셨습니다. (행1:7-8)

③ 예수님께서 회복을 약속하셨습니다. (눅24:49)

(2) 성령님을 통하여 예수님에 대하여 알게 되는 사실이 있습니다.

① 그분은 누구인가요?
그분은 참 하나님이시며, 참 사람이 되십니다.
(요1:1-4, 엡1:7-14)

② 그분은 왜 오셨나요?
그분은 십자가에서 고난을 받으시기 위하여 오셨습니다.
(히9:11-17)

③ 그분은 왜 돌아가셨나요?
우리를 죄에서 구원하시기 위하여 죽으셨습니다.
(히9:23-28)

④ 그분은 왜 부활하셨나요?
우리에게 영원한 생명을 주시기 위하여 부활하셨습니다.
(히10:12-14)

4) 예수님의 부활은 우리에게 축복이 되었습니다.

(1) 성도들에게 현재와 미래의 축복이 되십니다.

① 의롭다 하심을 얻게 됩니다. (롬4:25)

② 주님께서 현재의 능력과 힘이 되어 주실 것임을 약속해 주셨습니다. (엡1:18-2:10)

③ 열매 있는 수고를 약속해 주셨습니다. (고전15:58)

④ 우리 자신의 부활의 보증이 되셨습니다. (고후4:14)

⑤ 썩을 것은 썩지 않을 것으로 변화하게 됩니다. (고전15:42)

⑥ 부끄러운 것은 영광스럽게 됩니다. (고전15:43)

⑦ 약한 것은 강하게 됩니다. (고전15:43)

⑧ 죽을 수밖에 없는 물질로 된 육체적인 몸은 영적인 몸이 됩니다. (고전15:44)

(2) 예수님 자신에게도 축복이 되셨습니다.

① 하나님의 아들(신성)로 인정되셨습니다. (행10:40, 롬1:4)

② 하나님께서 예수님을 지극히 높이셨습니다. 모든 이름 위에 뛰어난 이름을 주심으로 예수님의 이름 앞에 모두 다 무릎을 꿇게 하셨습니다. (행5:30-31, 롬14:11, 빌2:9-11, 히2:9)

③ 예수님께서 교회의 머리가 되셨습니다. (엡1:9-23)

(3) 예수님의 부활은 또 다른 변화를 가져왔습니다.

① 예배일이 토요일(안식일)에서 일요일(부활일)로 변경되었습니다. (행20:7, 고전16:2, 히7:12)

② 부활의 상징은 범죄와 무할례로 죽을 수밖에 없었던 우리를 하나님께서 예수 그리스도와 함께 다시 살리시고, 모든 죄를 사하여 주신 것입니다. (롬6:3-11, 골2:11-13)

12. 예수님의 승천과 현재의 사역

　　예수님께서는 십자가의 죽음 이후 사흘 만에 부활하셨고, 이 땅에 사십 일 동안 계시다가 하늘로 올라가셨습니다. 그분이 승천하신 이유는 무엇이며, 현재는 어떤 모습으로 우리들과 함께 하실까요? 성경이 기록한 예수님의 승천 사실과 그분이 우리들에게 약속하신 말씀들을 다시 한 번 되새겨 봅니다.

1) 승천과 사역의 사실성은 목격자들과 제자들의 증언을 통하여 알 수 있습니다.

　(1) 부활 후 사십 일 만에 승천하셨습니다.

　　① 부활 후 사십 일 동안 이 세상에 계시면서 하나님 나라의 일을 말씀하셨습니다. (행1:3)

　　② 부활 후 사십 일 만에 승천하셨습니다. (행1:3)

　(2) 부활 후 승천하시는 모습을 제자들이 보았습니다.

　　① 승천하실 때 감람산에서 열한 명의 제자들에게 보이셨습니다. (행1:3,9)

　　② 예수님께서 축복하실 때 저희를 떠나 하늘로 올라가셨습니다. (막16:19, 눅24:51, 행1:9)

　(3) 예수님께서는 승천하신 후 현재 하나님 우편에 앉아 계십니다. (막16:19, 롬8:34, 골3:1, 히1:3, 10:12-13, 12:2, 벧전3:22)

2) 예수님의 승천에는 우리를 위한 목적이 있으십니다.

　(1) 우리를 위하여 먼저 처소에 들어가셨습니다. (히6:19-20)

① 우리를 위하여 처소를 예비하시기 위하여 승천하셨습니다.
(요14:2)

② 우리를 위하여 영적 은사를 주시기 위하여 승천하셨습니다.
(엡4:10-14)

③ 그분을 따르는 자들을 격려하시기 위하여 승천하셨습니다.
(히4:14-16, 12:1-3)

④ 우리를 위하여 대제사장(중보자)의 기도를 드리기 위하여 승
천하셨습니다. (롬8:34, 히4:14-16, 7:25-27, 8:1, 9:24)

⑤ 그분께서 약속하신 성령님을 보내시려고 승천하셨습니다.
(요16:1-33, 행1:4, 2:33)

⑥ 그분의 교회를 돌보시려고 승천하셨습니다. (계1:10-3:22)

⑦ 그분의 백성들을 통하여 일하시기 위하여 승천하셨습니다.
(요14:12)

⑧ 그분의 원수가 발등상이 되기까지 기다리시기 위하여 승천하
셨습니다. (히10:12-13)

(2) 부활 승천 후 제자들에게 환상과 계시로 회심을 시키시기도 하
시며, 미래의 일어날 일들을 계시하시기도 하셨습니다.

① 순교 시 스데반에게 보이셨습니다. (행7:55-56)

② 다메섹으로 가는 길 위에서 사울(바울)에게 보이셨습니다.
(행9:5)

③ 밧모섬에서 요한에게 나타나셨습니다. (계1:17)

(3) 만왕의 왕으로의 재림을 약속하셨습니다. (행1:11)

① 우리를 위해 천국의 처소가 예비되면 다시 오실 것입니다.
(요14:1-3)

② 우리를 예수님께서 계시는 곳으로 영접하기 위하여 다시 오실
것입니다. (요14:3)

③ 우리를 예수님이 계시는 곳에 영원히 살게 하기 위하여 다시
  오실 것입니다. (요14:4)

제 **13** 장
우리를 도우시는 분
성령

✝ ✝ ✝

성령님은 왜 오셨을까요? 우리에게 오셔서 어떤 일을 하실까요? 사람들이 성령님의 은사에 대하여 이야기하는데, 그 은사는 무엇일까요? 이 장에서는 성령님의 사역을 살펴봄으로써 우리가 신앙생활을 유지하는데 반드시 성령님께서 함께 계셔야 함과 우리가 지속적으로 성령님의 충만한 생활을 하여야 함을 알게 될 것입니다.

✝ ✝ ✝

보혜사 곧 아버지께서 내 이름으로 보내실 성령
그가 너희에게 모든 것을 가르치고
내가 너희에게 말한 모든 것을 생각나게 하리라. (요14:26)

내가 아버지께 구하겠으니
그가 또 다른 보혜사를 너희에게 주사
영원토록 너희와 함께 있게 하리니 그는 진리의 영이라
세상은 능히 그를 받지 못하나니
이는 그를 보지도 못하고 알지도 못함이라
그러나 너희는 그를 아나니 그는 너희와 함께 거하심이요
또 너희 속에 계시겠음이라. (요14:16-17)

1. 성령님은 어떤 분이실까요?

구약시대는 성부 하나님의 시대, 예수님의 지상 사역 시는 성자 시대, 지금은 성령님께서 활동하시는 성령시대라고 말합니다. 예수님께서 아버지께로 가신 후 우리에게 보내시겠다고 약속하셨던 성령님은 어떤 분이실까요? 제3위의 하나님이신 성령님의 본질과 이름, 그리고 그분의 성품을 이 장에서 함께 공부해 봅니다.

1) 성령님은 제3위의 하나님이십니다. (마28:19)

(1) 하나님이십니다. (행5:3-4, 고전12:4-6, 고후3:17)

(2) 창조자이십니다. (창1:2)

(3) 영원하십니다. (히9:14)

(4) 성경을 주십니다. (요6:63)

(5) 죄와 의와 심판에 대하여 깨우치십니다. (요16:8)

(6) 우리를 위해 간구하십니다. (롬8:26-27)

(7) 우리가 하나님의 자녀인 것을 증거하십니다. (롬8:16)

(8) 성령님은 진리이십니다. (요14:16-17)

(9) 성령님은 예수 그리스도에 대하여 증거하십니다. (요일5:7-8)

2) 성령님의 이름은 '보혜사(保惠師)'입니다. (요14:26)

(1) 성령님의 본명은 거룩한 '하나님 영'이십니다.

　① '하나님의 영'이라고 불립니다.

　　(사11:2, 마10:20, 롬8:14, 고전3:16, 엡4:30)

　② '예수 그리스도의 영'이라고 불립니다. (롬8:9, 갈4:6, 빌1:19)

③ '보혜사'(保惠師, 우리를 보호하시며 은혜 주시는 영)로 성부께서 예수 그리스도의 이름으로 보내시는 분이십니다. 보혜사(헬라어, 파라클레토스)라는 말은 '옆에 계시는 자'라는 뜻입니다. (요14:26)

(2) 성령님은 다른 여러 가지 이름으로 불리기도 합니다.

　① 진리의 영이십니다. (요14:17)

　② 생명의 영이십니다. (롬8:2)

　③ 은혜의 영이십니다. (히10:29)

　④ 성결의 영이십니다. (롬1:4)

　⑤ 소멸의 영이십니다. (사4:4)

　⑥ 예언의 영이십니다. (계19:10)

　⑦ 영광의 영이십니다. (벧전4:14)

　⑧ 계시의 영이십니다. (엡1:17)

　⑨ 지혜와 총명의 영이십니다. (사11:2)

　⑩ 모략과 재능의 영이십니다. (사11:2)

　⑪ 지식과 여호와를 경외하는 영이십니다. (사11:2)

　⑫ 양자의 영이십니다. (롬8:15)

(3) 성령님은 여러 모습으로 비유됩니다.

　① 비둘기 같이 정하고 순결하신 분이십니다. (마3:16)

　② 생수 같이 목마름을 시원하게 해갈시켜 주시는 분이십니다. (요7:38-39)

　③ 바람 같이 능력을 주시는 분이십니다. (행2:2)

　④ 불 같이 사르고 연단시키시는 분이십니다. (행2:3/ 비교, 행28:25)

　⑤ 기름 같으신 분이십니다. (마25:4, 눅4:18)

　⑥ 비와 같이 마른 땅을 촉촉히 적셔 주시는 분이십니다. (호6:3)

⑦ 술과 같이 강한 감동을 주시는 분이십니다. (행2:12-13)

⑧ 도장 같이 약속과 보증을 하시는 분이십니다. (엡1:13)

⑨ 기운(氣運) 같은 분이십니다. (욥34:14)

3) 성령님은 인격을 가지신 분이십니다.

(1) 성령님은 근심할 수 있습니다. (엡4:30)

① 성령님은 현재의 올바르지 못한 태도와 생활 양식에 대하여 근심하십니다. (엡4:30-5:7)

② 성령님을 근심시켰다는 사실을 깨닫지 못할 수 있습니다. (삿16:20)

③ 성령님을 근심시키는 경우 성령님이 완전히 떠나시는 것은 아닙니다. (요14:16-17, 엡4:30)

(2) 성령님은 소멸될 수 있습니다. (살전5:19)

① 나보다 연약한 형제를 판단할 때, 우리는 하나님의 심판대 앞에 서게 됩니다. (롬14:10/ 비교, 마5:22-24)

② 나보다 연약한 형제에게 상처를 줄 때, 그리스도께 죄를 짓게 됩니다. (고전8:9-12)

③ 우리 몸을 더럽힐 때 소멸됩니다. (고전3:16-17, 6:19)

(3) 성령님의 성품은 사랑이십니다.

① 선하신 분이십니다. (느9:20, 시143:10)

② 진실하신 분이십니다. (행28:25)

③ 전능하신 분이십니다. (행1:8)

④ 거룩하신 분이십니다. (벧전1:2)

⑤ 사랑이 많으신 분이십니다. (롬15:30)

⑥ 영원하신 분이십니다. (히9:14)

(4) 성령님은 무소부재(無所不在)하시며, 능치 못함이 없으신 하나
   님의 영이십니다.

　① 영원하신 '하나님의 영'이십니다. (히9:14)

　② 어디에든 계신 '하나님의 신'이십니다. (시139:7-8)

　③ 무엇이든 능(能)치 못함이 없으신 '하나님의 능력'이십니다.
　　(눅1:35-37)

　④ 모든 것 하나님의 깊은 것이라도 통달하시는 '하나님의 영'이
　　십니다. (고전2:10)

　⑤ 천지 창조 때 물위에 운행하신 '하나님의 신'이십니다. (창1:2)

　⑥ 예수님을 알게 하는 '진리의 영'이십니다. (요14:16-17)

2. 성령님께서 오신 이유와 때

성경을 읽으면 신약성경 여러 곳에서 성령님께서 오셔서 역사하신 사건이 많이 기록되어 있습니다. 성령님께서 우리에게 오신 이유가 무엇일까요? 우리를 죄에서 구해내시고, 우리에게 예수 그리스도를 알 수 있도록 도우시는 분이 아닐까요? 성령님께서 우리에게 오신 이유와 성령님께서 오신 때를 함께 알아봅니다.

1) 성령님이 오신 모습은 '성령받음(세례)'이라는 여러 말로 표현이 됩니다.

(1) '성령의 인침'이라고 하였습니다. (고후1:22, 엡1:13)

(2) '성령을 받음'이라고 하였습니다. (갈3:2, 4:6)

(3) '성령 충만'이라고 하였습니다. (엡5:18)

(4) '성령의 새롭게 하심'이라고 하였습니다. (딛3:5)

(5) '하나님의 안식'이라고 하였습니다. (히4:10)

(6) '약속을 받음'이라고 하였습니다. (히6:12, 10:36)

2) 예수님께서 성령님을 보내시겠다고 약속하셨습니다.

(1) 예수님께서 처음으로 성령님에 대하여 가르치실 때 일곱 가지를 말씀하셨습니다. (요14:16-17)

① 성령님께서는 또 다른 보혜사(뜻 : 옆에 계시는 자, 保惠師)로 오신다고 하셨습니다. (요14:16,26)

② 성령님은 성부 하나님의 선물입니다. (요14:16)

③ 성령님은 예수님의 간구의 결과로 오십니다. (요14:16-17)

④ 성령님은 결코 떠나시지 않습니다. (마28:20, 요14:16-17)

⑤ 성령님은 진리의 영이십니다. (요14:17)

⑥ 구원을 받지 못한 사람은 성령님을 이해할 수 없습니다.
   (요14:17)

⑦ 성령님은 우리 마음속에 거하십니다.
   (요14:17, 고전12:12-14)

(2) 성령님의 도우심을 예수님께서 말씀하셨습니다.

① 성령님께서는 예수님과 같이 우리와 함께 하실 것입니다.
   (요14:16,26)

② 성령님께서 예수님의 교훈을 생각나게 하실 것입니다.
   (요14:26)

③ 성령님께서 죄, 의, 심판에 대하여 책망하실 것입니다.
   (요16:8-11)

④ 성령님께서 모든 진리로 인도하실 것입니다. (요16:13)

⑤ 성령님께서 예수님을 영적으로 실재하시는 분으로 증거하실
   것입니다. (요15:26-27, 16:7-33)

(3) 성령님께서 오신 이유는 구원에 대한 믿음의 확증을 돕기 위해
서입니다.

① 구원의 확신을 주시기 위하여 오셨습니다.
   하나님께서 약속의 보증으로 주셨습니다.
   (요14:16-20,26, 고후1:20-22, 요일4:13)

② 구원을 고백하도록 도우시기 위하여 오셨습니다.
   우리에게 '예수님을 주님'으로 고백하도록 도우십니다.
   (고전12:3)

③ 구원의 소망을 주시기 위하여 오셨습니다.
   심판 날에 담대함을 가지게 하실 것입니다. (요일4:13,17)

④ 구원을 증거하시기 위하여 오셨습니다.

예수님에 대하여 알게 하시고 증거하십니다.

(요15:26, 요일4:13-14)

(4) 성령님께서 오신 이유는 죄와 의와 심판에 대하여 세상을 책망하시기 위해서입니다. (요16:8-11)

① 죄에 대하여 책망하신다 하심은 세상이 예수님을 믿지 않은 사실을 말하는 것입니다. (요16:9)

② 의에 대하여 책망하신다 하심은 예수님께서 하나님께로 가시게 됨으로 세상이 다시는 예수님을 다시 보지 못하게 되는 것입니다. (요16:10)

③ 심판에 대하여 책망하신다 하심은 이 세상의 임금님이신 예수님께서 이 세상에서 십자가의 심판을 받으신 사실을 말합니다. (요16:11)

3) 예수님께서 약속하신 말씀 이후에 성령님께서 오셨습니다.

(행2:33)

(1) 성도들의 회심 때에 오셨습니다.

① 성도의 회심과 함께 오셨습니다. (행11:15-18, 고전12:13)

② 성도의 회심 이후에 오신 경우도 있습니다. (행19:2)

(2) 기도로 간구할 때 오셨습니다.

① 마음을 같이 하여 기도할 때 오셨습니다. (행1:14)

② 다 같이 한 곳에 모여 기도할 때 오셨습니다. (행2:1)

(3) 세례를 받을 때 오셨습니다.

① 예수님께서 세례를 받으실 때 비둘기 같이 하늘에서 내려오셔서 머무르셨습니다. (요1:32)

② 회개하고 예수 그리스도의 이름으로 세례를 받고 죄 사함을

얻으면 성령님께서 오십니다. (행2:38)

③ 예수님의 이름으로 세례를 받은 후에 오셨습니다. (행8:16)

④ 성령님을 받은 후 세례를 받은 경우도 있습니다. (행10:46-48)

(4) 말씀을 듣는 사람들에게 성령님께서 오셨습니다.

① 고넬료의 가정에서 말씀을 전할 때 말씀을 듣는 모든 사람에게 내려오셨습니다. (행10:44)

② 고넬료의 가정에서 이방인에게도 성령님께서 임하였습니다. 성령님께서 오신(받은) 후에 물로 세례를 베풀었습니다. (행10:46-48)

3. 성령님께서 오신 증거와 약속

제3위의 하나님이신 성령님께서 계시다면 지금 이 시대에만 존재하는 걸까요? 아니면 구약시대부터 계속 함께 계셨던 것일까요? 성령님께서 우리에게 오셔서 활동하셨던 사실들을 성경에서 찾아보고, 그분이 오심으로 우리가 예수 그리스도를 구주로 시인할 수 있게 되었다는 사실을 확인하여 봅니다.

1) 구약시대의 선지자들이 예수님 부활 후의 오실 성령님에 대하여 예언하였습니다.

(1) 모든 사람에게 부어 주실 것이라고 하셨습니다. (욜2:28-29)

(2) 하나님께서 언약하심으로 성령님께서 우리에게 오셔서 우리를 떠나시지 아니하실 것입니다. (사59:21)

(3) 성령님을 우리 속에 두시므로 하나님께서 이 모든 일을 이루셨다는 사실을 우리가 알게 될 것입니다. (겔37:14)

(4) 하나님께서 하나님의 백성들과 함께 하시고, 그 가운데 함께 거하실 것입니다. (겔37:27)

(5) 메시야에게 성령님께서 강림하실 것입니다. (사42:1, 61:1)

2) 성령님께서 오신 증거가 있습니다.

(1) 우주만물의 창조 때에 함께 활동하셨습니다.

① 땅이 혼돈하고 흑암이 깊을 때 수면 위를 운행하셨습니다. (창1:2)

② 사람을 하나님 형상대로 만드실 때 함께 하셨습니다. (창1:26)

③ 만물을 단장하며 지면을 새롭게 하셨습니다.
　　(욥26:13, 시104:30)

(2) 구약성경에서 선지자들을 감동시켰습니다.

　① 부름을 받은 사람들과 선지자들에게 임하였습니다.
　　(출3:1-14, 31:2-3, 삿3:10, 삼상10:10, 16:13, 대하20:14, 겔2:2,
　　3:24)

　② 모세에게 임하신 성령님께서 70장로들에게도 임하였습니다.
　　(민11:25)

　③ 성령님께서 이스라엘 전 민족을 위하여 역사하였습니다.
　　(사63:10-11,14, 학2:5, 슥4:6)

　④ 성령님께서는 한 개인에게도 역사하였습니다.
　　(출31:3, 민27:18, 미3:8)

　⑤ 하나님의 계획의 도구로 사용하였습니다.
　　(민24:2, 삼상19:23-24)

　⑥ 성령님을 한 때 주셨다가 거둔 사람도 있습니다.
　　(삿16:20, 삼상16:14, 시51:11)

(3) 성경은 성령 받은(성령님께서 오신) 증거를 우리가 알 수 있도
록 설명하고 있습니다. (고전12:1-31)

　① 성령님께서 머무르시므로 시므온이 약속하신 예수님을 뵙게
　　되었습니다. (눅2:23-35)

　② 하나님을 '아빠 아버지'라 부를 수 있게 됩니다.
　　(롬8:15, 갈4:6)

　③ 예수 그리스도를 '내 구주'로 시인케 됩니다. (고전12:3)

　④ 성령님께서 우리에게 부활, 심판, 지옥, 영생, 천국 등을 알게
　　하십니다. (요3:3-5, 16:8-11, 고전2:10, 계21:10)

4. 성령님의 사역과 역할

성령님의 가장 큰 사역과 그분의 역할은 무엇일까요? 우리가 성령
님에 대하여 조금이라도 안다면 그분의 도우심을 구하지 않을 수 없
을 것입니다. 우리가 타락해 있을 때, 말할 수 없는 탄식으로 우리를
대신하여 간구하시는 성령님을 우리는 어떻게 멀리할 수 있을까요?
성령님의 사역과 그분의 역할을 함께 살펴봅니다.

1) 예수님에 대하여 증언하십니다. (요15:26)

(1) 예수님이 어떤 분이신지 우리에게 알게 하십니다.
(요1:1,14, 14:26, 16:7-11,13)

(2) 예수님께서 무엇 때문에 오셨는지에 대하여 증거하십니다.
(요3:16)

(3) 예수님께서 왜 그것을 이루러 오셨는지에 대하여 증거하십니
다. (벧전2:24)

(4) 예수님께서 왜 죽음에서 부활했는지에 대하여 증거하십니다.
(롬1:4, 4:25)

(5) 예수님께서 지금 어떤 모습으로 어디에 계시는지에 대해 증거
하십니다. (행2:36, 히7:25)

(6) 예수님께서 왜 그곳에 계시는지에 대해 증거하십니다.
(행2:33)

(7) 예수님께서 왜 재림하시는지에 대해 증거하십니다.
(딤후4:1, 히9:27-28)

2) 인류에 대하여 사역하시고 계십니다.

    (1) 죄에 대하여 책망하십니다. (요16:9)

    (2) 의에 대하여 가르쳐 주십니다. (요16:10)

    (3) 심판에 대해 말씀하십니다. (요16:11)

    (4) 그리스도에 대하여 증거하십니다. (요15:26, 16:14)

3) 믿는 성도들에 대하여 사역을 하시고 계십니다.

    (1) 거듭나게 하십니다. (요3:3, 딛3:5)

    (2) 신자의 심령 속에 역사하십니다. (고전3:16, 롬8:9)

    (3) 죄와 사망에서 해방시키십니다. (롬8:2)

    (4) 예수님을 나의 구주로 시인케 하십니다. (고전12:3)

    (5) 성도들에게 선한 일을 힘쓰도록 가르치십니다. (딛3:8)

    (6) 하나님 자녀임을 분명히 알게 하십니다. (롬8:16, 갈4:6)

    (7) 성도들을 거룩하게 하십니다. (살후2:13, 벧전1:2)

    (8) 성도를 위하여 간구하십니다. (롬8:26-27)

    (9) 성도들에게 성령님의 충만함으로 찬송과 감사의 예배를 드리게
        하십니다. (엡5:18-19)

    (10) 하나님의 일을 하도록 부르시고 보내십니다. (행13:2-4)

    (11) 성령님의 9가지 열매를 맺게 하십니다. (갈5:22-23)

    (12) 성령님을 심는 자를 영생케 하십니다. (갈6:8)

    (13) 성도들에게 영원한 안식과 평안을 주십니다. (계14:13)

4) 성령님의 궁극적 사역은 성도를 도우시는 일입니다.

    (1) 성령님께서 우리를 가르치시고, 인도하십니다.

        ① 성령님께서 우리들을 깨우치실 것입니다.

(요14:26, 16:12-14/ 비교, 약1:2-4)

  a. 예수님께서 말씀하신 모든 것과

  b. 하나님께로부터 듣는 것,

  c. 장래 일어날 일 등을 우리들에게 가르치십니다. 이 가르침의 말씀은 경험으로도 이루어질 수 있을 것입니다.

② 하나님의 영으로 성도들을 인도하십니다.

  (요14:16-19, 롬8:14)

③ 보혜사로서 성도를 위로하십니다. (요14:16-18,25-31)

(2) 성령님께서는 우리를 구원하시고, 소명을 도우십니다.

① 성도들을 구원하십니다.

율법과 죽은 자 가운데서 건져내어 살리십니다.

(롬2:28-29, 8:1-2,11, 빌3:3)

② 성도의 생활을 도우십니다.

우리가 그리스도 예수의 마음을 가짐으로 하나님께 속하도록 도우십니다. (고전3:10-16)

③ 성도의 소명을 도우십니다.

우리와 세상 끝날까지 함께 계셔서 복음을 전파하고 구원을 선포하게 하십니다. (마28:19-20)

(3) 성령님은 우리의 연약함을 도우십니다.

우리가 기도할 바를 알지 못하고 있을 때, 말할 수 없는 탄식으로 우리를 위하여 친히 간구하십니다. (롬8:26)

5. 성령님의 오심(강림, 임재)

성령님은 언제 우리에게 오셨을까요? 우리에게 그 모습을 나타내 보이신 때는 언제일까요? 그리고 성령님께서 오심으로 제자들이 보였던 변화는 어떤 것이었을까요? 지금 성령님이 오시면 또 우리에게 어떤 변화가 일어날까요? 성령님이 이 땅에 강림하셨던 사건을 더듬어 보며 성령님이 우리에게 임재하시기를 간구해 봅니다.

1) 오순절의 성령 강림은 성령님의 사역의 시작입니다.

※ 오순절의 성령 강림 사건을 '성령 세례'라고 표현하기도 합니다. (행1:4-5, 2:1-4)

(1) 성령 강림을 받은 사람들은 예수님께서 말씀하신 약속을 기다렸던 사람들입니다.

① 열한 제자와 백이십 성도, 그리고 예수님을 따르던 사람들에게 성령님께서 임하였습니다. (행1:15)

② 위로부터 능력을 입히울 때까지 기다린 사람들에게 성령님께서 임재하셨습니다. (눅24:49)

③ 성부 하나님의 약속하신 것을 기다리던 사람들에게 성령님께서 임재하셔습니다. (행1:4)

④ 부활하신 예수님을 목격한 사람들에게 성령님께서 임재하셨습니다. (행1:15,22, 고전15:6)

(2) 성령 강림의 때는 오순절 날이었습니다.

① 오순절 날, 즉, 유월절 50일이 지난 때 성령님께서 임재하셨습니다. (행2:1)

② 마음을 같이 하여 기도에 힘쓰던 때 성령님께서 임재하였습니

다. (행1:14)

③ 다같이 한 곳에 모인 때 성령님께서 임재하였습니다. (행2:1)

(3) 성령 강림의 장소는 기도하던 곳이었습니다.

① 예루살렘, 예수님께서 지시하신 장소에 성령님께서 강림하셨습니다. (행1:2,4)

② 다같이 한 곳에 모인 곳에 성령님께서 임재하셨습니다. (행2:1)

③ 마음을 같이 하여 간절히 기도하던 곳에 성령님께서 임재하셨습니다. (행1:14)

(4) 성령 강림은 예수님의 약속의 성취입니다.

① 성령님께서 임하시면 권능을 받게 됩니다. (행1:8)

② 예수님을 믿고 회개하며 죄 사함을 받아야 성령님을 선물로 받을 수 있습니다. (행2:38)

③ 예수님께서 약속하신 성령님을 성부 하나님께로부터 받아서 우리에게 부어 주십니다. (행2:33)

(5) 성령 강림의 모습은 여러 가지 현상으로 나타났습니다.

① 하늘로부터 강한 바람 같은 소리가 들렸습니다. (행2:2)

② 제자들이 앉아 있는 온 집에 소리가 가득했습니다. (행2:2)

③ 불의 혀 같이 갈라지는 것이 보였습니다. (행2:3)

④ 모인 제자들은 성령님의 충만함으로 채워졌습니다. (행2:4)

⑤ 성령님의 도우심으로 다른 방언으로 말하기 시작했습니다. (행2:4)

(6) 성령님께서 강림하시므로 제자들이 예수님을 구주로 믿게 되고 그분을 위하여 확증을 갖고 열심으로 일하게 되었습니다.

① 제자들이 예수님을 함께 하시는 분으로 인식할 수 있었습니다. (행2:25)

② 예수그리스도에 대하여 변론하게 되었습니다. (행2:33)

③ 사도들의 가르침을 받아 서로 교제하게 되었습니다. (행2:42)

④ 오로지 기도에 힘쓰게 되었습니다. (행2:42)

⑤ 사람들이 사도들을 두려워하게 되었습니다. (행2:43)

⑥ 시몬 베드로가 놀라운 권능으로 복음을 전하게 되었습니다.
  (행2:14-36)

⑦ 사도들에게 기사와 표적이 나타났습니다. (행2:43)

⑧ 믿는 사람들이 세례를 받았습니다. (행2:41)

⑨ 제자의 수가 삼천이나 더하여졌습니다. (행2:41)

⑩ 믿는 사람들이 함께 물건을 서로 통용하였으며, 재산과 소유
  를 팔아 각 사람의 필요에 따라 나누어 주게 되었습니다.
  (행2:44-45, 4:32)

⑪ 제자들이 날마다 성전에 모여 기도하였습니다. (행2:46)

⑫ 하나님을 찬미하게 되었습니다. (행2:47)

⑬ 백성들에게 칭송을 받게 되었습니다. (행2:47)

⑭ 구원을 받은 사람들이 날마다 더하여졌습니다. (행2:47)

2) 사도행전에서 성령님 임재의 사례들을 찾아볼 수 있습니다.

사도행전에서 물 세례와 성령 세례는 함께 나타납니다. 물 세례가
있는 경우에는 성령 세례가, 성령 세례가 있는 경우에는 바로 이어
서 물 세례가 주어지는 것을 볼 수 있습니다.

(1) 마가의 다락방에서 11제자와 120명의 성도들이 오순절날 함께
  모여 기도에 힘쓸 때 성령님께서 강림하셨습니다.
  (행1:14, 2:1)

  ① 제자들과 성도들이 (행1:13)

  ② 마가의 다락방에 모여 (행1:13)

③ 마음을 같이 하여 (행1:14)

④ 오로지 기도에 힘썼습니다. (행1:14)

⑤ 기도하는 사람들이 성령님의 충만함을 받고 (행2:4)

⑥ 성령님께서 말하게 하심을 따라 다른 방언으로 말하기 시작했습니다. (행2:4)

(2) 박해를 받던 성도들이 모여서 기도할 때 성령님께서 다시 강림하셨습니다. (행4:23-31)

① 빌기를 다하였을 때 (행4:31/ 기도 내용, 행4:24-30)

② 모인 곳이 진동하더니 (행4:31)

③ 무리가 성령님이 충만하여 (행4:31)

④ 담대히 하나님의 말씀을 전하기 시작하였습니다. (행4:31)

⑤ 믿는 사람들이 한 마음과 한 뜻이 되어 모든 물건을 통용하였습니다. (행4:32)

⑥ 사도들이 큰 권능으로 주 예수님의 부활을 증거하였으며, 모인 사람들이 큰 은혜를 받았습니다. (행4:33)

(3) 베드로가 설교할 때 경건한 유대인이 회개하고 세례를 받으므로 성령님께서 임하셨습니다. (행2:38)

① 회개하여 (행2:38)

② 각각 예수 그리스도의 이름으로 세례를 받고 (행2:38)

③ 죄 사함을 받으면 (행2:38)

④ 성령님을 선물로 받게 되어 (행2:38)

⑤ 패역한 이 세대에서 구원을 받게 됩니다. (행2:40)

⑥ 믿는 사람들이 사도의 가르침을 받아 서로 교제하며, 떡을 떼며, 기도에 힘썼습니다. (행2:42)

⑦ 물 세례 후에 성령님께서 임하셨습니다.
그 말을 받은 사람들이 세례를 받았습니다. 그 수가 3천 명이

나 되었습니다. (행2:38,41)

(4) 베드로가 설교할 때 고넬료의 가정에서 사람들이 하나님 앞에서 예수님의 이야기를 들을 때 이방인들에게도 성령님께서 임하셨습니다. (행10:22-48)

　① 하나님을 경외하고 항상 기도할 때 하나님께서 기도를 들으시고 구제를 기억하셨습니다. (행10:22, 10:31)

　② 주님의 사자를 청하여 복음을 들으며, 하나님 앞에서 말씀을 들을 때 성령님께서 임재하셨습니다. (행10:22,24-25,44)

　③ 이방인들도 성령님이 오심으로 방언으로 말하기 시작하였습니다. (행10:46)

　④ 성령님께서 임재하신 후에 물로 세례를 주었습니다.
　(행10:47-48)

(5) 아나니아가 바울에게 주님의 명령을 따라 안수할 때, 성령님께서 임하셨습니다. (행9:1-18)

　① 바울의 회심 후에 (행9:1-9)

　② 아나니아가 그 집에 들어가 안수할 때 (행9:17)

　③ 성령님으로 충만하게 되어 시력을 회복하였습니다. (행9:17)

　④ 바울이 그 자리에서 세례를 받았습니다. (행9:18)

(6) 바울이 에베소에서 예수님을 믿는 자에게 안수할 때 성령님을 받지 않은 사람들이 성령님을 받았습니다. (행19:1-7)

　① 예수 그리스도를 믿고 (행19:4)

　② 주 예수의 이름으로 세례를 받으며 (행19:5)

　③ 사도 바울이 안수할 때 성령님께서 임재하셨습니다. (행19:6)

　④ 12사람쯤 되는 사람들이 방언도 하고 예언도 하였습니다.
　(행19:7)

　⑤ 물 세례 후에 성령님께서 임재하셨습니다. (행19:5-6)

(7) 베드로와 요한이 사마리아 사람들에게 두 사도가 안수할 때 성
    령님께서 임하셨습니다. (행8:14-17)

　① 사마리아 사람들이 하나님의 말씀을 먼저 받았습니다.
　　(행8:14)

　② 아직 한 사람에게도 성령님께서 내려오신 일이 없었습니다.
　　(행8:16)

　③ 예수님의 이름으로 세례만 받은 상태였습니다. (행8:16)

　④ 두 사도가 성령님 받기를(오시기를) 기도하자 성령님께서 임
　　재하셨습니다. (행8:15,17)

6. 성령님의 은사

고린도전서와 로마서에는 성령님의 은사에 대하여 아주 구체적으로 기록하고 있습니다. 성령님의 은사에는 어떤 것들이 있을까요? 성령님의 은사에도 그 높고 낮음이 있을까요? 성경은 가장 큰 은사가 있다고 기록하고 있는데, 우리도 성령님의 더 큰 은사를 사모하여야 하지 않을까요? 이 장에서 알아봅니다.

1) 성령님의 12가지 은사는 하나님의 선물입니다.
(고전12:4-11,27-29)

※ 성령님의 은사는 주님의 뜻대로 유익하게 나누어 주시는 하나님의 선물입니다. 이 은사는 모든 것을 적정하게 절제할 줄 알고, 질서 있게 하여야 할 것입니다. (고전12:7,11, 14:39-40, 엡2:8-10)

(1) 계시되어지는 은사들이 있습니다.

① 지혜의 말씀입니다. (고전12:7-8, 엡1:17)

② 지식의 말씀입니다. (고전1:5, 12:8)

③ 영 분별의 은사입니다. (고전12:10, 요일4:1)

(2) 소리로 표현되어야만 알 수 있는 은사들이 있습니다.

① 방언의 은사가 있습니다.
(막16:17, 행2:4, 고전12:10, 14:1-25,39-40)

② 방언을 통역하는 은사가 있습니다. (고전12:10, 14:27-28)

③ 예언의 은사가 있습니다.
(롬12:6, 고전12:10, 14:29-39, 살전5:20, 벧후1:21)

(3) 권능으로 나타나는 은사들이 있습니다.

① 믿음의 은사가 있습니다.
　(롬10:17, 12:3, 고전12:9, 갈3:2, 엡2:8)

② 병을 고치는 은사가 있습니다.
　(마9:35, 막16:18, 16:18, 고전12:9)

③ 능력을 행하는 은사가 있습니다.
　(막16:17-18, 행1:8, 4:31, 고전12:10)

2) 모든 허물과 죄를 덮는 가장 큰 은사는 사랑입니다.

(고전13:4-7, 요일4:7-21)

(1) 사랑은 오래 참습니다. (고전13:4, 살전5:14, 딤후2:10)

(2) 사랑은 온유합니다. (마5:5, 고전13:4, 갈5:23, 딛3:2)

(3) 사랑은 투기하지 않습니다. (행7:9, 고전13:4)

(4) 사랑은 자랑하지 않습니다. (고전4:5, 13:4)

(5) 사랑은 교만하지 않습니다. (고전13:4, 엡4:2)

(6) 사랑은 무례히 행치 않습니다. (고전13:5)

(7) 사랑은 자신의 유익을 구하지 않습니다. (고전10:24, 13:5)

(8) 사랑은 성내지 않습니다. (마5:21-24, 고전13:5)

(9) 사랑은 악한 것을 생각지 않습니다. (시1:1, 고전13:5)

(10) 사랑은 불의를 기뻐하지 않습니다.
　(롬1:28-32, 고전13:6, 살후2:12)

(11) 사랑은 진리와 함께 기뻐합니다.
　(시1:2, 고전13:6, 요이1:4, 요삼1:3-4)

(12) 사랑은 모든 것을 참습니다.
　(눅21:19, 롬5:3-4, 고전13:7, 벧후1:6, 약1:12)

(13) 사랑은 모든 것을 믿습니다. (고전13:7, 엡2:8-9, 3:17-19)

(14) 사랑은 모든 것을 바랍니다. (고전13:7, 딤전5:5)

(15) 사랑은 모든 것을 견딥니다. (고전13:7)

3) 성령님의 아홉 가지 열매는 그리스도인의 성품이 됩니다.
(갈5:22-23)

(1) 사랑의 열매를 맺게 됩니다.
(마22:37-40, 요15:9-15, 고전13:13, 갈5:14, 요일4:7-21)

(2) 희락의 열매를 맺게 됩니다.
(시100:1-5, 요15:11, 롬5:3, 살전1:6, 5:16)

(3) 화평의 열매를 맺게 됩니다. (마5:9, 히12:14)

(4) 인내의 열매를 맺게 됩니다. (눅21:19, 골1:11, 약1:12)

(5) 자비의 열매를 맺게 됩니다. (마12:7, 엡2:7, 딛3:4)

(6) 양선의 열매를 맺게 됩니다. (마5:48, 빌2:5-8, 딤전1:15,19)

(7) 충성의 열매를 맺게 됩니다. (마25:21, 히3:5-6, 계2:10)

(8) 온유의 열매를 맺게 됩니다. (마5:5)

(9) 절제의 열매를 맺게 됩니다.
(행24:25, 갈5:16, 딛1:8, 2:12, 벧후1:6)

7. 성령님의 충만(계속 보존)한 생활

성도들은 성령님을 기쁘시게 하는 생활을 지속하여야 합니다. 이러한 생활을 성령님의 충만한 생활이라고 이야기합니다. 그렇다면 성령님의 충만한 생활을 위하여 우리가 할 수 있는 일은 무엇이고 그 증거는 무엇일까요? 또한 성령님 충만한 생활이 우리에게 주는 유익은 무엇일까요? 이 장에서 알아봅니다.

1) 성령님 충만의 방법은 말씀과 기도의 생활입니다.

(1) 죄를 회개하여야 합니다. (행2:38, 계3:3)

(2) 계속 하나님께 구하여야 합니다. (눅11:13)

(3) 굳건한 믿음을 소유하여야 합니다. (엡3:16-19)

(4) 성경말씀을 계속 상고하여야 합니다. (행10:44-45, 17:11-12)

2) 성령님 충만의 증거는 성령님의 은사가 나타나는 모습으로 분별해 낼 수 있습니다.

(1) 방언을 하게 됩니다. (행2:4, 행19:6)

(2) 예언을 하게 됩니다. (눅1:41-42,67)

(3) 담대히 하나님의 말씀을 전하게 됩니다. (행4:31)

(4) 예수님에 대하여 가르치게 됩니다. (행11:24-26)

(5) 하나님의 영광을 보게 됩니다. (행7:55)

(6) 심령을 감찰하게도 됩니다. (행13:9-10)

(7) 시와 찬미와 신령한 노래를 부릅니다. (엡5:19-21)

(8) 기쁨이 충만하게 됩니다. (행2:46)

(9) 이적과 기사가 나타나게 됩니다. (행3:6-10)

3) 성령님의 충만한 생활은 하나님의 축복으로 나타납니다.

(1) 오늘의 생활 속에 축복을 받게 됩니다.

① 하나님의 자녀로 하나님의 사랑을 입게 됩니다. (요1:12)

② 감추어진 천국의 비밀을 알게 됩니다. (고전2:7, 고후12:1)

③ 생명을 보장받게 됩니다. (마28:20, 요일5:18)

(2) 심령의 축복을 받게 됩니다.

① 심령에 평화가 넘치게 됩니다. (요14:27, 빌4:7)

② 심령에 기쁨이 넘치게 됩니다. (빌4:4)

③ 그리스도의 사랑이 넘치게 됩니다. (롬8:35)

(3) 사후에 축복을 받게 됩니다.

① 예수님께서 재림하실 때, 생명의 부활을 얻게 됩니다.
   (요5:29, 고전15:51)

② 공력대로 상을 받게 됩니다. (고전3:13)

③ 영원한 안식의 축복을 얻게 됩니다. (계14:13)

8. 성령님을 거스르는 죄

　　성도들에게 있어 가장 무서운 죄는 무엇일까요? 우리가 죄를 지은 후 모든 것을 회개한다면 용서받을 수 있다고 하는데, 용서 받지 못하는 죄는 없는 것일까요? 성령님께서 오시고 난 이후 성령님을 소멸하게 되는 경우는 없을까요? 이 장에서는 성령님을 거스르는 죄와 성령님을 소멸하지 말아야 한다는 경고의 말씀들을 알아봅니다.

1) 성령님을 거스리는 것은 죄입니다.

　(1) 성령님을 훼방하는 행동은 사하심을 얻지 못합니다.
　　 (마12:31-32)

　(2) 진리를 아는 지식을 받은 후 죄를 범하게 되면 다시 속죄를 받을 수 없게 됩니다. 무서운 심판과 형벌이 있습니다.
　　 (히10:26-29)

2) 성령님의 소멸을 경고합니다.

　(1) 성령님을 속이게 되면, 아나니아와 삽비라와 같이 죽음이 따를 수 있습니다. (행5:1-11)

　(2) 분냄과 떠드는 것, 훼방하는 것은 성령님을 슬프게 합니다.
　　 (엡4:30-32)

　(3) 성령님을 소멸하지 말아야 합니다. (살전5:19)

　(4) 우리 몸을 더럽히거나 형제를 판단할 때 하나님의 심판대 앞에 서게 됩니다.
　　 (마5:22-24, 18:6-7, 롬2:1-5, 14:10, 고전3:16-17, 6:19, 8:9-12)

제 **14** 장

예수그리스도의 몸

교회

+ + +

우리가 예수님을 믿고 또한 알게 된 곳이 바로 교회입니다. 교회를 통하여 예수님을 알고, 예수님을 믿게 되었으며, 기도를 배우고, 거듭남의 체험을 경험하기도 했습니다. 이 교회가 어떤 존재인지, 그리고 이 교회는 어떻게 영원한 것인지, 예수님은 교회를 어떻게 보시고 계시는지, 이 장을 통해서 함께 배워가게 됩니다.

+ + +

이 집은 살아 계신 하나님의 교회요 진리의 기둥과 터니라
(딤전3:15)

1. 교회란 무엇일까요?

예수 그리스도를 믿고 난 이후 우리는 교회에 출석하여 하나님께 예배드리는 생활을 지속하게 됩니다. 그렇다면 이 교회는 우리에게 어떤 의미가 있는 것일까요? 교회는 어떻게 탄생하였으며, 초대 교회의 모습은 어떤 것일까요? 그리스도의 몸으로서의 교회의 의미와 믿음의 공동체로서의 교회의 성장과정을 살펴봅니다.

1) 교회는 예수님을 믿는 성도들의 공동체입니다.

(1) 그리스도의 이름으로 모이는 공동체를 의미합니다.

① 교회의 뜻은 에클레시아(헬라어 원어)라는 말로 '밖으로 불러 낸다'라는 말입니다. 이 말은 에칼레오(헬라어) '밖으로 불러 낸다'라는 말에서 유래되었습니다.

② 교회는 하나님의 선택에 의해 부름받은 무리를 가리킵니다. 교회는 단순한 교회의 건물을 의미하는 것이 아니라 성도가 모인 공동체를 의미합니다. (행2:44)

③ 성도가 모인 공동체와 모이는 장소를 함께 포함하여 교회라는 의미로 지칭하는 경우도 있습니다. 그러나 교회의 건물만을 의미할 때는 예배당이라는 표현을 쓰는 것이 바람직할 것입니다. (사56:7, 막11:17, 행24:11-12)

(2) 성경은 교회를 다양하게 정의합니다.

① 예수 그리스도의 몸입니다. (고전12:27, 엡1:23, 골1:18,24)

② 하나님의 성전입니다. (고전3:16, 엡2:21, 벧전2:5)

③ 예수 그리스도의 신부입니다. (고후11:2, 엡5:23, 계21:9-10)

④ 하나님께서 자기 피 값으로 사신 교회입니다. (행20:28)

⑤ 살아계신 하나님의 교회이며, 진리의 기둥과 터입니다.
(딤전3:15)

⑥ 하늘의 새 예루살렘입니다.
(빌3:20, 히11:16, 12:22, 계3:12, 21:2,10/ 비교, 갈4:25-26)

(3) 성경에서의 교회의 의미는 예수님의 이름으로 모이는 공동체를
말합니다.

① 교회는 하나님께 예배를 드리기 위해 모이는 곳입니다.
(행24:11)

② 예수님을 구주로 믿는 사람들의 모인 공동체입니다.
(마16:18, 행2:44)

③ 하나님의 부르심을 입은 성도들이 모인 곳입니다.
(고전1:2, 12:27)

④ 예수님의 피로 값 주고 사신 자들이 모인 곳입니다. (행20:28)

⑤ 교회는 만민의 기도하는 집입니다. (사56:7, 막11:17)

2) 예수님께서 부활하신 후 교회가 탄생되었습니다.

(1) 교회의 탄생은 믿는 사람들의 모임으로 시작되었습니다.

① 예수님을 구주로 믿고 신앙을 고백하는 사람들의 모임으로 시
작되었습니다. (마16:16-18)

② 주님의 이름으로 모여 기도하기 시작하면서 교회가 시작되었
습니다. (행1:13-14)

③ 오순절 날 하나님의 성령님께서 강림하시므로 교회가 시작되
었습니다. (행2:1-4)

(2) 초대 교회의 신앙의 특징은 체험으로 이루어진 믿음입니다.

① 그리스도 안에서의 교제와 복음 전파에 대한 열정과 열심을
가지고 있었습니다. (행2:42,46-47, 4:13, 8:5, 18:25)

② 부활에 대한 소망이 있었습니다. (행24:15, 골1:5, 히7:19)

③ 교회에 사도들의 표적과 이적이 나타났습니다.
(행2:43, 3:1-10, 5:12,15-16, 8:6-7)

④ 그리스도인들은 정결하고 검소한 도덕성이 있었습니다.
(행2:44-45, 5:13, 24:25)

(3) 초대 교회는 한마음으로 공동체 생활을 하였습니다.

① 공동체 생활을 하였습니다. (행2:44, 4:32)

② 한마음으로 모여 기도드렸습니다. (행1:3-4,12-14, 2:1-4)

③ 성례전(세례와 성만찬)을 지켰습니다.
(롬6:3-4, 고전11:23-26)

④ 구제하는 교회의 모습을 가졌습니다. (행2:45, 4:34-35, 엡4:28)

⑤ 매일 기쁨으로 성전에 모였습니다. (행2:46-47, 엡5:19-21)

⑥ 많은 사람이 회개하여 주님께 돌아왔습니다. (행2:47, 5:14)

3) 교회는 그리스도의 몸으로서 예배의 처소입니다.

(1) 교회는 예배와 교제의 장소입니다.

① 하나님께 예배와 기도를 드리기 위한 곳입니다.
(사56:7, 마21:13, 막11:17, 눅19:46, 롬12:1)

② 성도들이 서로 교제하기 위한 곳입니다. (행2:42)

③ 이웃에게 봉사하기 위한 곳입니다. (벧전4:10)

(2) 성경은 그리스도와 교회와의 관계를 설명합니다.

① 그리스도는 머리이며, 교회는 몸, 우리는 지체입니다.
(롬12:4-5, 고전12:12-13,27, 엡4:4, 5:30, 골1:18)

② 그리스도는 남편이고 교회는 신부입니다.
(고후11:2, 엡5:23, 계21:9-10)

③ 그리스도는 포도나무, 우리는 가지이며, 하나님은 농부이십니

다. (요15:1-3)

④ 그리스도는 선한 목자이시며, 우리는 양입니다.
(시23:1-6, 요10:11, 히13:20, 벧전5:4)

⑤ 예수님은 대제사장이시며, 우리는 그분의 나라의 백성이 됩니다. (벧전2:9, 계1:6, 5:10, 20:6)

⑥ 예수님은 모퉁이 돌과 산 돌이시며, 우리는 하나님의 거하실 처소입니다. (엡2:19-22, 벧전2:4-5)

(3) 교회는 그리스도의 몸으로 다음과 같은 특성을 가집니다.

① 교회는 일체성, 즉 통일성이 있습니다.
한 몸의 각 지체로 이루어져 있습니다. 많은 사람이 그리스도 안에서 한 몸이 되어 서로 지체가 되었습니다.
(요17:21, 롬12:5, 엡4:1-6)

② 교회는 거룩성이 있습니다.
우리 몸은 거룩한 성전입니다.
(요17:17,19, 고전3:17, 6:11, 고후1:12, 6:17, 살전5:23, 살후2:13, 벧전1:2,15-16)

③ 교회는 단일성이 있습니다.
하나님도, 주님도, 믿음도 하나입니다. (엡4:3-6)

④ 교회는 동일성, 즉 보편성이 있습니다.
한 분이신 주님께서 모든 사람의 주님이 되십니다. (롬10:12)
교회는 교회의 본질과 목적이 동일해야 하고, 교회의 머리는 그리스도가 되며, 이 세상에 대하여 구원의 복음을 전하는 기능에서 동일해야 한다는 점입니다.
(참조, 마28:19, 막13:10, 16:15, 요3:16, 16:13, 행4:12, 20:28, 엡5:27, 골1:23)

⑤ 교회는 불멸성이 있습니다.
음부의 권세가 이기지 못합니다. (마16:18)

⑥ 교회는 영원성이 있습니다.

주님의 재림 후에도 영원히 존재할 것입니다. (계21:1-2,9-27)

(4) 그리스도의 몸인 교회는 사명을 가지고 있습니다.

① 하나님을 사랑해야 합니다. (계2:4)

② 하나님을 영화롭게 해야 합니다.
(엡1:6,11-12,14, 3:21, 살후1:12)

③ 하나님의 은혜를 나타내어야 합니다. (엡2:7, 3:7,10, 벧전2:9)

④ 세계를 복음화 하여야 합니다.
(마28:19-20, 막16:15, 눅24:47, 요20:21, 행1:8)

⑤ 믿는 자에게 세례를 베풀어야 합니다. (마28:19)

⑥ 믿는 자들을 세워 주어야 합니다.
(고전14:26, 엡4:11-12,16, 살전5:11, 벧후3:18, 유1:20)

⑦ 믿는 자들을 교육하여야 합니다.
(마28:19, 빌4:8-9, 딤전4:6, 5:17, 딤후2:2,24-26)

⑧ 믿는 자들을 위하여 교제를 마련해 주어야 합니다.
(행2:42, 고전1:9, 고후8:4, 갈2:9, 빌1:5, 2:1-4, 요일1:3,6-7)

⑨ 믿는 자들을 징계하여야 합니다.
(마18:7, 롬16:17, 고전5:1-3, 갈6:1, 살후3:6, 딛3:10-11, 요이 1:10)

4) 초대 교회의 성장 과정에서 교회의 올바른 확장의 모습을 찾아볼 수 있습니다.

(1) 구원의 확증을 받은 사람들이 세례를 받으며, 변화하여 공동체에 참여하기 시작하였습니다. (행2:40-47)

① 구원의 확증의 말씀을 받았습니다. (행2:40-41)

② 제자들이 되었습니다. 그 수가 삼천 명이나 되었습니다.
(행2:41)

③ 사도의 가르침을 받았습니다. (행2:42)

④ 서로 교제하며, 떡을 떼며, 기도하기에 힘썼습니다. (행2:42)

⑤ 믿는 사람들이 다 함께 있게 되고, 모든 물건을 서로 통용하였습니다. (행2:44)

⑥ 재산과 소유를 팔아 각 사람의 필요에 따라 나눠주었습니다. (행2:45)

⑦ 날마다 마음을 같이 하여 성전에 모이기를 힘썼습니다. (행2:46)

⑧ 집에서도 떡을 떼며, 기쁨과 순전한 마음으로 음식을 나누었습니다. (행2:46)

⑨ 하나님을 찬미하며, 백성에게 칭송을 받았습니다. (행2:47)

⑩ 주님께서 구원 받은 사람들을 날마다 더하게 하셨습니다. (행2:47)

(2) 초대 교회는 점차적으로 크게 성장하였습니다.

① 12명으로 시작하였습니다. (눅9:1)

② 70명의 제자들을 파송하였습니다. (눅10:1)

③ 120명이 함께 모여 기도드렸습니다. (행1:15)

④ 3천 명이 회개하였습니다. (행2:41)

⑤ 날마다 더하였습니다. (행2:47)

⑥ 5천 명이 모였습니다. (행4:4)

⑦ 큰 무리가 모였습니다. (행5:14)

⑧ 더 심히 많아졌습니다. (행6:7)

⑨ 수많은 사람이 모였습니다. (행11:21, 15:35)

(3) 성장하는 교회는 말씀에 선 교회입니다.

① 성령 충만한 교회가 성장합니다. (행2:4)

② 기도 운동이 왕성한 교회가 성장합니다. (행1:14, 2:1-4)

③ 전도 운동이 활발한 교회가 성장합니다.

(행4:5-12, 5:42, 8:35)

④ 말씀이 흥왕한 교회가 성장합니다. (행2:41-42, 4:4, 6:7)

⑤ 순교와 희생이 있는 교회가 성장합니다. (행7:59-60, 12:1-5)

⑥ 교육하는 교회, 일꾼을 양성하는 교회가 성장합니다.
   (행11:25-26, 24:24-26, 28:23,30-31)

⑦ 선교하는 교회가 성장합니다. (행13:2-7)

⑧ 구제하는 교회가 성장합니다. (행11:27-30)

⑨ 예언이 있는 교회가 성장합니다. (행11:28)

(4) 교회는 그리스도 안에서 확장과 성장이 이루어져야 합니다.

① 교회는 그리스도의 터 위에 세워져야 합니다. (고전3:11)

② 교회는 십자가에 못 박히신 주님만 바라보아야 합니다.
   (고전2:2)

③ 교회는 거룩해야 합니다. (고전3:17)

④ 교회는 그리스도의 능력을 가져야 합니다. 하나님의 나라는
   말에 있지 않고 오직 능력에 있기 때문입니다. (고전4:20)

⑤ 교회는 사랑을 따라 신령한 것을 사모해야 합니다.
   (고전12:31, 14:1/ 비교, 고전12:12-13)

⑥ 교회는 지체를 돌아보아야 합니다. (고전12:12,24-27)

5) 교회는 영원히 존재하게 됩니다.

(1) 휴거 때에 신랑이 데리고 올라갑니다.
   (고전15:51-53, 살전4:15-17)

(2) 그리스도의 심판대 앞에서 상급을 받게 됩니다.
   (고전3:13-15/ 비교, 롬14:10-12)

(3) 어린 양의 혼인 예식에서 그리스도와 연합합니다.
   (고후11:2, 엡5:22-32, 계19:7-8)

(4) 어린 양의 혼인 잔치에 그리스도와 함께 앉게 됩니다. (계19:9)

(5) 천 년 동안 그리스도와 함께 다스리게 됩니다.
    (계1:6, 3:21, 20:6)

(6) 영원히 그리스도와 함께 새 예루살렘에 거하게 됩니다.
    (계21:1-2,9-27)

(7) 영원히 그리스도의 영광을 찬미하게 됩니다.
    (엡1:6,12, 2:1-7/ 비교, 엡3:10-11)

2. 그리스도인의 교제

그리스도인은 교회 공동체를 통하여 성도의 교제를 이루게 됩니다. 교회 내에서의 성도의 교제는 어떠해야 하는 것일까요? 또한 성도의 교제에서 유의해야 할 점은 없을까요? 이 장에서는 그리스도 안에서 성도의 교제의 중요성을 살펴보고, 성도의 교제가 끊어졌을 때의 문제점은 무엇인지 함께 생각해 봅니다.

1) 성도의 교제는 그리스도 안에서 이루어져야 합니다.

(1) 성도의 교제는 우리 주님이신 예수 그리스도 안에서 이루어져야 합니다. (요1:3)

(2) 그리스도인의 교제는 나눔입니다. (행2:44-47, 4:32,34-35)

(3) 그리스도인의 교제를 잃게 하는 위험성은 범죄입니다.
(마5:22-24, 18:6-7, 롬2:1-5, 14:10, 고전10:16-21)

2) 그리스도인의 교제는 서로 덕을 세우는 것입니다.

(1) 서로 권면하고 격려하여야 합니다.
(롬15:14, 골3:17, 살전4:18, 5:11)

(2) 서로 위하여 기도하여야 합니다. (약5:16)

(3) 우리의 허물을 자백합니다. (약5:16)

(4) 서로 죄를 책망합니다. (엡5:11, 딤전5:24-25)

(5) 서로 용서합니다. (고후2:6-8, 엡4:32, 골3:13)

(6) 서로 남의 짐을 집니다. (갈6:2)

(7) 서로 온유하게 바로 잡아야 합니다. (갈6:1)

(8) 약한 형제를 도와야 합니다. (롬14:13, 15:1)

(9) 서로 덕을 세워야 합니다. (롬14:19, 히10:24)

(10) 어려울 때 서로 도와야 합니다. (고후8:2-9, 딤전5:1-16, 약1:27)

(11) 오늘의 세계에서 빛과 소금의 역할을 하여야 합니다.
(마5:13-16, 살후2:6-7)

(12) 예수님의 이름으로 교제하여야 합니다.
두세 사람이 예수님의 이름으로 모인 곳에는 예수님께서 그들 가운데 함께 계신다고 약속하셨습니다. (마18:20)

3) 그리스도인의 교제에는 유의할 점이 있습니다.

(1) 누구든지 자기의 유익을 구치 말고, 다른 사람의 유익을 먼저 구하여야 합니다. (고전10:24)

(2) 서로 덕을 세워야 합니다.
(롬14:19, 15:2, 고전14:2,12,26, 고후12:9, 엡4:29, 살전5:11, 벧후1:5-7/ 비교, 고전10:23, 14:4)

(3) 서로 혀를 제어하여 말을 조심하여 남에게 상처를 주지 말아야 합니다. 혀는 능히 길들일 사람이 없으므로 쉬지 않는 악이며, 죽이는 독이 가득합니다. (약3:8)

(4) 모든 것이 하나님의 은혜임을 깨달아야 합니다. (고전15:10)

(5) 의를 행하는 것이어야 합니다. (고전15:34)

(6) 모든 것을 적당하게 하고 질서대로 해야 합니다. 하나님은 화평의 하나님이시기 때문입니다.
(고전14:33,40, 살후3:7/ 비교, 고전10:21, 14:27)

4) 그리스도 안에서의 궁극적인 교제는 '하나님의 성품'에 참여하는 사랑입니다. (벧후1:5-11, 골3:12-14)

(1) 더욱 힘써 믿음에 덕을 더하여야 합니다. (벧후1:5)

(2) 덕에 지식을 더하여야 합니다. (벧후1:6)

(3) 지식에 절제를 더하여야 합니다. (벧후1:6)

(4) 절제에 인내를 더하여야 합니다. (딤후4:2, 벧후1:6)

(5) 인내에 경건을 더하여야 합니다. (골3:12, 벧후1:6)

(6) 경건에 형제 우애를 더하여야 합니다. (벧후1:7)

(7) 형제 우애에 사랑을 더하여야 합니다. (골3:14, 벧후1:7)

5) 그리스도 안에서의 교제가 끊어질 때 실족케 되는 위험에 처하게 됩니다.

(1) 예수님께서 형제를 실족케 하는 자에 대하여 엄격히 훈계하셨습니다. (마18:6-7, 눅17:1-3)

(2) 그리스도인의 교제를 잃게 하는 것, 즉, 형제를 실족케 하는 것은 범죄입니다. (고전8:1-13, 10:16-21/ 비교, 벧후1:11)

3. 신약시대 대표적인 교회

신약성경에 언급된 스물세 곳의 교회 중 초기의 3대 교회인 예루살렘 교회와 안디옥 교회, 그리고 고린도교회는 초기 교회사에서 매우 중요한 위치를 차지합니다. 성도의 순교 위에 교회가 세워진 이후 초기의 선교사의 파송 과정과 교회가 가졌던 독특한 갈등 문제들을 살펴봄으로써 오늘날의 교회에 주는 교훈을 찾아봅니다.

1) 예루살렘 교회는 교회의 첫 성장 모형입니다.

(1) 적어도 3,120명을 가지고 오순절에 시작하였습니다.
(행1:15, 2:41,47)

(2) 그리스도의 형제인 야고보가 인도하였습니다. (행15:13)

(3) 많은 표적과 기사가 나타났습니다. (행2:43, 5:12-16)

(4) 모든 것을 통용하였습니다. (행2:44-45, 4:32)

(5) 한마음으로 모였습니다. (행2:46)

(6) 많은 시간을 기도하는 시간으로 모였습니다.
(행1:14, 2:42, 3:1, 4:24)

(7) 기회가 주어질 때마다 전도하였습니다. (행3:12, 4:4, 5:33,42)

(8) 예수 그리스도의 영광을 나타내었습니다. (행4:13, 6:15)

(9) 하나님에 의하여 정결하게 보존되었습니다. 초대 교회는 교회의 생활 규범이 있었습니다. (행5:1-11, 8:18-24)

(10) 하나님의 말씀이 흥왕하여 계속해서 성장하였습니다.
(행2:47, 4:4, 5:14, 6:7, 12:24)

(11) 고난과 박해가 있었습니다.

(행4:1-3, 5:17-41, 7:54-60, 8:1-3, 12:1-4)

⑿ 집사들을 임명하였습니다. (행6:1-6)

⒀ 성례전인 세례와 성찬을 행하였습니다. (행2:41,46)

⒁ 선교사들을 파송하였습니다. (행8:5,14, 11:22, 13:1-3, 15:22)

⒂ 교회 회의를 개최하였습니다. (행15:1-41)

　※ 예루살렘 공회의 회의는 '교단 총회'와 같은 오늘날의 교회 회의의 기원이
　　 되고 있습니다.

⒃ 성령님의 인도함을 받고 있었습니다.
　(행2:1-13, 4:31, 13:2-4, 15:28)

⒄ 믿음을 위하여 투쟁하였습니다. (행15:1-21)

⒅ 후에는 유대인 신자들과 협력하였습니다. (행21:18-25)

2) 수리아의 안디옥 교회는 선교사를 파송했습니다.

(1) 스데반의 순교 후에 세워졌습니다. (행11:19)

(2) 많은 사람에 대한 전도가 이루어졌습니다. (행11:21)

(3) 예루살렘 교회가 바나바를 보내어 확인하였습니다. (행11:22)

(4) 바나바가 초대 목회자가 되었습니다. (행11:23-24)

(5) 이 때에 많은 사람들이 교회에 들어왔습니다. (행11:24)

(6) 바나바가 사울(후에 바울이 됨)을 동역자로 불러왔습니다.
　(행11:25)

(7) 두 사람이 1년간 사역하였습니다. (행11:26)

(8) 최초로 그리스도인이라는 이름이 불려졌습니다. (행11:26)

(9) 예루살렘 교회를 위하여 많은 헌금을 하였습니다. (행11:29-30)

(10) 최초의 선교사 바울과 바나바를 파송한 교회였습니다.
　(행13:1-3, 14:26)

⑾ 실라가 선교사로 파송되었습니다. (행15:32-33)

⑿ 베드로의 율법주의에 대한 바울의 반론과 책망이 있었습니다.
　(갈2:11)

3) 고린도 교회는 오늘날의 교회처럼 교회 안에 여러 가지 갈등 문제가 존재하였음을 보여 줍니다.

(1) 바울의 2차 선교 여행 중에 세워졌습니다. (행18:1)

　　※ 바울의 첫 번째 선교여행 때 세워진 교회는 비시디아의 안디옥 교회였습니다. (행13:14)

(2) 브리스길라와 아굴라가 동역했습니다. (행18:2)

(3) 유대인 회당장의 회심 이야기가 나타납니다. (행18:17)

(4) 그 후임자는 소스데네였습니다. (행18:17, 고전1:1)

(5) 바울이 여기서 18개월을 머물렀습니다. (행18:11)
　　바울이 교회에 몇 통의 편지를 썼습니다.
　　그 중에 두 권이 고린도전·후서이며, 나머지는 분실된 것으로 보입니다.

(6) 오늘날의 교회가 가지고 있는 문제와 같은 교회 내의 갈등 문제들에 대한 교훈이 기록되어 있습니다.

　① 세례의 논쟁에 대하여 교훈하고 있습니다. (고전1:12-17)

　② 지혜의 문제에 대하여 설명합니다. (고전1:26-31)

　③ 세속성의 갈등 문제에 대하여 교훈합니다. (고전3:1-23)

　④ 불공정한 판단 문제들이 있음을 보여 줍니다. (고전4:7-21)

　⑤ 부도덕한 문제들이 있었음을 보여 줍니다. (고전5:1-13)

　⑥ 신자들을 법정에 보내는 문제에 대하여 교훈합니다.
　　(고전6:1-4)

　⑦ 결혼과 기도를 위한 부부생활에 대하여 설명합니다.

(고전7:1-17)

⑧ 우상의 제물과 그리스도인의 완전한 자유에 대하여 설명하고 있습니다. (고전8:1-9:27)

⑨ 성찬식의 올바른 참여를 권면하고 있습니다. (고전11:17-34)

⑩ 영적인 은사의 올바른 이해로 교회의 덕을 세울 것을 권면하고 있습니다. (고전12:1-14:40)

⑪ 부활의 올바른 이해로 믿음이 흔들리지 않게 되기를 권고하고 있습니다. (고전15:1-58)

⑫ 성도를 위한 연보에 대하여 설명합니다. (고전16:1-6)

4. 요한계시록의 일곱 교회에 하신 말씀

요한계시록에는 특별히 일곱 교회가 기록되어 있습니다. 하나님께서 요한이 편지한 일곱 교회를 통하여 교회에 대한 끊임없는 사랑과 감찰하심, 그리고 그분의 인도하심을 보여주시고 계심을 알 수 있습니다. 이 일곱 교회에 들려주신 하나님의 말씀은 오늘날의 현대 교회에 말씀하시는 하나님의 경고와 격려의 말씀은 아닐까요?

1) 에베소 교회는 처음 사랑을 버렸습니다. (계2:1-7)

(1) 말씀하신 분은 예수님과 성령님이십니다.

① 오른손에 일곱 별을 붙잡으신 분이십니다. (계2:1)

② 일곱 금 촛대 위에 다니시는 분이십니다. (계2:1)

③ 성령님께서 말씀하셨습니다. (계2:7)

(2) 긍정적인 면은 인내였습니다.

① 열심히 일했고, 교회가 인내하였습니다. (계2:2)

② 악한 자들을 용납하지 않았습니다. (계2:2)

③ 참고 견디고 게으르지 않았습니다. (계2:3)

④ 악한 니골라 당의 행위를 미워하였습니다. (계2:6)

(3) 부정적인 면은 사랑을 버린 것입니다.

① 처음 사랑을 버렸습니다. (계2:4)

(4) 회개하고 돌아오라고 훈계하십니다.

① 니골라 당의 행위를 주님께서도 미워하신다고 하셨습니다. (계2:6)

② 회개하고 처음 사랑을 회복하지 않으면 촛대를 옮겨가실 것이라고 하셨습니다. (계2:5)

③ 이기는 그에게는 하나님의 낙원에 있는 생명나무의 열매를 먹게 할 것이라고 하셨습니다. (계2:7)

2) 서머나 교회는 고난을 받으며 주님의 격려의 말씀을 들었습니다. (계2:8-11)

(1) 말씀하신 분은 예수님과 성령님이십니다.

① 처음이요 마지막이신 분이십니다. (계2:8)

② 죽었다가 다시 살아나신 분이십니다. (계2:8)

③ 성령님께서 말씀하셨습니다. (계2:11)

(2) 그리스도를 위하여 환난과 고난을 받았습니다.

① 그리스도를 위하여 많은 환난을 받았으며, 궁핍하였습니다. (계2:9)

② 사탄의 회(會)에서 온 자들에 의하여 여러 사람이 죽임을 당하였습니다. (계2:9)

③ 사탄은 그 중에 다수를 투옥시켰습니다. (계2:10)

(3) 부정적인 면은 언급이 없습니다.

(4) 부탁과 격려의 말씀은 죽도록 충성하라는 것입니다.

① 실상은 네가 부요한 자라고 하셨습니다. (계2:9)

② 자칭 유대인이라는 사람들의 훼방('사단의 회'라고 말씀하심)을 아셨습니다. (계2:9)

③ 장차 받을 고난을 두려워하지 말라고 격려하셨습니다. (계2:10)

④ 십 일 동안 환란을 받을 것을 알려 주셨습니다. (계2:10)

⑤ 죽도록 충성하면 생명의 관을 주실 것을 약속하셨습니다.

(계2:10)

⑥ 이기는 자는 둘째 사망의 해를 받지 않게 될 것이라고 말씀하셨습니다. (계2:11)

3) 버가모 교회는 '회개하라'는 명령을 받았습니다. (계2:12-17)

(1) 말씀하신 분은 예수님과 성령님이십니다.

① 좌우에 날선 검을 가지신 분이십니다. (계2:12)

② 성령님께서 말씀하셨습니다. (계2:17)

(2) 고난에도 불구하고 끝까지 믿음을 지켰습니다.

① 사탄을 숭배하는 중심지에 있었습니다. (계2:13)

② 안디바의 순교에도 불구하고 끝까지 믿음을 지켰습니다. (계2:13)

(3) 우상을 섬기는 습관을 버리지 못한 사람들이 있었습니다.

① 그들은 니골라 당의 교훈을 가진 사람들을 용납하였습니다. (계2:15)

② 발람의 교훈을 지키는 자들이 있었습니다.
발람의 교훈은 우상의 제물을 먹게 하고, 행음(行淫)하게 하는 것이었습니다. (계2:14/ 비교, 민22:15-35, 23:1-6)

(4) 책망과 격려의 말씀은 '회개하라'는 것이었습니다.

① 회개하지 않으면 그분께서 그분의 입의 검으로 니골라 당의 교훈을 지키는 자들과 싸울 것이라고 말씀하셨습니다. (계2:16)

② 이기는 자들에게는 감추었던 만나와 흰 돌을 주실 것이라고 말씀하셨습니다. (계2:17)

③ 이 흰 돌에는 새 이름이 기록되어 있는데, 그것을 받는 자만 그 이름을 알게 될 것이라고 하셨습니다. (계2:17)

4) 두아디라 교회는 '잘못된 교훈'을 받았습니다. (계2:18-29)

(1) 말씀하신 분은 예수님과 성령님이십니다.

① 그 눈이 불꽃 같으신 분이십니다. (계2:18)

② 그 발이 빛나는 주석 같으신 분이십니다. (계2:18)

③ 하나님의 아들이십니다. (계2:18)

④ 성령님께서 말씀하셨습니다. (계2:29)

(2) 긍정적인 면은 '선한 행위'였습니다.

① 선한 일, 즉 교회의 사업과 사랑과 믿음과 섬김과 인내를 실천 하였습니다. (계2:19)

② 결실이 처음보다 많았습니다. (계2:19)

(3) 부정적인 면은 이세벨의 교훈을 받아들인 것입니다.

① 거짓 여 선지자 이세벨의 교훈을 받아들인 잘못을 저질렀습니다. (계2:20)

② 주님의 종들에게 이세벨의 교훈인 우상을 숭배하게 하고 우상의 제물을 먹게 하는 것이었습니다. (계2:20)

(4) 훈계의 말씀은 '회개하라'는 것이었습니다.

① 결실이 처음보다 많았다고 격려하셨습니다. (계2:19)

② 회개할 기회를 주었는데 회개하지 않았다고 책망하셨습니다. (계2:21)

③ 회개치 않는 사람을 큰 환난에 던질 것이라고 하셨습니다. (계2:22)

④ 각 사람의 행위대로 갚아 줄 것이라고 훈계와 격려의 말씀을 하셨습니다. (계2:23)

⑤ 사단의 교훈을 받지 않은 사람들은 주님이 오실 때까지 자신에게 있는 믿음을 굳게 잡고 기다려야 할 것입니다. (계2:25)

⑥ 이기는 자와 끝까지 예수님의 일을 지키는 자, 즉 사명을 다하는 자에게는 만국을 다스리는 권세를 주실 것이라고 하셨습니다. (계2:26)

⑦ 또한 이기는 자에게 새벽 별을 주실 것이라고 약속하셨습니다. (계2:28)

5) 사대 교회는 '죽은 교회'였습니다. (계3:1-6)

(1) 말씀하신 분은 예수님과 성령님이십니다.

① 일곱 영과 일곱 별을 가지신 분이셨습니다. (계3:1)

② 성령님께서 말씀하셨습니다. (계3:6)

(2) 긍정적인 면은 조금이라도 남아있다는 점입니다.

① 조금 남아 있는 것이라도 굳건하게 하여야 했습니다. (계3:2)

② 옷을 더럽히지 않은 사람이 남아 있었습니다. (계3:4)

(3) 부정적인 면은 죽은 교회라는 점입니다.

① 살았다 하는 이름은 가졌으나 죽은 교회입니다. (계3:1)

② 하나님 앞에서 온전한 행위를 찾지 못하였습니다. (계3:2)

(4) 훈계와 격려의 말씀은 '굳게 하라'는 것이었습니다.

① 일깨워서 그 남은 바 죽게 된 것을 굳게 하라고 하셨습니다. (계3:2)

② 회개하라고 하셨습니다. (계3:3)

③ 만일 일깨지 않으면 주님께서 도적같이 이를 것이라고 하셨습니다. (계3:3)

④ 옷을 더럽히지 않은 사람은 흰 옷을 입고 그리스도와 함께 다닐 것이라고 하셨습니다. 그들은 몇 명이었습니다. (계3:4)

⑤ 이기는 자 또한 흰 옷을 입게 될 것이라고 하셨습니다. (계3:5)

⑥ 이기는 자의 이름을 생명책에서 결코 지우지 아니할 것이며, 그 이름을 아버지 앞과 천사들 앞에서 시인할 것이라고 하셨습니다. (계3:5)

6) 빌라델비아 교회는 작지만 '많은 사랑'을 받았습니다.
(계3:7-13)

(1) 말씀하신 분은 예수님과 성령님이십니다.

① 진실하시고 다윗의 열쇠를 가지신 분이십니다. (계3:7)

② 열면 닫을 사람이 없고, 닫으면 열 사람이 없으신 분이십니다. (계3:7)

③ 성령님께서 말씀하셨습니다. (계3:13)

(2) 하나님의 말씀을 순종하여 칭찬을 받는 교회였습니다.

① 적은 능력을 가지고도 하나님의 말씀을 순종했습니다. (계3:8)

② 핍박 중에도 참고 기다렸습니다. (계3:8)

③ 인내의 말씀을 지켰습니다. (계3:10)

(3) 주님의 책망의 말씀이 있지 않은 교회입니다.

(4) 예수님께서 약속의 말씀으로 소망을 주셨습니다.

① 예수님께서 이 교회를 사랑하는 줄 알게 하실 것이라고 하셨습니다. (계3:9)

② 시험의 때를 면하게 하실 것이라고 약속하셨습니다. (계3:10)

③ 속히 오시리라고 약속하셨습니다. (계3:11)

④ 가진 것을 굳게 잡아 아무도 면류관을 빼앗지 못하게 하라고 하셨습니다. (계3:11)

⑤ 이기는 자는 하나님 성전의 기둥이 되게 하실 것이라고 하셨습니다. (계3:12)

⑥ 하나님의 이름과 하나님의 성, 하늘에서 성부 하나님께로부터

내려오는 새 예루살렘의 이름과 예수님의 새 이름을 그 위에
기록할 것이라고 하셨습니다. (계3:12)

7) 라오디게아 교회는 '가장 큰 책망'을 받은 교회입니다.
(계3:14-22)

(1) 말씀하신 분은 예수님과 성령님이십니다.

① 아멘이시오, 충성되고, 참된 증인이신 분이십니다. (창3:14)

② 하나님의 창조의 근본이신 분이십니다. (계3:14)

③ 성령님께서 말씀하셨습니다. (계3:22)

(2) 일곱 교회 가운데 가장 큰 책망을 받았습니다. (계3:18)

① 믿는 자들이 차지도 않고 덥지도 않았습니다. (계3:15)

② 스스로 부자라 부족한 것이 없다고 하며, 재물을 자랑하고 필
요한 것이 없다고 하였습니다. (계3:17)

③ 실상은 악하고 눈멀고 벌거벗은, 부끄러운 교회였습니다.
(계3:17)

④ 불로 연단한 금을 사서 부요케 하고, 헌 옷을 사서 벌거벗은 수
치를 보이지 않게 하고, 안약을 다시 눈에 발라 보게 하라는 권
고를 받았습니다. (계3:18)

(3) 주님께서 '열심을 내라'고 격려하시고 계십니다.

① 아직은 회개할 기회가 남아 있는 교회입니다. (계3:19)

② 사랑하는 자를 책망하고 징계하시므로 열심을 내고 회개하라
고 말씀하시며 격려하셨습니다. (계3:19)

③ 이기는 그에게는 보좌에 함께 앉게 하실 것이라고 약속하셨습
니다. (계3:21)

④ 주님께서 문 밖에서 끊임없이 두드리고 계십니다.
그분의 음성을 듣고 문을 열면 주님께서 그에게로 들어가 그

와 더불어 먹고 그는 주님과 함께 먹게 될 것이라고 약속하셨습니다. (계3:20)

8) 결론적으로 일곱 교회에 대한 예수님의 말씀은 예수님께서 교회를 살피시고 계신다는 점을 우리에게 알림으로 천국에 대한 소망을 갖게 하시려는 것입니다. (계2:23)

(1) 성도들(귀 있는 자)은 성령님께서 교회들에게 하시는 말씀을 들어야 합니다. (계2:7,17,29, 3:6,13,22)

(2) 예수님께서 모든 교회와 성도들의 뜻과 마음을 살피시고 보이심을 알게 될 것입니다. (계2:23)

5. 교회의 직분

신약성경은 초대 교회의 직분자들에 대하여 언급하고 있습니다. 또한 직분자들의 선출 요건과 그들의 교회 내에서의 구체적인 직무에 대하여도 설명하고 있습니다. 초대 교회의 직분자들의 직무와 그들이 갖추어야 할 성품을 살펴보면, 오늘날의 교회의 직분자들이 반드시 갖추어야 요건임을 알 수 있습니다.

1) 초대 교회에는 몇 가지 직분이 있었습니다.

(1) 초기의 교회들이 직분자를 세운 기록이 있습니다.

① 에베소 교회에서 장로들을 초청한 기록이 있습니다. (행20:17)

② 안디옥 교회는 선지자들과 교사들이 있었습니다.
바나바와 니게르라 하는 시므온과 구레네 사람 루기오와 분봉왕 헤롯의 젖 동생 마나엔과 및 사울이었습니다. (행13:1)

③ 에베소 교회는 사도와 선지자, 복음 전하는 자, 목사와 교사가 있었습니다. (엡4:11-12)

④ 사도 바울은 교회의 직분과 은사를 별도로 구분하지 않고 우선 순위를 설명합니다. 이는 직분과 은사가 동일하게 인식되었거나, 동일한 직분으로 인식한 것으로 이해할 수 있습니다. 첫째는 사도, 둘째는 선지자, 셋째는 교사, 넷째는 능력을 행하는 자, 다섯째, 병 고치는 은사, 여섯째, 서로 돕는 자, 일곱째, 다스리는 자, 여덟째, 각종 방언을 말하고 통역하는 자입니다. (고전12:28-31)

⑤ 예루살렘 교회는 일곱 집사를 세웠습니다.
일곱 집사는 스데반, 빌립, 브로고로, 니가노르, 디몬, 바메나, 니골라입니다. (행6:1-6)

⑥ 빌립보 교회는 감독과 집사들이 있었습니다. (빌1:1)

(2) 초대 교회의 직분과 역할을 성경을 통해서 알 수 있습니다.

① 신약성경에서 목사(Pastor), 장로(Elder), 감독(Bishop)은 동일한 직분을 지칭하는 말입니다. 이 직분은 오늘날의 목회자로 이해할 수 있습니다. 베드로와 요한은 사도였지만 스스로를 장로라고 불렀습니다.
(행20:17,28, 엡4:11, 딤전3:1-7, 딛1:5- 9, 벧전5:1-2, 5:5, 요이 1:1, 요삼1:1)

② 집사(Deacon)은 '섬기는 자', 또는 '종'이라는 뜻입니다.
집사직의 기원은 초대 교회가 일곱 집사를 선택하여 세운 것이 기원입니다.
(행6:1-6, 빌1:1, 딤전3:8-13/ 비교, 고전3:5, 엡3:7, 골1:22-23, 딤전1:12)

③ 여 집사(Deaconess)는 초대 교회에서 특별한 직분이었던 것으로 보입니다. 겐그리아 교회의 뵈뵈가 대표적인 예입니다. 초대 교회의 여 집사들은 구제품을 분배하는 일과 병자를 방문하는 일, 그리고 가난한 사람들과 성도 중 과부들을 위하여 음식을 차려주는 사랑의 잔치(애찬, 愛餐)의 준비를 도운 것으로 보입니다. (롬16:1, 빌4:3, 딤전3:11)

2) 교회의 직분은 성도를 온전케 하며, 봉사의 일을 하게 하며, 그리스도의 몸을 세우게 하는 것입니다. (엡4:12)

(1) 교회의 직분은 은사입니다.
사도 바울은 고린도 교회에 보낸 서신에서 교회의 직분과 은사의 우선 순위를 설명합니다. 성도는 더욱 더 큰 은사를 사모하라고 권면합니다. (고전12:28-31)

① 첫째는 교회의 사도입니다. (고전12:28)

② 둘째는 선지자입니다. (고전12:28)

③ 셋째는 교사입니다. (고전12:28)

④ 넷째는 능력입니다. (고전12:28)

⑤ 다섯째는 병고치는 은사입니다. (고전12:28)

⑥ 여섯째는 서로 돕는 것입니다. (고전12:28)

⑦ 일곱째는 다스리는 것입니다. (고전12:28)

⑧ 여덟째는 각종 방언을 말하는 것과 통역하는 것입니다.
　(고전12:28)

(2) 교회의 직분은 그리스도의 몸인 교회를 세우는 것입니다. 사도
　바울이 에베소 교회에 보낸 편지에 의하면, 교회의 직분은 성도
　를 온전케 하며, 봉사의 일을 하게 하여, 그리스도의 몸인 교회
　를 세우게 하려는 것이라고 설명합니다. (엡4:11-12)

① 사도가 있습니다. (엡4:11)

② 선지자가 있습니다. (엡4:11)

③ 복음을 전하는 자를 세웠습니다. (엡4:11)

④ 목사를 세웠습니다. (엡4:11)

⑤ 교사를 세웠습니다. (엡4:11)

(3) 교회의 직분을 수행할 때에는 질서대로 하여야 합니다.
　(롬12:6-8)

① 예언을 가진 자는 믿음의 분수대로 하여야 합니다. (롬12:6)

② 섬기는 일이면 섬기는 일로 하여야 합니다. (롬12:7)

③ 가르치는 일이면 가르치는 일을 열심히 하여야 합니다. (롬12:7)

④ 권위하는 자는 권위하는 일로 하여야 합니다. (롬12:8)

⑤ 구제하는 자는 성실함으로 하여야 합니다. (롬12:8)

⑥ 다스리는 자는 부지런함으로 하여야 합니다. (롬12:8)

⑦ 긍휼을 베푸는 자는 즐거움으로 하여야 합니다. (롬12:8)

3) 교회의 직분은 선한 일을 힘쓰는 믿음의 일정한 자격과 요건을 갖추어야 합니다.

(1) 감독의 직분은 선한 믿음을 가진 사람들 중에서 선택하였습니다. (딤전3:1-7)

① 책망 받을 것이 없어야 합니다. (딤전3:2)

② 남자여야 합니다. (딤전3:2)

③ 한 아내의 남편이어야 합니다. (딤전3:2)

④ 절제해야 합니다. (딤전3:2)

⑤ 신중해야 합니다. (딤전3:2)

⑥ 단정해야 합니다. (딤전3:2)

⑦ 나그네를 잘 대접해야 합니다. (딤전3:2)

⑧ 잘 가르치는 자여야 합니다. (딤전3:2)

⑨ 술을 즐기지 않아야 합니다. (딤전3:3)

⑩ 구타하지 않아야 합니다. (딤전3:3)

⑪ 관용이 있어야 합니다. (딤전3:3)

⑫ 다투지 않아야 합니다. (딤전3:3)

⑬ 돈에 욕심을 내지 않아야 합니다. (딤전3:3)

⑭ 자녀들을 돌보는 사람이어야 합니다.
자기의 집을 잘 다스려 자녀들로 모든 공손함으로 복종하게 하는 자라야 합니다. 직분자가 자기의 자녀들조차 잘 양육하지 못한다면 그 직분자는 하나님의 교회를 돌볼 수 없을 것입니다. (딤전3:4)

⑮ 갓 회심한 사람이 아니어야 합니다.
새로 입교한 자가 교만해져서 마귀를 정죄하는 그 정죄에 빠질까 우려되기 때문입니다. (딤전3:6)

⑯ 외부 소문이 좋은 자라야 합니다.
외인에게서도 선한 증거를 얻은 자를 선택하도록 한 것은 비방

과 마귀의 올무에 빠지지 않게 하기 위해서입니다. (딤전3:7)

(2) 장로는 하나님의 뜻을 좇는 자원하는 마음으로 양무리를 이끌어야 합니다. (벧전5:1-3)

① 하나님의 뜻을 좇아 자원하는 마음으로 하여야 합니다.
부득이함으로 하지 말아야 합니다. (벧전5:2)

② 오직 즐거운 뜻으로 하여야 합니다.
더러운 이득을 위하여 하지 말고 기꺼이 하여야 합니다.
(벧전5:2)

③ 양 무리의 본이 되어야 합니다.
맡겨진 자들에게 주장하는 자세로 하지 말아야 합니다.
(벧전5:3)

(3) 성경은 여러 곳에서 바람직한 목회자의 상(像)을 제시합니다.

① 성례전(세례와 성찬예식)을 집행합니다. (마28:19-20)

② 기도하는 사람입니다. (딤전2:1)

③ 양들을 잘 권면합니다. (딤전4:6/ 비교, 딤전4:1)

④ 말씀을 연구합니다. (딤후2:15)

⑤ 말씀을 올바르게 잘 가르치며 전합니다. (딤후4:2, 행6:2-4)

⑥ 권고하고 또 책망도 할 수 있어야 합니다. (살전5:12, 딛2:15)

⑦ 목회자 자신과 또한 다른 영혼들을 돌봅니다.
(행20:28-31, 골4:17, 딤전4:16, 히13:17)

⑧ 양들을 먹이고 잘 인도합니다. (행20:28, 벧전5:2)

⑨ 모든 사람의 본이 됩니다.
(고전11:1, 4:16, 빌3:17, 살후3:9, 딤전4:12, 히13:7, 벧전5:3)
※ 오늘날의 목사님들은 어떨까요? 우리의 목사님은?

⑩ 오직 하나님의 사람은 의와 경건과 믿음과 사랑과 인내와 온유를 따르며, 믿음의 선한 싸움을 싸우며 영생을 취하여야 합니다. (딤전6:11-12).

4) 초대 교회의 집사는 봉사와 가르침이 직무였습니다.

(1) 집사의 선출 동기와 목적은 사도들을 돕는 것이었습니다.

① 사도들의 기도하는 것과 말씀하는 것을 돕기 위하여 선출하였습니다. (행6:4)

② 사도들을 대신하여 구제 또는 재정 출납을 돕기 위하여 선출하였습니다. (행6:2)

③ 헬라파 유대인들과 히브리 유대인들의 구제의 시간 소비에 따른 분쟁을 방지하기 위하여 선출하였습니다. (행6:1)

④ 믿음과 성령과 지혜가 충만하여 칭찬을 듣는 사람을 선택하였습니다. (행6:3,5)

(2) 초대 교회 집사들의 활동은 구제와 선교였습니다.

① 초대 교회에는 일곱 집사가 있었습니다. (행6:1-7)

② 스테반 집사의 경우 설교를 하였던 것으로 보아 오늘날의 집사와는 다른 가르치는 역할(오늘날의 목사의 직분)까지 했던 것으로 보입니다. (행7:1-53)

③ 주된 활동은 사도들의 기도하는 것과 말씀을 가르치는 것을 돕는 일이었습니다. (행6:4)

④ 사도들을 대신하여 접대하는 일을 하였습니다. (행6:2)

⑤ 집사를 선출할 때 온 성도가 기뻐하였습니다. (행6:5)

(3) 집사의 인격의 모델은 선한 양심입니다. (딤전3:8-13)

① 정중해야 합니다. (딤전3:8)

② 일구이언 하지 않아야 합니다. (딤전3:8)

③ 술에 인박이지 않아야 합니다. (딤전3:8)

④ 더러운 이(利)를 탐하지 않아야 합니다. (딤전3:8)

⑤ 믿음의 비밀을 간직한 자라야 합니다. (딤전3:9)

⑥ 깨끗한 양심을 가져야 합니다. (딤전3:9)

⑦ 시험을 통해 증거를 받은 자라야 합니다. (딤전3:10)

⑧ 책망 받을 것이 없어야 합니다. (딤전3:10)

⑨ 모든 일에 충성된 사람이어야 합니다. (딤전3:12)

⑩ 한 아내의 남편이 되어야 합니다. (딤전3:12)

⑪ 자기 집을 잘 다스리는 자들이어야 합니다. (딤전3:12)

(4) 여 집사들도 단정하고 절제하며 충성된 자들이어야 합니다.

① 정숙하여야 합니다. (딤전3:11)

② 모함하지 하지 않는 사람이어야 합니다. (딤전3:11)

③ 절제(節制)가 있는 사람이어야 합니다. (딤전3:11)

④ 모든 일에 충성(忠誠)된 자여야 합니다. (딤전3:11)

5) 직분을 잘하는 자들은 믿음에 담력을 얻습니다.

(1) 집사의 직분을 잘한 자들은 아름다운 지위와 그리스도 예수 안에 있는 믿음에 큰 담력을 얻게 됩니다. (딤전3:13)

(2) 장로들은 그리스도의 고난의 증인이며, 나타날 영광에 참여할 자가 됩니다. (벧전5:1)

(3) 장로들이 책무를 올바르게 다하면, 목자장이 나타나실 때에 시들지 아니하는 영광의 관을 얻게 하실 것입니다. (벧전5:4)

6. 오늘의 교회의 예전

교회에 처음 출석한 후 어느 정도의 기간이 지나게 되면 성도는 세례 문답과 함께 '세례 의식'을 거치게 됩니다. 세례를 받게 되면 '성찬 예식'에 참여할 수 있게 됩니다. 오늘날의 교회의 가장 큰 예전인 '세례식'과 '성찬 예식'의 기원을 살펴보고, 이 의식이 우리에게 주는 의미와 함께 성찬에 대한 전통적인 견해를 살펴봅니다.

1) '세례식'은 예수님께서 물로 세례를 베푸시던 사역에서 유래 되었습니다.

(1) 세례란 '새 사람이 된다'는 것을 의미합니다.

① 세례는 '잠근다', '씻는다'는 뜻으로 예수 그리스도께서 부활하심으로서 성도를 구원하시는 표입니다. (벧전3:21)

② 과거의 죄의 생활에 대하여 죽고 그리스도가 다시 사심과 같이 의에 대해 영적으로 다시 살아나게 되는 것을 말합니다. (행22:16)

③ 육체의 더러운 것을 제하여 버리는 것이 아니라, 하나님을 향한 선한 양심의 간구입니다. (벧전3:21)

(2) 오늘날 세례 의식은 약식으로 많이 행합니다.

① 침례법은 물에 잠기는 방법으로 초대 교회와 침례 교회에서 세례를 베푸는 방법입니다. (마3:16, 막1:5,9-10, 행9:38)

② 관수법은 물을 머리에 부어서 세례를 베푸는 방법입니다.

③ 살수법은 물을 손에 찍어 뿌려서 세례를 주는 방법입니다. 약식 세례라고도 하는데 오늘날 대부분의 교회에서 세례를 베푸는 방법입니다. (민8:7, 겔36:25-26, 마3:16, 행10:47-48)

(3) 세례는 믿음이 있는 사람에게 행하여야 합니다.

　① 예수님을 구주로 믿는 신앙고백이 있어야 합니다. (행8:36)

　② 하나님 말씀에 복종하는 사람이어야 합니다. (행10:44-48)

(4) 세례는 물 세례와 성령 세례로 나누어 볼 수 있습니다.

　① 물 세례는 오늘의 교회에서 일정 연령 이상이 되는 믿음의 고백이 있는 장년 성도를 대상으로 베푸는데, 예수님께서도 세례 요한에게 세례를 받으셨으며, 또한 세례를 베푸시기도 하셨습니다. (요1:31-33, 3:22, 행8:16,36, 10:47-48, 22:16)

　　※ 유아 세례는 어린이에게 베푸는 세례로서 주로 어린이 주일에 거행 되기도 하는데, 유아 세례를 인정하지 않는 일부 교회애서는 헌아식으로 거행하기도 합니다. (마19:13-15)

　② 성령 세례는 주님께서 택한 자에게 '중생'의 선물로 주시는 영적 세례를 의미합니다. (요1:32-33, 행2:38, 고전6:11)

(5) 물 세례와 성령 세례는 밀접한 관계를 가집니다.

　① 요한은 예수님이 성령으로 세례를 주실 분이심을 증거하였습니다. 세례 요한이 먼저 물 세례 의식을 행하였고, 예수님께서도 물 세례를 받으셨으며, 그때 성령님이 비둘기 같이 예수님 위에 머물렀습니다. (요1:26,31-34)

　② 사마리아 사람들에게 두 사도가 성령님 받기를 기도할 때, 물로 세례를 베풀었으나, 성령님을 받지 않아 안수한 후 성령님을 받게 되었습니다. (행8:16-17)

　③ 베드로가 고넬료의 가정에서 설교할 때, 성령님은 받았으나, 물로 세례를 받지 않아 물로 세례를 베푼 사례가 있습니다. (행10:44-48)

　④ 빌립이 이디오피아 내시에게 성령님의 인도함으로 받아 성경을 풀어 설명을 한 후, 물 세례와 성령님의 인도함이 함께 일어난 사례가 있습니다. (행8:38-39)

2) '성찬 예식'은 주님의 십자가 고난 전 유월절 '마지막 만찬'에서 유래되었습니다.

(마26:17-30, 막14:12-26, 눅22:7-23, 고전11:17-34)

(1) 성찬은 주님의 살과 피의 찢기심을 기념합니다.

　① 주님의 대속적 죽음을 기념하는 예식입니다. (고전11:24)

　② 그리스도의 수난에 동참하는 것입니다. (고전11:26)

(2) 성찬 방법은 예수님의 고난에 동참하는 것입니다.

　① 떡과 잔을 받으며 예수의 피 흘리심과 살의 찢기신 고통을 되새기며 기념하는 것입니다. (고전11:23-25)

　② 떡과 포도즙 잔을 받으며 내 죄를 위해 살이 찢기시고, 피를 흘리신 예수님의 대속의 은혜를 감사드립니다. (고전11:23-24)

　③ 떡을 떼며, 잔을 마실 때마다 주님의 죽으심을 오실 때까지 전하는 것입니다. (고전11:26)

(3) 성찬을 받을 자격은 주님의 몸을 분변할 수 있는 흠이 없는 입교인입니다.

　① 세례를 받은 무흠 입교인을 대상으로 합니다. (고전11:27-28)

　② 주님의 몸을 분변할 수 있어야 합니다. (고전11:28)

(4) 성찬에 대한 견해는 몇 가지로 나누어집니다.

　① 화체설(和體說, Transubstantiation)은 떡과 포도즙이 바로 피와 살로 화한다는 로마 카톨릭(천주교)의 입장입니다.

　② 동체현재설(同體現在說, 共在說, Consubstantiation)은 떡과 포도주에 예수님께서 실재로 임하신다는 루터의 입장입니다.

　③ 기념설(紀念說, Memorial Supper)은 예수 그리스도의 우리를 위해 죽으심을 회상하는 기념이라는 쯔빙글리의 견해입니다.

　④ 영적임재설(靈的臨在說, Spiritual Presence)은 말씀을 통해 그리스도께서 믿음에 대해 분별될 때, 그분이 주님의 만찬에 영

적으로 임재하신다는 칼빈의 견해입니다.

(5) 성찬을 제대로 받지 않을 때는 죄를 짓게 됩니다.

　① 주님의 뜻과 잔을 합당치 않게 먹고 마시는 자는 주님의 몸과
　　 피를 범하는 죄를 짓게 됩니다. (고전11:27)

　② 주님의 몸을 분변치 못하고 먹고 마시는 자는 자기의 죄를 먹
　　 고 마시는 것이 됩니다. (고전11:29)

제 15 장
구원에 대한 이해

+ + +

하나님의 구원계획을 한마디로 요약하여 표현할 수 있다면 얼마나 좋을까요? 많은 신학자들이 구원을 이야기 했고, 그 순서를 정리하였지만, 교회마다 구원의 교리가 조금씩 다르게 느껴지는데 그 이유는 무엇일까요? 이 장은 성경을 통해서 구원을 이해하고, 구원의 확신을 가질 수 있도록 여러분을 안내할 것입니다.

+ + +

너희는 그 은혜에 의하여 믿음으로 말미암아 구원을 받았으니
이것은 너희에게서 난 것이 아니요 하나님의 선물이라
(엡2:8)

1. 구원이란 무엇일까요?

구원이란 무엇을 말하는 것일까요? 우리가 교회에 나와서 예수님을 믿고 하나님께 예배를 드리는 예배 의식에 참여하면 구원을 얻게 되는 것일까요? 아니면 예수님을 믿기만 하면 구원을 얻게 되는 것일까요? 구원의 교리는 매우 중요해서 우리가 예수 그리스도에 대한 믿음을 고백할 수 있도록 안내하는 기준이 됩니다.

1) 구원이란 물에 떠내려가는 사람을 건져내는 것과 같은 의미입니다.

(1) 구원이란 허물과 죄로 죽을 수밖에 없는 우리를 하나님께서 건져내어 살리시는 것을 말합니다. (엡2:1)

(2) 구원이란 율법에 매인 자를 속량하시고 우리에게 아들의 명분을 얻게 하신 것을 말합니다. (갈4:4-5)

(3) 구원이란 우리가 죄와 사망의 법에서 생명의 성령의 법으로 해방되는 것을 말합니다. (롬8:2/ 비교, 신7:8)

2) 구원을 받아야 하는 이유는 우리가 죄 가운데 있기 때문입니다.

(1) 죄를 범하였으므로 하나님의 영광에 이르지 못하게 되었기 때문입니다. (롬3:23)

(2) 죄의 값으로 사망에 이르게 되었기 때문입니다. (롬6:23)

(3) 죄의 결과로 죽은 후에는 심판을 받게 되기 때문입니다. (히9:27)

3) 구원의 근원은 예수 그리스도이십니다.

(1) 주 예수 그리스도로 말미암아 구원을 얻게 됩니다.
(행4:12, 살전5:9, 히9:23-27)

(2) 예수님은 우리를 구원하실 능력을 가지고 계십니다.
(엡3:20, 딤후1:12, 히2:18, 7:25, 유1:24)

(3) 예수님은 우리 모두가 구원 받기를 바라시고 계십니다.
(딤전2:4, 벧후3:9)

4) 구원은 우리 힘으로는 불가능하며 하나님의 은혜로만 이루어 집니다.

(1) 하나님께서 구원하시는 방법에는 언제나 세 가지 공통점이 있습니다.

① 구원은 언제나 피로 이루어집니다. 이 피는 무죄한 피여야 하며, 흘려야만 합니다. (레1:3-4, 히9:22)

② 구원은 언제나 한 인격을 통하여 이루어집니다.
(행4:12, 살전5:9, 히5:9)

③ 구원은 언제나 하나님의 은혜로 이루어집니다.
이 은혜에는 주님의 평강이 있습니다.
(롬1:7, 고전1:3, 갈1:3, 엡2:8-9, 딛2:11)

(2) 구원은 예수 그리스도로만 가능합니다.

① 구원의 통로는 오직 예수 그리스도 한 분이십니다.
구원을 얻는 방법은 예수 그리스도를 믿는 것입니다.
(요14:6, 행4:12-14, 딤전2:5)

② 복음을 듣고 믿어 성령으로 인치심을 받아 구원을 얻습니다.
(엡1:13)

③ 하나님의 선물인 예수 그리스도의 은혜로 구원을 얻습니다.
(엡2:8)

④ 오직 이 예수님을 믿음으로 구원을 얻습니다.
(행16:31, 갈3:11, 히10:38)

⑤ 입으로 예수님을 시인하고, 또 하나님께서 그분을 죽은 자 가운데서 살리신 것을 믿으면 구원을 얻습니다. (롬10:9)

⑥ 누구든지 주님의 이름을 부르면 구원을 얻을 수 있습니다.
(롬10:13)

(3) 죄에 대하여 회개하여야 구원을 얻습니다.

① 회개하여 돌이켜 예수그리스도의 이름으로 세례를 받고 죄 사함을 받아야 합니다. (행2:38, 3:19)

② 우리가 죄를 자백하면 우리 죄를 사하시고, 모든 불의에서 깨끗하게 하실 것입니다. (요일1:9)

③ 예수님을 주님으로 시인하며, 또 하나님께서 우리를 살리신 것을 마음에 믿으면 구원을 얻게 될 것입니다. (롬10:9-10)

5) 하나님의 구원은 인간의 영과 혼과 몸 모두에게 성취될 것입니다.

(1) 육의 몸으로 심고 신령한 몸으로 다시 살게 되며, 영광의 몸의 형체로 변하게 됩니다. (롬8:23, 고전15:44, 빌3:21)

(2) 믿음의 결론은 영혼의 구원을 받게 되는 것입니다.
(히6:19-20, 약1:21, 벧전1:9, 4:19)

(3) 성령님이 친히 우리 영으로 더불어 하나님의 자녀인 것을 증거합니다. (롬8:16/ 비교, 히12:23)

2. 구원에 있어서의 삼위일체의 사역

예수 그리스도께서 이 땅에 오셔서 고난을 받으심으로 인류의 죄를 속죄하신 구원의 사건에는 삼위일체 하나님의 각 위(位)의 역할이 있었습니다. 성부 하나님의 구원의 계획하심과 성자 하나님의 사역의 실행, 그리고 구원의 계획을 선포하시는 성령 하나님의 역할을 이 장에서 살펴봅니다.

1) 성부 하나님의 사역은 영원 가운데에서 구원의 계획을 세우는 일입니다.

(1) 구원의 계획을 미리 정하시고 계십니다.
(행4:28, 롬8:29-30, 고전2:7, 엡1:5,11)

(2) 구원의 계획을 미리 아시고 계십니다.
(롬8:29, 11:2, 벧전1:2,20)

(3) 성부께서 구원 받을 자들을 선택하십니다.
(마20:16, 22:14, 24:22,24,31, 막13:20,22,27, 눅18:7, 행9:15, 22:14, 26:16, 롬8:33, 9:11, 11:5,7,28, 16:13, 갈1:15, 엡1:4, 골3:12, 살전1:4, 살후2:13, 딤후2:10, 벧전1:2, 2:4,6,9, 벧후1:10, 계17:14)

(4) 성부께서 구원 받을 자들을 부르십니다.
(마20:16, 22:14, 행2:39, 롬1:6-7, 8:29-30, 9:11,24, 11:29, 고전1:2,9,24,26, 갈1:6,15, 5:8,13, 엡1:18, 4:1,4, 빌3:14, 골3:15, 살전2:12, 5:24, 살후1:11, 딤전6:12, 딤후1:9, 히3:1, 9:15, 벧전1:15, 2:9,21, 5:10, 벧후1:3,10, 유1:1, 계17:14)

2) 성자의 사역은 때가 되었을 때 하나님의 구원의 계획을 실행하시는 일입니다.

(1) 예수 그리스도, 그분은 하나님의 뜻을 행하시고 이루시기 위하여 이 땅에 오셨습니다. (히10:9)

(2) 예수 그리스도께서 이 땅에 사람의 몸을 입고 오셨습니다.
(빌2:6-8, 히10:5-10)

(3) 예수님께서 하나님의 아들과 종으로서의 역할을 수행하셨습니다.
(시2:7, 사43:10, 49:3-6, 52:13, 마11:25-27, 12:8-20, 막1:11, 눅3:22, 요10:17, 12:49, 14:28,31, 행3:26, 13:33, 빌2:7, 살전1:10, 히1:5, 5:8)

(4) 그분은 우리를 세상의 죄 가운데서 구속하시기 위하여 십자가 위에서 돌아가셨습니다.
(마1:21, 요1:29, 12:33,47, 17:1-5, 행3:26, 롬5:6, 엡1:4, 빌2:8, 딤전1:15, 히2:14-15,17-18, 9:25-27, 10:5-10, 요일3:5,8, 4:9-10)

(5) 예수 그리스도께서 둘째 사람의 머리가 되시며, 살려 주시는 영이 되셨습니다. (고전15:45-49)

(6) 그리스도께서 모든 권세와 능력으로 만국을 후사로 받으셔서 통치하시게 됩니다.
(시2:6-8, 8:5-8, 22:27, 110:1-7, 단7:13-14, 마11:27, 28:18, 요3:35, 엡1:20-23, 계1:5)

3) 성령님의 사역은 구원의 계획을 선포하시는 일입니다.

(1) 구원의 계획을 선포하십니다.
(롬1:16, 10:14-17, 15:18-21, 고전1:18-24, 골1:4-6, 살전1:5-6, 2:13, 살후2:13-14, 히4:12, 약1:18,21, 벧전1:23-25)

(2) 우리에게 구원의 확신을 주십니다.
(슥12:10, 요16:7-11, 고전12:3,9)

(3) 우리를 거듭나게 하십니다. (요3:3-7, 딛3:5-6)

(4) 우리를 거룩하게 변화시키십니다. (롬15:16, 살후2:13, 벧전1:2)

3. 구약성경에 나타난 구원의 모형

예수 그리스도의 구속의 사건이 그냥 우연히 일어난 사건일까요? 아니면 성부 하나님께서 먼저 우리에게 사전에 예표하심으로 이루어진 것일까요? 예수그리스도의 구원의 예증과 모형을 살펴봄으로써 성부 하나님께서 오래 전부터 우리에게 구원을 예표하신 사실을 확인해 봅니다.

1) 구약성경은 하나님께서 인류를 구원하실 것임을 예증합니다.

(1) 구원은 하나님으로부터 최초의 인간인 아담과 하와에게 약속되어진 것입니다.

① 최초의 구원 약속은 창세기의 하나님께서 뱀에게 하신 말씀입니다. '내가 너로 여자와 원수가 되게 하고, 여자의 후손은 네 머리를 상하게 할 것이요, 너는 그의 발꿈치를 상하게 할 것이니라'라는 말씀은 예수님께서 십자가에서 대속의 죽음을 죽으실 것을 말씀하신 것이었습니다. (창3:15)

② 아담과 하와가 벌거벗어 부끄러워할 때, 하나님께서 생명의 피를 흘린 짐승의 가죽옷을 지어 입히셨습니다. 우리를 버려두지 않으시고, 보호하실 것이라는 구원의 예표를 미리 보이신 것입니다. (창3:21, 슥3:1-5, 갈3:27, 계3:5,18, 19:7-8)

(2) 죄인에 대한 하나님의 구원 약속(믿음)은 구약성경 여러 장면에서 지속적으로 일어나는 것임을 알 수 있습니다.

① 가인과 아벨의 제사에서 피(생명)있는 아벨의 제사를 받으셨으며, 죄를 고백한 개인에게 표를 주심으로 죽음을 면케 하셨는데, 이것은 하나님께서 죄인을 구원하시는 예표를 보이신

것입니다. (창4:4,15)

② 노아의 방주와 출애굽 때 하나님의 진노에서 의로운 사람들을 보호해 주시는 하나님의 구원의 모습을 발견할 수 있습니다.

(창7:1, 출12:23, 살전1:10, 빌3:20/ 비교, 롬1:18, 골3:6, 계6:17)

③ 아브라함이 이삭을 제물로 바치던 때, 하나님은 아브라함에게 외아들을 제물로 드릴 것을 명령하셨다가 숫양으로 제물을 대신하게 하셨습니다. 이는 하나님께서 독생자 예수 그리스도를 제물로 드리실 것을 예증해 보이신 것입니다.

(창22:12-14, 사53:4-6, 히9:28, 벧전3:18)

④ 하늘에서 내려온 만나가 내려올 때와 반석에서 물이 솟아날 때 죽음의 순간에서 우리를 구원하시는 하나님의 구원이 우리에게 주는 최대의 기쁨과 즐거움을 맛보게 됩니다.

(출16:14, 17:6)

⑤ 하나님께 불평하던 이스라엘 백성들을 하나님께서 불뱀으로 심판하실 때, 백성들이 회개하고 기도함으로 놋뱀을 만들어 그것을 보면 낫게 하여 구원의 예표를 나타내 보이셨습니다.

(민21:9, 요3:14)

⑥ 구약시대의 제사는 아론의 첫 제사를 시작으로, 하나님의 명령에 의한 율법의 규례에 따라 제사장이 주관하는 피의 제사인 희생제와 속죄제를 드림으로 죄의 씻김을 얻을 수 있었습니다. 이는 예수 그리스도께서 대속의 제물이 되실 것임을 미리 보이신 것이며, 예수 그리스도의 십자가의 죽음으로 율법이 성취된 것입니다.

(창9:2-6, 레1:1-17, 8:1-9, 롬5:20, 갈3:24-27, 히10:1)

⑦ 속죄일에 두 마리의 염소를 성 밖으로 끌고 가서 한 마리의 염소는 그 피를 속죄소에 뿌리고, 한 마리의 염소는 안수하여 이스라엘 자손의 모든 불의와 범한 죄를 지게하여 광야에 놓아 보내었습니다. 이는 예수님께서 우리 죄를 대신 지심으로 우리를 구원하시게 될 구속 사건을 미리 보이신 것입니다.

(레16:6-22, 히13:12-13)

(3) 나아만은 이방인으로서 문둥병을 치료를 받았습니다. 이방인
    에게도 복음이 전해져 구원을 얻게 될 것을 미리 보이신 것입니
    다. (왕하5:1-14, 시51:7, 행8:26-39, 10:44-48)

2) 성막은 예수 그리스도의 구원의 모형입니다.

(출25:1-31:18, 35:1-40:38, 히9:1-22)

(1) 성막은 우리와 하나님과의 만남의 관계를 설명합니다.

　① 성막은 하나님께서 계시는 곳의 상징입니다.
    우리 몸은 하나님께서 계시는 성전입니다.
    (출40:34-38, 롬12:1, 고전6:19, 히9:1)

　② 성막은 예수님의 모형입니다.
    예수님께서 이스라엘 백성 사이에 함께 계실 때, 더 이상 성막
    이 필요 없었습니다.
    (출26:31-36, 대하3:14, 마27:51, 눅23:45, 요1:14, 골2:9, 히8:5,
    9:11-12, 10:5-20)

　③ 성막은 하나님과 사람이 만나는 곳으로 하나님과 영적인 교제
    를 나누는 장소였습니다. 예수님께서 중보자(中保者)가 되심
    으로 우리가 하나님께 나아갈 수 있게 되었습니다.
    (출25:22, 요4:26, 14:6, 딤전2:5, 히8:1-2, 9:9-12,15,25-26,
    10:10)

(2) 성막은 모두 일곱 단계로 구성된 구원의 모형입니다.

　① 성막 밖에 있는 죄인들인 우리는 반드시 문을 통해서 들어가
    먼저 제단에 멈춰서야 합니다. 바로 이 제단이 십자가의 모형
    이며, 구원의 출발점이 되는 것입니다. (출27:1-8, 38:1-7)

　② 세상과의 구별을 위해 날마다 놋 물두멍에서 정결하게 씻게
    됩니다. (출30:17-21)

③ 성소에 있는 진설병 상에서 하나님의 말씀을 가지고 하나님과
의 교제의 장소로 들어가게 됩니다. (출25:23-30, 37:10-16)

④ 금 촛대가 비춰주는 빛 가운데로 행하는 삶을 배우게 됩니다.
(출25:31-40, 37:15-24, 요일1:7)

⑤ 다음에 향단(분향하는 제단)에서 기도하게 되면, 기도에 능력
이 임하게 됩니다. (출30:1-10, 37:25-29)

⑥ 그 후 우리는 지성소에 들어갈 준비가 되며, 내적인 생명 가운
데서 하나님과의 교제를 경험하게 됩니다.
(출26:31-35, 히9:3-5)

⑦ 그룹들이 내려다보는 그늘 아래 마련된 피가 뿌려진 속죄소에
서 온전한 안식과 평안을 누리게 됩니다. (출26:34, 히9:5)

(3) 성막은 예수 그리스도의 구원과 중보의 상징입니다.

① 성막은 일시적인 지시에 불과했습니다.
그러나 성전은 영원합니다. 예수 그리스도께서는 성전인 우리
안에 영원히 거하시고 계십니다.
(출40:17-21,34-38, 히9:1,11-12)

② 성막은 인간의 몸을 입으신 그리스도를 상징합니다.
외모는 인간으로 볼품이 없었지만, 내적으로는 하나님이셨던
예수 그리스도의 숨겨진 하나님의 모습(신성)을 나타내는 것입
니다. 성막은 겉으로 보기에 볼품이 없었지만(바깥쪽 물돼지,
어떤 곳에는 해달 가죽 - 이스라엘 민족의 신발) 안쪽엔 오색
찬란(청색, 홍색, 자실, 흰색 등)했습니다. (출26:14,31-33,36)

③ 성막은 하나님께서 거하시는 곳이었습니다.
예수님께서 우리 가운데 33년간 계셨습니다.
(출25:17-22, 26:34)

④ 성막은 하나님과 사람이 만나는 장소였습니다.
우리는 예수 그리스도를 통하여 하나님을 만나게 됩니다.
(출25:22, 딤전2:5)

⑤ 성막은 이스라엘 지파 가운데 있었습니다.

이는 예수 그리스도께서 믿는 자 가운데 계실 것임을 상징적으로 보여 주는 것입니다. (민1:50, 마18:20, 고후6:16-18, 13:5)

⑥ 성막은 율법이 보존되어 있는 곳입니다.

아론의 지팡이와, 만나, 십계명이 있었습니다. 예수님께서는 완전하신 분으로 율법을 완성하셨습니다.

(출25:10-22, 37:1-9, 신10:2-5, 히9:3-5)

⑦ 성막은 제사를 드리는 곳이었습니다.

예수님은 자기 자신을 제물로 속죄제로 드리셨습니다. 우리는 예수 그리스도 안에서 온전한 제사, 즉 예배를 드리게 됩니다.

(레1:1-9, 4:1-12, 히9:11-15, 10:11-14, 롬12:1-2)

⑧ 성막은 이스라엘의 제사장과 권속이 양식을 공급 받는 곳이었습니다. 지금은 그리스도인들이 온전한 양식인 말씀을 예수 그리스도를 통하여 공급받게 됩니다.

(레6:14-29, 신8:3, 마4:4, 요6:51/ 비교, 요4:13-15, 4:31-36)

⑨ 성막은 예배의 처소였습니다.

하나님께서는 사람들이 제물과 함께 기도를 드릴 때 그 기도를 들어주셨습니다. 진정한 예배는 예수그리스도를 통해서 이루어집니다. (출27:9-16, 히9:11-14/ 비교, 요4:21-26, 롬12:1)

(4) 성막의 구성 요소는 오늘의 교회와 구세주이신 예수 그리스도와 대조가 됩니다.

① 울타리는 예수 그리스도를 만나는 경계선입니다.

방주인 교회와 세상의 구분선이기도 합니다.

(출27:9-13, 38:9-20)

② 성막의 지붕은 햇빛과 바람과 비를 받아냅니다.

이는 세상에서 고난을 받으시는 예수 그리스도의 모습을 상징하며, 세상 속에 있는 교회의 모습을 상징하기도 합니다.

(출36:19, 사53:2-3)

③ 성막에는 문이 동쪽 해 뜨는 쪽으로 하나 밖에 없습니다.
이와 같이 예수님만이 유일한 길과 생명이 되십니다.
(출27:9-16, 38:18, 요10:9, 14:6)

④ 물두멍의 물로 손과 발을 씻습니다.
　a. 물은 세례를 상징합니다.
　　예수님의 말씀으로 정결케 됨을 의미합니다.
　　(출30:17-21, 38:8)
　b. 물두멍은 예수 그리스도의 말씀을 상징합니다.
　　성소의 일곱 가지 기물 가운데 유일하게 규격이 정해지지
　　않은 것입니다. 물두멍은 그리스도의 한량 없는 은혜의 말
　　씀을 상징하는 것입니다. (출30:17-21, 38:8)

⑤ 진설병은 생명의 떡이신 예수 그리스도를 상징합니다.
또한 예수 그리스도 안에서의 성도의 교제를 상징합니다.
(출25:20-30, 37:10-16, 고전11:26)

⑥ 성소의 등대는 정금으로 만들어져 성소 안을 비추었습니다.
(출25:31-40)
　a. 성소의 등대는 세상의 빛 되신 그리스도를 상징합니다.
　　(출25:31-40, 26:35, 37:17-24, 요9:5)
　b. 등대의 빛은 하나님께로부터 나오는 말씀을 의미합니다.
　　(시119:105)
　c. 등대의 기름은 성령님을 의미합니다.
　　(출27:20, 사61:1, 행10:38)

⑦ 성소의 향단은 예수님의 중보기도를 상징합니다.
놋 제단은 예수 그리스도의 죽음을, 금으로 된 향단은 죽음에
서 살아나시고 부활하신 후 승천하셔서 우리의 중보자가 되시
며 우리를 위해 기도하시는 예수 그리스도를 상징합니다.
(출27:1-8, 30:1-9, 시141:2, 요12:32, 고전15:3-4, 히9:24/ 비교,
계5:8, 8:3-4)

⑧ 지성소의 언약궤는 그리스도의 권능과 왕적인 권위를 상징합니다. (출25:10-16)

⑨ 성막의 나무 재료인 아카시아는 그리스도의 인성을 상징합니다. 아카시아 나무는 뿌리가 깊습니다. 척박한 어떤 곳에서도 잘 자랍니다. 그러나 건축재로는 쓰지 않습니다. 이는 예수님의 인성을 잘 표현하고 있습니다.
(출25:23,28, 26:15,26,32,37, 27:1,7)

⑩ 정금은 그리스도의 신성을 상징합니다. (출37:2,6)

⑪ 오색은 내적 그리스도의 하나님 되심을 나타냅니다.
(출25:4, 26:30-37, 28:6)

⑫ 안에서 바깥으로 보이는 지붕의 4겹은 4색 양장입니다.
이는 그리스도의 성품을 나타내는 것입니다. 자색은 왕권의 표시이며, 홍색은 피의 색깔로서 희생, 흰색은 완전함, 청색은 하늘을 의미하고 있습니다. (출26:1-14)

⑬ 성막을 덮는 열한 폭 천의 속죄소의 염소털은 그리스도의 고난을 상징합니다.
(출26:7, 사53:4-6, 고후5:21, 히9:28/ 비교, 레16:19-22)

⑭ 천막 바깥쪽 덮개 아래의 수양의 붉은 색 가죽은 대속죄 양이신 예수그리스도를 상징합니다. (출26:14)

⑮ 지붕의 돌고래류인 해달(혹 물돼지)의 가죽은 검고 추한 모습의 외모로 볼품없으신 예수 그리스도를 상징합니다.
(출26:14, 겔16:10/ 비교, 창3:21, 신8:4, 29:5, 느9:21,)

⑯ 애굽에서 잡은 물돼지 가죽은 신발을 만들어 신던 것으로, 이스라엘 백성이 출애굽 때 가지고 나온 것입니다. 볼품없으신 외모의 예수 그리스도를 상징합니다. (신8:4, 겔16:10)

⑰ 4개의 뿔은 능력을 상징하며, 나무로 만들어 놋쇠로 겉을 쌌습니다. 이는 그리스도의 능력을 나타냅니다. (출27:1-2)

⑱ 금 촛대는 외부에서 빛이 들어오지 않도록 내부에서 켰습니

다. 즉 성막 안의 유일한 빛의 근원이었던 것입니다. 빛과 기름은 성경말씀과 그리스도를 상징합니다.

(출25:31,32,37, 27:20-21, 시119:105, 사61:1, 요9:5)

⑲ 아카시아 나무로 만들어진 지성소는 하나님과의 만남의 장소였습니다. 기도의 처소였던 것입니다. (출25:8, 히9:3-5)

⑳ 지성소의 증거궤(Ark)는 노아의 방주, 모세의 갈대 상자의 궤와 같은 말입니다. 십계명의 율법은 죽음을, 만나는 생명의 떡이신 예수님을, 아론의 싹난 지팡이는 부활을 상징합니다.

(출16:33-34, 25:10-16, 민17:8, 요6:51, 히9:1-5, 계2:17, 11:19)

㉑ 성소와 지성소를 구분하는 휘장은 그리스도의 몸을 상징합니다. 예수님께서 십자가에서 돌아가시기 전 '다 이루셨다'고 하실 때 성전 휘장이 위에서부터 아래로 찢어졌습니다.

(출26:31-33, 마27:50-52, 막15:37-38, 눅23:45, 히6:9,9:2-4, 11-12, 23-26, 10:19-20)

㉒ 속죄소는 지성소에 있는 증거궤 위에 있었습니다.

속죄소의 뚜껑(시은좌)은 하나님께서 거하시는 곳이었습니다. 예수님께서 성전인 우리 안에 거하시고 계심을 미리 보여 주셨습니다. 주님께서 우리를 위하여 십자가에서 대신 죽으시고, 죽음에서 살아나신 후 즉시 하늘에 오르셨으며, 하늘의 지성소에 들어가셔서 하나님의 보좌 앞에 놓인 속죄소에 주님의 보혈을 뿌리셨습니다. 예수님의 대속의 죽으심으로 율법의 저주에서 우리를 건져내셨으며, 죄의 문제를 영원히 해결하셨습니다. (출25:17-22, 26:34, 롬3:25, 히9:5,12, 12:24)

4. 성경에 나오는 구원에 관한 용어들

성경은 구원을 다양한 말로 표현하고 있습니다. 구원의 용어가 가진 개념을 이해하는 것은 기독교의 기본교리를 이해하기 위한 필수적인 요건입니다. 구원에 관한 용어들을 공부함으로써 하나님의 구원의 은혜의 바다에 보다 더 깊이 다가가는 계기가 될 것입니다. 구원의 용어를 공부함으로써 믿음의 성장을 더하여 갑니다.

1) 회심(Conversion)과 회개(Repentance), 믿음(Faith)

(1) '회심'이란 말은 '구원'과 '믿음'을 포함하는 의미합니다.

① 영혼을 소생케 한다는 의미입니다. (시19:7)

② 죄인들이 주님께 돌아온다는 의미입니다. (시51:12-13)

③ 사도 바울이 하나님에 대한 '회개'와 우리 주 예수 그리스도에 대한 '믿음'을 함께 증거하였습니다. (행20:21)

(2) '회개'는 구체적인 하나의 죄(sin, 단수임), 즉 예수 그리스도를 거절한 죄에서 돌이키는 것입니다. (눅24:47, 요16:7-11)

(3) '믿음(Faith)'이란 진지하게 마음을 돌이켜 주님을 구주로 영접하는 것입니다.
(행20:21/ 비교, 창15:6, 롬4:3, 갈3:6-9, 히4:3, 약2:23)

① 죄인은 믿음으로 구원을 받습니다. (롬5:1, 엡2:8-9)

② 성도는 믿음으로 은혜 안에서 자라가며, 거룩하게 됩니다.
(롬1:7,17, 고후1:24, 5:7, 딤전6:12, 요일5:4)

③ 하나님께 나아가는 자는 반드시 그가 계신 것과 또한 그분이 자기를 찾는 자들에게 상주시는 이심을 믿어야 합니다. (히11:6)

④ 믿음은 들음에서 나며, 들음은 그리스도의 말씀으로 이루어집니다. (롬10:17)

2) 화목(Reconciliation)과 화목제물(Propitiation)

(1) 성경은 '화목'에 대하여 설명합니다.

① '화목'의 문자적 의미는 '무엇을 덮는다(구약)'라는 의미이며, '원수 관계에서 친구로 변한다(신약)'라는 의미입니다. (엡2:16, 골1:20-22)

② 하나님께서 예수 그리스도를 통하여 세상과 자신을 화목시키셨습니다. (고후5:18-19)

③ 우리 인간이 전에 지은 죄 때문에 하나님의 진노가 우리 인간들에게 머물러 있기 때문에 우리는 그리스도를 통하여 하나님과 화목해야만 합니다.
(요3:36, 롬3:25, 고후5:20, 골3:5-6, 계11:18)

(2) 예수님께서 친히 우리 죄를 위하여 화목제물로 드려지셨습니다. (요일2:2)

① 하나님께서 우리를 사랑하사 우리 죄를 위하여, 화목제로 그 아들을 보내셨습니다. (요일4:9-10)

② 그분의 십자가의 피로 화평을 이루셔서 만물이 그분으로 말미암아 화목케 되었습니다. (골1:20)

(3) 화목의 결과로 하나님과 인간이 가까워지게 되었습니다.

① 하나님의 의로우심이 나타나게 되었습니다. (롬3:25)

② 그리스도 예수 안에서 그리스도의 피로 하나님과 가까워지게 되었습니다. (엡2:13)

3) 속죄(Remission)

(1) 속죄의 의미는 '죄의 용서(forgiveness)'와 '죄의 사함'입니다.

① '속죄'의 의미는 '용서(forgiveness)'의 의미를 지니고 있습니다. (눅6:37, 엡4:32)

② '속죄'는 '죄 사함'을 받는 것입니다.
(마26:28, 눅24:47, 행10:43, 골2:13)

③ '속죄'의 의미는 '돌려보낸다'라는 의미로 해석 되기도 합니다. (비교, 마1:19, 5:31)

④ 피로써 정결케 됨으로 피 흘림이 없이는 죄의 사함이 있을 수 없습니다. (히9:20-22)

(2) 구약에는 속죄제의 모습을 보여 줍니다. (레16:1-22, 히13:12-13)

① 송아지와 염소를 죽여서 그 피를 속죄소에 뿌렸습니다.
(레16:11-22)

② 한 마리의 산 염소를 머리에 안수하여 모든 불의를 지게 하여 광야에 보냈습니다. (레16:5-10, 16:21-22)

(3) 예수 그리스도는 이러한 속죄제의 희생제물이었습니다.

① 예수님께서 자신의 피로써 백성을 거룩하게 하시려고, 고난을 받으셨습니다. (히13:12-13)

② 예수님께서 화목제물이 되심으로 하나님께서 길이 참으시는 중에 전에 사람의 지은 죄를 간과하심으로, 그분 자신의 의로우심을 나타내셨습니다. (롬3:25-26)

4) 구속(Redemption)과 대속(Substitution)

(1) '구속'이란 세 가지의 의미가 함께 담겨 있습니다.

① 구속은 어떤 것이나 사람을 속전으로 지불하는 것을 말합니다. 예수님께서 우리를 위해서 염소와 송아지의 피 대신에 자신의 피로 영원한 속죄를 이루셔서 단번에 성소에 들어가심으로 그 백성을 속량하셨습니다. (눅1:68, 히9:12)

② 구속은 노예 시장에서 노예를 풀어주는 것을 말합니다.

예수님께서 우리를 위하여 저주를 받은 바 되사 율법의 저주에서 우리를 속량하셨습니다. (갈3:13)

③ 구속은 완전한 자유를 갖게 하는 것입니다.
성령님의 처음 익은 열매를 받은 우리까지도 속으로 탄식하여 양자될 것, 곧 우리 몸의 구속을 기다립니다.
(롬3:24, 8:22-23, 엡1:7,14, 골1:14/ 비교, 고전1:30, 엡4:30)

(2) 구속은 예수그리스도의 보배로운 피로 이루어진 것입니다.

① 조상의 유전된 망령된 행실에서 구속된 것은 은이나, 금같이 없어질 것으로 한 것이 아니라, 오직 흠 없고, 점 없는 어린 양 같은 그리스도의 보배로운 피로 구속하셨습니다. (벧전1:18-19)

② 그분은 우리와 혈육이 되셨으며, 우리를 구속하시기를 원하셨습니다. (히2:14-16, 4:15, 10:4-10)

(3) 예수님께서 우리의 죄를 대속하여 주셨습니다.

① 구약시대의 대속에는 소나 양이 목자를 위하여 대속의 제물로 드려졌습니다. (창22:10-13, 출12:3-7,12-13, 레1:3-4, 4:1-35)

② 그러나 황소와 염소의 피가 능히 죄를 없앨 수 없으므로 예수님께서 대속의 제물로 드려졌습니다. 예수님의 대속은 양이 목자를 위해 희생한 것이 아니라, 목자가 양을 위하여 희생한 것입니다. 이것이 구약의 제사와는 구별되는 것입니다.
(요10:11, 히10:4)

③ 그리스도께서 한 번 죄를 위하여 죽으시고 의인으로서 불의한 자를 대신하셨습니다. 이는 우리를 하나님 앞으로 인도하시려는 것입니다. (벧전3:18)

5) 중생(거듭남, Regeneration)

(1) '중생'은 씻음과 성령의 새롭게 하심으로 우리가 구원을 얻게 되는 것을 말합니다. (딛3:5)

① 물과 성령으로 나지 아니하면, 하나님 나라를 들어가거나 볼 수 없습니다. (요3:3-5)

② 혈통으로나 육정으로나 사람의 뜻으로 나지 않고, 오직 하나님께로부터 난 자들입니다. 그분의 이름을 믿는 사람들에게 하나님의 자녀가 되는 권세를 주십니다. (요1:12-13, 요일5:1)

(2) 중생을 경험하려면 다음 세 가지 요소가 동시에 필요합니다.

① 하나님의 말씀으로 믿고 거듭나게 됩니다.
(요3:5, 롬10:9, 엡5:26, 딛3:5, 약1:18, 벧전1:23)

② 하나님을 믿는 사람들이 주 예수 그리스도를 전할 때만 말씀을 듣고 거듭날 수 있습니다.
(롬10:8-10,13-15,17, 고전2:4, 4:15, 고후5:18-20, 갈4:19)

③ 하나님의 영인 성령님으로 거듭나야만 하나님 나라를 볼 수 있습니다. (요3:3-7, 고전2:12-14, 딛3:5)

(3) 중생은 인간의 부패된 본성 때문에 필요합니다.

① 하나님을 향하여 죽어 있는 상태이기 때문입니다. (엡2:1)

② 진노의 자녀이기 때문입니다. (엡2:3)

③ 불순종의 아들들이기 때문입니다. (엡2:2)

④ 아담의 죄가 우리에게 유전으로 흐르고 있기 때문입니다.
(롬5:12, 고전15:47)

(4) 중생의 결과는 변화한 사람으로 거듭나는 것입니다.

① 중생한 사람은 사랑의 사람으로 변화하게 됩니다.

 a. 다른 그리스도인들을 사랑하게 됩니다. (요일3:14, 4:9-11)

 b. 예수님을 사랑하게 됩니다. (요일5:1-3)

 c. 구별된 삶을 사랑하게 됩니다. (요일2:15-16, 5:3-4)

 d. 자신의 원수들을 사랑하게 됩니다. (마5:43-45)

 e. 하나님의 말씀을 사랑하게 됩니다.

하나님의 말씀인 성경이 송이꿀 같이 달게 느껴지게 됩니다. (시19:9-10/ 비교, 시119:24,40,47-48)

f. 사람의 영혼을 사랑하게 됩니다. (롬9:1-3, 10:1, 고후5:14)

g. 기도를 사랑하게 됩니다. (행1:14)

h. 하나님을 찬송하며 감사를 드리게 됩니다. (엡5:19-20)

i. 하나님의 나라에 대한 소망이 있게 됩니다. (벧전1:3-4)

② 중생한 사람은 죄와 죽음의 법에서 해방되었습니다. (롬8:2)

　　a. 중생한 사람은 신령한 영의 일을 생각하게 됩니다. (롬8:5)

　　b. 중생한 사람은 그 심령이 하나님의 전입니다. (고전3:16)

　　c. 중생한 사람은 의를 따라 행하게 됩니다. (요일2:29)

　　d. 예수님이 그리스도이심을 믿게 됩니다. (요일5:11)

　　e. 중생한 사람은 세상을 이기게 됩니다. (요일5:4)

③ 중생한 대표적인 사람들을 살펴볼 수 있습니다.

　　a. 므낫세 왕은 유다의 열네 번째 왕으로 회심 전에 가장 사악한 왕이었습니다. (왕하21:1-18, 대하33:1-20)

　　b. 사도 바울은 회심 전에 교회를 핍박하던 사람이었습니다. (행7:57-58, 8:1-3, 22:20, 갈1:13-14)

6) 전가(Imputation)

(1) '전가'란 어떤 사람의 행위를 다른 사람에게 이전시키는 것을 말합니다.

① 아담의 죄가 인류에게 전가되었습니다.
(롬3:23, 5:12, 고전15:22)

② 인류의 죄가 하나님의 은혜에 의하여 예수 그리스도께 전가되었습니다. (사53:5,11, 고후5:14-21, 히2:9, 벧전2:24)

③ 하나님의 의가 믿는 죄인에게 전가되었습니다. (빌3:7-9)

(2) 성경에는 전가의 사례가 있습니다.

① 아브라함이 하나님을 믿으므로 하나님의 벗이라 칭함을 받았습니다. (창15:6, 롬4:3, 갈3:6-9, 약2:23)

② 다윗은 그 불법의 사함을 받고, 그 죄를 가리움을 받는 자는 복이 있고, 주님께서 그 죄를 인정치 않은 사람은 복이 있다고 하였습니다. (시32:1-2, 롬4:6-8)

③ 스데반은 이 죄를 하나님께서 저들에게 돌리지 마시기를 간구하였습니다. (행7:59-60)

④ 바울은 다른 사람에게 허물을 돌리지 않기를 구하였습니다. (딤후4:16)

7) 양자(자녀됨, Adoption)

'중생'은 그 사람에게 하나님의 자녀로서의 성품을 주는데 비하여, '양자됨'은 하나님의 자녀로서의 신분을 주는것입니다.

(1) 율법 아래 있는 자들을 속량하시고, 우리로 아들의 명분을 얻게 하셨습니다. (갈4:4-6)

① 하나님이 우리를 친아들, 딸로 삼으셨습니다. (롬8:14-16)

② 죄인이 예수를 믿음으로 하나님의 자녀가 됩니다. (요1:12)

③ 하나님의 자녀로 후사가 되어 그분과 함께 영광을 받기 위하여 고난도 함께 받아야 될 것입니다. (롬8:17)

(2) 하나님의 영으로 인도함을 받은 이들이 하나님의 아들이 됩니다.

① 하나님의 영으로 악한 행실을 죽여야 합니다. (롬8:13)

② 하나님의 영으로 인도함을 받아야 합니다. (롬8:14)

③ 그리스도를 믿는 자만이 양자가 될 권한이 있습니다. (엡1:5)

(3) 하나님의 자녀에게는 특권이 있습니다.

① 하나님의 자녀가 됩니다. (요1:12, 계21:7)

② 하나님의 절대적인 보호를 받게 됩니다. (롬8:31)

③ 하나님께서 함께 하시게 됩니다. (히13:5)

④ 하늘에 간직하신 영원한 기업을 잇게 하십니다. (벧전1:4)

(4) 아들은 하나님으로 말미암아 유업을 잇게 됩니다.

① 율법 아래서 속량을 받게 됩니다. (갈4:5)

② 예수 그리스도께서 끝날까지 함께 하시게 됩니다. (마28:20)

③ 마지막 날에 영생하게 됩니다. (요6:40)

8) 간구(Supplication)와 기도(Prayer)

(1) 기도는 '하나님과 교제'를 나누는 것, 즉 하나님과 더불어 말하고 듣는 관계입니다.

① 모든 사람을 위하여 간구와 기도와 도고와 감사를 드립니다. (딤전2:1)

② 모든 기도와 간구로 하되, 항상(무시로) 성령님 안에서 기도하며 깨어 구하기를 힘씁니다. (엡6:18)

③ 아무 것도 염려하지 말고, 모든 일에 기도와 간구로 구할 것을 감사함으로 하나님께 아룁니다. (빌4:6)

(2) 기도는 하나님의 반복적인 명령입니다.

① 하나님께서 이스라엘의 선지자들을 통하여 우리들이 그분께 기도할 것을 명령하시고 계십니다.
(삼상12:23, 대상28:9, 시50:15, 렘29:12, 33:3, 암5:4)

② 예수님께서 제자들에게 기도할 것을 반복적으로 명령합니다.
(마21:22, 6:33, 눅11:9-10)

③ 사도들의 반복적인 기도에 대한 권면이 있습니다.
(롬12:12, 골4:2, 살전5:17, 딤전2:8)

9) 칭의(의롭게 됨, Justification)

(1) 믿고 회개한 자는 하나님께 의롭다 일컬음을 받게 됩니다.
(롬3:24, 롬4:25, 5:1)

① 사람의 선행에 의하지 않습니다. (롬3:30)

② 믿음으로 의롭다 하심을 얻게 됩니다. (롬3:30)

③ 하나님의 은혜로 주어진 예수 그리스도의 선물입니다.
(롬5:15-17)

(2) 의를 따라 사는 자를 하나님께서 받으십니다.
(행10:35/ 비교, 창15:6, 롬4:3, 갈3:6-9, 약2:23)

① 하나님의 택하신 자들을 아무도 송사, 정죄하지 못합니다.
(롬8:33)

② 의의 직분은 영광이 넘치게 됩니다. (고후3:9)

③ 의를 위해 고난을 받는 사람이 복 있는 사람입니다. (벧전3:14)

④ 의에 거하는 자는 새 하늘과 새 땅을 바라보게 됩니다.
(벧후3:13)

10) 성화(거룩하게 됨, Sanctification)

(1) 성화란 '거룩하게 구별된다(to set apart)'라는 의미입니다.

① 더러운 것은 '잘라내어 버린다'는 뜻입니다.
(벧전1:15, 대하29:5)

② '세속에서 분리한다'는 뜻입니다. (느13:3, 렘1:5)

③ '거룩하게 변화시킨다'는 뜻입니다. (사6:3-7, 마5:48)

(2) 성화는 하나님의 말씀과 예수그리스도의 피로 이루어집니다.

① 하나님의 말씀으로 성화됩니다. (요17:17)

② 그리스도의 죽으심으로 성화됩니다. (히10:10)

③ 보혜사 성령으로 거룩하게(성화)됩니다. (벧전1:2)

④ 예수님의 피가 모든 죄로부터 우리를 깨끗하게 하십니다.
(히9:22, 요일1:7)

(3) 성경은 성도들에게 '성화(거룩함)'를 끊임없이 요구하고 있음을 알 수 있습니다. (살전3:13)

① 하나님의 뜻은 이것이니 너희의 거룩함이라 (살전4:3)

② 또 그들을 위하여 내가 나를 거룩하게 하오니, 이는 그들도 진리로 거룩함을 얻게 하려 함이니이다. (요17:19)

③ 남편들아 아내 사랑하기를 그리스도께서 교회를 사랑하시고, 그 교회를 위하여 자신을 주심 같이 하라. 이는 곧 물로 씻어 말씀으로 깨끗하게 하사 거룩하게 하시고 (엡5:25-26)

④ 평강의 하나님이 친히 너희를 온전히 거룩하게 하시고
(살전5:23)

(4) 중생(重生)과 성화(聖化)는 그 의미가 구별됩니다.

① 중생은 영적인 출생이며, 성화는 영적인 성장입니다.

② 중생은 거룩한 기질의 출발이며, 성화는 거룩한 기질의 강화입니다.

③ 중생은 새로운 피조물이 되는 것이며, 성화는 축복으로 전진되는 것을 의미합니다.

※ 감리교회가 받아들이는 웨슬리 신학에서는 중생을 초기의 성화, 성화를 완전 성화로 나누어 정의하기도 합니다.

(5) 칭의와 성화 역시 그 의미가 구별됩니다.

① 칭의는 밖에서 되어지는 것이며, 성화는 안에서 되어지는 것입니다.

② 칭의는 원죄에서 놓이는 것이며, 성화는 자범죄에서 놓이는 것입니다.

③ 칭의는 하나님 자녀의 권세 회복이며, 성화는 하나님 자녀의 형상 회복입니다.

④ 칭의는 법적인 선언이며, 성화는 양심의 더러움의 제거입니다.

(6) 거룩하게(성화) 된 사람들은 주님 안에서 온전케 됩니다.

① 거룩하게 된 사람은 영원히 온전케 하십니다. (히10:14)

② 거룩하게 된 사람은 반드시 주님을 보게 하십니다. (히12:14)

③ 거룩하게 된 사람은 장래 기업을 얻게 하십니다. (행26:18)

(7) 거룩하게(성화) 되어지는 과정은 4단계로 나누어 이해하여 볼 수 있습니다. (롬6:1-22)

① 우리는 그리스도의 죽으심과 합하여 세례를 받으므로 그분과 함께 장사되었으므로 죄에서 벗어나 의롭게 하심을 얻었습니다. (롬6:1-7)

② 우리는 우리 자신을 죄에 대하여는 죽은 사이며, 그리스도 예수 안에서 하나님께 대하여 산 자로 여김을 받게 됩니다. (롬6:10-11)

③ 우리의 몸을 의의 무기로 완전히 드림으로 하나님의 은혜 안에 있게 됩니다. (롬6:12-14)

④ 그리스도인은 하나님의 말씀을 순종하여 의의 종이 되어 거룩함에 이르게 됩니다. 거룩함의 열매는 영생입니다. (롬6:16-23)

11) 선택(Election)

(1) 선택이란 하나님께서 구원 받을 자를 택하여 놓으신 것을 말합니다. (요15:16)

① 하나님께서 사람을 만드셨습니다. (창1:26-27)

② 하나님께서 선택하셨습니다. (엡1:4-5)

③ 하나님께서 작정하시고 인도하십니다. (잠16:33)

(2) 선택하신 이유는 영생을 주시기로 작정된 자는 다 믿게 하기 위해서입니다.

① 창세 전에 이미 선택하셨습니다. (엡1:4)

② 하나님의 영광을 위하여 선택하십니다. (엡1:6)

③ 영생을 주시기로 작정된 자들은 다 믿게 됩니다. (행13:48)

④ 선택된 자들은 성령님으로 믿어지게 하십니다. (고전12:3)

⑤ 미리 아신 자들로 그분의 아들의 형상을 본받도록 하기 위해 선택하시고 부르셨습니다. (롬8:29)

⑥ 복음의 말씀을 듣고 믿게 하시려고 택하셨습니다. (행15:7)

12) 소명(부르심, Calling)

(1) 소명이란 주님께서 부르시고 호출하고 초청하는 것을 말합니다. (마11:28, 막1:20, 요10:3, 벧전5:10)

① 성부께서 그리스도 안에서 소명을 주십니다. (살전2:12, 벧전5:10)

② 성자께서 소명을 주십니다. (마11:28)

③ 성령님께서 소명을 주십니다. (계22:17)

(2) 소명의 목적은 우리를 구원하시기 위해서입니다.

① 죄를 사해 주시려고 소명을 주십니다. (사1:18)

② 예수님의 소유로 삼으시려고 소명을 주십니다. (롬1:6)

③ 영생를 얻게 하시려고 소명을 주십니다. (요10:28)

(3) 소명을 받은 자는 부르심에 응답하여야 합니다.

① 부르심에 응답하고 싶어집니다. (사6:8)

② 부르심에 곧 따르고 싶어집니다. (막1:20)

13) 견인(보전, 지키심, Preservation)

(1) '견인'이란 하나님께서 우리를 흠 없이 붙잡으시는 것을 말합니

다. (벧후3:9)

① 예수님께서 우리를 영생에서 떨어지지 않게 하십니다.
(요10:28)

② 하나님의 능력으로 우리를 굳게 붙잡고 보호하십니다.
(벧전1:5)

③ 하나님께서 우리를 굳게 하시며, 강하게 하시며, 견고하게 하십니다. (벧전5:10)

④ 하나님께서 우리를 위해 오래 참으십니다. (벧후3:9)

⑤ 하나님께서 우리를 거룩하고 흠이 없게 하십니다. 예수 그리스도로 말미암아 우리를 그분의 아들들이 되게 하십니다.
(엡1:4-5)

(2) 하나님께서 지키시는 이유는 예수님의 피로 우리를 사셨기 때문입니다.

① 창세 전부터 택하셨기 때문입니다. (엡1:4-5)

② 택한 자를 예수님의 피로 속죄하셨기 때문입니다. (히9:12-15)

③ 진리의 말씀으로 낳아 주셨기 때문입니다. (약1:18)

④ 양자로 유업을 이을 자이기 때문입니다. (갈4:7)

(3) 예수님께서 성령님의 사역을 통하여 우리를 고아와 같이 버려두지 않으십니다. (요14:16-18)

① 하나님께서 우리를 모든 견딤과 오래 참음에 이르게 하셔서 빛 가운데서 성도의 기업의 부분을 얻기에 합당하게 하셨습니다. (골1:11-12)

② 하나님께서 약속의 성령님으로 인치셨습니다. (엡1:13)

③ 하나님께서 보증으로 성령님을 보내셨습니다. (고후5:5)

(4) 하나님께서 우리를 구원에 이르도록 지키십니다.

① 아무도 멸망하지 않고 모두 회개하고 구원에 이르도록 기다리

시고 계십니다. (벧후3:9)

② 참고 견딘 사람은 영원한 영광을 받게 하십니다. (딤후2:10)

③ 자기 십자가를 지고 참는 자는 하나님의 보상을 받게 됩니다.
(히12:2)

14) 영화(Glorification)

(1) 성경에서 영화에 대한 말씀을 찾아볼 수 있습니다.

① 미리 정하신 그들을 부르시고, 부르신 그들을 또한 의롭다 하
시고, 의롭다 하신 그들을 영화롭게 하셨습니다. (롬8:30)

② 또한 그분으로 말미암아 우리가 믿음으로 서 있는 이 은혜에
들어감을 얻게 되었으며, 하나님의 영광을 바라고 즐거워하게
됩니다. (롬5:2)

③ 현재의 고난은 장차 우리에게 나타날 영광과 족히 비교 할 수
없습니다. (롬8:18)

(2) 영화란 모든 믿는 자가 영적, 정신적, 신체적으로 완전함을 입
는 것을 말합니다.
(고전15:41-44, 51-55, 고후4:14-18, 5:1-4, 유1:24-25/ 비교, 롬
8:22-23)

① 신령한 몸으로 부활하는 것을 말합니다. (고전15:44)

② 썩지 아니하는 몸을 입는 것을 말합니다. (고전15:53)

③ 영원히 사는 몸을 입는 것을 말합니다. (살전4:17)

(3) 영화는 예수님께서 재림하실 때에 이루어질 것입니다.

① 예수 그리스도의 재림 때에 영화가 이루어집니다. (살전4:16)

② 순식간에 홀연히 변화를 받게 되어 영화롭게 될 것입니다.
(고전15:51)

③ 영원히 사는 몸을 입게 될 것입니다. (살전4:17)

(4) 영화의 대상은 믿음의 사람들입니다.

① 예수 그리스도께서 재림하실 때에 그분에게 속한 사람들입니다. (고전15:22-23)

② 하나님의 생명책에 이름이 기록된 사람들입니다. (계20:15)

③ 죄악된 세상을 믿음으로 이긴 사람들입니다. (계21:6-7)

(5) 영화의 결과는 영원한 안식을 누리게 되는 것입니다. (계14:13)

① 영예로운 면류관을 얻게 됩니다.

a. 생명의 면류관을 얻게 됩니다. (계2:10 약1:12)

b. 의의 면류관을 얻게 됩니다. (딤후4:8)

c. 영광의 관을 얻게 됩니다. (고전9:25, 벧전5:4)

② 영화된 몸은 예수님처럼 시간, 공간, 중력의 제한을 받지 않게 되는 육체로 변화하게 될 것입니다.

a. 영화된 몸은 닫힌 문도 통과하게 될 것입니다.
예수님의 부활하신 후의 영화된 몸은 닫힌 문도 통과하여 제자들에게 나타났습니다. (요20:26)

b. 영화된 몸은 보이기도 하고, 보이지 아니하기도 할 것입니다.
부활하신 후 예수님께서 엠마오 마을로 가던 제자들과 함께 음식을 나누었으며, 그분의 모습은 보이기도 하고, 보이지 아니하기도 하였습니다. (눅24:3-43)

c. 알아볼 수 있는 몸이 될 것입니다. (고전13:12)

③ 영화된 후의 우리의 몸은 예수님의 부활 후의 몸과 같이 영광스럽게 변화될 것입니다. (빌3:21, 요일3:2)

a. 성령님께서 주관하시는 신령한 몸이 될 것입니다. (고전15:44-49)

b. 영광스러운 몸이 됩니다. (롬8:18, 고전15:43)

c. 영원한 몸이 됩니다. (고후5:1)

5. 구원의 단계와 순서

하나님의 구원 계획은 너무나도 신비로워서 인간의 이성으로는 이해하거나 깨달을 수 없습니다. 신학자들 사이에서 구원의 단계와 순서에서 조금씩 다른 견해를 보이므로 이것이 새로운 분파의 원인이 되기도 합니다. 이 장에서는 성경이 보이는 구원의 순서와 함께 중요한 신학자들의 구원의 순서에 대한 견해를 살펴봅니다.

1) 성경말씀에 나타난 구원의 순서를 정리해 볼 수 있습니다.

(1) 우리 주 하나님께서는 얼마든지 부르시는 자들에게 약속하시고 성령님을 받게 하십니다. (행2:38-39)

① 먼저 회개하여야 합니다. (행2:38)

② 예수 그리스도의 이름으로 세례를 받고, 죄 사함을 받아야만 합니다. (행2:38)

③ 그리하면 성령님께서 오시게 됩니다. (행2:38)

(2) 하나님을 사랑하는 자들은 그 뜻대로 부르심을 입은 사람들입니다. (롬8:28-30)

① 미리 아신 자들로 하나님의 형상을 본받아 맏아들이 되게 하시려고 미리 정하셨습니다. (롬8:29)

② 미리 정하신 그들을 부르셨습니다. (롬8:30)

③ 부르신 그들을 또한 의롭다 하셨습니다. (롬8:30)

④ 의롭다 하신 그들을 영화롭게 하셨습니다. (롬8:30)

(3) 믿음으로 의롭다 함을 얻고 영광에 이르게 됩니다. (롬5:1-2)

① 믿음으로 의롭다 함을 얻게 됩니다. (롬5:1)

② 예수 그리스도로 말미암아 의롭게 됨으로 하나님과 화평을 누리게 됩니다. (롬5:1)

③ 믿음으로 서 있는 은혜에 들어가게 됩니다. (롬5:2)

④ 하나님의 영광을 바라고 즐거워하게 됩니다. (롬5:2)

(4) 고난은 연단으로 소망과 사랑을 이루게 됩니다. (롬5:3-5)

① 우리는 환난 중에도 즐거워합니다. (롬5:3)

② 환난은 인내를 이룹니다. (롬5:3)

③ 인내는 연단을 이룹니다. (롬5:4)

④ 연단은 소망을 이룹니다. (롬5:4)

⑤ 소망은 성령님께서 우리 마음에 부어 주신 하나님의 사랑을 이룹니다. (롬5:5)

2) 구원의 확증을 받은 사람들은 세례를 받으며, 변화된 모습을 보여 줍니다. 이는 교회의 성장 과정과 밀접한 연관이 있음을 알 수 있습니다. (행2:40-47)

(1) 구원의 확증의 말씀을 받았습니다. (행2:40-41)

(2) 제자들이 되었습니다. (행2:41)

(3) 사도의 가르침을 받았습니다. (행2:42)

(4) 서로 교제하며, 떡을 떼며, 기도하기에 힘썼습니다. (행2:42-43)

(5) 사람들이 사도들의 기사와 표적을 보았습니다. (행2:43)

(6) 믿는 사람들이 함께 있어 모든 물건을 통용하고, 재산과 소유를 팔아 각 사람의 필요를 따라 나눠 주었습니다. (행2:44-45)

(7) 날마다 마음을 같이 하여 성전에 모이기를 힘썼습니다. (행2:46)

(8) 집에서도 함께 나눔의 생활을 하게 되었습니다. (행2:46)

(9) 하나님을 찬미하며, 백성에게 칭송을 받는 생활이 되었습니다. (행2:47)

⑽ 주님께서 구원 받은 사람들을 더하게 하셨습니다. (행2:47)

3) 신학자들이 성경말씀을 토대로 구원의 순서를 설명합니다.

(1) 종교개혁자 칼빈(Calvin)의 불가항력적인 은총과 예정론에 의한 구원의 순서는 장로교회에서 받아들이고 있습니다.

① 하나님께서 만세 전부터 하나님의 자녀로 택하셨습니다.
(선택, Election/ 요15:16, 엡1:4-5)

② 택한 자를 불러내십니다.
(소명, Calling/ 마11:28, 막1:20, 요10:3)

③ 불러낸 자를 거듭나게 하십니다.
(중생, 거듭남, Regeneration/ 요일3:9)

④ 성령님으로 거듭난 자에게 믿음을 주십니다.
(신앙, 믿음, Faith/ 히11:6)

⑤ 믿음을 가진 자는 예수님을 알며 과거의 죄과를 뉘우치고, 예수님께 돌아오게 됩니다.
(회개, Repentance/ 겔18:30, 눅19:1-8, 행14:15)

⑥ 회개한 자에게 예수님께서 예수님의 보혈로 죄를 용서하시고, 의롭다 칭하십니다.
(칭의, Justification/ 롬3:24,30, 4:24-25)

⑦ 의롭게 된 자를 하나님의 양자로 삼으십니다.
(양자, Adoption/ 요1:12-13, 롬8:14-17, 갈4:6)

⑧ 하나님의 양자된 자를 거룩한 자리에 앉도록 하십니다.
(성화, Sanctification/ 히12:14)

⑨ 거룩한 자리에서 믿음으로 사는 자를 계속 붙잡아 보호하십니다. (견인, Perseverance/ 요10:28, 벧전1:5, 벧후3:9)

⑩ 결국 세상을 떠날 때, 그 영혼을 영화롭게 하십니다.
(영화, Glorification/ 고전15:44,53, 살전4:17)

(2) 감리교회의 창시자 웨슬리(Wesley)의 선행 은총에 의한 구원의 순서는 감리교회와 성결교회가 받아들입니다.

① 웨슬레의 구원관은 선행 은총(先行 恩寵, 은혜)이 구원 순서의 첫 단계라는 점에 큰 차이가 있습니다.

  a. 부름을 받고 교회에 인도됩니다. (인도 → 선행 은총의 역사)

  b. 죄를 슬퍼하며 주님 앞에 모든 죄를 고백합니다.
  (칭의 전의 회개)

  c. 성령님께서 주시는 은혜의 선물로 믿음을 갖게 됩니다.
  (믿음, 엡2:8)

  d. 의롭다 함을 받고 하나님의 아들과 딸이 됩니다.
  (칭의, 갈3:26)

  e. 거듭나는 은혜를 받습니다. (중생 → 초기의 성화, 요3:3)

  f. 더욱 완전해지기 위하여 성령님의 세례로 성결의 은혜를 받게 됩니다. (성결 → 점진적 성화와 완전성화)

  g. 날마다 거룩하고 경건한 생활을 계속하게 됩니다.
  (그리스도인의 완전 → 거룩한 삶)

② 성결교회(聖潔敎會)의 전도표제(傳道標題)는 사중복음(四重福音)입니다.

  a. 중생 또는 신생(新生)은 모든 사람이 자기의 죄를 회개하고 성령을 받을 때, 성신(령)의 역사로 인격과 심령에 일대 변혁을 일으킵니다. (요3:3)

  b. 성결은 신자가 받을 성령의 세례, 즉 성결의 은혜를 가리키는 말로 성도가 거룩함을 좇아 생활함을 의미합니다.
  (행1:5, 2:1-4, 히12:14)

  c. 신유는 신자가 하나님의 보호로 항상 건강하게 지내는 것과 병들 때에 기도함으로 나음을 얻는 것을 가리키는 것으로 이 은사는 육신을 완전케 하는 복음을 말합니다. 신유를 믿는다고 의약을 부인하는 것은 아닙니다.

(출15:26, 사53:4, 막16:17-18)

   d. 재림은 구약성경의 예언의 중심이 성육 탄생이라면, 신약 성경의 중심은 그리스도의 재림이라고 할 수 있는데, 공중 재림(살전4:16-18)과 지상재림(행1:11)을 믿습니다.

   (마24:44, 25:13, 살전2:19-20, 3:13, 4:16-18, 계22:7,12,20/ 비교, 행1:2)

(3) 순복음교회는 오중복음(五重福音)과 삼중축복(三重祝福, 삼박 자의 축복)을 강론됩니다.

  ① 오중복음은 사중복음에 '축복'이 더하여져 설명됩니다.
구원의 교리에 있어서 성결교회의 전도표제인 사중복음과 순 복음교회의 오중복음은 비슷한 점이 있습니다.

   a. 중생의 복음은 누구든지 예수 그리스도만 믿기만 하면 하 나님의 자녀로 거듭나게 되는 거듭남을 말합니다.

   (행4:12, 16:31)

   b. 성령 충만의 복음은 예수님을 믿고 나서 성령으로 충만해 야 하나님의 깊은 신앙 속으로 들어가게 됨을 의미합니다.

   (행1:8, 19:2)

   c. 신유의 복음은 예수님께서 우리 마음의 병, 육신의 병을 치 료하시기를 원하시는 것으로 병이 낫는 기적을 말합니다.

   (출15:26, 사53:4, 막16:17-18)

   d. 축복의 복음은 예수님께서 모든 저주를 십자가에서 속량하 신 것을 말합니다. 주님의 복음을 전파하던 제자들이 복음 증거를 위한 핍박과 고난은 받았으나, 천막 장사를 하여 자 급 자족한 경우는 있어도 굶주리거나 헐벗지는 않았습니 다. 축복에는 이와 같은 현세적 축복을 포함합니다. 축복의 개념은 다시 삼중축복으로 설명합니다.

   (롬13:8, 고후8:9, 갈3:13-14)

   e. 재림의 복음은 이 세상을 나그네처럼 살다가 가는 인생이 구주 예수님께서 이 땅에 다시 재림할 것을 믿고 소망하며

살아가는 것을 말합니다. (살전3:13)

② 삼중축복(三重祝福) 또는 삼박자의 축복은 성도가 받는 3가지의 축복을 말합니다. 영혼이 잘 되면 범사가 잘 되고 범사가 잘 되면 육체도 강건하게 된다는 성경말씀을 적용하여 설명합니다. 오중복음이 이론이라면, 삼중축복은 실제와 적용으로 이해됩니다. (요삼1:2)

a. 영적 축복은 현재 미래의 죄가 하나님 앞에서 청산되고 부끄러움 없이 하나님 앞에 설 수 있는 법적 자격을 얻고 올바른 관계로 회복된 것을 말합니다.

b. 환경적 축복은 예수님께서 십자가에 달리시고 하나님으로부터 버림을 받으심으로 아담이 받은 징계를 청산하신 것을 말합니다. 예수님을 믿으면 미움, 불안과 초조, 공포와 절망, 좌절감과 죽음, 정죄 이 모든 가시들이 제거되는 축복을 말합니다.

c. 육체적 축복은 아담으로부터 다가온 육체적 죽음을 예수 그리스도의 대속으로 완전하게 회복한 것을 말합니다. 육체의 남은 생애를 사는 동안 예수 그리스도의 대속에 입각해서 우리의 몸을 파괴하는 질병에 대한 치료와 건강의 회복을 단호하게 주장할 수 있게 되는 것을 말합니다.

4) 결론적으로 구원은 신학자나 교파별로 조금씩 다르게 이해하고 있는 부분들이 있음을 알 수 있습니다. 그러나 성경을 통하여 보여 주는 하나님의 구원 계획은 너무나도 신비롭고 오묘하여 우리가 쉽게 판단할 수 있는 것이 아니며 오로지 하나님의 주권 하에 속해 있는 것임을 알아야 합니다.

(고전8:2, 13:9,12, 롬11:33-36, 히6:18)

깊도다 하나님의 지혜와 지식의 풍성함이여! 그의 판단은 헤아리지 못할 것이며, 그의 길은 찾지 못할 것이로다. (롬11:33)

6. 구원의 보장과 확신

구원을 받은 사람들이 다시 구원을 잃어버리지 않는 걸까요? 예수 그리스도를 따르는 성도라면 참으로 궁금한 문제가 아닐 수 없습니다. 그리스도인은 왜 구원을 보장 받을 수 있는 것일까요? 이 장에서는 하나님께서 구원을 보장하신 내용과 구원을 받은 사람들이 구원의 확신을 가질 때 나타나는 모습들을 살펴봅니다.

1) 구원은 보장된 것이며 상실하지 않는 것입니다.

(1) 구원은 삼위일체 하나님께서 영원히 보장하시는 것입니다.

① 성부 하나님께서 그리스도 안에 있는 자들이 그분의 구원의 복음을 믿으므로 약속의 성령님으로 인(印)치시고 보증이 되셨습니다. (롬8:28-30, 엡1:3-14, 2:6-7, 골3:3)

② 성자께서 대언자와 중보자로서 우리를 영원히 보장하십니다. (사53:5, 마26:28, 요5:24, 10:27-28, 17:9-12, 롬8:34, 히7:23-25)

③ 성령님께서 믿는 자 안에 거하시고 인치십니다. (요7:37-39, 14:16, 롬8:9, 고전12:12, 고후1:22, 5:5, 엡1:13-14, 4:30, 요일3:24)

(2) 한번 구원 받은 사람은 다시 구원을 잃어버릴 수 없습니다.

① 구원 받은 사람을 다시 잃게 되는 것은 결코 하나님의 뜻이 아니기 때문입니다. (요6:39)

② 우리는 마지막 때에 나타내기로 예비하신 구원에 이르도록 하나님의 권능으로 보호를 받고 있기 때문입니다. (벧전1:5)

③ 영원한 생명을 얻은 사람은 결코 멸망하지 않으며, 아무도 그 생명을 예수님의 손길에서 빼앗을 자가 없기 때문입니다.

(요10:28)

④ 예수님을 믿는 사람은 사망에서 생명으로 옮겨졌기 때문입니다. (요5:24)

⑤ 예수님께서 이미 우리를 위하여 천국을 예비해 두셨기 때문입니다. (벧전1:4/ 비교, 마19:29)

⑥ 우리가 상속 받은 구원은 썩지 않고 사라지지 않을 것일 뿐만 아니라 더럽혀질 수 없는 것이기 때문입니다. (벧전1:4)

⑦ 구원에 있어서 우리는 성령님에 의하여 봉인되어 있기 때문입니다 (엡1:13, 4:30)

⑧ 성령님께서 영원히 우리와 함께 계실 것이란 사실을 예수님께서 약속해 주셨기 때문입니다. (요14:16-17)

⑨ 주님께서 성도를 영원히 버리지 아니하시고 보전하실 것임을 약속하셨기 때문입니다. (시37:28)

⑩ 우리는 사람의 뜻으로 나지 않고 하나님께로부터 태어났기 때문입니다. (요1:12-13)

⑪ 우리의 하나님은 강하시며 영존하시며 평화의 통치자이신 하나님이실 뿐만 아니라, 잃어버린 양을 찾듯이 우리를 찾으시는 분이시기 때문입니다. (사9:6, 눅15:5-6, 요10:27-28)

⑫ 우리 주님께서 우리를 천국에 이를 때까지 보전하실 것이기 때문입니다. (딤후4:18)

2) 구원을 받은 사람은 구원에 대한 확신이 있습니다.

(1) 구원의 확신에 대하여는 스스로 시험하고 자신을 확증하여야 할 것입니다. (고후13:5)

① 하나님과 그리스도와 또한 다른 믿는 사람들과 영적인 교제를 누리게 될 것입니다. (요일1:3/ 비교, 요1:3-4,7, 행2:40)

② 하나님 앞에 죄를 자백하게 되고 죄에 대하여 민감하게 느끼

게 될 것입니다. (요일1:5-10)

③ 성경의 근본적인 계명을 순종하게 될 것입니다. (요일2:3-5)

④ 세상의 가치관과는 분명히 다른 하나님 중심의 가치관을 유지하게 될 것입니다. (요일2:15-17, 딤전6:17-18)

⑤ 예수 그리스도를 사랑하며, 그분이 재림할 것을 기다리며 살아가게 될 것입니다. (딤후4:8, 요일3:2-3)

⑥ 그리스도를 믿는다고 고백한 이래로 실제로 나의 자범죄(自犯罪)가 줄어들게 될 것입니다. (요일3:5-6)

⑦ 다른 그리스도인들을 사랑하게 될 것입니다. (요일3:14)

⑧ 기도에 대하여 응답을 받게 될 것입니다. 또한 기도에 대하여 응답받는 생활을 누리게 될 것입니다. (요일3:22, 5:14-15)

⑨ 성령님의 내적인 증거를 갖게 될 것입니다.
(롬8:15-16, 요일4:13)

⑩ 영적인 진리와 잘못된 진리를 구별할 수 있는 분별력이 있게 될 것입니다. (요10:3-5,27, 요일4:1-6)

⑪ 신앙에 대한 근본적인 교리들을 진정으로 믿게 될 것입니다.
(요일5:1-2)

⑫ 그리스도를 믿는 일 때문에 핍박을 받은 경험이 있게 될 것입니다. (요15:18-20, 빌1:28)

(2) 구원을 받은 사람들이 유의하여야 할 점들이 있습니다.

① 하나님의 거룩하신 영, 성령님을 근심하게 해서는 안 됩니다. 우리는 하나님의 인치심을 받았기 때문에 더러운 말과 행동을 멀리하여야 합니다. (엡4:30)

② 분을 품어 마귀에게 틈을 주어서는 안 됩니다. (엡4:26-27)

③ 구원을 받은 사람은 불에서 구원을 받은 것 같은 부끄러운 구원을 얻게 될까 스스로 조심하여야 합니다. (고전3:10-15)

④ 우리가 성령님께서 거하시는 하나님의 성전인 것을 깨닫고 거

룩한 생활을 하여야 합니다. 하나님의 성전을 더럽히면 하나님께서 그 사람을 멸하신다고 하였습니다. (고전3:16-17)

⑤ 성령님을 모독하거나 거역하면 사하심을 얻을 수 없다는 예수님의 말씀을 항상 마음에 새겨 보아야 합니다. (마12:31-32)

⑥ 주님께 소망을 가진 사람들 마다 자기 자신을 깨끗하게 하여야 합니다. (요일3:3)

⑦ 구원을 받은 사람이 다시 돌아오지 못할 경우에 빠지는 경우도 있다는 사실을 명심하여야 합니다. (히10:26-29)

7. 구원 후의 생활의 변화

  구원을 받은 그리스도인들에게 나타나는 특징이 있다면 그것은 바로 생활의 변화입니다. 자기 중심으로만 살던 생활이 이웃을 돌아보며 다른 사람을 섬기는 삶으로 변화하게 되는 것입니다. 믿음을 가진 사람들의 복된 삶을 살펴봄으로써 구원을 받은 성도들이 걸어가야 할 바른 삶의 길을 알게 될 것입니다.

1) 구원 후의 생활의 변화는 섬김과 순종의 생활입니다.
(마11:28-29)

(1) 다른 신자들을 섬기며 살게 됩니다. (마10:41-42, 히6:10)

(2) 교회의 인도자에게 순종하며, 복종하게 될 것입니다.
    (히13:17, 약3:1)

(3) 성령님의 은사를 소중히 여기며, 교회를 위하여 봉사하게 될 것입니다.
    (마25:14-29, 눅19:11-26, 고전12:1-31, 딤후1:6, 벧전4:10)

(4) 정함이 없는 재물에 소망을 두기 보다는 하나님을 위하여 선한 일을 행하고, 나눠주기를 좋아하며, 구제하는 생활로 변화하게 될 것입니다. (딤전6:17-19)

(5) 교회를 위하여 즐거이 헌금을 드리는 생활을 하게 될 것입니다.
    (고전16:2, 고후9:6-7)

(6) 예수님을 위하여 환난과 고난을 기뻐하며, 장차 올 영광을 기다리며, 시련을 극복하게 될 것입니다.
    (마5:11-12, 막10:29-30, 롬8:18, 고후4:17, 딤후4:8, 약1:2-3, 벧전4:12-13, 계2:10)

(7) 시간을 아끼며, 주님을 위하여 경주하며 살게 될 것입니다.
(시90:12, 고전9:24, 엡5:16, 빌3:13-14, 히12:1, 벧전1:17)

(8) 옛 성품을 버리고, 주 예수 그리스도의 성품을 닮아가게 될 것입니다. (고전9:25-27, 갈5:22-23, 벧후1:4-9)

(9) 많은 사람들을 주 예수 그리스도의 품으로 인도하게 될 것입니다. (단12:3, 살전2:19-20)

(10) 하나님의 말씀을 전파하며, 성도들에게는 본이 되는 생활을 유지하게 될 것입니다. (딤후4:1-2, 벧전5:2-4)

2) 성경은 구원을 받은 신자의 복된 삶을 보여 줍니다. (시1:1-5)

(1) 복 있는 사람은 악인의 꾀를 좇지 아니합니다. (시1:1)

(2) 죄인의 길에 서지 아니합니다. (시1:1)

(3) 오만한 자의 자리에 앉지 않습니다. (시1:1)

(4) 오직 하나님의 율법을 즐거워합니다. (시1:2)

(5) 그 율법을 주야로 묵상하게 됩니다.
이 율법은 하나님의 말씀인 성경입니다. (시1:2)

(6) 이런 사람들은 모든 행사가 다 형통하게 될 것입니다. (시1:3)

3) 구원을 받은 신자들의 복된 삶에 대하여 예수님께서 산상보훈을 통하여 말씀하셨습니다. (마5:1-12)

(1) 심령이 가난한 자는 복이 있습니다.
오직 하나님만을 의지하게 됨으로 천국이 저희 것이 됩니다.
(마5:3)

(2) 애통하는 자는 복이 있습니다.
죄에 대하여 통회하게 되어 저희가 위로를 받게 될 것입니다.
(마5:5)

(3) 온유한 자는 복이 있습니다.
온화하여 적이 없으므로 저희가 새 땅을 상속받게 될 것입니다.
(마5:5)

(4) 의에 주리고 목마른 자는 복이 있습니다.
의(개인적인 의와 사회정의)를 간절히 사모함으로 메시야가 오
셔서 그분의 의를 세우심으로 저희가 만족함을 누리게 될 것입
니다. (마5:6)

(5) 긍휼이 여기는 자는 복이 있습니다.
사죄와 연민의 마음을 가짐으로 하나님께로부터 긍휼이 여김을
받게 될 것입니다. (마5:7)

(6) 마음이 청결한 자는 복이 있습니다.
외적인 경건에 치우치지 않고 그 마음으로부터 성결한 생활을
함으로 저희가 하나님의 임재를 경험하게 될 것입니다. (마5:8)

(7) 화평하게 하는 자는 복이 있습니다.
하나님과 다른 사람과의 화목을 권장함으로 저희가 하나님의
아들이라 일컬음을 받게 될 것입니다. (마5:9)

(8) 의를 위하여 박해를 받는 자는 복이 있습니다.
하나님의 나라에 대한 소망을 가지고 하나님의 의를 위하여 힘
쓰다가 핍박을 받게 되므로 하나님께서 그에 대한 보상으로 천
국을 상속토록 할 것입니다. (마5:10)

(9) 결론적으로, 주님 때문에 욕을 당하고 핍박을 받거나, 거짓으로
악한 말을 듣게 되는 자는 복이 있습니다. 천국에서 그에 대한
상이 크기 때문입니다. (마5:11-12)

제 **16** 장

인류와 세상의 종말

※ 세상의 그 어떤 사람도 모든 대답을 확실히 알수는 없습니다.

종말론

✚ ✚ ✚

여러분은 인류의 종말이 있다고 생각하나요? 그렇다면 인류의 종말은 어떤 모습일까요? 천국과 지옥은 있는 것일까요? 성경에서 말하는 세상의 종말과 부활, 그리고 예수님의 재림과 심판에 대하여 살펴봅니다. 또한 성도들의 의로운 행실과 믿음에 대하여는 천국의 상급이 기다리고 있다는 사실을 확증해 봅니다.

✚ ✚ ✚

그 때에 인자의 징조가 하늘에서 보이겠고
그 때에 땅의 모든 족속들이 통곡하며
그들이 인자가 구름을 타고 능력과 큰 영광으로 오는 것을 보리라
(마24:30)

1. 종말이란 무엇일까요?

    종말은 개인의 종말과 이 세상의 종말로 나누어 볼 수 있습니다. 개인의 종말은 인간의 죽음을 가리키는 것으로 먼저 인간론에서 살펴본 바 있습니다. 이 장에서는 세상의 종말에 대하여 함께 생각해 봅니다. 성경이 우리에게 가르치는 종말을 이해함으로써 우리의 죽음 이후의 미래에 대한 소망을 간직하게 될 것입니다.

1) 우주 종말은 이 세상이 끝남을 의미합니다.

  (1) 우주 종말은 이 세상이 끝나는 때로 그 징조를 보아 알 수 있습니다.

    ① 창조의 때가 있으면 끝날 때가 있습니다. (전3:1-11)

    ② 예수님께서 재림하시는 때가 종말이 될 것입니다. (계1:7)

    ③ 천국 복음이 온 세상에 전파된 후 종말이 올 것입니다. (마24:14)

    ④ 하나님이 말씀하신 모든 것을 다 이루시는 날이 종말입니다. (사46:8-11)

  (2) 종말의 때는 세상의 변화를 통해 알 수 있습니다. (마25:32-33)

    ① 말세에는 정욕을 따라 사는 세상 사람들이 예수님을 믿는 성도들을 조롱하는 일이 일어날 것입니다. (벧후3:3)

    ② 처처에 기근과 지진이 있을 것이며, 난리와 소문이 무성할 것이며, 전쟁과 기근과 지진이 있음으로 재난이 시작됨을 알 수 있게 될 것입니다. (마24:6-8)

    ③ 생각하지 않은 때에 예수님께서 오실 것입니다. (마24:44)

(3) 종말의 때는 아무도 알지 못합니다. (마24:36)

① 아무도 알 수 없습니다.

② 하늘의 천사들도 알 수 없습니다.

③ 성자이신 예수 그리스도께서도 알 수 없다고 하셨습니다.

④ 오직 성부 하나님께서만 아시고 계십니다.

2) 우주 종말의 과정을 거울로 보는 것 같이 (우리가 정확히 알 수는 없기 때문에) 희미하게 살펴볼 수 있습니다.

(1) 공중 휴거가 일어나게 될 것입니다.

① 지금 이 시대는 은혜 시대, 성령시대, 교회 시대입니다. (계2:1-3:22)

② 죽은 자는 낙원(예비천국)에 간 영혼, 음부(예비지옥)에 간 영혼으로 갈라지게 됩니다. (눅16:19-31)

③ 성령님 시대의 마지막 날에 예수님께서 재림하실 때 살아남은 사람들이 구름 속으로 끌어 올려져 공중에서 주님을 영접(공중 휴거)하게 될 것입니다. (살전4:13-18)

④ 그리스도 안에서 죽은 자들과 살아남은 신실한 성도들 모두 구름 속으로 끌어올려 공중에서 주님을 영접하게 될 것입니다. 그리하여 항상 주님과 함께 있게 될 것입니다. (살전4:16-17)

(2) 7년 동안의 큰 환란 후에 공중 혼인 잔치가 있게 될 것입니다.

① 먼저 3년 반(마흔두 달) 동안 거룩한 성과 성도들에게 큰 환란이 있게 됩니다. (계11:1-14)

② 다음 3년 반(마흔두 달) 동안 성도들이 짐승에게 환란으로 죽음과 고통을 당하게 될 것입니다. (계19:7-10)

③ 그 후 성도들은 빛나고 깨끗한 세마포 옷을 입고 어린 양이신 예수님과의 혼인 잔치에 참여하게 될 것입니다. 이 세마포 옷

은 성도들의 옳은 행실입니다. (계19:7-10)

④ 그 나머지 죽은 자들은 천 년이 찰 때까지 살아나지 못합니다.
(계20:5)

(3) 큰 아마겟돈 전쟁과 지진과 각종 재앙이 있게 될 것입니다.

① 땅 위에서는 큰 아마겟돈 전쟁이 있을 것입니다. (계16:12-16)

② 땅의 4분의 1, 그리고 또 다시 3분의 1이 소멸될 것입니다.
(계6:8, 8:7-11, 16:17-21)

③ 끝내 회개하지 않은 사람들은 멸망하게 되고, 회개한 사람들
은 천년왕국에 참여하게 될 것입니다. (계20:4-6)

(4) 천년왕국과 첫째 부활이 있게 됩니다.

① 7년 대 환란 후 예수 그리스도께서 구름을 타고 큰 영광으로
재림하실 것입니다. (마24:30, 행1:11, 계1:7/ 비교, 계20:1)

② 옛 뱀(마귀, 사탄)이 천 년 동안 결박 당하게 됩니다. (계20:2)

③ 충성된 자와 순교자, 끝까지 믿음을 지킨 자들은 첫째 부활에
참여하게 됩니다. (계20:4-6/ 비교, 계2:10)

④ 그 때까지 살아남은 모든 민족들이 예수님께 심판을 받게 될
것입니다. 이 때 거룩한 성도들은 하나님과 그리스도의 제사장
이 되어 천 년 동안 왕 노릇 하게 됩니다. (마25:31-46, 계20:6)

⑤ 예수님께서 만왕의 왕으로 천년왕국을 통치하시게 됩니다.
(계20:1-6)

(5) 죽은 자들의 둘째 부활과 함께 최후의 심판이 있게 될 것입니다.

① 천 년이 차게 되었을 때 사탄이 잠시 동안 풀려나게 될 것입니
다. (계20:7-8)

② 천 년이 차게 되었을 때 하늘에서 불이 내려와서 사탄과 거짓
선지자들을 소멸할 것입니다. (계20:9-10)

③ 죽은 자들은 누구나 다 부활하게 될 것입니다. (둘째 부활)

(계20:12-13)

④ 자기 행위를 따라 생명책에 기록된 대로 심판을 받게 될 것입니다. (계20:12-13)

⑤ 주님을 영접한 성도들은 예수님의 심판대 앞에서 상급을 받게 될 것입니다. (고전3:13-15, 계20:12)

⑥ 누구든지 생명책에 기록되지 못한 사람들은 둘째 사망, 즉 불못(지옥)에 던지우게 될 것입니다. (계20:15)

(6) 새 하늘과 새 땅, 그리고 불못과 지옥이 있게 됩니다.

① 천지를 불살라 새 하늘과 새 땅을 창조하실 것입니다. (벧후3:7-13, 계21:1-2)

② 하나님의 영광이 거하는 거룩한 성 새 예루살렘이 하나님께로부터 내려옵니다. (계21:2,10)

③ 마귀를 이긴 사람들, 의에 거한 사람들은 새 하늘과 새 땅을 유업으로 받게 될 것입니다. (벧후3:13-17, 계21:6-7)

④ 하나님께서 성도들과 함께 거하시므로 사망이 없고 애통하는 것이나 아픈 것이 다시 있지 않게 될 것입니다. (계21:3-4)

⑤ 하나님을 대하기를 두려워하는 사람들, 믿지 아니하는 사람들, 흉악한 사람들, 살인한 사람들, 음행한 사람들, 점술가들과 우상 숭배자들, 거짓말하는 모든 사람들은 불과 유황으로 타는 못에 던져지게 될 것입니다. 이것이 둘째 사망입니다. (계21:8)

2. 예수님의 재림(다시 오심)

예수님께서는 하늘로 올라가시면서 반드시 다시 오신다고 약속하셨습니다. 우리 성도들은 주님의 재림을 기다리며 살아갑니다. 주님의 재림은 모두가 보게 될 것이며, 또한 마지막 나팔 소리와 함께 우리 모두 부활하게 될 것입니다. 이 장을 공부함으로써 예수님의 재림을 기다릴 수 있게 될 것입니다.

1) 재림이란 예수님께서 다시 오신다는 뜻입니다.

(1) 예수님께서 다시 돌아오신다는 뜻입니다.
(요14:1-3, 행1:10-11)

(2) 예수님을 기다리는 사람들에게 두 번째 나타나심을 말합니다.
(히9:28)

(3) 죽은 자의 최종적인 부활이 일어나는 때입니다.
(고전15:51-55)

(4) 죽은 자들이 최후의 심판을 받게 되는 때입니다.
(계20:11-15)

2) 성경은 재림의 사실을 증거하고 있습니다.

※ 예수님의 재림은 최후의 심판과 밀접한 관련이 있는 것으로 해석됩니다.

(1) 하나님의 말씀인 성경이 예수님께서 다시 오실 것이라는 사실을 분명히 증거합니다. (계1:7)

(2) 예수 그리스도께서 그분의 강론(설교)을 통하여 분명히 증거하시고 계십니다. (마24:30, 눅19:11-27, 요14:1-3)

(3) 예수님께서 승천하실 때 두 천사들이 예수님께서 승천하신 그

대로 다시 오실 것임을 분명히 증거하였습니다. (행1:9-11)

(4) 바울과 사도들이 성령님의 감동으로 증거하였습니다.
(고전15:51-55, 살전4:13-18, 딤후4:1, 딛2:13, 약5:7, 벧전1:13,
벧후3:10, 요일2:28, 유1:14)

3) 그분(예수 그리스도) 자신이 재림하실 때를 말씀하셨습니다.

(1) 주님의 날이 밤에 도적같이 이를 것이므로 아무도 피하지 못할
것이라고 하셨습니다. (살전5:2-3, 벧후3:10)

(2) 알지 못하는 때, 즉 우리가 주의를 게을리 할 때 오신다고 하셨
습니다. (마24:41-43)

(3) 밤중에 오신다고 하셨습니다. (마25:6)

(4) 생각하지 않은 때 오신다고 하셨습니다. (마24:42,44)

(5) 잠자고 있을 때 오신다고 하셨습니다. (눅21:34)

(6) 그 날과 그 때는 아무도 모른다고 하셨습니다.
하늘의 천사들도 아들도 모르고, 오직 성부께서만 아신다고 하
셨습니다. (마24:36)

4) 재림의 이유는 하나님의 구원의 계획이기 때문입니다.

(1) 구원은 하나님의 공의와 예정이기 때문에 예수님께서 다시 오
십니다. 예수님께서 오셔서 선인과 악인을 심판하실 것이기 때
문입니다. (전3:17, 마24:36)

(2) 믿는 자에게 반드시 영생을 주시기 위하여 오십니다.
(딤전6:12-16)

(3) 믿지 않는 사람들에게 확실한 증거와 예언을 이루기 위하여 오
십니다. (계10:7)

5) 주님의 재림은 모두가 볼 수 있게 됩니다.

(1) 구름을 타고 모두가 볼 수 있도록 오십니다.

① 구름을 타고 하늘로부터 강림하시는 모습을 모든 사람이 보게 될 것입니다. (살전4:16, 계1:7)

② 모든 사람의 눈이 그분을 볼 것이며, 그분을 찌른 자들도 그분을 볼 것이며, 땅에 있는 모든 인류가 그분의 오시는 모습을 보게 될 것입니다. (계1:7)

③ 구름 속으로 끌어올려(휴거) 공중에서 주님을 영접하게 될 것입니다. (살전4:17)

(2) 마지막 나팔 소리와 함께 모두 부활하게 될 것입니다.

① 마지막 나팔 소리가 들리게 되면, 순식간에 죽은 자들이 썩지 아니할 것으로 다시 살고, 우리도 변화하게 될 것입니다. (고전15:51-52)

② 주님께서 호령과 천사장의 소리와 하나님의 나팔로 친히 하늘로 좇아 구름을 타고 영광 중에 재림하게 될 것입니다. (행1:11, 살전4:16, 계1:7)

③ 무덤 속에 잠자던 자들이 모두 일어나, 생명과 심판의 부활로 다 부활하게 될 것입니다. (요5:28-29)

④ 구속 받은 영혼들이 구름 속으로 끌어 올려 공중에서 주님을 영접하게 될 것입니다. (살전4:13-17)

(3) 성도들은 항상 주님과 함께 있게 될 것입니다. (살전4:17)

6) 재림의 때는 세상과 주변에서 나타나는 징조로서 알 수 있습니다.

(1) 거짓 그리스도가 출현하여 예수님의 이름으로 많은 사람들을 미혹하게 될 것입니다. (마24:5)

(2) 기근과 지진, 난리와 난리, 전쟁의 소문 등 재난의 시작을 보아
서 알게 될 것입니다. (마24:6-8)

(3) 예수님의 이름 때문에 성도들이 환난과 죽임을 당하게 될 것입
니다. 주님의 이름 때문에 모든 민족에게 미움을 받게 되는 기
독교 박해 운동을 보아서 알게 될 것입니다. (마24:9)

(4) 사람을 미혹하게 하는 거짓 선지자가 일어나는 것을 보아서 알
수 있습니다. (마24:11)

(5) 불법이 성하게 되며, 많은 사람의 사랑이 식어져 가는 것을 보
아서 알 수 있습니다. (마24:12)

(6) 모든 민족에게 증거 되기 위해서 온 세계에 복음이 전파된 후에
야 끝이 올 것입니다. (마24:14)

(7) 무화과나무의 징조, 즉 이스라엘의 회복을 보아 알 수 있을 것
입니다. (마24:32)

(8) 쾌락(3S)을 추구하게 되고, 성도덕이 타락함을 보아 알 수 있을
것입니다. (눅17:26-29)

7) 예수님의 재림은 성도들에 대한 하나님의 궁극적인 구원의 계획의 실현으로 이루어질 것입니다.

(1) 죽임을 당한 영혼들의 신원을 들으시기 때문입니다. (계6:9-11)

(2) 산 자와 죽은 자를 심판하러 오십니다.
(행17:31, 벧전4:5/ 비교, 마9:13, 행10:42)

(3) 알곡과 쭉정이를 가르기 위해 오십니다. (마3:12, 15:13)

(4) 기름을 준비한 신부를 영접하기 위해 오십니다. (마25:6)

(5) 목자가 양과 염소를 분별하는 것처럼 양과 염소를 분별키 위하
여 오십니다. (마25:32-33)

(6) 사망을 멸하시기 위해 오십니다. (고전15:24-26)

8) 우리는 재림의 때 예수님을 맞을 준비를 하여야 합니다.

(1) 어디서 잘못된 것인가를 생각하고 회개하여야 합니다.
(계2:5)

(2) 정신을 차리고 깨어 있어야 합니다. (마24:42, 살전5:2)

① 등과 함께 기름을 늘 준비하고 있어야 합니다. (마25:1-13)

② 정신을 차리고 근신하여 기도하며, 서로 사랑하여야 합니다.
(벧전4:7-11)

③ 예언의 말씀을 듣고, 읽으며, 지키며 살아가야 합니다.
(계1:3, 3:10)

(3) 고난도 참고 견디는 십자가를 지는 생활을 하여야 합니다.
(히10:36)

(4) 그 날이 가까울수록 예배와 모이기를 힘써야 합니다.
(히10:25)

(5) 경건하게 주님을 닮는 생활을 하여야 합니다.

① 옷을 더럽히지 않아야 주님과 함께 흰 옷을 입게 됩니다.
(계3:4-5)

② 세마포 옷을 늘 깨끗케 하는 의로운 행실로 생활하여야 합니다. (계3:4, 19:8)

③ 믿음의 도리를 굳게 잡고, 올바른 신앙생활을 하여야 합니다.
(히10:23, 계2:25)

④ 경건치 않은 것과 이 세상 정욕을 다 버리고, 근신함과 의로움과 경건함으로 이 세상을 살며, 복스러운 소망과 우리의 크신 하나님 구주 예수 그리스도의 영광이 나타나심을 기다리며 살아야 합니다. (딤전6:11, 딛2:12-14)

(6) 속죄의 은혜를 전하는데 열심을 내어야 합니다. (고전11:26)

(7) 맡은 일에 죽도록 충성하여야 합니다. 생명의 관을 얻게 될 것

입니다. (계2:10)

(8) 때를 얻든지 못 얻든지 전도에 힘써야 합니다. (딤후4:1-5)

(9) 마음속 깊은 곳으로부터 진정으로 형제를 용서하는 마음을 가져야 합니다. (마18:21-35)

3. 모든 인류의 부활

우리의 몸은 죽은 이후 과연 부활하게 되는 것일까요? 부활이 없다고 하는 사람들이 많은데 그들에게 어떻게 부활을 전할 수 있을까요? 성경은 죽은 자들에게 분명히 부활이 있다고 증거합니다. 이 장에서 부활에 대하여 공부함으로써 우리가 부활을 예증하고 죽은 이후 천국에서의 삶을 예비할 수 있을 것입니다.

1) 부활이란 주 예수님의 권능으로 죽은 자가 다시 살게 되는 것을 말합니다.

(1) 부활이란 죽은 자가 다시 사는 것을 말합니다.

① 죽은 자들이 다시 살아나는 것을 말합니다. (단12:2, 행17:31)

② 썩지 않는 몸으로 다시 사는 것을 말합니다. (고전15:42)

③ 신령한 몸으로 변화를 받는 것을 말합니다. (고전15:44)

(2) 부활은 주 예수님의 힘으로 이루어집니다.

① 주 예수 그리스도의 권능으로 부활하게 됩니다. (요6:40)

② 주님의 재림 때까지 그분에게 붙은 자가 부활하게 됩니다. (고전15:23)

③ 바다와 사망과 음부가 그 가운데서 죽은 자들을 다 내어 주게 됩니다. (계20:13)

(3) 부활은 몇 가지 관점으로 나누어 설명할 수 있습니다.

① 부활은 예수님의 약속의 말씀의 성취입니다. 예수님의 부활은 먼저 처음으로 이루어졌습니다. (고전15:20)

② 현재는 성도들의 심령이 영적으로 부활하여 하나님의 나라에

들어가게 됩니다. (요3:5)

③ 공중 휴거 때는 하나님의 말씀 때문에 죽은 자의 영혼들과 우상에게 경배하지 않은 순교자들이 먼저 부활하게 됩니다. (계20:4)

④ 하나님의 명령을 받은 천사들이 그 택하신 자들을 하늘 이 끝에서 저 끝까지 사방에서 모으게 됩니다. 예수님의 재림 때에는 죽은 자와 산 자, 그리고 모든 성도들의 부활이 있게 될 것입니다. (마24:30-31)

⑤ 천년왕국 후에는 모든 민족들의 부활이 이루어지게 될 것입니다. (고전15:24, 계20:11-15)

2) 성경은 부활이 예정되어 있음을 명확히 기록하고 있습니다.

(1) 구약성경이 부활에 대하여 예언하고 있습니다.

① 주님의 거룩한 사람들을 멸망시키지 않게 하신다고(썩지 않게 하신다고) 하셨습니다. (시16:10)

② 땅의 티끌 가운데서 많은 사람이 깨어나 영생을 얻게 된다고 하였습니다. (단12:1-3)

③ 죽은 자가 다시 살아난다고 하였습니다. (사26:19)

(2) 구약성경이 죽은 사람이 다시 살아난 사실들을 기록하고 있습니다.

① 엘리야의 기도로 사르밧 과부의 아이가 다시 살아났습니다. (왕상17:22)

② 엘리사의 기도로 수넴 여인의 아들이 다시 살아났습니다. (왕하4:32-35)

③ 엘리사의 뼈에 닿은 사체가 회생하였습니다. (왕하13:20-21)

(3) 신약성경이 부활을 설명하고 있습니다.

① 예수님께서 부활에 대하여 말씀하셨습니다.
(요5:28-29, 6:40, 11:25)

② 바울이 부활에 대하여 자세히 설명하고 있습니다.
(행24:15, 고전15:12-24, 살전4:14)

③ 요한계시록은 부활이 예정되어 있음을 명확히 기록하고 있습니다. (계20:4-6)

(4) 신약성경에 부활의 사례들이 기록되어 있습니다.

① 야이로의 딸이 다시 살아났습니다. (막5:41-42)

② 나인성 과부의 독자가 다시 살아났습니다. (눅7:11-17)

③ 죽은지 나흘 되었던 나사로가 다시 살아났습니다.
(요11:39-44)

④ 욥바에 살던 다비다가 다시 살아났습니다. (행9:36-40)

⑤ 드로아에서 유두고가 다시 살아났습니다. (행20:9-12)

⑥ 무덤에서 자던 성도들이 부활하였습니다. (마27:52-53)

3) 성경을 통하여 부활의 때와 순서를 살펴볼 수 있습니다.

(1) 부활의 시기는 주님의 재림의 때입니다.

① 예수님께서 공중재림 하실 때 부활이 있습니다. (살전4:16-17)

② 예수님께서 지상재림 하실 때 부활이 있습니다. (계20:4)

③ 예수님께서 천년왕국을 다스리신 후에 부활이 있습니다.
(계20:5)

(2) 부활의 첫 열매인 예수그리스도로부터 부활이 시작되었습니다.

① 첫 열매인 예수 그리스도께서 부활하셨습니다.
(막16:9, 고전15:23)

② 예수님의 부활 후에 무덤에 있던 성도들이 무덤에서 나와서 거룩한 성에 들어가 많은 사람들에게 보였습니다. (마27:52-53)

③ 주님께서 호령과 천사장의 소리와 하나님의 나팔로 강림하실 때 그리스도 안에서 죽은 자들이 먼저 일어나고, 그 다음에 살아남은 사람들이 그들과 함께 구름속으로 끌어올려져 공중에서 주님을 영접하게 될 것입니다. (살전4:16-17)

④ 그 다음에는 예수님께서 재림하실 때 그분과 함께 한 사람들이 부활하게 될 것입니다. 이는 첫째 부활로 천년왕국 시작 전에 일어날 것입니다. (고전15:23, 계20:4-5)

⑤ 예수님께서 나라를 하나님께 드리실 때 부활이 있게 됩니다. 이는 두 번째 부활로 최후의 심판이 일어날 때입니다. (고전15:24, 계20:12-13)

4) 부활 후에 우리 몸은 영적인 존재가 될 것입니다.
(고전15:51-54)

(1) 뼈와 살이 있는 신체가 될 것입니다. (눅24:39)

(2) 출몰이 자유로워질 것입니다. (눅24:31, 요20:19)

(3) 시간과 공간을 초월하게 될 것입니다. (요20:19)

(4) 혈육의 모습은 아닐 것입니다. (고전15:50)

(5) 썩지 않을 몸으로 변화될 것입니다. (고전15:42)

(6) 하늘에 속한 몸이 될 것입니다. (고전15:47-49)

(7) 영광스러운 영광체가 될 것입니다. (고전15:43)

(8) 신령한 몸이 될 것입니다. (고전15:44)

(9) 천사와 같이 남녀 성별을 초월한 몸이 될 것입니다. (마22:30)

(10) 부활하신 주님과 같은 영광의 몸이 될 것입니다. (빌3:21)

(11) 물질에서 초월하게 될 것입니다. (눅24:42-43)

(12) 노소의 구별이 없게 될 것입니다. (고전15:20)

(13) 불구자가 없게 될 것입니다. (사35:5-6)

4. 최후의 심판

우리들이 죽은 이후 심판이 있다고 성경은 말씀하고 있는데 정말로 심판이 있는 것일까요? 참으로 궁금한 일입니다. 성경을 통해서 심판이 있다는 사실을 찾아보고, 심판의 때가 언제인지, 그리고 심판장은 누구인지, 심판의 결과는 무엇인지 살펴봅니다. 우리의 미래에 대한 대답을 듣게 될 것입니다.

1) 성경은 명확하게 심판이 있을 것이라는 사실을 기록하고 있습니다.

(1) 예수님께서 모든 사람들을 심판하실 것이라는 사실을 분명하게 말씀하시고 계십니다.

① 예수님께서 제자들에게 마지막 날에 모든 사람들을 심판하시겠다는 사실을 여러 차례 말씀하셨습니다.
(마15:31-46, 13:47-50, 요5:22-29, 12:48/ 비교, 마7:22-23)

② 예수님께서 교훈과 비유를 통하여 마지막 날에 상과 벌로 보상하실 것임을 분명하게 말씀하시고 계십니다. (마25:31-46)

(2) 구약성경에도 이미 심판이 있을 것이라는 사실을 기록하고 있습니다.

① 아모스는 그 날은 어둠이요 빛이 아니라고 하였습니다. (암5:18)

② 요엘은 심판 골짜기에 사람이 많다고 하였습니다. (욜3:14)

③ 이사야는 여호와께서 백성들을 심판하시려고 서셨다고 하였습니다. (사3:13)

(3) 신약성경은 마지막 날의 심판을 설명하고 있습니다.

① 바울은 하나님의 의로우신 심판이 나타나는 그 날에는 예수 그리스도로 말미암아 사람들의 은밀한 것을 심판하신다고 하였습니다. (롬2:16)

② 베드로는 주님께서 경건한 자를 시험에서 건지시고, 불의한 자는 형벌 아래 두어 심판 날까지 지키신다고 하였습니다. (벧후2:9)

(4) 심판은 하나님의 구원 계획에 따라 예정된 것입니다.

① 하나님께서 천하를 공의로 심판하실 날을 작정하셨습니다. (행17:31)

② 성부께서 심판을 성자이신 예수 그리스도께 모두 다 맡기셨습니다. (요5:22,27)

③ 성자께서 심판하시게 되는 이유는 모든 사람으로 성부 하나님을 공경하는 것 같이 예수 그리스도를 공경하게 하려는 것입니다. (요5:23)

④ 심판의 궁극적 목적은 악인과 의인을 구별하여 그들의 행위에 대하여 보응하려는 것입니다. (마25:31-46)

2) 심판은 죽은 후에 하나님께서 '상'과 '벌'로 보상하시는 것을 말합니다.

(1) 심판의 때는 죽은 이후입니다.

① 한 번 죽는 것은 사람에게 정해진 것이며, 그 후에는 심판이 있게 됩니다. (히9:27)

② 심판은 예수님의 재림 다음에 이루어집니다. (히9:28)

③ 심판은 최후의 영원한 삶으로 들어가기 전에 이루어집니다. (계20:11-15)

(2) 하나님께서 '상'과 '벌'로 보응하시는 것을 심판이라고 말합니다.

① 선한 자와 악한 자를 갈라놓는 것을 말합니다.
(전12:14, 요5:29)

② 선한 자에게 상급을 주시고, 악한 자에게 징벌하시는 보응을 말합니다. (사40:10)

③ 예수님을 믿는 자는 천국과 영생으로 불신자는 지옥과 영벌로 갈라놓는 것을 말합니다. (마25:31-46)

3) 심판은 계속될 것이며, 심판의 결과로 구원을 얻을 자와 얻지 못할 자가 존재하게 될 것입니다.

(1) 심판은 인류의 현재 뿐만 아니라 미래에 분명하게 있게 될 것입니다.

① 과거의 심판은 예수님의 십자가의 대속의 죽으심을 말합니다. 예수님께서 십자가에서 돌아가심으로 예수님을 믿음의 성도들이 사망에서 생명으로 옮겨지게 되었습니다.
(요5:24, 벧전2:24)

② 현재의 심판은 예수님을 믿지 아니하는 사람들이 예수님을 믿지 아니함으로 이미 심판을 받은 것을 말합니다. (요3:18)

③ 미래의 심판은 성도가 자기의 일을 한대로 상급을 받게 되는 심판을 말합니다. (고전3:8)

④ 최후의 심판은 예수님께서 모든 민족을 모으고, 목자가 양과 염소를 분별하는 것과 같이 악인과 의인을 구분하여 영벌과 영생으로 구분하여 들어가게 하실 심판을 말합니다.
(마13:49-50, 25:31-46)

(2) 구원 받을 자와 잃어버린 자들이 있게 될 것입니다.

① 구원 받을 자와 잃어버린 자가 있습니다. (마13:47-50, 25:46)
a. 구원 받은 자들은 천국에 가게 됩니다. (마25:21,34)
b. 구원을 잃은 자들은 지옥으로 가게 됩니다.

(마13:49-50, 25:41)

② 구원 받은 자들은 상급을 받게 되지만, 공력을 불로 시험하여 평가 받게 될 것입니다. (고전3:13-15)

    a. 상급을 받을 자들이 있습니다. (고전3:14)

    b. 불 가운데서 구원을 얻은 것 같은 사람들도 있습니다. (고전3:15)

③ 잃어버린 자들이 있습니다.

    a. 복음을 들어보지 못한 자들입니다. (눅12:48)

    b. 복음을 들어본 경험이 있는 자들도 있습니다. (눅12:47)

4) 예수님께서 심판장이 되셔서 모든 사람들의 행위와 믿음에 대하여 심판하실 것입니다. (마11:27)

(1) 심판의 주인은 예수님이십니다.

① 하나님께서 예수님께 심판의 권세를 맡기셨습니다. (요5:22)

② 하나님과 예수님 앞에서 심판을 받게 될 것입니다. (딤후4:1)

③ 우리는 다 예수님의 심판대 앞에 서게 됩니다. (고후5:10)

(2) 우리 모두 예수님의 싶판대 앞에 서게 될 것입니다.

① 예수님께서 심판대에 앉으실 것이며, 우리는 그분 앞에 서게 될 것입니다. (고후5:10, 계20:11-15/ 비교, 눅4:20-21)

② 우리와 죽은 자들은 모두 하나님의 보좌 앞에 서게 될 것입니다. (롬14:10, 계20:12)

③ 생명책과 그 외의 책들이 펼쳐짐으로 행위에 대한 심판을 받게 될 것입니다. (계20:12)

④ 죄에 대한 심판으로 모든 죄와 모든 비밀이 드러나게 될 것입니다. (마10:26, 눅8:17, 12:2-3)

(3) 심판의 기준과 조건은 이 땅 위의 행위와 믿음입니다.

① 이 땅 위의 행위와 행실이 심판의 기준이 됩니다. 사람의 행위
에 따라 보상하실 것이며, 또한 그 행위에 따라 심판을 받게 될
것입니다. (렘17:10, 갈6:7-8, 계2:21-23, 20:13)

② 죽은 자들은 자신의 행위에 기록된 내용으로 심판을 받게 됩
니다. (계20:12)

③ 율법의 증거인 각자의 양심으로 심판하십니다.
(렘17:9-11, 롬2:12)

④ 주님을 거슬러 한 모든 강퍅한 말과 경건치 않는 행위들로 심
판하십니다. (마12:36-37, 유1:15)

⑤ 의인은 오직 믿음으로 말미암아 살게 됩니다.
(합2:4, 갈3:11, 히10:38)

5) 심판의 결과는 '생명' 또는 '사망'입니다.

(1) 생명책에 기록된 사람들은 '영생'을 얻게 됩니다. (계20:12)

① 행위를 따라 심판을 받게 됩니다. (계20:12)

② 책들에 기록된 대로 심판을 받게 됩니다. (계20:12)

③ 어린 양 생명책에 기록된 사람들이 거룩한 성에 들어가게 됩
니다. (계21:27/ 비교, 계21:10-27)

(2) 생명책에 기록되지 못한 자는 불과 유황으로 타는 못(둘째 사
망)에 던져지게 됩니다. 이것이 둘째 사망입니다.
(계20:15, 21:8)

① 두려워하는 자들입니다. (계21:8)

② 믿지 아니하는 자들입니다. (계21:8)

③ 흉악한 자들입니다. (계21:8)

④ 살인자들입니다. (계21:8)

⑤ 음행하는 자들입니다. (계21:8)

⑥ 점술가들입니다. (계21:8)

⑦ 우상 숭배자들입니다. (계21:8)

⑧ 거짓말하는 모든 자들입니다. (계21:8)

⑨ 생명책에 기록되지 못한 자들입니다. (계20:15)

⑩ 범죄한 자들입니다. (막9:43-47)

5. 천국과 지옥

    그 옛날 전도자들은 두 가지만 외쳤다고 합니다. '예수 천당, 불신 지옥'이라고 말입니다. 천국과 지옥은 과연 있는 것일까요? 천국과 지옥이 있다면 누가 천국에 들어가게 되는 것일까요? 지옥에 가는 사람은 누구일까요? 새 하늘과 새 땅으로 마련된 천국은 누구든지 가고 싶어 하는 곳일 것입니다. 이 장에서 알아봅니다.

1) 천국은 구원 받을 자들이 가는 장소입니다.

세상도 없고 나도 없고 사랑의 주만 보이도다
이것이 나의 간증이요 이것이 나의 찬송일세 (찬송가)

(1) 천국은 현재와 미래로 구분됩니다.

    ① 예수님께서 천국을 가지고 오셨습니다. (마4:17)

    ② 현재 예수님을 모신 자의 심령이 천국입니다. (눅17:21)

    ③ 미래의 새 하늘과 새 땅으로 오는 천국이 있습니다.
       (사65:17, 계21:1)

(2) 천국은 '하나님께서 계시는 곳'입니다.

    ① 삼위일체 하나님, 즉 성부, 성자, 성령님이 계신 곳입니다.
       (시11:4, 히9:24, 12:22-24)

    ② 예수님께서 지금 계신 곳입니다.
       (눅17:21/ 비교, 행1:11, 7:55)

    ③ 예수님을 믿는 사람들이 장차 거하게 될 곳입니다. (요14:1-3)

    ④ 구원을 받은 후 죽은 자들이 현재 있는 곳입니다.
       (눅16:22/ 비교, 마22:29-32)

⑤ 새 하늘과 새 땅입니다.

(벧후3:13, 계21:1,22/ 비교, 사65:17, 계21:22-23)

⑥ 하늘에는 천사들도 함께 거하게 됩니다. (마22:30)

⑦ 바울은 성령님에 의하여 그의 영혼이 올려졌던 천국을 셋째 하늘로 표현합니다. (고후12:1-3)

> ※ 고대인들은 하늘이 세 개로 존재한다고 생각했던 것 같습니다. 첫째 하늘은 새들이 날아다니는 하늘, 둘째 하늘은 달과 별이 있는 곳, 셋째 하늘은 바울이 경험한 하늘입니다.

(3) 천국에 들어가는 사람들은 믿음의 사람들입니다.

① 하나님의 뜻대로 행하는 사람들입니다. (마7:21)

② 물과 성령님으로 거듭난 사람들입니다. (요3:5)

③ 성령님을 위해 심은 사람들입니다. (갈6:8)

④ 주님의 약속을 믿고 의에 거하는 사람들입니다. (벧후3:13)

⑤ 주 예수 그리스도를 믿고 그분 안에서 죽은 사람들입니다.

(요3:16, 계14:13)

(4) 천국에는 하나님과 예수님을 믿는 사람들이 거주하게 됩니다.

① 성부되시는 하나님께서 거하십니다. (계21:3,22-23)

② 성자되시는 예수 그리스도께서 거하십니다.

(계21:22-23, 22:3)

③ 성령님께서 거하십니다. (계22:17)

④ 예수님을 믿고 온전하게 된 의인들의 영이 거합니다.

(히12:22-23)

⑤ 하늘에 있는 천사들이 거합니다. (마22:30)

(5) 천국은 '새 하늘과 새 땅'으로 우리에게 다가올 것입니다.

(계21:1-4)

① 천국은 깨끗한 곳으로 거룩하고 죄가 없는 곳입니다. (요일3:3)

② 죽음과 아픔과 슬픔이 없는 곳입니다. (계21:4)

③ 생명수 샘과 강이 흘러 목마름이 없는 곳입니다.
(계21:6, 22:1/ 비교, 겔47:1-12)

④ 생명나무의 12가지 열매가 달마다 열리는 곳입니다. (계22:2)

⑤ 해와 달이 필요 없고, 밤이 없는 빛의 세계입니다.
(계21:23-25, 22:5)

⑥ 거룩한 성에 성문이 있으나 성문을 닫지 않습니다. 거기에는 더 이상 밤이 없기 때문입니다. (계21:25)

⑦ 천국은 저주가 없는 곳입니다. (계22:3)

(6) 성경은 하늘에서 하나님께로부터 내려오는 거룩한 성 '새 예루살렘'에 대하여 자세히 설명하여 줍니다.
(계21:2,10-11/ 비교, 겔48:35, 계21:1-27)

① 그 성의 윤곽은 벽옥이며, 그 성은 정금과 각종 보석으로 만들어져 매우 아름답습니다. (계21:11,18-21)

② 성은 정금으로 맑은 유리 같습니다. (계21:18)

③ 성곽에는 12문과 12기초석이 있습니다. (계21:12-21)

④ 성문은 열두 진주문이며 각 문마다 한 진주로 되어 있습니다. 12문엔 12천사가 있습니다. (계21:12,21)

⑤ 성곽의 기초석은 각종 보석으로 꾸며졌습니다.
첫째 기초석은 벽옥, 둘째는 남보석, 셋째는 옥수, 넷째는 녹보석, 다섯째는 홍마노, 여섯째는 홍보석, 일곱째는 황옥, 여덟째는 녹옥, 아홉째는 담황옥, 열째는 비취옥, 열한째는 청옥, 열두째는 자정입니다. (계21:19-20)

⑥ 성안의 길은 맑은 유리 같은 정금입니다. (계21:21)

⑦ 성전은 곧 성부와 성자이십니다.
성은 있으나 성전이 따로 없으며, 주 하나님 즉 전능하신 하나님(성부)과 어린 양(성자)이 그 성전이 되십니다. (계21:22)

2) 지옥은 잃어버린 자들이 가게 되는 장소입니다.

(1) 신약성경에는 지옥의 개념으로 번역되는 세 종류의 단어가 있습니다.

① '타르타루스'는 '지옥'이라는 말로 단 한번 쓰였습니다.
하나님께서 범죄한 천사들을 심판 때까지 어두운 구덩이에 던져 가두는 곳입니다. (벧후2:4)

② '하데스'는 '음부(陰府)'라는 말로 11회 사용되었습니다.
이 말은 근본적으로 무덤이나 죽음을 의미합니다.
(마11:23, 16:18, 눅10:15, 16:23, 행2:27,31, 고전15:55, 계1:18, 6:8, 20:13,14)

③ '게헨나'는 지옥이라는 말로 12회 사용되었습니다.
(마5:22,29,30, 10:28, 18:9, 23:15,33, 막9:43,45,47, 눅12:5, 약3:6)

(2) 지옥은 악인들이 '영원히 벌을 받는 곳'을 의미합니다.

① 악인을 위해 예비 된 영영한 '불'과 '유황'으로 타는 곳입니다.
(마25:41, 계21:8)

② 악인들이 영원히 벌을 받는 곳입니다. (마25:41,46)

③ 악인이 마지막 가는 곳입니다. (마10:28, 눅12:5)

④ 생명책에 기록되지 못한 사람들이 가는 곳입니다. (계20:15)

⑤ 마귀와 거짓 선지자들이 밤낮 괴로움을 받는 곳입니다.
(계20:10)

(3) 지옥의 모습은 '형벌로 인한 고통'입니다.

① 음부와 무저갱에 있는 자들이 부활 후 심판을 받고 가는 불못입니다. (계20:14)

② 음부는 불신자와 악인의 영들이 가서 부활할 때까지 있는 곳입니다. (눅16:22-23)

③ 무저갱은 사탄과 귀신이 대심판을 기다리는 곳입니다.
   (계20:13)

④ 지옥은 삼키는 불이 있는 영원한 불못입니다.
   (사33:14, 계20:15)

⑤ 영원한 형벌을 받는 곳입니다. (마25:41)

⑥ 구더기도 죽지 않는 곳입니다. (막9:48)

⑦ 불로써 소금 치듯 함을 받을 것입니다. (막9:49)

(4) 지옥을 나타내는 말은 여러 다른 표현이 있습니다.

① '어두움'입니다. (마8:12, 22:13, 유1:13)

② '풀무불' 또는 '불못'입니다. (마13:42,50, 계21:8)

③ '거기'라고 표현하고 있습니다. (마24:51)

④ '영영한 불'입니다. (마25:41, 유1:7)

⑤ '영원한 멸망'입니다. (살후1:9)

⑥ '울며 이를 가는 곳'입니다.
   (마8:12, 13:42,50, 22:13, 24:51, 눅13:28)

⑦ '고난을 받는 곳'입니다. (계14:11)

⑧ '하나님의 진노'입니다. (롬5:9, 살전1:10)

(5) 주님께서는 '지옥에 갈 자'들에 대하여 회개하라는 경고의 말씀
을 하시고 계십니다.

① 성직에 참여했던 사람이라도 더럽혀진 자입니다. (행1:25)

② 헌금을 했어도 성령님을 속이는 자입니다. (행5:1-6)

③ 주님의 이름으로 선지자 노릇을 했어도 불법을 행한 사람들입
   니다. (마7:22-23)

④ 주님의 이름으로 권능을 행했어도 불법을 행한 자들입니다.
   (마7:22-23)

⑤ 형제를 대하여 미련한 놈이라 하는 자들입니다. (마5:22)

⑥ 선지자의 피를 흘리는 자들입니다. (마23:30-33)

⑦ 생명책에 기록되지 못한 자들입니다. (계20:15)

⑧ 하나님을 두려워하는 사람들과 예수님을 믿지 않는 사람들입니다. (계21:8)

⑨ 흉악한 자들과 살인자들, 음행하는 자들입니다. (계21:8)

⑩ 점술가들, 우상 숭배자들, 거짓말하는 모든 자들입니다. (계21:8)

6. 천국의 상급

모든 것을 마감하는데 지옥으로 인생이 끝난다면 정말 재미없는 인생이 될 것입니다. 그러나 예수님을 믿는 우리들에게는 천국이 있고, 우리는 그곳에서 영원히 하나님을 찬양하게 될 것입니다. 마지막으로 성도들에게 구별되어 주어지는 천국의 상급에 대하여 알아봅니다. 천국을 사모하게 될 것입니다.

1) 천국에 상급이 있음을 나타내는 말이 신약성경 여러 곳에 기록되어 있습니다.

(1) '상급'이란 말은 헬라어로 '미스토스'이며, 신약성경에 29회 사용되었습니다. (마5:12, 고전3:14)

(2) '상'은 헬라어로 '보라베이온'이며, 신약성경에 2회 사용되었습니다. (고전9:24, 빌3:14)

(3) '면류관'은 헬라어로 '스테파노스'이며, 신약성경에 18회 사용되었습니다. (고전9:25, 딤후4:8)

(4) '유업'은 헬라어로 '콜레라노미아'이며, 신약성경에 14회 사용되었습니다. 유업은 구원에 대하여 설명하기도 하지만, 보통 상급을 나타내는 말로 쓰입니다. (행7:5, 골3:24)

2) 성경은 분명히 천국에서 성도들에게 구별된 상급이 있음을 증거합니다.

(1) 천국에 들어가는 사람들은 믿음으로 구원을 받은 사람들이라는 전제 조건이 있습니다.

① 천국에 들어가는 사람들은 예수 그리스도를 믿고 의지함으로

구원을 받게 된 사람들입니다. (고전3:11, 빌2:6-8, 히4:14)

② 구원은 은혜에 의한 것으로 하나님의 선물이며, 결코 행위로 이루어지는 것이 아닙니다. (엡2:8-9)

③ 주님을 믿는 자들만이 천국에 들어갑니다. (요3:5, 3:16)

(2) 구원은 은혜에 기초하지만, 상급은 행위의 근거로 주어집니다. 즉 천국에 들어가는 모든 사람들이 상급을 받게 되는 것은 아닙니다.

① 우리의 모든 행위는 사실상 하나님의 도움에 의하여 이루어집니다. (눅17:9-10)

② 만일 누구든지 지혜로운 건축자가 세운 건물과 같이 그 위에 세운 공력이 그대로 있으면, 상을 받게 될 것입니다. (고전3:13-15)

③ 무슨 무익한 말을 하든지 심판 날에 이에 대하여 심문을 받게 될 것입니다. (마12:36-37)

(3) 수고한 자는 사망 후에 보상을 받게 된다고 성경은 말씀하고 있습니다.

① 주 예수 그리스도 안에서 죽은 사람들은 수고를 그치고 쉬게 될 것입니다. (계14:13)

② 성령님을 위하여 심는 자는 성령님으로부터 영생을 거두게 될 것입니다. (갈6:8)

③ 주님의 약속을 믿고 의에 거하는 사람들은 새 하늘과 새 땅을 바라보게 됩니다. (벧후3:13)

④ 복음을 전한 자는 생명책에 이름이 기록될 것입니다. (눅10:20)

⑤ 많은 사람들을 옳은 곳으로 돌아오게 한 사람들은 별과 같이 영원토록 비춰게 것입니다. (단12:3)

⑥ 고난을 이긴 성도는 흰 옷을 입고 주님과 함께 다니게 될 것입니다. (계3:4-5, 7:9)

(4) 이 상급은 면류관으로 주어지게 될 것입니다.
(고전9:25, 3:11/ 비교, 시21:3)

① 죽도록 충성하는 자는 생명의 관을 얻게 될 것입니다.
(계2:10)

② 사명을 잘 수행한 자는 영광의 관을 얻게 될 것입니다.
(벧전5:1-4)

③ 주님의 재림을 사모하는 자는 의의 면류관을 얻게 될 것입니다. (딤후4:8)

④ 시험을 참고 시련을 견디는 자에게는 주님께서 자기를 사랑하는 자들에게 약속하신 생명의 면류관을 얻게 하실 것입니다.
(약1:12)

620 기독교 교리 알고 보면 쉬워요

✝ 결 어

지금까지 성경의 처음부터 끝 부분까지 우리 인간의 탄생기부터 하나님의 구속을 계획하심과 예수 그리스도의 우리를 위한 대속의 죽음의 실행, 그리고 성령님의 구원에 대한 활동 등을 개략적으로 살펴보았습니다.

성경의 세세한 부분까지 파고들자면 아마 이 책의 열권을 더한다고 해도 어려울 것입니다. 그러나 개괄적으로나마, 이 책의 처음부터 끝까지 읽을 수 있게 된 것은 아마 성령님의 인도하심이 있었기 때문이었을 것입니다.

지금까지 출간된 수많은 성경공부 책이나 교의학, 기독교 교리서 등을 연구한다고 해도 사실은 웨스트민스터 종교회의에서 만들어진 '웨스트민스터 신앙고백(Westminster Confession of Faith, 1648년)'[1] 과 '웨스트민스터 대·소요리문답'만큼 우리들에게 간결하고도 정확하게 신앙의 길을 열어주는 더 이상의 표준적인 내용은 없을 것입니다. 그만큼 장로교의 뿌리가 되고 있는 '웨스터민스터 신앙고백'은 아직까지도 우리 신앙을 고백하는 근간이 됨은 의심할 여지가 없는 것입니다.

---

1) 이 표준 문서는 영국 국회의 결의로 1643년 7월 1일 영국 웨스트민스터 대회당에 모여서 만들어졌습니다. 표준 문서는 '신앙고백 33장' '대요리문답 196문' '소요리문답 107문'으로 구성되어 교회의 정치 및 예배의 모범, 그리스도인의 생활 모두를 총 집대성한 기독교의 표준 교리로 볼 수 있습니다.
1643년 7월 1일부터 1649년 2월 22일까지 5년 6개월 22일 동안 영국 런던 웨스트민스터 대회장에서 만들었기 때문에, '웨스트민스터 신앙고백서'란 이름이 붙게 되었습니다. 이때 모인 나라는 영국, 스코틀랜드, 화란입니다. 이 3개국이 연합하여 125명의 목사와 22명의 하원의원과 10명의 귀족 등 157명이 5년 6개월 22일간 매일 오전 9시부터 오후 5시까지 하

그러나 좀 더 세밀히 파고들면 들수록 신학적 논쟁이 배경이 되고, 평신도들이 단숨에 이해하기에는 조금 어려운 면이 있어 이해하기가 쉽지만은 않은 것입니다. 이것은 고도의 신학적 논거 위에 수많은 신학자가 요약한 고백문이기 때문입니다.

그 후 교파마다 나름대로의 또 다른 신학이론을 배경으로 구원론을 설명하고, 신학교 교수들의 다양한 기독교 교리를 설명하는 조직신학과 교의학 해설서들이 양산되고 있기는 하지만, 신학적인 학문이 기초가 되고 있어 평신도가 접근하기에는 어려움을 느낄 수밖에 없는 것이 현실입니다. 좀 더 성경을 기준으로 쉽게 공부할 수 있는 요약 정리된 책이 필요한 것을 느꼈던 것도 바로 이러한 이유 때문이었습니다.

인간의 심성이 하나님을 알면 알수록 그분께 더 가까이 나가고 싶어지고, 그분이 어떤 분이신지 알고 싶어 하기 마련일 텐데, 이 책의 주제는 그런 성도들의 욕망을 조금이나마 해소시키기에 부족함이 없을 것으로 생각합니다.

하나님의 놀라우신 사랑과 그분의 인도하심, 예수 그리스도를 대속의 어린 양으로 보내신 사랑 등을 성경을 통해서 찾아보는 것은 기쁨입니다. 마지막 천국의 상급이 있음을 우리 성도들이 깨닫고, 또한 하나님의 놀라우신 구원의 계획 속에 우리가 있음을 알아, 하나님 중심

루 8시간씩 1,163회 모임 끝에 완성 되어졌으며, 매 출석인원은 60~80명이었습니다. 특히 한달에 하루씩 금식기도하며 표준문서를 작성한 것으로 알려지고 있습니다. 이는 성령님의 역사가 아니고는 도저히 불가능한 대역사였습니다.

1649년 스코틀랜드 의회에서 승인하고, 1690년 윌리암과 메리왕 때 황실의 비준을 얻었습니다. 이것이 영국 교회의 신앙고백의 표준으로 그 지위를 차지했습니다. 이 표준 문서는 칼빈주의 신학이며, 이것이 청교도를 통해 미국 대륙에 들어가서 미국장로교회의 신조가 되었고, 미국 장로교회의 선교를 받은 한국장로교회도 이것은 신앙고백으로 받아들였습니다.

으로의 삶을 살도록 안내하는 것이 이 책의 목적입니다. 이러한 결론은 요한 1서 4장 16절의 말씀과 같이 '하나님은 사랑'이시라는 말씀으로 귀결되어 집니다.

> 하나님이 우리를 사랑하시는 사랑을 우리가 알고 믿었노니 하나님은 사랑이시라 사랑 안에 거하는 자는 하나님 안에 거하고 하나님도 그의 안에 거하시느니라 (요일4:16)

하나님은 언제나 우리와 함께 하시고 계시며, 우리의 앞날을 인도해 주실 것이며, 성도들의 눈물을 잊지 않으시고, 천국에서 그 눈물에 대하여 보상해 주실 것입니다.

이 책을 읽은 여러분들은 구원의 확신과 구원의 보장하심을 깨닫고 그리스도 안에서 인내하며 기쁨으로 믿음의 생활을 누릴 수 있어야 합니다. 하나님은 세미하시며, 우리를 고난 가운데서도 버리시지 아니하시고 우리를 이끄신다는 사실을 알게 된다면, 더 이상의 고통과 눈물은 우리에게 무의미해질 것이기 때문입니다.

마지막 죽음의 순간까지도 하나님의 말씀을 붙잡고, 주님의 끊을 수 없는 사랑 가운데서, '더욱 힘써 믿음에 덕을, 덕에 지식을, 지식에 절제를, 절제에 인내를, 인내에 경건을, 경건에 형제 우애를 그리고 그 형제 우애 위에 사랑을 더하라'(벧후 1:5-7)는 성경의 간곡한 당부 말씀처럼, 우리는 예수 그리스도의 사랑의 무궁하심을 깨닫고, 그분의 고귀하신 사랑을 조금이라도 닮아가도록 노력하여야 할 것입니다.

또한 교회 안에서 말을 절제하며, 하나님의 지식의 성품에 닮아갈 때까지 조심스럽게 한 걸음 한 걸음 내딛으며 주님께로 가까이 나아가는 여러분이 되어야 할 것입니다.

 이것이 이 세상을 살아가는 동안 주님께서 여러분 각자에게 부르시
는 소명일 것이며, 또한 이것이 천국의 상급을 기다리며 그리스도인
으로서의 삶을 살아가는 여러분들에게 제시하는 이 책의 주제이며 결
론이기도 한 것입니다.

✛ 참고 문헌

　다음의 참고 서적들은 성경을 이해하고 체계화시키는 데 도움이 되는 문헌들입니다. 이외에도 많은 문헌들을 참고하였으나, 견해를 완전히 달리하는 서적들은 제외하였으며, 주요 참고 자료들만 게재합니다. 대부분의 자료들이 그렇듯이 직접 인용한 부분도 있지만, 직접 인용부분이 전혀 없다 하더라도 자료를 정리하는 과정에서 매우 필요한 서적들이었습니다.

〈 종합성경연구 〉

1. 『The 'All' Series by Dr. Lockyer(전16권)』, Herbert Lockyer, Zondervan, 1978
2. 『Guide to the Bible(전3권)』, H.L.Willmington, Tyndale House Publishers, 1984
3. 『월밍턴종합성경연구 I-III(전3권)』, H.L. 월밍턴, 박광철 역, 생명의말씀사, 1990 (위의 번역서)
4. 『약속 그리고 구원 I-IV(전4권)』, S.G.DE. 그라아프 저, 박권섭 역, 크리스챤서적, 1986
5. 『성경인물연구 1-10 (전10권)』, 성경인물연구편찬위원회, 도서출판 시온성, 2003
6. 『핸드릭슨 성경핸드북』, 윌리엄 핸드릭슨, 김경신 역, 아가페출판사, 1986
7. 『손에 잡히는 넬슨 성경개관』, 토마스 넬슨 출판사 엮음, 김창환 옮김, 죠이선교회출판부. 2007
8. 『할레이 성서 핸드북』, Henry Haqmpton Halley, 오희천, 오성현 옮김, 기독교문사, 2010.
9. 『마스터 성경 종합 요약자료집』, 박기성 목사, 생명의말씀사, 2003
10. 『성경의 파노라마』, 헨리에타미어즈, 생영의말씀사, 1983
11. 『프린스톤 채플 노트』, 찰스 하지, 김유배 역, 소망사, 1998

〈 사전 및 주석류 〉

1. 『New Bible Dictionary, second edition』, Intervarsity press, 1982
2. 『The Eeedramans Bible dictionary』, Allen C. Myers, William B. Eerdmans, 1987
3. 『Beacon dictionary of theology』, Taylor Grider Taylor, Beacon Hill Press of Kansas city, 1983
4. 『Baker's Dictionary of Theology』, Everett F. Harrison, Baker Book House, 1988
5. 『말씀의 네트워크(생활 교리 성구사전)』, 차동엽, 홍승표 신부 엮음, 미래사 목연구소, 2007
6. 『라이프성경사전』, 가스펠 서브 지음. 생명의말씀사, 2011
7. 『라이프성경단어사전』, 가스펠 서브 지음. 생명의말씀사, 2011
8. 『신학용어사전』, 성결교회신학연구위원회, 기독교대한성결교회출판부, 2005
9. 『연대기 성경』, 하용조, 차준희, 두란노서원, 2009
10. 『뉴인터네셔널 주석』각 권, 생명의말씀사
11. 『국제인터내셔널 주석』, 각 권, 한국신학연구소
12. 『로마서 Ⅰ - Ⅴ』(전5권), 김선운, 1986, 양서각

〈 교리 및 교리연구서 〉

1. 『웨스트민스터 신앙고백』, 김혜성/남정숙 공역, 생명의말씀사 1983
2. 『웨스트민스터 신앙고백』, 김혜성 남정숙 공역, 생명의말씀사, 1990
3. 『로이드 존스 교리강좌 시리즈 1-3』, 마틴 로이드 존스 지음, 임병진 옮김, 부흥과개혁사, 2012
4. 『하이델베르크 요리문답 강해 1-4』, 김헌수 지음, 2011
5. 『개혁주의 신앙의 기초(전3권) - 웨스트민스터 소요리문답 해설』, 김은수 지음,. SFC, 2010
6. 『쉽게 풀어쓴 기독교 신학 Ⅰ - Ⅴ (전5권)』, 박재호, 비전북출판사, 2001
7. 『고대기독교교리사』, J.N.D. 켈리 저, 박희석 역, 크리스천다이제스트, 2004

〈 성경총론 〉

1. 『성서개론』, 김희보, 종로서적, 1988
2. 『신학입문Ⅰ,Ⅱ』(2권), C.베스터만 편저, 이정배 옮김, 대한기독교서회, 1988

3. 『성서입문』, 클라우스 베스터만, 김이곤, 황선규 역, 한국신학연구소, 1988
4. 『성경을 어떻게 읽을 것인가』, 고든 디피, 더글라스 스류어트 공저, 오광만 옮김, 성서유니온, 1989
5. 『해석학적 성서 이해』, 이상훈, 대한기독교서회, 1992
6. 『외경이란 무엇인가』, B 메츠커 지음, 민영진 역, 컨콜디아사, 1990
7. 『성서의 비유』, 곽인전 저, 대한기독교출판사, 1986
8. 『성서와 축복』, C. 베스터만, 장일선 역, 대한기독교출판사, 1989
9. 『70인역과 신약정경 연구』, 한의신, 성광문화사, 1988
10. 『신약외경』, 이상근 지음, 성등사, 1998
11. 『구약외경』, 이상근 지음, 성등사, 1998
12. 『성경해석학 총론』, 윌리암 클라인외2, 류호영 역, 생명의말씀사, 1997
13. 『기독교의 기초』, 김상태 교수 외 1, 보이스사, 2002

〈 구약신학 〉

1. 『구약성서 이해』, 버나드 W 앤더슨, 강성열외 1 옮김, 크리스챤다이제스트, 2005
2. 『구약성서개론』, 박대선, 김찬국, 김정준 공저, 대한기독교서회, 1989
3. 『구약성서개론』, 최종진, 소망사, 1989
4. 『구약정경개론』, B.S.차일즈 지음, 김강동 옮김, 대한기독교출판사, 1988
5. 『구약개론』, 도날드 거스리, 김근수외 역, 기독교문서선교회, 1988
6. 『구약개관』, 윌리엄 S. 라솔 외 1, 박철현 옮김, 크리스챤다이제스트, 2003

〈 신약신학 〉

1. 『신약개론』, 도날드 거스리 지음, 박영호외 역, 기독교문서선교회, 1988
2. 『신약정경개론』, W.G.퀴멜 저, 박익수 옮김, 대한기독교출판사, 1988
3. 『신약신학』, G.E. 래드, 이창우 옮김, 성광문화사, 1988
4. 『신약개론』, 헨리디이슨 저, 권혁봉 역, 생명의말씀사, 1987
5. 『신약성서개론』, 김철손, 박창환, 안병무 공저, 대한기독교서회, 1989
6. 『신약개론』, 머릴테니, 서울서적, 1988
7. 『신약개설』, 이상훈, 종로서적, 1987
8. 『신약성서이해』, 하워드클락키이, 서중석 옮김, 한국신학연구소, 1990
9. 『Understanding the New Testament』, Howard Clark Kee, Prentice Hall, 1983

10. 『Reading The New Testament』, John A.T. Robinson, Westminster Press, 1976
11. 『신약성서 어떻게 이루어졌는가』, 에두아르트 로제, 박두환, 이영선 옮김, 한국신학연구소
12. 『신약성서 어떻게 읽을 것인가?』, 한스콘젤만 외1, 박두환 옮김, 한국신학연구소, 2003

〈 조직신학 〉

1. 『Understanding Theology I -III (전3권)』, R.T. Kental, Christian Focus, 2001
2. 『조직신학강의 I -III(전3권)』, R.T. 켄달, 크리스챤서적, 2003 (위의 번역서)
3. 『벌코프 조직신학』, 루이스 벌코프 지음, 권수경, 이상원 옮김, 2001
4. 『조직신학강론』, 헨리 디이슨, 권혁봉 역, 생명의말씀사, 1989
5. 『기독교신학개론』, 전성용, 대한기독교교육협회, 1987
6. 『삼위일체와 성결』, 한영태, 성광문화사, 1994
7. 『웨슬리의 조직신학』, 한영태, 성광문화사, 1994,
8. 『그리스도인의 성결』, 한영태, 성광문화사, 1995
9. 『교의학』, 홉스트 G. 필반, 이신건 옮김, 대한기독교육협회, 한국신학연구소, 1989
10. 『성령신학』, 프레드릭 데일 브룬너/김명용 옮김, 나눔사, 1993
11. 『칼빈주의와 웨슬레 신학』, 빌프레드 오인콥, 한영태 역, 생명의 말씀사, 1987
12. 『웨슬레와 성화』, Lindstorm, 전종옥 역, 기독교대한감리회교육국, 1984
13. 『칼 바르트 교회교의학』, 오토 배버, 김광식 역, 대한기독교서회, 1988
14. 『성결교회신학』, 서울신학대학교 성결교회신학연구위원회, 2007
15. 『성경이 말하는 성령』, 스탠리 M. 홀톤 지음, 영산출판사, 1983
16. 『평신도 신앙 베이직』, 김승호, 생명의말씀사, 2005
17. 『신앙에 관한 편람』, 제임스 마이클 리 편저, 김국환 옮김, 한국장로교출판사, 2000
18. 『기독교강요 상, 중, 하 (전3권)』, 존 칼빈 지금, 김종흠, 신복윤, 이종성, 한철하 공역, 생명의말씀사
19. 『Church Dogmatics by Karl Barth』, G.w Blomiley & T, F. Torrance, T. & T. clark, 1976
20. 『역사 속의 신학』, Alister E. McGrath 지음, 김홍기외 3인 옮김, 대한기독교

서회, 2011

〈 예수 그리스도 〉

1. 『나자렛 예수』, 교황 베네딕토 16세 지음, 최호영, 김하락 옮김, 김영사, 2010
2. 『예수님의 생애와 교훈』, 제임스 스튜어트/김득중 역, 컨콜디아사, 1986
3. 『신약의 열두 제자와 그 밖의 열두 사람』, 이상훈, 종로서적, 1996
4. 『예수의 이야기』, 이상훈, 종로서적, 1997
5. 『예수는 누구인가』, E.G.제이/주재용역, 생명의말씀사, 1984
6. 『원시 그리스도 예수님』, 김명수, 한국신학연구소, 2001
7. 『예수님의 교회관』, 아이언, 아가페출판사, 1990
8. 『예수, 예루살렘 입성에서 죽음과 부활까지 마지막 일주일』, 마커스복, 존 도미닉 크로산 지음, 오희천 옮김, 다산북스, 2012
9. 『예수의 수난 상, 하』, 박홍무, 쿰란출판사, 2008.3
10. 『신약의 십자가』, 레온 모리스 저, 기독교문서선교회, 1987
11. 『고난받는 그리스도』, F.W.크룸마허, 서문강 역, 지평서원, 1987
12. 『그리스도의 십자가』, 존스타트, 지상우역, 기독교문서선교회, 1988
13. 『모세오경에 나타난 그리스도』, 이남종, 새순출판사, 1987
14. 『마지막 일주일』, 마커스 보그, 존 도미니 크로산 지음, 다산초당, 2012.
15. 『가장 길었던 한 주』, 닉 페이지 저, 오주영 역, 포이에마, 2012
16. 『현대인을 위한 성도의 공동생활』, 디트리히 본회퍼 저, 조현진 역, 프리셉트, 2011
17. 『예수와 기독교의 기원 상, 하』, 제임스 던 지음, 차정식 옮김, 새물결플러스, 2012

〈 기도 〉

1. 『예수님의 기도』, 하워드 벨벤 저, 네비게이토출판사, 1987
2. 『능력있는 기도』, 존 알라이스/유용규 역, 생명의말씀사, 1990
3. 『바울의 기도연구』, 아더 핑크 편저, 서문강 역, 생명의말씀사, 1983
4. 『성경적 기도생활』, 한국복음주의협의회, 두란노서원, 1988
5. 『기도의 무장』, 바운즈 지음, 한준수 옮김, 생명의말씀사, 2008
6. 『실제적인 기도』, 바운즈 지음, 한준수 옮김, 생명의말씀사, 2008
7. 『성공적인 기도』, 바운즈 지음, 한준수 옮김, 생명의말씀사, 2008
8. 『무릎으로 사는 그리스도인』, 무명의 그리스도인, 생명의말씀사, 2008

9.『기도론 교재』, 유상무, 한국개혁신학연구원, 1990
10.『참된 기도』, 에릭 알렉산더 지음, 조계광 옮김, 생명의말씀사, 2012.

〈 주기도문 · 사도신경 · 십계명 〉

주기도문과 사도신경, 십계명의 연구서들은 독립된 자료들 보다 종합성경연구
또는 기독교교리연구서에서 더 많은 참고자료들을 찾아볼 수 있습니다.

1.『열흘 동안 배우는 주기도문 학교』, 임영수, 홍성사, 1999
2.『월리암 바클레이 팔복 주기도문 강해』, 문용학, 이규민 공역, 크리스찬다이
   제스트, 1988
3.『우리에게 일용할 양식을 주옵소서』, 홍성철, 세복, 1998
4.『예수님의 기도와 여덟가지 축복』, 유진배, 최영희 저, 누가, 2004
5.『칼 바르트 사도신경해설』, 신경수 옮김, 크리스탄다이제스트, 2003
6.『현대인을 위한 신앙고백』, 곽선희 목사, 종로서적, 1987
7.『주기도문』, 제임스패커 지음, 김진웅 옮김, 아바서원, 2012
8.『판넨베르크의 사도신경해설』, 정용섭 올김, 한돌출판사, 2000
9.『2주 동안 배우는 사도신경 학교』, 임영수, 홍성사, 2005
10.『사도신경』, 차동엽, 위즈앤비즈, 2012
11.『사도신경』, 제임스패커 지음, 김진웅 옮김, 아바서원, 2012
12.『사도신경』, 이승구 지음, SFC출판부, 2012
13.『현대 크리스찬의 생활규범 십계명 연구』, 한규석 지음, 성광문화사, 1988
14.『십계명 해설』, 토마스 왓슨, 이기양 옮김, CLC, 2007
15.『교회 다니면서 십계명도 몰라』, 한준의, 국제제자훈련원, 2012
16.『십계명 예화 강해』, 헛 셀포드 지음, 박윤돈 번역, 시온성, 2003
17.『기독교의 기초』, 김상태, 김경철 목사, 보이스사, 2002
18.『십계명』, 제임스패커 지음, 김진웅 옮김, 아바서원, 2012

〈 계시신학 〉

1.『요한계시록』, 에두아르트 로제, 박두환, 이영선 옮김, 한국신학연구소
2.『오토뵉허의 요한묵시록』, 소토뵉허, 박두환 저, 한국신학연구소, 2003
3.『소아시아 일곱 교회에 보내는 편지』, 월리암 바클레이, 글샘,, 1992
4.『요한계시록강해 상 · 하(2권)』, 경향문화사, 1986
5.『계시신학』, 석원태, 경향문화사, 1985

6. 『요한계시록 강해』, 이재만, 진명출판사, 1992

〈 실천신학 〉

1. 『실천신학개론』, 복음주의 실천신학회, 세복, 1999
2. 『예배학개론』, 정장복, 종로서적, 1991
3. 『예배학원론』, 폰 알벤 지음, 정용섭외 3인 역, 대한기독교출판사, 1979
4. 『예배와 생활』, 김소영 저, 대한기독교서회, 1988
5. 『전도신학』, 아브라함 카이퍼, 박수준 역, 소망사, 1989
6. 『선교신학』, 데이비스 J. 보쉬 지음, 전재옥 역, 두란노서원, 1989
7. 『예수님의 선교』, 하워드 벨벤 저, 네비게이토출판사, 1987
8. 『예배와 음악』, 김대권 지음, 그리심, 2008

〈 기독교윤리 〉

1. 『기독교윤리의 종합석 연구』, 레로이롱 서, 박봉배 역, 한국신학연구소1984
2. 『그리스도인의 사회적 책임』, 찰스라이리 저/ 송정근 역, 생명의말씀, 1985
3. 『기독교 윤리해설』, 이강천 저, 서울신학대학, 1980
4. 『구약성경윤리』, 월터카이저 저, 홍용표 역, 생명의말씀사, 1997
5. 『평화와 정의』, 루이제 빌리 쇼츠로프 지음/남 경우 옮김, 대한기독교서회,
   1989

〈 전도와 선교 〉

1. 『사회정의와 세계선교를 향한 제자도』, 월드런스코트, 강선규역, 두란노서
   원, 1990
2. 『교회의 선교적 본질』, 요하네스 블라우, 전재옥외 역, 대한예수교장로회출
   판국, 1988
3. 『주님의 전도계획』, 로버트 콜만 저, 홍성철 역, 생명의말씀사, 1989
4. 『현대 크리스챤의 생활규범』, 한금석, 성광문화사, 1988
5. 『어린이 예배의 설계』, 로저 고벨, 필립 C. 후버/ 박동근 옮김, 대한기독교서
   회, 1984
6. 『교회의 신앙교육』, John H, Westerhoff3, 정웅섭 옮김, 대한기독교서회,
   1986

〈 교회사 〉

1. 『초대교회사』, 서요한, 크리스챤다이제스트, 1999
2. 『세계교회사』, 칼 호이시 지음, 손규태 옮김, 한국신학연구소, 2004
3. 『고대기독교교리사』, J.N.D. 켈리 저, 박희석 역, 크리스챤다이제스트, 2004
4. 『유세비우스의 교회사』, 엄성옥 옮김, 도서출판 은성, 2008
5. 『기독교회사』, 류형기, 한국기독교문화원, 1988
6. 『필립샤프의 교회사 전집 1-8 (전8권)』, 필립샤프, 크리스챤다이제스트, 2004
7. 『황금전설』, 보라기네의 야코푸스 저, 윤기향 역, 크리스챤다이제스트, 2007

〈 기타 주제별 연구 〉

1. 『새로운 하나님의 계획』, 엘머 에이 말텐스, 김의원 역, 아가페문화사, 1990
2. 『믿음의 영웅들』, 아더 핑크, 정세순 역, 새순출판사, 1988
3. 『가장 아름다운 여인』, 키엔카젠, 김순희 역, 생명의말씀사, 1984
4. 『성막』, M.R. 디한/조규상 역, 생명의 말씀사, 1988
6. 『교회성장을 위한 신약성서의 방법』, 웨이론 B. 모어, 네비게이토출판사, 1986
6. 『교회는 왜 음악교육을 필요로 하는가』, 정정숙 저, 서울신학대학교 출판부, 1990
7. 『역사에서 희망 읽기』, 정옥자, 문이당, 1998
8. 『기독상담의 도우미』, 황희철, 생명의말씀사, 2005
9. 『보시니 참 좋았다』, 성서와 함께, 편집부, 성서와 함께, 1988
10. 『설교자와 그의 설교』, 알프레드 깁스, 조성훈 옮김, 전도출판사, 1993

〈 경제생활 〉

1. 『온전한 십일조』, 신상배 지음, 예영커뮤니케이션, 2007.5
2. 『교역자의 물질관리』, 존 맥아더 저, 박용순 편역, 서울서적, 1987
3. 『돈, 소유, 그리고 영원』, 랜디 알콘 지음 김신호 옮김, 예영커뮤니케이션, 2008
4. 『부자의 습관부터 배워라』, 이일화 지음, 다밋, 2008

〈 논문과 논문집 〉

1. 『사중복음서의 신유에 대한 해석학적 평가』, 21세기와 서울신학대학교,

pp.271-297, 조갑진, 2002

2.『성결교회신학의 한 모색』, 21세기와 서울신학대학교, 전성용, pp.298-340, 2002

3.『하나님 나라와 성결』, 성결교회와 신학(제17호), pp.232-242, 2007

3.『교수논총, (제7집)』, 서울신학대학교, 1996,

4.『신학과 선교 (제21집)』, 서울신학대학교, 1996,

5.『오중복음과 삼중축복의 설교』, 조승렬, pp.44-49, 새하늘과 새땅, 순복음신학원, 2003

6.『성령에 관한 소고』, 황문섭, 한성신학대학 졸업논문, 1985

7.『신학과 선교』 및 『교수논총』, 『신학지남』, 『장신논단』 등에 게재된 기타 다수의 논문들

〈 성경공부 교재 및 기타자료 〉

2.『주제별 성경연구』, 알반 더글라스 지음, 두란노서원 편집, 2006

3.『교리별 성경연구』, 알란 스토링펠로우, 두란노서원 편집, 두란노, 2006

4.『인물별 성경연구』, 알란 스토링펠로우, 두란노서원 편집, 두란노, 2008

5.『성경종합시험자료집』, 장로회신학대학출판부, 장로회신학대학 출판부, 2002

6.『예수 그리스도의 생애와 사역 Ⅰ-Ⅲ』, 네비게이토출판사, 2005

7.『제자의 삶 Ⅰ-Ⅳ』, 홍순화, 2001

8.『말씀과 삶, 청년부교재 Ⅰ-Ⅲ(전3권)』, 대한예수교장로회총회교육부, 1988

9.『10단계 성경교재』, 한국대학생선교회, 순출판사, 1988

10.『전도자가 되는 길』, 세계예수전도훈련원, 2003

11.『제직과 달란트』, 엄도성, 한국로고스연구원, 2002

12.『기독교인이 되려면』, 김명홍, 상지사, 1978

13.『핵심16주 제자훈련』, 김재육외, 을파소, 2000

14.『삼일교회 청지기 대학 교재』, 김재육, 삼일교회, 2002

15.『삼일교회 목자 세미나 교재』, 삼일교회

16.『신앙생활의 첫걸음』, 김재육, 김재일 지음, 도서출판 하나, 1995

17.『새생활의 출발』, 기독교대한성결교회 출판부, 1989

18.『장로교회(통합·합동)』 및 『감리교회』, 『성결교회』 등 각 교단 헌법과 예식서 등

짧은 간증을 담은
후기

하나님과의 만남과 응답의 과정

1984년 부흥회가 끝난 며칠 후였습니다.

매일 저녁 잠자리에 들기만 하면 귀에서 이상한 소리가 들리는 이명(耳鳴)현상이 며칠간 계속되었습니다.

그러던 어느 날 정말 요즘의 영화에서 나오는 머리부터 발끝까지 '검은 우의를 입은 듯한 수도승 같은 어떤 존재'로부터 무릎을 꿇고 세례를 받는 장면의 꿈을 꾸었습니다.

무릎을 꿇고 세례를 받는 순간, 내 허리가 찢어질 듯이 아파서 나도 모르게 소리를 지르며 일어났고, 순간 온 식구들이 모두 놀라서 잠자리에서 깨어 일어났습니다.

이튿날 밤 꿈에는 '믿음, 소망, 사랑, 그 중에 제일은 사랑이라'는 막대의 글자들을 보이지 않는 힘이 가슴으로부터 허리에서 뜯어내려고 안간힘을 썼습니다. 급기야 허리가 아파 일어났고, 내 온 몸에는 땀이 비 오듯 하였습니다.

주일 오후 어느 여(女) 집사님께서 저를 위하여 기도를 하여 주셨습니다. 그분의 기도의 힘을 얻어 기도원에서 온 몸이 땀에 젖도록 하나님께 매달려 기도하였습니다. 그 순간 아픈 허리가 시원하게 느껴지며 통증이 씻은 듯이 사라지는 것을 경험하였습니다.

그 날 이후로 일년 동안 퇴근길 교회에 들러 매일 삼십분씩 작정을 하고 기도하였습니다. 지금도 주일 날 교회의 예배에 빠지지 않고 출석할 수 있는 것은 기도의 응답이라고 생각하곤 합니다.

스물한 살, 정말 성경말씀이 송이꿀처럼 달았습니다.

새로운 직장을 따라 임시 하숙집을 옮긴지 보름도 채 되지 않았는데 하숙집 여주인이 얼마간의 돈이 없어졌다고 도둑으로 몰았습니다. 그 달치 하숙비도 선금으로 다 치뤘지만 나머지 돈도 돌려받지 못하고 하숙집을 나와 교회의 전도사님이 사시는 사택으로 옮겼습니다.

매일 새벽과 아침 식후, 그리고 점심 시간과 저녁 시간 한 달을 작정하여 오로지 주님만 생각하며 기도로 매어 달렸습니다. 정말 기도하지 않으면 헤어날 수 없다는 생각뿐이었습니다. 교회가 떠나 갈 정도로 큰 소리로 기도하던 기도생활이 열흘쯤 계속되던 어느 날 아침 성경말씀이 제 온 몸을 전율처럼 감싸는 것을 경험하였습니다.

> "너희를 향한 나의 생각은 내가 아나니, 재앙이 아니라 평안이요, 너희 장래에 소망을 주려하는 생각이라. 너희는 내게 부르짖으며 와서 내게 기도하면 내가 너희를 들을 것이요, 너희가 전심으로 나를 찾고 찾으면 나를 만나리라." (렘29:11-13, 개역한글판)

그 많던 근심과 걱정이 사라지고, 정말 하나님만 계시다고 느껴지는 그 순간, 찬송가가 실제를 노래하고 있다는 사실을 깨달을 수 있었습니다.

'세상도 없고, 나도 없고, 사랑의 주만 보이도다.

이것이 나의 간증이요, 이것이 나의 찬송일세.

집으로 돌아간 한 달 후 어느 날, 아버지께서 조용히 물으셨습니다.

"너, 무슨 일 없었니?", "아뇨. 별일 없었는데요."

아버지께서 염려할 것 같아 아무 일 없었다고 말씀드렸습니다. 그리고 며칠 후 신기하게도 그렇게 기다리던 직장으로의 전근이 이루어졌고, 새로운 직장에서 매우 큰 인정을 받았다는 사실이었습니다.

더 신기로운 일은 하나님께서 아버지의 꿈속에 나타나 "네가 천국 갔다온 것처럼, 네 아들도 천국 갔다 왔다."라고 말씀하셨다는 사실이었습니다. 아버지께서는 제가 신학대학을 졸업할 무렵에야 저에게 이렇게 말씀을 하셨습니다. 그때 제가 엄청나게 큰 일을 당한 줄 아시고 매우 걱정을 하셨다고 하셨습니다.

그 후 세례를 받고, 일 년이 지난 철야기도회 때 온 몸을 감싸는 강력한 힘으로 이상한 언어로 말하기 시작하였습니다. 은사를 체험하기 시작한 것입니다.

다시 이 년의 세월이 지나고, 더 큰 믿음의 사람들을 만나고 싶어 서울로 오고 싶어 했지만 길이 열리지 않을 때입니다.

모두 다 즐겁게 하루를 보내는 크리스마스 날 오후, 홀로 한적한 시골의 기도원을 향하였습니다. 그리고 하나님의 응답하심을 기대하며 부르짖어 기도하였습니다. 두 시간마다 있는 막차를 타려고 내려가기 전 주님께 지금 응답하시지 않으시면, 가는 길에 만나는 사람을 통해서라도 응답하여 달라고 간구했습니다. 정말 주님께서는 그렇게 하셨습니다.

정류장에서 버스를 기다릴 때, 저는 전혀 모르는 시내의 어느 큰 교회 여 집사님이 저를 알아보셨습니다. 전혀 모르는 분들인데 옆에 계신 분이 자꾸 대화를 권하였습니다. 만약 제가 잘 아는 교회 친구의 이

모님이 아니었다면 대화조차 하지 않았을 것입니다.

그분의 얼굴을 바라볼 때, "하나님께서 더 큰 좋은 길을 준비해 놓으셨는데, 왜 그리 서두르느냐."고 그분이 먼저 이야기를 꺼냈습니다. 이 말을 듣는 순간 오늘 주님께서 나에게 말씀하시고 싶어 하시던 말씀이 이것이었구나 하는 생각이 불현듯 들었습니다. 다른 이야기를 붙이려는 집사님들의 대답에 함구한 채 돌아오는 버스 안에서 마음 속 깊이 평안을 얻을 수 있었습니다.

놀랍게도 12월 31일 종무식 날 아침, 1월 1일자로, 서울, 그것도 본부로 전근이 발표되었습니다. 그리고 신년 새해 7일간을 준비하며, 그렇게도 가고 싶어 하던 대학 진학을 준비할 수 있었습니다.

정말로 더 신기한 건, 신학교가 아닌 정규 신학대학으로는 50명 정원의 야간과정이 서울 근교에 있는 이 대학교 밖에 없어 부득이 이 학교를 선택하게 되었는데, 대학을 입학하자마자, 그 이듬 해부터 야간과정이 폐지되고, 주간학과와 통폐합되었다는 것이었습니다. 마치 하나님께서 나를 위하여 준비해 놓으셨던 것처럼, 내가 입학하자마자 야간과정이 사라지고, 주간과정으로 통합되었을 뿐만 아니라 대학의 야간과정 자체도 문이 닫혔다는 것이 나에게는 너무나 기이하게 느껴졌습니다.

그 후 30여년의 회사와 교역생활 동안 지나보면 하나님의 은혜가 아닌 것이 없었고, 심지어 내가 직장에서 받는 보직까지 하나하나가 하나님의 뜻과 의도 가운데 이루어지고 있었음을 지난 후에야 알게 되었습니다.

처음 직장을 출발하던 때, 세 가지의 조건을 놓고 일 년 동안 매일 삼십 분이나 한 시간씩 그렇게 기도했던 조건대로 직장이 주어져 있었고, 자리를 옮길 때마다, 나 자신의 의도와는 다른 보직을 받았을 때에도 지나보면 그것이 훨씬 더 나에게 유익한 진로였음을 깨달을 수 있었습니다. 가장 낮아지고 하나님을 떠나 있던 시간에도 주님께서는 바로 옆에 계셨고, 저와 함께 하시고 계셨던 것입니다.

바로 지금 이 순간에도 주님께서 끊임없이 저를 사랑하시고 계심을 깨닫고, 하나님을 사랑하는 방법과 그분이 우리에게 허락하신 길을 모두가 알 수 있도록 조그마한 집필로 그분께 영광을 돌리게 됩니다. 하나님이 살아계심을 우리 모두 알게 되기를 정말 간절한 마음으로 기도합니다.

✝ 후 기

이 책을 만들도록 허락하신 하나님께 다시 한번 감사를 드리지 않을 수 없습니다. 이 책의 완성 비결은 오로지 주님께서 함께 하셨기 때문입니다.

이 책은 집필하는 것이 목적이 아니라 제가 공부하고 싶었던 것을 잊지 않고 꾸준히 계속하는데서 얻어진 열매였습니다.

주님에 대한 타는 듯한 갈증과 목마름, 주님이 어떤 분이신지 알고 싶었고, 성경이 무엇인지를 알고 싶었습니다. 인생의 처음부터 끝까지. 분명히 하고 싶었습니다. 인간이 죽은 이후 어떤 삶이 계속되는지 또한 명확히 하고 싶었습니다. 그 후.

비좁을 정도로 **빽빽한** 책들로 어지러운 거실 가운데서, 아내의 핀잔을 뒤로 하고 날마다 밤늦게 성경을 찾고, 서적을 찾아보는 기쁨은 남들에게 자랑하지 못하는 혼자만의 즐거움이요 기쁨이기도 했습니다. 또한 이 즐거움은 성도 여러분들과 함께 나누고 싶은 즐거움이기도 하였습니다. 언제나 하나님을 찾는다는 것은 즐거운 일이라는 사실을 알기에 말입니다.

주님께서 다시 오신다는 것도 정말 이제는 알게 되었습니다. 이 책을 집필하고 난 뒤 말이죠. 하나의 병풍처럼 성경 66권의 이야기와 열여섯 주제별로 그 이야기의 그림을 그릴 수 있게 되었습니다. 여러분도 그렇게 해 보십시오.

하나님께서 인간을 창조하신 이후부터 다시 오실 그 때까지의 구원의 역사의 이야기를 퍼즐처럼 맞추어 보십시오. 여러분도 그 구원의 은혜의 강물에 함께 **빠져** 보시기 바랍니다.

나를

사랑하는 자들이

나의 사랑을 입으며,

나를 간절히 찾는 자가

나를 만날 것이니라.

부귀가 내게 있고,

장구한 재물과 공의도

그러하니라.

내 열매는

금이나 정금보다 나으며,

내 소득은

순은보다 나으니라.

나는

정의로운 길로 행하며,

공평한 길 가운데로 다니나니,

이는

나를 사랑하는 자가

재물을 얻어서

그 곳간에 채우게 하려 함이니라.

(잠8:17-21)